中央高校基本科研业务费专项资金资助项目
Fundamental Research Funds for the Central Universities

健康投资的宏微观经济效应

郑莉莉 主编

本书围绕健康投资主题，涉及了健康投资的方面，从宏微观的角度反映了健康投资的经济效应，评估健康投资政策的实施效果，为改善现有的健康政策提供参考。

中国财经出版传媒集团
经济科学出版社
Economic Science Press

图书在版编目（CIP）数据

健康投资的宏微观经济效应/郑莉莉主编．－－北京：经济科学出版社，2021.11
ISBN 978－7－5218－3175－7

Ⅰ.①健… Ⅱ.①郑… Ⅲ.①健康保险－经济效果－研究 Ⅳ.①F840.625

中国版本图书馆 CIP 数据核字（2021）第 257837 号

责任编辑：王　娟　徐汇宽
责任校对：王肖楠
责任印制：张佳裕

健康投资的宏微观经济效应
郑莉莉　主编

经济科学出版社出版、发行　新华书店经销
社址：北京市海淀区阜成路甲 28 号　邮编：100142
总编部电话：010－88191217　发行部电话：010－88191522
网址：www.esp.com.cn
电子邮箱：esp@esp.com.cn
天猫网店：经济科学出版社旗舰店
网址：http://jjkxcbs.tmall.com
北京季蜂印刷有限公司印装
710×1000　16 开　23.75 印张　370000 字
2022 年 8 月第 1 版　2022 年 8 月第 1 次印刷
ISBN 978－7－5218－3175－7　定价：86.00 元
（图书出现印装问题，本社负责调换。电话：010－88191510）
（版权所有　侵权必究　打击盗版　举报热线：010－88191661
QQ：2242791300　营销中心电话：010－88191537
电子邮箱：dbts@esp.com.cn）

健康投资的宏微观经济效应编委会

主　　编：郑莉莉
编写组成员：于　睿　苏　雅　刘　晨　郁明君
　　　　　　王秋地　徐子萱　范文轩

前　　言

　　《健康投资的宏微观经济效应》是作者承担自然科学基金青年项目课题以及长期积累的成果，团队用了将近两年的时间，完成了这样一部著作。本书围绕健康投资主题，涉及了健康投资的方方面面，从宏微观的角度反映了健康投资的经济效应，评估健康投资政策的实施效果，为改善现有的健康政策提供参考。

　　健康的重要性不言自明，无论从宏观经济发展的角度还是从微观个体行为的有效性，都能找到健康重要的佐证。《1993年世界发展报告》的主题就是"投资于健康"，把健康作为研究内容而确立起来的一门学科，即健康经济学，起源于20世纪初的美国，并在20世纪60年代发展成为主流经济学的一个分支（高梦滔，2002）。

　　健康人力资本在经济增长理论和发展经济学中是一个非常重要的概念。健康人力资本首先被认为是个人生活和社会发展的直接追求目标，是一种最重要的可行能力和人类发展的最终目标之一，具有内在价值；同时，健康人力资本也被认为是一种工具，它对人类发展的其他各方面都有着不同程度的工具性价值（Sen，1987，1999），包括提高劳动生产率和劳动参与度、增加个人和社会收入水平、促进物质资本积累和教育投资、促进经济增长（王曲和刘民权，2005；Ruger et al.，2012）。

　　新中国经过70多年的发展，在2020年全面建成小康社会，人民不再仅仅满足于基本的物质需要，健康也是人民的共同追求，我国政府一直以来都非常重视人民的健康。我国"十三五"规划强调把提升人的发展能力放在突出重要位置，着力增强人民科学文化和健康素质，加快建设人力资本强国。

党的十八大报告指出，健康是促进人的全面发展的必然要求，是经济社会发展的基础条件。习近平总书记在2016年全国卫生与健康大会上指出，要坚持正确的卫生与健康工作方针，把人民健康放在优先发展的战略地位。[①] 这是全党全社会建设健康中国的行动指南，更是全方位全周期保障人民健康的实践号令。党的十九大指出，"我国社会主要矛盾已经转化为人民日益增长的美好生活需要和不平衡不充分的发展之间的矛盾"，将实施健康中国战略纳入国家发展的基本方略，把国民健康置于"民族昌盛和国家富强的重要标志"地位，认为国民健康是国家可持续发展能力的重要标志。2016年的《"健康中国2030"规划纲要》明确提出将健康融入所有政策，把健康提高到国家战略水平，纲要按照从内部到外部、从主体到环境的顺序，系统性地针对个人生活与行为方式、医疗卫生服务与保障、生产与生活环境等影响健康的因素，提出普及健康生活、优化健康服务、完善健康保障、建设健康环境、发展健康产业五大战略任务。2018年我国的政府工作报告中，将推进健康中国战略纳入提高保障和改善民生水平的重点工作。2020年10月召开的党的十九届五中全会，继续强调全面推进健康中国建设，加快优质医疗资源扩容和区域均衡布局，使卫生健康体系更加完善。健康中国的内涵极为丰富，是一个长期而复杂的系统工程，既需要考虑健康与卫生政策的路径依赖，同时还要考虑当前以及未来较长一段时间面临的人口老龄化、慢性病防控和新发突发传染病疫情等方面困难，以及面临卫生健康领域人民日益增长的美好生活需要和不平衡不充分的发展之间的矛盾。可以说，将健康融入所有政策，探讨具有中国特色的健康经济学理论体系和分析框架已经成为时代诉求，也符合以人为本的理念和构建和谐社会的要求。

我国健康投资呈现不断增加的态势。自2009年启动新一轮医改以来，全民基本医疗保险制度参保覆盖率稳定在95%以上[②]，形成世界上最大的社会医疗保障体系；卫生总费用占GDP比重从2010年的4.89%上升至2017年的

[①] 《把人民健康放在优先发展战略地位 努力全方位全周期保障人民健康》，载《人民日报》2016年8月21日。
[②] 根据国家医疗保障局历年参保率整理。

6.2%①，尽管仍然低于全球平均10.5%的水平②，但增长的幅度较大；全球医疗质量和可及性排名从1999年的全球第110位提高到2017年的第48位③。健康投资是一种可以为投资者带来预期收益的生产性投资，通过对医疗、卫生、营养、保健等服务进行投资来恢复维持或改善提高人的健康水平，给我国居民带来实实在在的健康福祉。居民的健康水平不断提高，中国人均预期寿命从1981年的67.9岁提高到2016年的76.5岁，孕产妇死亡率从1990年的88.9/10万下降到2016年的19.9/10万，婴儿死亡率从1981年的34.7‰下降到2016年的7.5‰④，居民的主要健康指标总体上优于中高收入国家平均水平。健康投资所产生的人力资本具有特殊的生产功能，是生产过程必不可少的先决条件和投入要素，健康投资不仅可以通过影响个体的劳动生产力、生产时间和教育投资的报酬影响个体单位时间有效劳动量，也可以通过影响死亡率和预期寿命影响劳动力供给，从而作用于生产函数，还可以通过影响人力资本、物资资本，最终对经济增长产生影响。

党的十九大报告提出，我国经济已由高速增长阶段转向高质量发展阶段，随着中国经济增长方式的逐渐转变，且中国处于经济转型的关键时期，资本要素供给的增长速度不断下降，在当前增速换挡、结构调整、动力转换的经济发展新常态下，应当从要素投入的角度寻求新一轮增长的"发动机"。人力资本作为技术创新、经济增长和可持续发展的动力及源泉（Romer，1990；Lucas，1988；Mankiw et al.，1992），对中国经济增长和地区经济发展的作用日趋显现。因此，对人的投资是最有收益的投资，也是根本性的投资，通过对健康进行人力资本投资，形成累计性的健康资本存量，进而产生健康红利，不仅可以明显地弥补我国人口红利下降的负面效应，而且还会对我国经济社会产生长期的人力资本红利。因此，对健康进行投资，是一种既稳增长又调结构，既利当前又利长远的战略。美国、日本等发达国家都把促进健康作为

---

① 根据历年《中国统计年鉴》整理。
② 根据世界银行数据库整理。
③ GBD 2016 Healthcare Access and Quality Collaborators. "Measuring performance on the Healthcare Access and Quality Index for 195 countries and territories and selected subnational locations: a systematic analysis from the Global Burden of Disease Study 2016". The Lancent, Volume 391, Issue 10136, 2–8 June 2018, Pages 2236–2271.
④ 根据历年《中国统计年鉴》整理。

国家战略，把健康投资视为战略性人力资本投资，大幅度增加健康投入。

本书从一个较宽阔的视野进行研究和考察，置于全球化背景、经济转型背景和理论背景探讨健康投资的宏微观经济效应。健康投资是一个系统工程，需要长时间的持续努力。当前由于工业化、城镇化、人口老龄化、疾病谱、生态环境、生活方式不断变化，中国仍面临多重疾病威胁并存、多种健康影响因素交织的复杂局面；同时，随着生活水平的提高和健康观念的增强，人民群众对健康产品、健康服务的需求持续增长，并呈现出多层次、多元化、个性化的特征。中国既面对着发达国家面临的健康问题，也面对着发展中国家面临的健康问题。如何有效地进行健康人力资本投资是我国面临的一个关键问题，本书旨在回答下列问题：家庭健康投资是否能为家庭及个体带来经济效应？政府公共健康投资对地区经济发展有什么作用？企业健康投资给企业带来的收益是什么？健康投资影响经济增长吗？健康投资影响经济增长的内在机制和逻辑是什么？健康投资是否能带来长期的经济增长？在中国经济发展具有阶段性与特殊性的背景下，政府在健康投资方面应该使用何种政策组合，有效地推动经济发展？这些既是健康经济学的重要研究课题，也是本书的研究重点。

本书的结构安排和主要写作人员如下：全书由郑莉莉任主编，郑莉莉负责全书的架构设计、内容安排、统稿及定稿等工作，编写部分章节，于睿负责全书的整理、数据更新和格式修订，苏雅负责全书的校对和修订。第一章健康投资概述和第二章健康投资研究的理论基础，由郑莉莉负责编写；第三章健康投资现状和第四章不同主体的健康投资现状，由郁明君、徐子萱负责编写；第五章健康和健康投资测量，由郑莉莉、王秋地负责编写；第六章健康投资与健康，由郑莉莉、刘晨负责编写；第七章儿童健康投资的长期影响，由郑莉莉负责编写；第八章健康投资的收入效应，由郑莉莉、刘晨负责编写；第九章企业健康投资的经济效应，由郑莉莉、刘晨负责编写；第十章，健康投资与经济增长，由郑莉莉负责编写；第十一章，健康投资与老年人幸福感，由范文轩负责编写。

本书的特色有以下几个：一是从健康投资、健康人力资本与经济产出的关系出发，将劳动经济学、健康经济学、健康社会学、健康人口学、医疗社会学、医学人口学、卫生经济学等相关理论有机结合起来，促进跨学科的有效交流和融合，多元化的研究特色将为该领域的研究注入新鲜血液，提供了一个较新的研究视角和方法；二是有大量的经验实证研究，本书的论述都以广泛的微观抽样调查的数据为依据，运用计量经济的方法，对健康投资的宏微观经济效应进行具体分析，这些实证分析有助于对健康投资影响经济中各个变量的前因后果和来龙去脉做比较深入和具体的透视；三是从多个维度全面地分析健康投资的宏微观经济绩效，分析健康投资的区域和城乡差异，研究不同主体和不同类型的健康投资，探求健康投资影响经济产出的机理，考察健康投资对短期和长期经济增长的影响，拓宽健康经济理论的研究体系，完善整体研究框架。

本书旨在通过多角度多层次分析健康投资对经济产出的影响路径，为政策制定提供定量依据，找到优化健康投资的途径，为提高健康投资的效率提供政策参考，明确我国目前健康投资领域的重点，确定促进健康投资及健康人力资本发展的政策组合，从而制定出切合我国国情和发展阶段的健康投资和健康人力资本发展政策，促进健康人力资本和宏观经济协调发展；通过分析健康投资对一国经济产出的影响效应，探讨健康投资的差异是否影响各国的产出差距，同时基于中国特有的国情考虑中国健康投资的地域差异是否带来产出差异，通过国际比较和中国的地域比较分析要素差异在经济差异中的作用，探讨健康投资及健康人力资本在中国经济发展的结构转型过程中的作用，从而为我国在经济增长政策选择时，从健康投资结构方面根据地区差异进行有针对性的调整；通过对健康投资的宏微观经济绩效进行评估，为评价各级政府的健康投资绩效提供标准，由于人力资本投资具有长期性特点，这对减少政府短视行为尤为重要，能为政府遴选更有效的政策工具提供建议，有利于政府针对健康投资制定和组合出更加合理的政策来实现目标，规避目标的偏离行为。

由于编者水平有限，书中难免存在疏漏和不妥之处，恳请广大读者批评指正。

编　者

2021 年 8 月 10 日

目　　录

第一章　健康投资概述 ······································· 1
第一节　研究背景 ·· 1
第二节　健康投资的内涵 ··································· 12
第三节　健康投资的类型 ··································· 18

第二章　健康投资研究的理论基础 ···························· 26
第一节　健康人力资本理论 ································· 26
第二节　健康与经济增长理论 ······························· 35
第三节　健康影响经济增长的机制 ··························· 53

第三章　健康投资现状 ······································ 60
第一节　我国健康投资现状 ································· 60
第二节　我国健康投资的区域和城乡差异 ····················· 74
第三节　健康产业 ·· 110

第四章　不同主体的健康投资现状 ··························· 120
第一节　公共健康投资 ···································· 120
第二节　家庭健康投资 ···································· 125
第三节　企业健康投资 ···································· 138

第五章　健康和健康投资测量 ·············· 146

第一节　健康的测量 ·············· 146
第二节　健康投资的宏观测量 ·············· 164
第三节　健康投资的微观测量 ·············· 168

第六章　健康投资与健康 ·············· 183

第一节　引言及研究假设 ·············· 183
第二节　实证研究 ·············· 187
第三节　结论与政策建议 ·············· 197

第七章　儿童健康投资的长期影响 ·············· 199

第一节　儿童健康投资的研究 ·············· 199
第二节　儿童健康投资实证研究 ·············· 206
第三节　结论与政策建议 ·············· 220

第八章　健康投资的收入效应 ·············· 222

第一节　引言及研究假设 ·············· 222
第二节　实证研究 ·············· 227
第三节　基于收入流动性的进一步研究 ·············· 241
第四节　结论和政策建议 ·············· 246

第九章　企业健康投资的经济效应 ·············· 247

第一节　企业健康投资 ·············· 247
第二节　企业健康投资同创新绩效的实证研究 ·············· 250
第三节　结论与政策建议 ·············· 269

第十章　健康投资与经济增长 ·············· 271

第一节　引言 ·············· 271

第二节　模型设定与求解 …………………………… 273
　　第三节　实证分析 …………………………………… 280
　　第四节　结论与政策建议 …………………………… 294

第十一章　健康投资与老年人幸福感 ………………… 296
　　第一节　引言及研究假设 …………………………… 296
　　第二节　实证研究 …………………………………… 311
　　第三节　结论和政策建议 …………………………… 341

参考文献 ………………………………………………… 347
后记 ……………………………………………………… 365

第一章

健康投资概述

第一节 研究背景

一、我国的健康政策

健康是人的基本权利,是一个人的立身之本,人民健康是一个国家的立国之基。新中国成立初期是我国健康事业的起步萌芽阶段,这一时期受到社会经济水平、传染疾病蔓延等影响,国民健康水平较低,我国提出了"面向工农兵、预防为主、团结中西医、卫生工作与群众运动相结合"的卫生工作方针,在全国建立各级防疫站等基础健康设施,国家的疫病治理取得重大成效。从1978年开始,我国实行计划免疫政策;2007年,我国扩大国家免疫规划范围,将甲肝、流脑等15种可以通过接种疫苗有效预防的传染病纳入国家免疫规划[1]。通过实施新生儿乙肝疫苗接种,5岁以下儿童慢性乙肝病毒感染率从近10%降至1%以下[2]。

党的十一届三中全会以来,随着社会经济的发展,我国颁布了众多以卫生体制改革为中心的政策,对受到破坏的卫生健康系统进行重建,推进医疗

---

[1] 《卫生部关于印发〈扩大国家免疫规划实施方案〉的通知》。
[2] 王君平、李红海、申少铁:《全民健康托起全面小康》,载《人民日报》2021年6月21日。

卫生市场化进程。

2005年以后我国迎来医疗体制改革新时期，国家出台了有关医药卫生体制改革的各项政策。强调解决群众"看病难、治病难"的问题，扩大基本医疗保障的覆盖面。《国务院关于促进健康服务业发展的若干意见》《国务院办公厅关于促进和规范健康医疗大数据应用发展的指导意见》等文件的颁布说明健康事业的重要性日益提升，健康产业逐渐形成。

党的十八大以后，我国经济发展迅速，国民对于健康的需求进一步提高。2015年党的十八届五中全会提出要建设"健康中国"，2016年10月中共中央、国务院印发了《"健康中国2030"规划纲要》，提出了健康中国建设的目标和任务。"健康中国2030"战略按照从内部到外部、从主体到环境的顺序，系统性地针对个人生活与行为方式、医疗卫生服务与保障、生产与生活环境等影响健康的因素，提出普及健康生活、优化健康服务、完善健康保障、建设健康环境、发展健康产业五大战略任务，即"大健康"概念。《"健康中国2030"规划纲要》的提出表明建设健康中国已经上升为国家战略，健康成为未来中国发展的"关键词"，健康产业也将步入迅速发展的新时期。

《"健康中国2030"规划纲要》提出后国家又颁布了一系列文件落实"健康中国"行动的计划。我国健康事业呈现出以"治病"为中心到以"健康"为中心的转变。党的十九大报告将"实施健康中国战略"列为国家发展基本方略中的重要内容，指出"人民健康是民族昌盛和国家富强的重要标志。"十九大报告对"实施健康中国战略"作出了全面部署。我们应采取针对性更强、覆盖面更大、作用更直接、效果更明显的举措，确保健康中国战略落到实处，具体来说包括：深化医药卫生体制改革；全面建立分级诊疗制度；健全现代医院管理制度；健全全民医疗保障制度；健全药品供应保障制度；建立健全综合监管制度；以强基层为重点，促进医疗卫生工作重心下移、资源下沉；坚持预防为主，全面提升公共卫生服务水平；坚持中西医并重，传承发展中医药事业；发展健康产业，满足人民群众多样化健康需求；完善人口政策，促进人口均衡发展与家庭和谐幸福。2019年我国发布《关于实施健康中国行动的意见》（以下简称《意见》）和《健康中国行动（2019—

2030年)》，并成立健康中国行动推进委员会，形成了健康中国行动总的系列文件。《意见》提出实施15个专项行动，一是从健康知识普及、合理膳食、全民健身、控烟、心理健康等方面综合施策，全方位干预健康影响因素；二是关注妇幼、中小学生、劳动者、老年人等重点人群，维护全生命周期健康；三是针对心脑血管疾病、癌症、慢性呼吸系统疾病、糖尿病四类慢性病以及传染病、地方病，加强重大疾病防控。通过政府、社会、家庭、个人的共同努力，努力使群众不生病、少生病，提高生活质量。2020年党的十九届五中全会通过《中共中央关于制定国民经济和社会发展第十四个五年规划和二〇三五年远景目标的建议》（以下简称《建议》），提出了"全面推进健康中国建设"的重大任务，充分体现了以人民为中心的发展思想，对我国卫生健康事业发展、增进人民健康福祉产生了深远的影响。《建议》提出，今后5年，要实现基本公共服务均等化水平明显提高，卫生健康体系更加完善，突发公共事件应急能力显著增强，并明确了到2035年基本建成健康中国的远景目标。

按时间和类别总结的新中国成立后我国政府下发的与健康相关的政策、法规等如表1-1所示，可以从中看到我国健康政策的变化。

表1-1　　　　　　　　健康政策法规梳理

颁布时间	颁布部门	政策文件名称	核心表述或预期目标
新中国成立初期	—	—	确立了"以中西医结合、预防为主的卫生管理和工作方针"
1950年	第一届全国卫生工作会议		确立了"面向工农兵、预防为主、团结中西医、卫生工作与群众运动相结合"的卫生工作方针
1952年	第二届全国卫生工作会议		
1991年	第七届全国人民代表大会	《国民经济和社会发展十年规划和第八个五年计划纲要》	提出"预防为主，依靠科技进步，动员全社会参与，中西医并重，为人民健康服务"的工作方针
1997年	国务院	《中共中央、国务院关于卫生改革与发展的决定》	提出"以农村为重点，预防为主，中西医并重，依靠科技与教育，动员全社会参与，为人民健康服务，为社会主义现代化建设服务"的方针

续表

颁布时间	颁布部门	政策文件名称	核心表述或预期目标
2013年10月	国务院	《国务院关于促进健康服务业发展的若干意见》	大力发展医疗服务；加快发展健康养老服务；积极发展健康保险；全面发展中医药医疗保健服务；支持发展多样化健康服务；培育健康服务业相关支撑产业；健全人力资源保障机制；夯实健康服务业发展基础。到2020年，基本建立覆盖全生命周期、内涵丰富、结构合理的健康服务业体系，打造一批知名品牌和良性循环的健康服务产业集群，并形成一定的国际竞争力，基本满足广大人民群众的健康服务需求。健康服务业总规模达到8万亿元以上，成为推动经济社会持续发展的重要力量
2014年9月	国家发展改革委、民政部、财政部等	《关于加快推进健康与养老服务工程建设的通知》	放宽市场准入，积极鼓励社会资本投资健康与养老服务工程；充分发挥规划引领作用，切实推进健康与养老服务项目布局落地；加大政府投入和土地、金融等政策支持力度，加快建设健康与养老服务工程；发挥价格、税收、政府购买服务等支持作用，促进健康与养老服务项目市场化运营；加强人才培养交流，规范执业行为，创造健康与养老服务业良好的发展环境
2016年6月	国务院办公厅	《国务院办公厅关于促进和规范健康医疗大数据应用发展的指导意见》	到2017年底，实现国家和省级人口健康信息平台以及全国药品招标采购业务应用平台互联互通，基本形成跨部门健康医疗数据资源共享共用格局。到2020年，建成国家医疗卫生信息分级开放应用平台，实现与人口、法人、空间地理等基础数据资源跨部门、跨区域共享，医疗、医药、医保和健康各相关领域数据融合应用取得明显成效；统筹区域布局，依托现有资源建成100个区域临床医学数据示范中心，基本实现城乡居民拥有规范化的电子健康档案和功能完备的健康卡，健康医疗大数据相关政策法规、安全防护、应用标准体系不断完善，适应国情的健康医疗大数据应用发展模式基本建立，健康医疗大数据产业体系初步形成、新业态蓬勃发展，人民群众得到更多实惠

续表

颁布时间	颁布部门	政策文件名称	核心表述或预期目标
2016年10月	国务院	《"健康中国2030"规划纲要》	"共建共享、全民健康",是建设健康中国的战略主题。核心是以人民健康为中心,坚持以基层为重点,以改革创新为动力,预防为主,中西医并重,把健康融入所有政策,人民共建共享的卫生与健康工作方针,针对生活行为方式、生产生活环境以及医疗卫生服务等健康影响因素,坚持政府主导与调动社会、个人的积极性相结合,推动人人参与、人人尽力、人人享有,落实预防为主,推行健康生活方式,减少疾病发生,强化早诊断、早治疗、早康复,实现全民健康
2016年11月	国务院办公厅	《国务院办公厅关于进一步扩大旅游文化体育健康养老教育培训等领域消费的意见》	适时将自2016年1月1日起实施的商业健康保险个人所得税税前扣除政策,由31个试点城市向全国推广;重点推进两批90个国家级医养结合试点地区创新医养结合管理机制和服务模式,形成一批创新成果和可持续、可复制的经验;促进健康医疗旅游,建设国家级健康医疗旅游示范基地,推动落实医疗旅游先行区支持政策
2017年1月	国务院	《国务院关于印发"十三五"卫生与健康规划的通知》	加强重大疾病防治;推动爱国卫生运动与健康促进;加强妇幼卫生保健和生育服务;发展老年健康服务;促进贫困人口等重点人群健康;完善计划生育政策;提升医疗服务水平;推动中医药传承创新发展;强化综合监督执法与食品药品安全监管;加快健康产业发展;加强卫生计生服务体系建设;加强人才队伍建设;加强人口健康信息化建设;加强医学科技创新体系建设。到2020年,覆盖城乡居民的基本医疗卫生制度基本建立,实现人人享有基本医疗卫生服务,人均预期寿命在2015年基础上提高1岁
2017年5月	科学技术部办公厅	《"十三五"健康产业科技创新专项规划》	以保障全人群、全生命周期的健康需求为核心,重点发展创新药物、医疗器械、健康产品等三类产品,引领发展以"精准化、数字化、智能化、一体化"为方向的新型医疗健康服务模式,着力打造科技创新平台、公共服务云平台等支撑平台,构建全链条、竞争力强的产业科技支撑体系,建设一批健康产业专业化园区和综合示范区,培育一批具有国际竞争力的健康产业优势品牌企业,助推健康产业创新发展

续表

颁布时间	颁布部门	政策文件名称	核心表述或预期目标
2018年3月	十三届全国人大一次会议	《国务院机构改革方案》	组建国家卫生健康委员会。将国家卫生和计划生育委员会、国务院深化医药卫生体制改革领导小组办公室、全国老龄工作委员会办公室的职责,工业和信息化部的牵头《烟草控制框架公约》履行工作职责,国家安全生产监督管理总局的职业安全健康监督管理职责整合,组建国家卫生健康委员会,作为国务院组成部门
2018年4月	国务院办公厅	《国务院办公厅关于促进"互联网+医疗健康"发展的意见》	健全"互联网+医疗健康"服务体系;完善"互联网+医疗健康"支撑体系;加强行业监管和安全保障。推进实施健康中国战略,提升医疗卫生现代化管理水平,优化资源配置,创新服务模式,提高服务效率,降低服务成本,满足人民群众日益增长的医疗卫生健康需求
2019年7月	国务院	《国务院关于实施健康中国行动的意见》	以全方位干预健康影响因素;维护全生命周期健康;防控重大疾病为主要任务。到2022年,健康促进政策体系基本建立,全民健康素养水平稳步提高,健康生活方式加快推广,重大慢性病发病率上升趋势得到遏制,重点传染病、严重精神障碍、地方病、职业病得到有效防控,致残和死亡风险逐步降低,重点人群健康状况显著改善。到2030年,全民健康素养水平大幅提升,健康生活方式基本普及,居民主要健康影响因素得到有效控制,因重大慢性病导致的过早死亡率明显降低,人均健康预期寿命得到较大提高,居民主要健康指标水平进入高收入国家行列,健康公平基本实现
2019年7月	国务院办公厅	《健康中国行动组织实施和考核方案》	建立健全组织架构,依托全国爱国卫生运动委员会,成立健康中国行动推进委员会,制定印发《健康中国行动(2019—2030年)》,统筹推进组织实施、监测和考核相关工作。推进委员会主任由国务院分管领导同志担任,推进委员会办公室设在国家卫生健康委。推进委员会下设各专项行动工作组,设立专家咨询委员会

续表

颁布时间	颁布部门	政策文件名称	核心表述或预期目标
2019年7月	国务院办公厅	《国务院办公厅关于成立健康中国行动推进委员会的通知》	成立健康中国行动推进委员会，统筹推进《健康中国行动（2019~2030年）》组织实施、监测和考核相关工作。按年度研究部署行动推进的重点任务，并协调推动各地区各相关部门工作落实。根据疾病谱变化及医学进步等情况，研究对健康教育和重大疾病预防、治疗、康复、健康促进等提出指导性意见，并适时调整指标、行动内容
2020年10月	中国共产党第十九届中央委员会第五次全体会议	《中共中央关于制定国民经济和社会发展第十四个五年规划和二〇三五年远景目标的建议》	在"改善人民生活品质，提高社会建设水平"部分提出了"全面推进健康中国建设"的重大任务

二、我国健康事业发展面临的挑战

（一）健康需求持续增长

我国经济社会发展很快，居民生活水平得到了大幅提高，消费结构也发生了很大的变化，居民收入不断增加，恩格尔系数持续下降。2019年全国居民恩格尔系数为28.2%，比2018年下降0.2个百分点，连续八年下降。受疫情影响，2020年全国居民恩格尔系数为30.2%，比上年上升2.0个百分点，其中城镇为29.2%，农村为32.7%（2020年国民经济和社会发展统计公报，2021）。2021年全国居民恩格尔系数为29.8%，其中城镇为28.6%，农村为32.7%（2021年国民经济和社会发展统计公报，2022），较上年有所下降。根据马斯洛需求层次理论，当居民满足了衣食住行等最基本的生理需求后，将开始注重健康、精神文明等较高层次需求的满足，其中健康是追求一切美好生活的基础。随着经济社会的不断发展，我国居民对健康的关注度越来越高，对健康制度是否能够满足日益增长的多样化健康需求也越来越关心。在此背景下，我国居民的健康需求发生了多元化、多层次的变化，且健康需求量不断扩张，这些持续增长的多元化、多层次的需求，给我国医疗卫生事业带来了挑战。我国卫生健康服务供给还面临总体卫生健康资源不足，卫生健康资源在结构、分布不能很好地满足我国居民的健康需要，总体投入水平还较低等问题。

（二）人口结构的变化

改革开放以来，中国富有"生产性"的人口结构支撑了中国长期以来的经济增长，这种人口机遇窗口期表现为更年轻的劳动年龄人口结构、劳动力普遍接受义务教育而具备较高的人力资本，以及通过增加储蓄和投资为经济增长带来源源不断的资源投入。现在，我国已步入老龄社会，老龄化人口呈现出不断增长的态势。2018年，60岁以上的人口已占总人口的17.9%，接近2.5亿人，其中超过4 000万的老人处于失能、半失能状态（国家统计局，2019）。2021年，60岁及以上人口26 736万人，占全国人口的18.9%（国家统计局2022）。随着中国人口红利的消减与老龄化进程的加速，中国劳动年龄人口下降，"人口机遇窗口期"不断收缩，这意味着需要通过进一步提高劳动力的健康人力资本来替代人口数量下降带来的红利缩减。

（三）城镇化进程

我国城镇常住人口在1978年为1.7亿人[1]，2020年为9.02亿人[2]，2021年为9.15亿人[3]，由此计算得到的全国城镇化率在1978年为18%，2020年为63.89%，2021年为64.72%。城镇化水平的不断提升，将使越来越多的人享受到城镇化给人们生活带来的便利和医疗条件的改善，但也给健康带来一系列新的问题，如城镇化推进带来的环境污染问题、交通拥挤问题、工作方式的改变等。城镇化的进程往往伴随着大规模的工业化，而这个过程不免会产生大量的环境污染，这将对居民的健康水平产生直接的负面影响，较为明

---

[1] 根据历年《中国统计年鉴》整理。
[2] 《第七次全国人口普查公报（第七号）》，中国政府网，2021年5月11日，http://www.gov.cn/xinwen/2021-05/11/content_5605791.htm。
[3] 国家统计局：《中华人民共和国2021年国民经济和社会发展统计公报》，中国统计出版社2022年版。

显的是严重的大气污染极大地提高了人们呼吸系统、心脑血管疾病的发病率。交通拥挤、环境恶化等问题，会对居民的健康造成很大的威胁。世界银行（2014）的估计结果显示，中国居民由于空气污染造成的死亡率和发病率的经济成本约为1 573亿元/年，占GDP的1.16%。研究估计，2017年我国124万人的死亡可归因于空气污染（Yin et al.，2020）。

（四）疾病谱变化

我国过去长期面临的肝炎、结核等传统传染病依然存在，特别是在边远地区仍比较严重。另外，非传染性疾病（慢性病）已成为我国居民目前主要的健康问题。2019年，我国疾病死亡率中，因慢性病导致的死亡占总死亡的88.5%，其中心脑血管病、癌症、慢性呼吸系统疾病死亡比例为80.7%，我国居民因心脑血管疾病、癌症、慢性呼吸系统疾病和糖尿病等四类重大慢性病导致的过早死亡率为16.5%（《中国居民营养与慢性病状况报告（2020）年》）。

疫情也对居民健康有不可忽视的影响。2020年初突发的新冠肺炎疫情，是新中国成立以来在我国发生的传播速度最快、感染范围最广、防控难度最大的一次重大突发公共卫生事件[①]，严重威胁着居民的健康安全。

（五）健康问题的跨部门治理

健康是多维度的，涉及生理、心理、社会适应性等方面，不仅指身体有无疾病，也不是通过医疗就能全部解决，而是一个系统工程，这对健康公共产品的供给提出了较高要求。我国目前健康跨部门治理面临的挑战主要有三个方面：一是如何把健康融入所有政策，融入个人、家庭、单位、企业、社区和城市的管理中去；二是如何建立预防为主，防治结合的激励机制和保障制度；三是如何把我国各管一段、各自为战、相互不连续、孤岛型的卫生服务体系整合起来，构建好、协调好，成为好的整合型服务体系。

---

① 习近平：《在统筹推进新冠肺炎疫情防控和经济社会发展工作部署会议上的讲话》，载《人民日报》2020年2月24日。

三、健康投资研究的学科背景

（一）健康经济学的研究进展

健康投资的研究主要来源于健康经济学，健康经济学是一门综合性很强的交叉学科，20世纪80年代在美国开始飞速发展。到90年代，很多从事传统主流经济学研究的知名学者都开始转向从事健康经济学的研究，健康经济学现已成为发达国家主流经济学的一个重要应用分支，这主要受到市场供需影响，2010年美国健康产业支出占国内生产总值（GDP）的17.6%，居全球之首（全球大健康产业发展研究报告，2017）。西方健康经济学主要研究健康资源的使用效率，大致分为医疗政策、微观个体的经济行为分析和医疗服务需求和供给等几个角度。健康经济学旨在了解个人、医疗保健提供者、公共和私人组织以及政府在决策中的行为，研究在健康资源有限、消费者权利增强和干预选择日益增多的背景下，如何更加公开和公平地作出决定，提供了一个框架，以明确和一致的方式解决广泛的问题。

随着社会经济的发展，国家和公众对健康的日益关注，我国健康经济学相关理论和学术研究越来越多，学者从健康、医疗保险、家庭及社会等角度在该领域的各个方面开展了理论性、经验性和政策性的问题研究，涉及健康及其价值、健康与疾病的决定因素、公共卫生、健康与经济、医疗卫生与健康的需求、医疗保险、医疗卫生服务的供给、人力资源、医疗卫生服务市场经济机制和经济学评价等重大命题（江启成和李绍华，2002）。根据研究者所在学科背景，健康经济学研究方法一般可分为三类：第一类是经济与管理学背景的学者，侧重于利用计量经济学的模型和方法研究健康的问题；第二类是公共卫生背景的学者，更加侧重使用流行病学、卫生统计和社会医学与卫生事业管理的研究方法，将理论运用于实践中，并强调健康政策的影响；第三类是药物经济学（卫生技术评估）背景的学者，主要使用成本—效果分析、成本—效益分析和成本—效用分析等卫生经济学评价方法，为决策部门分配资源、选择治疗方案提供依据。第二类和第三类研究方法有着一定的交叉。事实上，健康经济学具有双重学科性质，跨学科和交叉学科的特征非常明显，它既可被视为研究医疗政策投入要素的经济学，又可被视为研究健康行为医疗服务的经济学（毛振华等，2020）。

（二）健康经济学的研究内容

目前我国健康经济学研究比较集中的两个方向：一是随着我国健康医疗大数据日趋完善和健康产业的发展，计量经济学基本理论与实践在健康经济领域的应用增多，如用计量经济学的方法研究健康投资和经济增长的关系，从经济学的角度观察，健康是人力资本的一个重要组成部分，对于长期的经济增长有至关重要的作用（王健等，2008），使用计量经济学的方法研究健康问题已经成为共识。二是健康领域，很多疾病的产生与管理是与个人行为密切相关的，习惯、情绪、社会规范等都会影响个体的健康决策，行为经济学对于研究人的非理性健康行为和心理活动、健康需求，以及帮助个体做出健康决策等方面起到很大的助推作用。如在个体意愿与健康相关行为关系的研究中：传统经济学采用贴现效用模型（discounted utility model）通过不变的贴现率对人们的跨期行为进行解释，认为行为主体具有时间偏好的一致性。行为经济学以双曲贴现模型（hyperbolic discounting model）分析人们的跨期行为，发现行为主体存在偏好现在甚于将来的现象。又如对医生行为的研究，包括关注患者健康效益（Ellisand Mcguire，1986）、提高卫生服务决策质量（Siciliani，2009）、医生的治疗和转诊决策质量（Allard et al.，2011）、降低医生的诱导需求和道德损害现象（Maand Riordan，2002），以及外部因素和内部因素所导致的医生诊疗行为的扭曲（Agrawal et al.，2013）。关于如何有效提高人们健康行为决策水平的研究是我国有待拓展的新领域。

具体来看，我国健康经济学的研究主要有以下五项任务：一是健康生活。从健康促进的源头入手，运用行为经济学的研究范式，研究影响健康的健康行为和健康生活方式。二是健康服务，从疾病的预防和治疗到慢性病和重大传染病防控入手，强化覆盖全民的公共卫生服务，实施健康扶贫工程，创新医疗卫生服务供给模式，发挥中医"治未病"的独特优势。三是健康保障，通过健全全民医疗保障体系，深化公立医院、药品、医疗器械流通体制改革，加强各类医疗保障制度整合衔接，改进医疗保障管理服务体系，实现医疗保障能力的长期可持续。四是建设健康环境，开展大气、水、土壤等污染防治，加强食品药品安全监管，强化安全生产和职业病防治，建设健康城市和健康村镇，最大限度地减少外界因素对健康的影响。五是发展健康产业。区分健康产业的基本和非基本，优化多元办医格局，推动非公立医疗机构向高水平、规模化方向发展。加强供给侧结构性改革，支持发展健康医疗旅游等健康服务新业态，积极发展健身休闲运动产业，提升医药产业发展水平（毛振华等，2020）。

第二节 健康投资的内涵

一、健康投资的定义

在人力资本理论研究中前期，学者们把更多的目光聚集在教育层面，认为教育是形成人力资本的重要途径。正式将健康和教育并列为人力资本的两大主要组成部分的是穆什金（Mushkin，1962），他强调了健康人力资本的投资视角，他认为教育只能提高劳动力的质量，健康不仅能提高劳动者的工作效率，而且可以延长其工作时间，健康投资实质上是一种资本积累。

阿罗（Arrow）、舒尔茨（Schultz）和格罗斯曼（Grossman）等学者也意识到了健康在人力资本中的重要作用，并提出了一些基础性论证。阿罗（1963）关注医疗保健市场，讨论了存在风险与不确定因素情况下，医疗保健产业的运作方式，以及该产业满足社会需要的有效程度，在低收入水平条件下，营养、住所、卫生设施等对健康的影响程度会加深。舒尔茨（1964）集中论述了将人力资本作为农业增长的主要源泉这一观点。教育是实现利用某些现代生产要素获得农业增长的关键，而健康保健设施和医疗卫生服务投资是保证教育作用发挥的重要环节，当其他条件相等时，收益率取决于寿命。格罗斯曼（1972）构建了健康需求模型，并提出了健康人力资本和健康人力资本投资的概念并使其模型化,他讨论了健康投资的两个动机:个人从健康中获得效用,良好的健康使个人能够向劳动力市场提供更多的劳动力。

健康投资是健康劳动力或健康人力资本形成的主要途径,简而言之,健康投资就是为劳动力的健康而进行的投资,因而这一投资具有人力资本的作用效应,所以,也可以称为健康人力资本投资。狭义的健康投资主要指为预防和治疗疾病、恢复人体健康的支出,广义的健康投资则可以指整个社会为预防与治疗疾病,维持和增加人们最基本的社会活动能力、劳动生产能力,恢复和提高居民健康水平而投入的全部经济资源(赵红梅等,2021)。所以,健康投资是修复和改善人类健康状态的投资,也是形成健康劳动力或健康人力资本的基本途径。健康投资也有结构性效应,如果健康投资绝大部分集中到疾病的治疗上,可以维持现有人类健康程度;如果健康投资分配到保健、预防、基本医疗服务、疾病治疗等各个环节,则可以达到提升健康投资的效果。

在此基础上,本书将健康投资定义为"为了恢复和发展健康而消耗的资源,用于维持和保护个体和群体健康状态、预防和治疗人体疾病方面所支付的货币投入和时间投入的总和",本书定义的健康投资主要包括消费和营养水平投资、医疗和保健投资、体育运动与休闲投资和生活环境投资。

二、健康投资的特征

与其他形式的投资相比,健康投资具有以下特征。

第一,一般的投资是通过让渡其他资产换取另一项资产,健康投资是通过让渡其他资产换取健康,而健康与生命有机体密不可分,因此通过健康投资可以获得更长的生命周期和更多的健康时间及较少的医疗支出。

第二,健康投资是为了获得健康人力资本,而健康人力资本与先天素质有关,每个个体通过遗传都可获得一定的初始健康存量,而个体成年后,健康人力资本储备随着时间的流逝而贬值,一个人的健康人力资本存量与年龄呈现一种倒"U"型关系,通过后天的健康投资可以获得健康人力资本。

第三,健康人力资本投资具有较强的时间性,个体为其自身进行健康投资，很难在当期存在明显的人力资本增值，健康投资所产生的人力资本储存在劳动者的身体之中，往往需要经过一段时间的过渡，才能凸显其有意义和有价值之处。

第四，健康投资具有风险性，个体的身体健康状况是否良好，受很多因素的影响，如空气、食物、水、心情等。即使进行了健康投资，个体还是有可能生病，但可能生病的概率小一点。因此，健康人力资本投资对人力资本的增值是正方向增长，但是它会受到环境、心情等诸因素的影响，导致其投资具有一定的风险性，投资未必一定能取得回报。

第五，随着人们年龄的增长，健康将逐渐从投资品转向消费品，对于年轻健康的人来说，他们还得活很多年，健康的边际效用很低，所以对他们来说，消费动机低，投资动机高。相比之下，对于年老体衰的人来说，他们的健康投资主要是由消费动机驱动的。

三、健康投资的需求和供给

（一）健康投资需求的影响因素

改革开放以来，经济社会发展迅速，居民收入水平上升，健康知识的普及和观念的不断更新，人们对于健康的需求日渐增长。健康投资受到人群疾病谱、健康意识、文化与生活习惯、医疗卫生制度、人口老龄化等多种因素的影响。

1. 疾病谱[①]的变化。

我国疾病谱处于一个动态变化的过程中。新中国成立前我国居民的主要死亡原因是寄生虫病、传染病等。新中国成立后我国疾病谱发生重大变化，随着卫生医疗条件的改善，疫苗和抗生素的普遍应用，传染性疾病的发病率和死亡率发生明显下降，而心脑血管疾病、恶性肿瘤、糖尿病、遗传性或先天性疾病等慢性病的患病率和死亡率逐渐上升。

---

① 疾病谱是指在整个疾病构成中根据疾病患病率（或死亡率）的高低而排列的顺序，综合反映了医疗单位的卫生服务水平，是了解某地区或医疗机构疾病种类及其变化趋势的重要指标之一。

2. 健康意识的转变。

随着经济社会的发展，人们的健康观念也发生了转变，对于健康的认识从单一的生物医学模式逐渐转变为向环境—社会—心理—生物医学模式，不再局限于疾病治疗，而是扩展到疾病防治、疾病监测、家庭护理、日常保健等多样化需求。据国家卫健委发布的《2019年我国卫生健康事业发展统计公报》显示，我国居民人均寿命由2018年的77.0岁提高到2019年的77.3岁。随着我国医疗保障体系更加完善，覆盖面逐渐扩大，人们的需求不只在于"有病能医"，更加注重提高身体素质，预防疾病到来，从而健康地生活。根据国家卫健委发布的《居民健康素养监测报告》，2018年中国居民健康素养水平为17.6%，比2017年增长2.88个百分点，呈现稳步提升的趋势。社会上对亚健康问题的重视以及人们对于更高生活品质的追求使得对于健康产品的需求大幅上升，健康意识的转变对于健康投资有着较大影响。

3. 经济发展。

健康投资与经济发展之间的关系是相互促进的。一方面，经济发展是影响健康投资的重要因素，随着我国人均收入增多，生活质量上升，人们更加注重身心健康，对于健康的需求日益增多，刺激了健康产业的快速发展。另一方面，健康投资能够带动经济发展，优化经济结构，目前全球股票市值中，健康产业相关股票的市值约占总市值的13%。特别是在发达国家，健康产业已经成为带动整个国民经济增长的强大动力，美国的医疗服务、医药生产、健康管理等健康产业增加值占GDP比重超过15%，约为1.5万亿美元；加拿大、日本等国健康产业增加值占GDP比重也超过10%[1]。

4. 生活习惯变化。

健康投资受到生活习惯的影响，良好的行为和生活习惯可以消除或减轻影响健康的危险因素，从而预防疾病，促进健康，提高生活质量。随着经济发展，人们的生活方式发生着显著变化，由传统日常多体力活动的生活方式逐步转变为多静坐的生活方式，这种生活方式的改变导致人们日常体力活动不足，严重威胁着公共健康状况。WHO（2009）报告，导致死亡率的主要因

---

[1] 廖冰清：《"大健康"产业将成世界经济新引擎》，经济参考网，2013年9月12日，http://www.jjckb.cn/2013-09/12/content_467003.htm。

素中，不足的身体体力活动列第四位，并认为它也是引起许多慢性疾病发生的主要原因。李等（Lee et al.，2012）指出，全球范围内，患冠心病、2型糖尿病及乳腺癌、结肠癌患者中有6%~10%是由于缺少体力活动引起的，同时预计，通过增加身体活动水平，改善体质状况能延长世界人口平均寿命0.68年。

5. 人口老龄化。

人口老龄化形势日益严峻也衍生出对于健康投资的巨大需求。20世纪90年代以来，中国的老龄化进程加快。65岁及以上老年人口所占总人口比例从2000年的6.81%增加到2019年的11.47%，目前中国人口结构已经进入老年型。与此同时，老年人口开始呈现出高龄化的现象：80岁及以上高龄老人正以每年5%的速度增加着，截至2019年末，我国60岁及以上人口约有2.54亿人，占总人口的18.1%。2035年到2050年是中国人口老龄化的高峰阶段，根据预测，到2050年中国65岁及以上的老年人口将达3.8亿人，占总人口比例近30%，60岁及以上的老年人口将接近5亿人，占总人口比例超过1/3。[①] 人口生育率和出生率的降低，以及死亡率下降、预期寿命提高加速了老龄化问题的发展。目前中国的生育率已经低于更替水平，人口预期寿命和死亡率比较靠近发达国家水平。随着20世纪中期出生高峰的人口陆续进入老年，预计21世纪前期将是中国人口老龄化发展最快的时期。这意味着未来老年人健康服务和医疗需求将会有大幅上升，对健康投资的需求增加。

6. 新冠肺炎疫情的影响。

2020年新冠肺炎疫情的暴发使人们的健康意识显著增强，开始改变生活方式以及注重提升自身免疫力。2020中国生理健康指数调查[②]的数据显示，经过新冠肺炎疫情，84.7%的受访者开始加倍关注健康，63.2%的受访者更加敬畏大自然，43.9%的受访者很关心家人的健康，还有91.4%的受访者认为疫情改变了以往不好的生活习惯和生活方式。说明新冠肺炎疫情对于中国居民的消费观念和健康意识有重大影响，居民健康投资的需求越来越多。

---

① 根据国家统计局网站资料整理。
② 《求是》杂志社旗下的《小康》杂志于2020年推出的一项问卷调查。

（二）健康投资供给的影响因素

影响健康投资供给的因素主要有科学技术、地域、政策、监管程度等。

1. 科学技术。

健康产业的发展进步依赖于生物科学、信息技术、材料科学、医疗技术等学科，汇集了不同领域的科学研究和技术创新。因此，健康产业的技术和产品是多学科交叉、融合、渗透的产物，具有极高的科技价值和附加值。互联网技术、生物科学、材料科学等技术的创新进步促进了健康产业供给，大数据的应用可以帮助健康产业的供给方快速捕捉消费者需求，精准提供产品及服务。

2. 地域差异。

由于我国地区之间经济水平发展具有差异性，健康投资在我国也呈现区域性特征，北京、上海、广东等大城市健康产业结构较为完善，服务质量较高，而其他二线三线城市的健康产业发展处于起步阶段，健康产品与服务的供给数量、质量和种类都有待提高。

3. 国家政策。

健康投资受到国家政策出台的影响。2016年出台的《健康中国"2030"规划纲要》标志着发展健康上升为国家战略，2017年习近平总书记在党的十九大报告中提出实施健康中国战略，将国民健康提升到国家战略的高度。2019年我国出台《健康中国行动（2019～2030）年》等政策，进一步落实健康战略的实施，为健康投资创造了良好环境。"大健康"概念正融入各级政府的执政理念中，在政策红利不断释放背景下刺激了健康投资，吸引社会资本不断涌入健康市场。通过政策支持，从准入门槛、人才、办医范围、审批等方面营造社会资本进入健康产业的良好环境，投资主体和投资方式更加多元。

4. 监管。

健康投资涉及的领域具有被动消费的特点，保健品、健康管理等产品服务主要由消费者主动选择。在消费者对于医学知识的了解程度参差不齐的情况下，健康产业需要更严格的监管来保证消费者的健康权益。在监管严格且市场准入门槛高的情况下,健康产业的供给会减少,在监管宽松且市场准入门槛低的情况下,健康产业的供给会增多。

第三节 健康投资的类型

一、按投资主体分类

按照投资的主体不同,可以把健康投资分为政府健康投资、家庭健康投资和企业健康投资三类。这三种不同的投资主体所追求的效益是不同的:政府投资往往追求社会和经济等方面的综合效益,企业投资则更多地追求经济效益,家庭投资所关心的则是经济支出为自身的生活目标服务,取得家庭成员人生生涯发展的效益,以及提高个人和家庭的社会地位和个人综合素质等社会效益。

(一)政府健康投资

政府健康投资主要体现在政府在公共卫生领域的投入,包括国家用于整个人口群体的医疗、保健及其他健康服务费用的支出总和,健康卫生领域的政府支出等。政府卫生支出包括各级政府花费在医疗卫生服务、医疗保障补助、卫生与医疗保障的行政管理、人口和计划生育事务等各项事业的支出总和。公共医疗卫生体系具有一定的特殊性,属于公共品的范畴,需要依靠政府雄厚的财政体系,政府健康投资的重要性不言而喻。

从长远来看,增加政府的公共卫生投资一方面有利于健康人力资本的积累,促进经济的持续、长远发展;另一方面减少了家庭的医疗负担,个人可以将收入更多地用于消费和物质资本的投资,这样不仅能改善生活质量,同时,物质资本投资增加也会推动经济增长,最终有利于社会朝着和谐、健康的方向发展。

（二）企业健康投资

企业健康投资是指企业通过增加员工身心健康而影响未来收益的各种投资活动。企业健康投资的形式主要包括企业健康安全医疗与保险、健康安全制度、健康安全设施、健康安全培训、健康安全时间、健康安全人员等。例如饮食状况的改善会增强员工的体力和精力，从而提高工作绩效；合理的休闲时间可以让员工的精力得以恢复，以更加饱满的状态投入工作；定期的健康检查为员工合理调整生活状态提供指导，同时预防各项疾病的发生，保证员工健康；良好的工作环境能使员工更容易进入工作状态，提高工作效率；健康安全部门负责监督不健康行为，定期指导"问题员工"，为企业营造良好的安全健康氛围，培养员工健康与安全意识，从而减少各种工伤事故的发生。

企业健康投资能够提高员工的健康状况，一方面降低了健康风险对员工工作能力发挥带来的限制，提高企业健康人力资本的质量；另一方面能使员工感受到企业的关怀，提高员工忠诚度，优化员工工作意愿，从而提高工作绩效。企业健康投资维持和改善了员工的健康，既减少了工作伤害和医疗疾病的直接经济损失，也避免了由于临时缺工而造成的间接生产力损失。

（三）个体健康投资

个体是人力资源的最初来源，也是最早参与人力资本投资的主体，在人的一生中，个体人力资本投资都处于重要地位，是人力资本投资的重要组成部分。个体健康人力资本是指通过医疗、保健、运动、休闲等投资方式获得的凝结在劳动者身上的健康人力资本，健康人力资本是其他人力资本形成、积累和发挥效能的先决条件和基本保证。

个体健康投资主要关注四个维度：一是维持个体身体所必需的营养投资，饮食营养是人们日常生活中保持和改善自身健康的必要基础，包括家庭成员个人膳食摄入量、饮食营养、膳食结构等；二是生活方式和改善生活环境的投资，生活方式涉及各个方面，如是否抽烟、喝酒等，生活环境如噪声及饮用水等；三是体育锻炼和休闲投资，在体育锻炼的过程中，人体能量在逐渐消耗，可以有效促进新陈代谢，使身体获取更多新能量，也有利于人体抵抗各类病毒，全面提高其免疫能力，体育锻炼还能治疗慢性心理疾病，休闲也对健康产生一定的积极作用；四是医疗卫生保健投资，医疗卫生保健投资是以预防和治疗人体疾病、保持和改善人体功能健康为主要职能和任务的生产活动。

二、按投资途径分类

按照健康投资的途径不同，可以把健康投资分为消费和营养水平投资、医疗和保健投资、体育运动与休闲投资、生活环境投资四类。

（一）营养健康投资

消费和营养水平投资是指居民在食物消费和饮食营养方面的投资，食物消费是维持人体正常机能的前提，消费不足则无法满足人体正常生活的需求，消费过量则会给身体带来负担，都不利于身体健康。食物消费是人体保持健康的基础，而饮食营养状况则决定了人体健康水平能否提升。营养摄入不足或者营养结构不合理都会导致营养不良状况的发生，及时补充缺乏的营养并注重营养均衡对于提升健康水平十分重要。

营养健康投资从健康投入要素的角度出发，认为人体吸收的营养成分直接同个人的健康状态有关，从而通过个人摄入的营养状态来确定个人的健康状态。一般根据个人特定时间内（一般是1天24小时内）摄入的宏观营养总量（以食物消费中所含有的能量或卡路里数量），或者是人体所必需的某些微量元素和特殊要素等微观营养总量来衡量健康状况。

营养健康投资包括以下几个方面。

一是饮食。肥胖、冠心病、癌症和龋齿等疾病影响着很大一部分人口。虽然这些疾病的起源是多因素的，但饮食被认为是这些疾病的重要起因。由于饮食对健康具有累积影响，所以在整个成年期定期地对饮食进行评估可以研究饮食对健康的作用，饮食情况可以通过24小时回忆或食物记录的方法来评估，饮食的记录还可以被用来评估大规模人口中较长时间（一年以上）内日常食物和营养的摄入情况。简化的饮食历史问卷已被用于评估个体的总体饮食情况，包括观察期内，个体对选定营养素或充足食物的估计摄入量、摄入的每种食品的数量以及食用频率。饮食和营养调查包括食物消费，人体测量（身高和体重）、血液、尿液测试的详细加权记录，通过食品成分表对食品的能量值和营养成分进行了评价。

二是饮酒。通过搜集个体在一个固定的时间段内的饮酒量，从而评估酒精消耗量，再根据测量结果把个体进行分类，如果可以知道每种特定饮料中所含的酒精量，就可以计算出酒精消耗量的国际可比估计值（乙醇克/周）。很多研究针对的是饮酒和健康的关系，但饮酒还涉及其他重要方面，例如身体依赖、行为问题、时间消耗以及饮酒时的身体和社会状态等，这些也应在研究中加以考虑。

三是吸烟。吸烟和健康的关系也有很多研究，一些研究用从唾液样本中检测出可替宁（尼古丁的代谢物）的方式来获取数据，或者通过查看与吸烟有关的疾病（如支气管炎和肺癌）的住院人数以及供应商和零售商关于烟草销售的信息来获得相关研究数据。

（二）医疗和保健投资

医疗和保健投资可分为预防和治疗两部分投资。预防投资是为防止出现健康问题而提前进行的医疗保健方面的投资，包括服用保健产品、注射疫苗、进行推拿按摩等方式进行的投资，预防投资能够在一定程度上提高人体抵抗能力，降低患病概率。治疗投资则是在身体出现健康问题以后，为了恢复健康而进行的投资，主要体现在医疗费用的投入上。

（三）体育运动与休闲投资

进行体育锻炼不仅能够增强体质，提高免疫力，降低患病概率，还能够调节人体情绪，舒缓压力，放松心情，从而改善心理状态。可见，体育锻炼对于提高身体健康水平和心理健康水平都大有益处。休闲是指在非劳动及非工作时间内以各种"玩"的方式求得身心的调节与放松，能够达到生命保健、体能恢复、身心愉悦目的的活动。通过休闲，能够消除体力疲劳，缓解精神情绪，同样有益于身心健康。

体育运动可分为职业体育运动和家庭体育运动，也可分为短期和长期的体育活动，评估包括：心肺耐力、柔韧性、肌肉力量和肌肉耐力以及体脂率水平。居民对当地各类文化/休闲设施的使用程度是获取休闲投资的重要途径，这些相关资料可从多个渠道取得，例如当地的政府部门、剧院、博物馆等。

（四）生活环境投资

生活环境状况与人的生活质量息息相关，进而影响到人体健康状况。生活环境分为自然环境和人工环境，前者包括空气、水源和土地等环境，后者包括公园、绿地、服务设施等环境。就自然环境而言，空气质量状况、水资源储备状况与污染状况、土地污染状况等都会影响人体健康；就人工环境而言，公园建设情况会影响体育锻炼状况，绿化水平会影响生活环境，服务设施则影响生活便利程度，最终都会影响人体健康水平。

三、按目标群体分类

（一）儿童

总体来看，我国儿童健康水平不断提升。2010年以来，我国婴儿死亡率和5岁以下儿童死亡率继续稳步下降。2018年，全国婴儿死亡率为6.1‰，5岁以下儿童死亡率为8.4‰[①]，明显低于《中国儿童发展纲要（2011～2020年）》（以下简称《纲要》）10‰和13‰的目标。儿童健康水平不断提升对我国人均预期寿命延长发挥了重要作用，《中国妇幼健康事业发展报告（2019）》显示，2000～2015年，中国人均预期寿命提高的4.9岁中，有23.5%归因于5岁以下儿童死亡率的下降。《中国儿童发展纲要（2011～2020年）》显示，2018年，全国儿童低出生体重发生率为3.13%，0~6个月婴儿纯母乳喂养率达74.9%，5岁以下儿童贫血患病率、生长迟缓率及低体重率分别为5.44%、1.11%和1.43%，比2017年分别提高0.02个、0.02个和0.03个百分点。

---

① 根据国家统计局网站资料整理。

我国通过持续推进基层医疗卫生机构免费向辖区儿童提供预防接种服务，2018年适龄儿童各种国家免疫规划疫苗报告接种率超过95%。我国儿童健康管理水平稳步提升，2018年，全国3岁以下儿童系统管理率为91.2%，7岁以下儿童保健管理率为92.7%，均比上年提高0.1个百分点，分别比2010年提高9.7个和9.3个百分点。儿童伤害死亡率稳步下降。2010年以来，全国18岁以下儿童伤害死亡率持续下降，2018年为11.74/10万，比上年下降10.9%，比2010年下降47.6%[①]。

我国儿童健康也存在城乡和区域差别。2013年起，全国婴儿死亡率和5岁以下儿童死亡率就已实现《纲要》目标，但城乡和区域间的差距仍然较大。2018年，全国城市婴儿死亡率为3.6‰，农村婴儿死亡率为7.3‰，农村高于城市1倍多。5岁以下儿童死亡率城市为4.4‰，农村为10.2‰，农村高于城市1.3倍。5岁以下儿童死亡率区域间差距也较大，西部高于东部2倍[②]。

（二）青少年群体

青少年群体的健康状况受到了广大的关注，青少年时期是人生的关键时期，对于青少年培养独立健全的人格、形成自信自强的精神品质、树立理想信念和确立生活目标都至关重要。但青少年群体也存在很多健康问题，调研的结果发现，世界范围内，约80%的青少年未达到每天60分钟的中等到大强度的身体活动建议标准，各国青少年普遍存在身体活动不足的公共健康问题（世界卫生组织，2020）。我国青少年群体的健康状况面临的问题：一是体育运动问题，学业压力不断挤压体育活动的时间，使青少年无法确保充分的体育锻炼时间。《2014年全民健身活动状况调查公报》显示，体育运动随年龄增加减少，在每周参加10次以上体育锻炼的人群中，6～9岁人群占30.5%，而16～19岁人群仅占17.0%。二是心理健康问题，我国2020年心理健康蓝皮书《中国国民心理健康发展报告（2019～2020）》也显示，2020年青少年的抑郁检出率为24.6%，其中，轻度抑郁的检出率为17.2%，比

---

①② 《中国儿童发展纲要（2011～2020年）》，人民出版社2011年版。

2009年高出0.4个百分点，重度抑郁为7.4%。青少年时期的健康和发展将影响成年时期，并最终影响下一代的健康和发展，国际研究显示，近2/3的过早死亡和成人疾病总负担的1/3，与青少年期开始出现的情况或行为有关（世界卫生组织，2014）。因此，青少年的健康水平不仅关系个人生命周期的健康和幸福生活，而且关系到整个国家未来的健康素质。三是视力健康问题，2014年全国学生体质与健康调研结果显示，7~22岁汉族学生视力不良检出率为66.6%，其中重度视力不良占65.5%，7~12岁、13~15岁、16~18岁和19~22岁学生视力不良检出率分别为45.7%、74.4%、83.3%和86.4%，呈现出随年龄增加而增加的趋势。这些都对青少年群体健康的发展提出了挑战。

（三）老年群体

我国人口的预期寿命不断增加，但并不一定意味着健康寿命延长，老年人更容易受到各种健康危害，功能性残疾和社会生活质量测量特别适用于老年人。老年人很容易发生事故，同时居住条件会决定老年人的生活质量。我国老年群体健康问题复杂且呈现出一些新的特征，具体有以下三点。

一是慢性病患病率很高且仍在迅速攀升，共病情况严重。我国疾病模式已转变为以慢性病为主，而老年人慢性病负担更重。2015年，城乡老年人近80%患有慢性病，48.8%的老年人同时存在两种及以上的慢性病（党俊武，2018），这种情况被称为共病。老年住院患者的共病率更是高达91.36%，人均患病4.68种（曹丰等，2018）。共病患者与单一病种患者相比，生活质量更低，病死率和致残率更高，且会增加医疗资源使用，给老年人家庭带来更大的经济负担。同时，我国的慢性病控制不容乐观。心脑血管疾病是我国老年人负担最重的疾病，从2000年我国进入老龄化社会开始，心脏病死亡率就在迅速增加，且增长速度惊人。同时，我国高血压、糖尿病患病率上升迅猛，但知晓率、治疗率、控制率一直不佳。2014年35~75岁人群中高血压患病率为37%，检出的高血压患者中知晓率、治疗率和控制率分别为36%、23%和6%（Lu et al.，2017）。糖尿病情况也同样不容乐观，2013年患病率为10.9%，知晓率、治疗率和控制率分别为37%、32%和16%（Wang et al.，2017）。农村情况更为严重，心血管疾病死亡率快速上涨，且从2009年起一直高于城市，高血压和糖尿病患病率增速高于城市，上升趋势尚未得到遏制，健康管理情况远比城市差，疾病知晓率和治疗率均更低。

二是阿尔茨海默病（AD）等疾病的患病人数不断增加。阿尔茨海默病、帕金森病等已经是全球性的健康挑战，我国约有 1 000 万名阿尔茨海默病患者，数量居全球之首，预计到 2050 年，将突破 4 000 万人（光明日报，2020），患病率呈现出农村高于城市，女性高于男性，且随年龄增长而上升的特征。除了对老年人自身生活质量的影响外，阿尔茨海默病带来的长期照护成本巨大。据测算，每人每年的平均花费为 12 万多元，2015 年我国 875 万名阿尔茨海默病患者的年治疗费用高达一万多亿元（包括疾病治疗成本、照护成本、家人照护等间接成本在内），给患者个人、家庭和社会都带来了巨大的经济负担（Jia et al., 2018）。此外，我国所有 AD 患者中重度患者约占 50% 以上，重度患者不仅出现严重记忆力丧失和精神行为异常症状，并且日常生活无法自理，几乎完全依赖照护者，这无疑要消耗家属诸多时间与精力，导致照护者也面临健康、情感和财务压力，这些疾病将随着老龄化加剧成为更大的挑战。

三是以抑郁为主的老年人精神健康问题。我国相当一部分的老年人存在精神健康问题，抑郁是其中典型的代表。抑郁疾病负担在上升且呈现加速趋势，2016 年 60~69 岁老人抑郁疾病负担是 2000 年的 1.7 倍（国务院发展研究中心，2019）。随着我国过快的社会转型，城镇化水平、收入分配差距、人口快速流动、家庭规模和结构的变化，老年人的精神健康压力将会更大。但在患病率大幅上升的情况下，由于社会偏见、病耻感、疾病认知程度低等，有精神健康问题的中国老年人就诊率和治疗率低且呈现下降趋势，严重压抑了真实的精神卫生需求。

第二章

健康投资研究的理论基础

第一节 健康人力资本理论

一、人力资本理论

亚当·斯密（Adam Smith，1776）在《国富论》中首先提出人力资本的思想，认为学习是通过受教育和工作所获得的一种才能，这种才能以固定资本的形式固定在学习者身上。古典和新古典经济学家都提出了人力资本投资的观点，舒尔茨（1960）在美国经济年会上发表了题为《论人力资本投资》的演讲，认为资本有物质资本与人力资本两种表现形式，并明确界定人力资本是通过投资形成的并由劳动者的知识、技能和体力所构成的资本，具体在货币形态上表现为提高人口质量、提高劳动者时间价值的各项开支，将人力资本看作"人力资本的显著标志是它属于人的一部分。它是人类的，因为它表现在人身上；它又是资本，因为它是未来满足或未来收入的源泉或两者的源泉。"舒尔茨认为人力资本投资渠道包括：健康与保健服务、在职培训、在各级正规学校所接受的教育、非公司的成人教育、个人和家庭适应于转换工作机会的迁移支出。

随后，贝克尔（Becker，1965）、敏瑟尔（Mincer，1958，1974）和丹尼

森（Denison，1962）把人力资本理论分别引入家庭、个人收入分配层面，并进行了相应的研究，在此过程中构建了人力资本理论的微观基础。贝克尔（1964）明确阐述了人力资本与人力资本投资的概念，认为人力资本的构成具有多样性，包括劳动迁徙、教育和健康保健等方面，人力资本投资则是为增加人力资本和个体未来收入的支出行为。敏瑟尔（1958）提出将人力资本作为影响收入分配的决定性因素，并首次构建了个人收入分配状况和其所接受的教育培养量之间关系的数学模型。

人力资本对经济增长的影响是宏观经济学中的经典命题，研究指出，健康和教育是人力资本发展，进而是经济增长的最重要支柱。有许多理论认为，通过发展教育和健康来积累人力资本将刺激国家的经济增长，如索洛和斯旺模型（也被称为新古典理论的外生增长理论），哈罗德－多马模型和罗默和卢卡斯于1990年提出的内生增长理论（Bedir，2016）。关于人力资本对经济增长影响的解释大多集中于要素供给和产品需求两个方面：一是人力资本增加了劳动力供给，增加了储蓄并形成资本，因此，在供给侧提供了经济生产所必需的要素投入并促进了经济增长（Mason & Westley，2002；Modigliani & Cao，2004；孟令国等，2013）；二是人力资本增加了对于消费、投资、进出口的需求，从而在需求侧拉动了生产规模的扩张和经济规模的扩大（Lee & Mason，2007；Ferrero，2010；陆旸和蔡昉，2014）。生育率下降、劳动年龄人口减少、人口老龄化等都是社会发展的必然结果，因此，劳动密集型优势减弱、传统要素对于经济增长的驱动力下降是新常态时期中国经济发展的阶段性特征，人口结构的变化中劳动力质量的提高与高素质劳动力占总人口比重的上升，将形成质量型的人力资本。

二、健康人力资本理论

最早的研究强调教育是人力资本的形成和增长的主要贡献者，而忽视或不考虑健康的重要性（Boussalem & Taiba，2014）。正式将健康和教育并列为人力资本的两大主要组成部分的是穆什金（1962），他强调了健康人力资本的投资视角。福克斯（Fuchs，1966）认为健康是人力资本存量的一部分。大多数学者也认同健康和教育是人力资本的两个关键因素（Kyriacou，1991；Mankiw，Romer & Weil，1992；Barro & Lee，1994）。格罗斯曼（1972）指出健康是随着年龄增长而折旧的资本存量，需要通过增加投资来补充健康人力资本存量的不足。穆里宁（Muurinen，1982）分析了健康的投资动机。查德威克（Chadwick，1909）提出健康投资有利于人力资本的累积。埃利希和楚马（Ehrlich & Chuma，1990）在家庭层面比较健康人力资本投资的成本与随之生命延长所带来的效用。埃利希和吕（Ehrlich & Lui，1991）把人力资本作为增长的驱动力和代际间物质和精神的纽带，分析父母健康投资对人力资本的影响。菲尔普斯（Phelps，1997）分析了健康投资对健康人力资本的影响。查克拉博蒂（Chakraborty，2004）考虑了公共健康支出对存活率的影响。

以往的文献揭示了健康作为人力资本的基本要素的重要性，促进了经济增长，提高了社会福利水平、劳动生产率和生活质量。健康可以直接和间接地影响生产力。直接地说，更健康的人是更好的劳动力，因此具有更高的生产力和更多的创造性（Peykarjou et al.，2011）。马利克（Malek，2006）认为健康会提高上学率，降低学校旷课率，因此，健康的学生将具有较高的认知功能，因此他们可以接受更好的教育，这将从一个侧面改善教育，从另一个侧面促进人力资本的发展和积累，特别是从长远来看，这也将有助于该国的经济增长。

健康支出是指对卫生部门和基础设施的投资、医疗保健、社区卫生活动、预防、康复、卫生行政和监管以及资本形成等方面的支出（Ndedi，meta & Nisabwe，2017），这间接意味着对人力资本的投资，从而导致人力资本积累。此外，健康支出被认为是对人力资源的投资，它促进了生产能力的提高，促进了国家的经济增长。

三、健康人力资本与健康投资

舒尔茨将人力资本的积累视作社会经济增长的源泉，且将人力资本具体分为教育、健康、迁移和干中学四类人力资本。其中，世界卫生组织和泛美卫生局于1961年召开的两个国际会议分别探讨了健康、教育与经济发展的关系。此后，国内外开始了有关健康人力资本的问题探究。

1963年阿罗率先提出了健康经济学的概念，其后格罗斯曼（1972）建立了健康人力资本的理论模型，他将健康资本看作同教育人力资本一样对个人收入增长和社会进步产生重大影响的一项关键性投入，并在框架发展中提出了"健康资本存量"的概念。此后，微观上探讨健康人力资本与收入的关系，宏观层面研究健康人力资本对经济增长的相关话题经久不衰。

微观层面上，健康投资主要分为消费和营养水平投资、医疗和保健投资、体育运动与休闲投资、生活环境投资四类。纵览过去的文献可以发现，健康投资主要通过这三种路径影响个人收入：一是良好营养的摄入使劳动者有更好的身体素质，有助于提高生产效率，延长劳动时间，以此带来更高的收入（Angus Deaton，2008；高文书，2009；吕娜，2015）。如于大川（2013）使用中国健康与营养调查（CHNS）数据得出了营养摄入对中国农村农户种植业收入有显著提升的结论。但也有学者对此表示怀疑，如耶利米（Jere R，1988）利用固定效益模型对印度南部的面板数据估计，结果显示农民每日的营养对于农业生产量和个人收入没有显著影响。二是健康人力资本提高了个人的预期寿命。在现代先进卫生条件及医疗技术下，普遍预期寿命提高，中国人均预期寿命从2000年的71.4岁增长到2019年的77.3岁，寿命的增加在一定程度上表示人均劳动时间的延长，可以带来收入的增长（刘国恩，2004）。三是通过体育锻炼、营养摄入降低了部分疾病的发生概率（陈爱国，2010），从而减少医疗费用支出，另外，生病还会导致劳动力效率的降低（黄增健，2019）。因此，一般认为健康投资通过增加健康人力资本的存量与新增投资量，能对收入带来积极的影响（韩民春，2013；黄增健，2018）。

宏观层面上，健康投资多通过政府卫生保健支出与GDP占比作为衡量，对经济增长的影响主要从内生增长模型切入，认为健康人力资本的累积符合规模报酬递增特性，将其进步视为内生变量存在。内生增长理论中的卢卡斯模型和罗默模型，都说明了健康人力资本和教育人力资本与经济增长存在正相关，后续的学者也认同通过促进人力资本的累积可以提高技术进步，提高产出水平（Jun F，2019）。但为了达到一定健康状态的付出和收获是否成正比，支付的公共卫生支出能否带来相应的经济增长，相关讨论还存在争议（李红艳，2020）。目前更多的研究认为，健康人力资本可能会随着收入水平的提高而提高，但维持较高的健康水平需要更多的健康投资，势必会影响到个人储蓄，减少货币资本再流通，不利于推动经济增长（王弟海等，2008；Richard Ball，2008）。尤其是发达国家可能出现此情况，因为其已经具备较高的医疗技术与预期寿命，进一步的健康投资可能导致公共医疗支出付出昂贵的代价，导致国家对其他资源投入减少，使经济增长受阻（Clemente Jesús，2004）。短期来看，健康支出增加会促进经济增长，而长期健康支出具有使人均 GDP 回归长期趋势的效应（王弟海，2019）。

除了围绕健康人力资本与经济增长等热点话题的探讨，近年来健康人力资本以及健康投资涉及的其他研究视角也在不断扩展。一是关于健康人力资本的衡量，包括在此基础上探究居民健康资本存量存在东高西低的省级差异，认为相邻区域存在促进本地经济而抑制邻近区域的空间效应（郝枫等，2019），将此观点再扩展，就涉及一个健康公平性的问题（杨默，2011）。二是关注同为人力资本影响因素的健康与教育之间投资带来的协同作用以及差异何在（李向前等，2016；余长林，2006）。三是从不同角度关注健康投资，进而研究健康投资对某一因素的影响，这方面的文献没有突出的话题集中性。根据格罗斯曼的健康生产理论，医疗保健支出是衡量健康投资的主要指标，其中医疗保险的有无会影响居民未来医疗支付的成本多少，继而对个人健康状况有所影响。但是，有关这一问题的分析具有复杂性。如王稳等（2020）的研究中认为医疗保险直接对家庭金融资产配置行为产生影响，但并不显著影响健康水平，同时发现医疗保健支出通常是在疾病或者伤害发生后进行弥补的一种行为，因此不能认为其对于健康状况有积极或消极的影响。伴随对健康的全面认识，以及"积极老龄化"概念下，为实现健康生活不仅需要注重病后治疗，同时需要建立衰退前预防的多元思想（胡宏伟等，2017）。健康投资不局限于医疗，其外延还包含了营养、体育休闲及环境等多方面的投资，这种衡量更倾向于一种对"健康行为"的投资，只是这种行为包含了积极投资与消极投资，如吸烟喝酒等的投资可能对身体健康带来负面影响，而

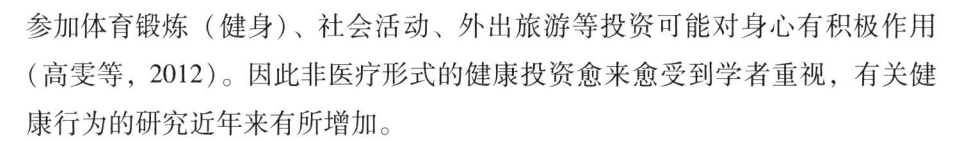

参加体育锻炼（健身）、社会活动、外出旅游等投资可能对身心有积极作用（高雯等，2012）。因此非医疗形式的健康投资愈来愈受到学者重视，有关健康行为的研究近年来有所增加。

四、健康需求理论

（一）格罗斯曼健康需求模型

格罗斯曼（1972）在研究医疗产品供给问题时首次提出了基于健康需求的人力资本模型，将健康视为一种耐用资本品，用供给和需求曲线来解释人们对于健康的需求。他指出，健康是随着年龄增长而折旧的资本存量，初始存量的质量一部分是先天的，另一部分则是后天的。并将健康视为能提高消费和满足程度的资本存量。这一理论模型指出，至少在一定程度的年龄之后，年龄的增加意味着健康资本折旧率的提高，使消费者需要通过增加投资来补充健康人力资本存量的不足[①]。

假设健康是一种耐用资本品，每个人出生时都获得一定的健康存量，且此存量会随时间折旧而减少，可通过投资来增加，如果健康存量低于某一特定水平即表示死亡。在模型中个人可以选择生命的长度，通过家庭生产函数进行对健康资本的投资。消费者生产健康资本投入的生产要素包括时间，购买的医疗服务和食品等消费品。上述生产函数所受到的特定环境变量的影响中最重要的是消费者的教育程度，这些变量可视作无形的生产技术，影响生产过程的效率。

假定消费者个人为了决定他们最理想的健康状况，对能改善他们健康状况的开支进行估价并与花费在其他商品上的开支做出比较。格罗斯曼假定消费者在健康的生产函数上有完全信息，从而可以求出带有时间效用函数的极大值，建立了健康需求的均衡模型：

[①] 王小万、刘丽杭：《Becker 与 Grossman 健康需求模型的理论分析》，载《中国卫生经济》，2006 年第 5 期。

$$\frac{U_{\phi t}(1+r)^t}{\lambda}\frac{\phi'_t}{C^h_{t-1}} + \frac{W_t\phi'_t}{C^h_{t-1}} = r + \delta_t - \tilde{C}^h_{t-1} \qquad (2-1)$$

($U_{\phi t} = \partial U/\partial t$：个人拥有健康时间的边际效用；$\lambda$：财富的边际效用；$\phi'_t$：健康存量的边际产出；$C^h_{t-1}$：$t-1$ 期健康投资的边际成本；$\tilde{C}^h_{t-1}$：是从 t 期到 $t-1$ 期边际成本的变化率）。

为了简化分析，格罗斯曼假定了纯粹消费模型和纯粹投资模型两种形式，分析结论是：健康存量是现有健康存量、健康恶化率以及健康投资的函数。

该模型的主要优势是对影响健康和医疗保健需求数量的变量做了转换，而不仅仅是着眼于收入和医疗保健的价格。而这基于一个前提，即健康的影子价格取决于医疗保健价格之外的许多变量。假定生命周期中健康存量的折旧率是上升的，则影子价格随着年龄上升；若教育使得个人健康生产效率增加，则影子价格随着所受教育时间下降。经济学中最基本需求定理同样适用，格罗斯曼指出，在确定条件下，影子价格的上升会同时降低健康需求的数量并增加所需要的健康投入的数量。如果健康需求的价格弹性小于1，则健康保健的需求量上升。

该模型的前提是，将健康视为一种人力资本——健康资本，并且提出与其他人力资本的差异。一般人力资本会影响市场或非市场活动的生产力，健康资本则会影响可用于赚取所得或生产消费品的总时间。换言之，其他人力资本投资如学校教育或在职训练的报酬是增加工资；健康资本投资的报酬是增加健康的时间。消费者对于健康的需求源于两种动机：一是作为消费品，直接进入效用函数（生病被视为无效用）；二是作为投资品，在市场部门决定可用于工作的时间，以便消费者赚取收入；在非市场的家庭部门，在这里人们生产的产品进入效用函数。对健康需求的投资动机是因为健康存量的增加可以降低那些由于疾病和伤害所减少的用于市场和非市场活动的时间。根据健康需求的动机发展出健康需求一般模型两种极端的情形：纯投资模型和纯消费模型。在纯投资模型中健康不直接进入效用函数，在纯消费模型中健康投资回报的货币利率为零。

格罗斯曼强调健康资本的两个特点：第一，健康是产出，医疗是健康生产函数的投入要素。购买医疗服务实质上是购买健康，因此医疗需求是健康需求的派生需求，医疗需求曲线通过健康需求函数和健康生产函数相互作用。根据传统的需求理论，每一个消费者有一个效用偏好函数，以便排列出所购买的商品或服务的组合。消费者被假定在收入和资源约束下选择最大化效用函数的组合。这个理论提供了大多数商品和服务需求的满意解释，而在购买医疗服务时消费者需要的实质上并不是这些服务而是健康。健康作为一种产出或者选择目标与健康保健作为一种投入的区别，已经在1972年以前的文献中得到理论与实证的研究。第二，资本之间的差异，明确了健康资本与其他人力资本的差异。一般人力资本会影响市场或非市场活动的生产力，健康资本则会影响可用于赚取收入或生产消费品的总时间；其他人力资本投资（如接受教育或在职训练）的报酬是提高工资率，健康资本投资的报酬是增加健康的时间。

（二）健康需求模型的扩展

格罗斯曼（1972）的经典论文发表之后，其他学者在此基础上做了大量的相关研究。研究通过对健康需求的人力资本模型的实证检验以及增加条件和改变假设对基本模型进行了扩展。

学者们对健康需求的人力资本模型的理论扩展可以归纳为在模型一般化、加入不确定性影响、同时加入保险和不确定性影响等三个方向的扩展。

1. 一般化，同时考虑投资模型和消费模型。

穆里宁（1982）在确定性条件下，以投资—消费混合的一般化模型，对年龄、教育和财富的变动进行比较静态分析。这个方法比格罗斯曼（1972）更具有普遍意义，因为他同时考虑了健康需求的投资动机和消费动机。为了得到年龄和教育年限递增对最优健康资本和医疗保健需求的影响，他提出更加严格的假设，即健康时间和商品之间的边际替代率是连续的，并且两个商品之间是完全替代的。

2. 加入不确定的影响。

在格罗斯曼（1972）关于健康需求的早期研究中，他忽略了不确定性。从库伯（Cropper, 1977）开始，达达诺尼和瓦格斯塔夫（Dardanoni & Wagstaff, 1987）、塞尔登（Selden, 1993）、常（Chang, 1996）和菲尔普斯（1988）等大批学者将不确定性引入格罗斯曼的纯投资模型。

库伯假设疾病发生在一个给定的时期,如果健康存量下降到一个临界疾病水平,在疾病状态上收入为零。健康存量的增加降低这种状态的概率。他还进一步假设消费者是风险中性的,目标是最大化预期。库伯的模型只有两种状态:健康或生病。不确定性来自生病概率的不确定,存量的增加可减少疾病发生的概率。由于消费者购买医疗服务用于健康投资,目的在于减少疾病发生的概率,此时的医疗服务可以定性为一种预防性的医疗保健。库伯得到的结论与格罗斯曼模型的收入效果相同,即收入或财富水平越高的消费者维持的健康资本存量越高。

达达诺尼和瓦格斯塔夫(1987),塞尔登(1993),常(1996)都使用两期模型,现周期的效用函数仅仅依赖现在的消费。因为第二周期的收入—生产函数包含一个随机变量,所以这个周期的不确定性增加。这个函数是:

$$Y_2 = Wh_2(H_2, R) = F(H_2, R) \quad (2-2)$$

其中,Y_2是第二期的收入,Wh_2是第二周期中健康时间的多少,H_2是第二周期的健康存量,R是随机项。显然,$F' > 0$,$F'' < 0$,其中F'和F''分别是收入函数中H_2的一阶和二阶导数。二阶导数是负的,是因为在健康时间的生产中,当存量上升时,健康存量的边际产品降低,R增加则收入增加($F_2 > 0$)。除了从健康获得收入,也可从储蓄中获得一个固定比例的回报。不确定性条件下,规避风险的个体对健康的投入比没有不确定性时要多。

3. 同时加入不确定性与保险的影响。

在投资—消费混合的多期模型中加入不确定,模型设定不确定性来自影响健康资本存量的随机项。主要结论是:(1)随机模型下的最优健康资本比确定情况下的模型大;(2)社会保险会降低最优健康资本存量;(3)在买保险的成本随健康存量增加而下降的情况下,私人(商业)保险的介入反而会增加最优健康资本存量。

引入不确定性模型后发现,与确定情况下的模型相比,在不确定情况下,消费者的健康需求与医疗需求都较高。

(三) 健康需求的实证研究

健康需求的实证研究可以按其资料来源分为两类,一个是使用截面数据的实证研究，另一个是使用时间序列数据进行的实证扩展。

1. 使用截面数据的实证研究。

瓦格斯塔夫（Wagstaff, 1986）用1976年丹麦福利调查来估计一个多指标版本的结构和格罗斯曼的健康需求模型的简化形式，完成了对非慢性健康问题的19种测量的一个主要的构成分析，由此获得反映身体灵活性、精神健康、呼吸健康和无痛的四个健康指标，然后他使用这四个变量作为没有观察到的健康存量的指标。

瓦格斯塔夫采用约雷斯科格（Joreskog, 1973）和戈德伯格（Goldberge, 1974）的MIMIC（多指标多原因）的估计模型，在概念层次和实证层次都证明了良好健康的多维属性。除了MIMIC方法，格罗斯曼和瓦格斯塔夫的研究主要有两个不同：第一，格罗斯曼的结构函数是生产函数，瓦格斯塔夫的结构函数是一个条件输出需求函数。第二，在讨论和试图估计纯消费模型中，瓦格斯塔夫使用了弗里施（Frisch, 1964）的健康需求函数。

2. 使用时间序列数据的实证研究。

范多斯勒（VanDoorslaer, 1987）的动态健康需求模型使用了时间序列的数据，用到了1984年的荷兰健康访问调查数据，评估受访者在1979～1984年的健康。范多斯勒的调查结果说明1979～1984年，教育、过去的健康状况和两者的相互关系在健康中是一个正向和重要的系数。

第二节 健康与经济增长理论

一、健康与经济增长的研究

（一）健康与经济增长的理论研究

在不同的经济增长理论中，人力资本的重要性是不相同的。索罗（Solow, 1956）的新古典增长模型关注资本、劳动和技术等生产要素投入对经济增长的作用,但没有赋予人力资本特定的作用。曼昆、罗默和威尔（Mankiw, Romer & Weil, 1992）把人力资本作为生产要素引入到索罗模型中,发现加入人力资本之后的索罗模型可以很好地描述跨国经济增长,不过这个经过改造的模型依然是一个外生增长模型。巴罗（Barro, 1996）构建了含有健康人力资本投资、教育人力资本投资和物质资本投资的三部门新古典模型,发现好的健康水平通过各种渠道促进经济增长。万宗和迈斯肯（VanZon & Muysken, 2003）构建了一个内生增长模型,该模型显示了医疗服务的提供如何影响经济增长率,发现增长绩效与健康活动之间是"U"型关系,对于低水平的健康活动,增长率随着卫生部门规模的增加而增加,然后又开始下降,进一步扩大卫生部门的规模。因此,西方经济体所经历的寿命延长意味着这些经济体的增长前景较低,而对于处于发展阶段的经济体,健康活动与增长之间更可能存在积极的关系。迈克尔和永（Michael & Yong, 2003）通过构建改进的新古典增长模型,发现医疗保健和健康生产技术是增长的主要因素。巴罗（2013）提出一个新的新古典理论框架,发现健康状况的提高对生产力有积极影响。

  与在新古典增长模型中不同,人力资本在内生增长理论中发挥着非常重要的作用。卢卡斯（1988）把人力资本作为一种生产要素直接引入经济生产函数中,认为经济增长来源于人力资本的积累。埃利希和吕（1991）把预期寿命效应纳入一个一般均衡模型,证明健康投资带来的寿命延长会引起长期经济增长率上升。肯克尔（Kenkel, 1991）研究了健康投入和产出之间的关系。阿吉翁和霍伊特（Aghion & Howitt, 1998）指出人力资本影响经济增长的方式包括人力资本的积累和人力资本存量。迈斯肯等（1999）把健康积累函数加入 RCK 模型中,研究了健康人力资本对经济的宏观影响。豪斯亚（Hosoya, 2002, 2003）发现,如果考虑技能驱动型技术转变效应,具有健康投资的经济可能会存在持续性的经济增长。福格尔（Fogel, 2002）指出,健康的提高对经济增长的贡献应该被看作一种劳动增进型的技术进步。阿格诺（Agenor, 2008）基于内生增长模型研究了健康的公共支出对经济增长的影响。凡蒂和哥里（Fanti & Gori, 2011）认为经济体在完全预见情况下,内生健康投资通过影响个体寿命作用于经济波动。王弟海（2012）发现经济增长既同健康投资的增长率有关系，又同健康人力资本存量有关，福格尔型的健康人力资本可以提高经济增长率。弗兰科维奇等（Frankovic et al.，2017）发现医疗创新的健康投资可以提高经济增长率。巴尔丹齐等（Baldanzi et al.，2017）构建的一般均衡模型发现健康投资会带来长期经济增长。

张和李（Zhang & Lee，2001）在一个有社会保障的两部门增长模型中，研究死亡率下降对经济长期增长的影响，寿命增加对生育率的净影响往往是负的，但对人力资本投资和经济增长的影响是正的。豪斯亚（Hosoga，2002）使用的内生增长模型将技能驱动的技术变革，通过将正规学校教育积累的人力资本与健康资本积累结合在一起，研究了经济增长、平均健康水平、劳动力分配和人口寿命之间的关系。模型表明，改善的公共卫生环境对于可持续发展必不可少，只有当一个经济体具有较高的公共卫生水平时，才会出现更好的增长情况。布鲁姆、坎宁和塞维利亚（Bloom, Canning & Sevilla，2004）估计了一个包括工作经验和健康两个变量的经济增长的生产函数，发现即使在控制劳动力经验的情况下，良好的健康状况对总产出也有积极的、可观的和统计上显著的影响。豪伊特（Howitt，2005）提出了熊彼特增长理论（Schumpeterian growth theory）的一个简单版本，发现一个国家人口健康状况的改善将影响其长期经济增长。贾米森、刘和王（Jamison, Lau & Wang，2005）应用了一个包含技术水平及其变化率的简约增长模型，评估健康对经济增长影响的程度，发现健康影响收入水平，但不能加速技术进步。库恩和普雷特纳（Kuhn & Prettner，2016）在罗默（Romer，1990）在世代交叠模型中引入了医疗保健部门，医疗保健部门雇佣劳动力，从三个方面提高人口的健康水平：预期寿命更长，工人生产率更高，退出从事生产活动的部门。医疗保健部门吸收了生产和研发部门的劳动力，而且由于医疗保健在降低死亡率方面的回报率不断下降，医疗保健部门的投入能够最大限度地实现长期经济增长。库恩和普雷特纳（2016）表明，卫生保健部门投入的增长超过其增长最大化水平，构成帕累托改进，可以提高社会福利。这一结果与理性的个人愿意将不断增长的收入的一小部分用于医疗保健是一致的，这样经济总发展与医疗保健部门占经济总份额是同步增加的（Hall & Jones，2007）。

（二）健康与经济增长的经验证据

健康与经济增长的实证研究基于不同国家、不同时间的样本，有不同的研究结论，提出了相互矛盾的证据和不同的结果。实证研究主要归纳出四类健康支出与经济增长的关系。

1. 经济增长影响健康。

经济增长影响健康观点中具有代表性的学者是瓦格纳式（Wagnerian，1883），他揭示了经济增长与健康支出之间存在单向关系，但与凯恩斯理论相反，是从经济增长到健康支出，认为经济增长是推动政府在卫生部门支出的主要力量，如果一个国家的人均国内生产总值增加，将导致政府增加其公共支出（Boussalem，2014；Tsuarai，2014）。埃尔迪尔和耶特金纳（Erdil & Yetkiner，2009）进行的另一项研究证明，只有中低收入国家的 GDP 与健康支出之间存在单向关系，这与瓦格纳式（Wagnerian，1883）的观点相符。

2. 健康影响经济增长。

学者就健康对经济增长的影响发表了大量的研究论文（Strauss & Thomas，1998；Wang et al.，1999；Qureshi & Mohyuddin，2006；Bhargava et al.，2006；Weil，2007），这些学者的研究为健康状况在经济增长中的重要性提供了总体一致性，有大量的研究支持健康状况对经济增长有重大影响。即使是那些认为人力资本积累与经济增长关系很弱的经济学家，如马图斯（Mathus，2005），也认识到健康的某些指标与经济增长密切相关。具有代表性的是凯恩斯（Keynesian，1936），指出健康支出与经济增长之间存在单向关系，这种关系的方向是从健康支出到经济增长，主要针对医疗支出对经济的刺激作用。美国糖尿病协会（ADA）在 2002 年进行了一项研究，旨在分析糖尿病防治支出对经济增长的影响，发现改善糖尿病患者健康状况的支出越多，刺激美国经济增长的贡献就越大，当医疗支出较高时，经济增长率会更高。他们的研究证明了健康主导下的健康与 GDP 的单向关系假说，这与凯恩斯（Kegnesian，1936）的观点是一致的。大多研究认为公共健康支出对经济增长有重大影响，沙斯特里和威尔（Shastry & Weil，2003）与威尔（Weil，2007）建立了健康对总劳动生产率和经济增长的正向因果效应。不同国家之间的健康差异对生产力的直接影响程度从 10% 到 1/3 不等（Shastry & Weil，2003）。巴尔加瓦等（Bhargava et al.，2006）和威尔（Weil，2007）以 ASR 作为主要指标，得到了健康对经济增长（GDP）的影响。施特劳斯和托马斯（Strauss & Thomas，1998）使用身高和体重指数（BMI）作为健康指标，证明了健康对经济发展的重要作用。巴尔加瓦等（Bhargara，2001）将成人存活率（ASR）作为健康状况的代表性变量，纳入了 92 个国家 1965～1990 年期间的增长函数中。结果表明，健康与经济增长之间存在正相关关系。乌斯曼等（Usman et al.，2011）研究尼日利亚公共支出与经济增长之间的关系时，发现卫生支出对经济增长有积极影响。赫什马蒂（Heshmati，2001）通过广义索罗模型研究了卫生支出与国内生产总值的关系，得出卫生支出对国内生产总值增长具有正向显著影响。蒙特鲁比亚内西、格兰德斯和达布斯（Monterubbianesi，Grandes & Dabus，2017）利用一个由 91 个国家组成的小组，在 1960～2005 年测量健康对经济增长的贡献，并比较在增长核算模型和"a-la-Barro"回归这两种方法下，健康对长期经济增长的影响。结果表明，健康状况的变化对长期经济增长的边际效应系数在增长核算模型中为 2.6%，在"a-la-Barro"回归模型中为 8.3%，说明健康对长期经济增长有着强有力的影响。沙斯特里和威尔（2003）与威尔（2007）试图在总体水平上确定健康对生产力的因果影响，他们的方法遵循两个步骤：第一步，通过微观经济分析和随机对照试验获得某些健康状况（如贫血）或健康指标（如女性初潮时的身高和年龄）对个体生产力的影响，第二步根据包含人力资本的标准生产函数，推断健康的宏观经济影响。贝迪尔（Bedir，2016）的研究表明，当达到非常高的收入水平和社会发展水平时，卫生支出对维持收入和 EMEA[①]与亚洲国家的发展水平具有重大影响。梅农（Menon，2017）使用综合国际增长中心（IGC）项目的证据，强调健康是经济增长的一个重要因素，健康通过提高工人生产力、提高平均预期寿命和人力资本积累以及减轻疾病负担来影响增长。迈耶等（Mayer et al.，2008）和迈斯肯（2008）认为，健康对经济增长有积极影响，健康的生活是有效劳动力的先决条件，通过衡量各种因

[①] EMEA 为"Europe, the Middle East and Africa"的首字母缩写，为欧洲、中东、非洲三地区的合称。

素对经济增长的促进作用，他们的结论是：健康因素对提高工人效率的贡献比教育因素更大。苏塞克斯等（Sussex et al., 2016）指出，用于医疗研究和发展的政府和私人基金对国家经济发展具有统计上显著的积极影响。布萨勒姆等（Boussalem et al., 2014）采用因果关系和协整检验，调查阿尔及利亚健康支出与经济增长之间的关系时发现，健康支出对阿尔及利亚的经济增长有显著影响。

3. 经济增长与健康支出的双向关系。

在双向因果关系方面，可能是经济增长导致健康支出增加，也可能是健康支出增加导致经济增长。普里切特和萨默斯（Pritchett & Summers, 1996）、布鲁姆和坎宁（Bloom & Canning, 2000）、布鲁姆、坎宁和塞维利亚（Bloom, Canning & Sevilla, 2003）与布鲁姆和芬克（Bloom & Fink, 2014）关注的是从健康到收入和增长的途径，而卡特勒、莱拉斯·穆尼和迪顿（Cutler, Lleras-Muney & Deaton, 2006）以及霍尔和琼斯（Hall & Jones, 2007）则描述了反向因果关系。艾莎和普约（Aisa & Pueyo, 2006）提出了一个内生寿命模型，在考虑公共健康支出时，发现经济增长和健康支出两者之间存在非单调关系。公共卫生支出对预期寿命、储蓄和增长的积极影响，如果足够强烈，可以抵销从投资中拿走资源的影响。这可能是发展中国家的情况，在这种情况下，增加政府卫生支出将导致更快的增长。然而，在发达国家，标准的负关系可能仍然存在。纳西鲁和乌斯曼（Nasiru & Usman, 2012）使用自回归分布滞后方法（ARDL），揭示了健康支出与经济增长之间至少存在一个方向，这在很大程度上支持了健康支出与经济增长的双向关系。埃尔迪尔和耶特金纳（Erdil & Yetkiner, 2009）的研究表明，在研究低收入、中等收入和高收入国家中，健康支出与经济增长之间的双向关系是最主要的研究方法。赫什马蒂（2001）在一项使用Solow增长模型的研究中讨论了健康支出与经济增长之间的关系，发现两者之间存在显著的关系。乌法克·阿德尔（UfaqAdeel, 2016）使用自回归分配滞后模型（ARDL）研究发现，卫生方面的支出越多，工人就越健康，其生产能力就越强，最终人均GDP的生产能力也就越强。马库塔、西蒙内斯库、廷德奇和马库塔（Marcuta, Simionescu, Tindeche & Marcuta, 2018）以罗马尼亚为案例进行研究，发现可持续发展与预期寿命密切相关，可持续的经济增长是建立在健康的劳动力基础上的，反过来，经济福祉有助于劳动力保持健康。

4. 健康支出与经济增长之间没有显著的关系。

但也有一些研究认为，健康支出与经济增长之间没有显著的因果关系（Tsaurai，2014）。巴尔达奇、古苏依和德梅洛（Baldacci，GuinSiu & DeMello，2003）使用协方差结构模型发现，健康与经济增长之间的确切关系是不确定的，因为健康与经济增长的关系是一个复杂的生产过程，这个过程涉及许多变量之间的相互关系，包括制度因素和个人行为，很难得到一致性的结果。撒瑞（Tsaurai，2014）使用博茨瓦纳1995年至2012年的数据发现健康支出与经济增长之间没有显著关系。山马特（Sammut，2013）评估健康与经济增长之间是否存在相互作用，他的模型包含四个变量，并在不同的时间段内运行，研究结果表明，两者之间没有因果关系，经济增长和健康支出是独立的，健康支出增加对经济增长没有影响，而经济的发展也不会带来更高的健康支出。塞尔达·库尔特（Serdar Kurt，2015）利用土耳其1980年至2000年的数据，发现总体而言，经济增长与健康支出无显著相关性。科斯塔（Costa，2015）认为，改善健康状况并不是现代经济增长的先决条件。阿塞莫格鲁和约翰逊（Acemoglu & Johnson，2007）发现健康状况的改善对经济增长有负向的影响，他们使用新古典增长模型解释了他们的发现，在新古典增长模型中，随着死亡率的下降，生育率保持不变，结果，人口增长率增加，带来的资本稀释效应会降低稳定状态下的收入，这一点在索罗（1956）的研究中是众所周知的。阿塞莫格鲁和约翰逊（2007）的方法论在不将初始健康纳入模型的情况下，对经济增长与健康改善之间的关系提出了挑战，但这种负相关关系，可能是因为人口健康状况较好的国家增长更快，而健康状况的改善程度低于初始健康状况较低的国家。阿吉翁、霍伊特和穆尔廷（Aghion，Howitt & Murtin，2011）以及布鲁姆、坎宁和芬克（Bloom，Canning & Fink，2014）将初始健康纳入阿塞莫格鲁和约翰逊（2007）的模型中回归，并发现负因果效应消失。阿吉翁、霍伊特和穆尔廷（2011）运用现代内生增长理论重新审视了健康与增长的关系，根据1960~2000年的跨国回归，发现较高的初始水平和较高的预期寿命改善率对人均国内生产总值增长都有显著的积极影响。控制初始健康的基础上，汉森（Hansen，2014）发现寿命的变化对美国各州人均 GDP 没有显著影响。切尔维拉蒂和桑德（Cervellati & Sunde，2011）在分析中考虑了人口结构的转变，将阿西莫格鲁和约翰逊（2007）的样本分为转型前和转型后国家，采用了相同的方法和工具发现，转型前样本中，预期寿命的增加对人均收入的影响是负面的，但在转型后样本中，这一影响是显著的。切尔维拉蒂和桑德（Cervellati & Sunde，2015）在后续一篇论文中指出，这是由于寿命对这些环境中的生育率和教育决策的影响不同。在转型前的经济体中，长寿与教育程度的提高或出生率的降低无关，因此，增加的存活率转化为更高的净生育率。转型期后的经济体，长寿与各种教育措施的增加以及生育率的降低有关。汉森南·伦斯特鲁普（Hansenand Lönstrup，2015）的研究结果支持这一理论，他们发现，在考虑一个具有国家固定效应的分组数据模型时，后人口转型国家寿命改善与人均国内生产总值增长之间存在积极关系。汉森（Hansen，2013）和德博德（Desbordes，2011）的研究结果支持人均 GDP 和预期寿命之间的"U"型关系。总结这些研究可以发现，在达到非常高的寿命水平之前，健康状况的改善可能不利于人口转型前的经济增长，而在人口转型后则是有益的。苏尔克和厄尔本（Suhrcke & Urban，2010）使用广义矩量法（GMM）的动态面板数据发现，心脑血管疾病对高收入国家 1960~2000 年的经济增长产生了负面的因果影响。海克拉克、斯基尔斯和泰勒（Hyclak，Skeels & Taylor，2016）在随后的 2000~2012 年时间跨度中证实了这一关系。他们还发现，在经济合作与发展组织所研究的国家中，由于东欧国家的原因，心脑血管疾病死亡率与人均收入之间的相关性上升。这也符合健康改善回报率下降的概念，心脑血管疾病的医疗水平提高带来的效益在经济发达国家大多已经耗尽，只会积累到经济欠发达的国家。研究也表明，健康支出不利于经济增长可能是由于治疗效果不佳（Chandra & Skinner，2012）、医疗保健系统效率低下（Cutler & Ly，2011）或医疗保健支出针对生产力增长潜力不大的群体（如退休人群）造成的。

考虑到现收现付养老金计划在罗默（1986）经济中的作用，海德拉和米罗（Heijdra & Mierau，2011）表明，由于储蓄的反应，死亡率下降促进了经济增长，储蓄的变化在很大程度上促进了增长，但在固定福利而非固定缴款养恤金计划下,这一点并不明显。令人惊讶的是,如果提高退休年龄,由于延长工作寿命而减少退休储蓄(从而减少资本积累),促进增长的效果也会受到抑制。库恩和普雷特纳(Kuhn & Prettner, 2016)也有类似的观点,他们考虑了罗默(1990)的模型,如果健康状况的改善导致发病率的下降,而发病率下降是死亡率下降的主导因素,那么劳动参与度就会提高,退休储蓄就会减少。由此导致的利率上升抑制了研发活动和经济增长。而工作生活中与健康相关的增长对经济增长的作用的研究并未得到一致的结果。

二、不同经济体中的健康与经济增长

(一)健康与经济增长在不同经济中的差异

针对不同经济发展水平国家样本的研究主要关注人口结构的转变,因此是马尔萨斯经济停滞向长期经济增长转变的时机。健康与GDP之间存在着很强的正相关关系,健康状况较好的国家比健康状况较差的国家富裕,这种关系被称为"普雷斯顿曲线"(Preston, 1975)。就贫穷国家和富裕国家之间的趋同而言,出生时预期寿命的增长比人均国内生产总值的增长更快(Becker, Philipson & Soares, 2005;Deaton, 2013;Weil, 2014)。

研究的关键在于健康如何影响摆脱贫困陷阱的可能性,而贫困陷阱可能因健康状况不佳而得以维持。嘉乐和威尔(Galor & Weil, 2000)首先对马尔萨斯经济停滞向长期经济持续增长的转变提供了内生解释,从而开创了统一增长理论(Galor, 2005, 2011),解释了几个世纪以来的增长过程,并为工业革命提供了内生的解释。统一增长理论解释了发达经济体和欠发达经济体之间的"巨大差异",这是从长期停滞、逐渐起飞到持续增长转变的结果。在一些国家,经济起飞发生得较早,是因为这些国家在一些潜在变量上有先机。正如切尔维拉蒂和桑德(Cervellati & Sunde, 2015b)在一个统一增长模型中所示,外部死亡率差异确实是解释经济起飞差异的一个很好的变量,当人们平均寿命更长时,人力资本投资更有可能获得回报,因为工作寿命更长(BenPorath, 1967;Cervellati & Sunde, 2013),这意味着人力资本投资(无论是个人的人力资本还是其子女的人力资本）的回报增加。德拉克罗瓦和利坎德罗（DelaCroix & Licandro，1999）、卡莱姆利奥兹坎、莱德和威尔（Kalemli-Ozcan，Ryder & Weil，2000）以及布切金等（Boucekkine et al.，2002，2003）构建了考虑死亡率下降引发对个人人力资本投资增加和经济增长的模型。查克拉博蒂（Chakraborty，2004）扩展了模型，讨论公共健康投资对寿命的影响。塞维拉蒂安和圣德（Cervellati & Sunde，2005）和苏亚雷斯（Soares，2005）的模型中，死亡率下降鼓励父母少生孩子，并且更好地教育这些孩子，从而启动经济人口转变。布鲁姆等（Bloom et al.，2015）的研究说明妇女健康发挥着特别重要的作用，健康的妇女更有可能参与正规劳动力市场，因此面临着更高的生育机会成本，对妇女健康的投资导致了一种替代，从有很多孩子变成有更少的、受过更好教育的孩子，这有助于启动从经济停滞到增长的转变。很多研究围绕着寿命、健康和教育之间的关系展开，得到大量的经验结果，贾亚钱德兰和勒拉斯·穆尼（Jayachandran & Lleras Muney，2009）发现成年女性存活率的增加导致女孩的教育程度不同于男孩。奥斯特、舒尔森和多尔西（Oster，Shoulson & Dorsey，2013）提供了微观证据，表明了解自己对亨廷顿疾病的易感性的个人相对于那些不知情的人减少了人力资本投资。米格尔和克雷默（Miguel & Kremer，2004）、布莱克利（Bleakley，2007）和克罗克、希克斯、许、克雷默和米格尔（Croke，Hicks，Hsu，Kremer & Miguel，2016）关于根除钩虫的研究，菲尔德等（Field et al.，2009）关于碘缺乏的研究，以及由布莱克利（2010）和卢卡斯（2010）关于消灭疟疾的研究，都发现与健康相关的教育生产力的提高。利克利和兰格（Leakley & Lange，2009）的研究发现，随着美国南部根除钩虫而来的教育扩张伴随着生育率的下降。"人口红利"（Bloom & Williamson，1998；Bloom，Cannin & Sevilla，2003；Bloom，Kuhn & Prettner，2017；Mason，Lee & Jiang，2016）强调了统一增长理论中向持续经济增长的起飞过程。随着生育率下降，总体抚养比下降，这释放了可用于进一步改善健康、教育和基础设施的资源。这些投资反过来又促进了经济发展，加速了向可持续长期增长的过渡。传染病困扰许多发展中国家，拉格洛夫（Lagerlöf，2003）和查克拉博蒂、帕帕乔吉欧和佩雷斯塞巴斯蒂安（Chakraborty，Papageorgiou & PerezSebastian，2010，

2016）的模型表明，反复发生的流行病使撒哈拉以南非洲的经济陷入高生育率和死亡率以及健康和死亡率的高度波动之中，仅靠收入增长无法使经济摆脱发展陷阱（Chakraborty et al., 2010）。阿佐马侯、布切金和迪纳（Azomahou, Boucekkine & Diene, 2016）认为短期劳动力供应减少导致的适度增长放缓可能会伴随着预期寿命缩短带来的人力资本投资下降而带来更严重的影响（Fortson, 2011）。巴尔加瓦、贾米森、劳和默里（Bhargava, Jamison, Lau & Murray, 2001）研究了健康指标对5年期GDP增长率的影响，他们使用基于PWT的购买力平价和WDI的汇率转换的GDP序列面板数据，模拟了每隔5年的经济增长的决定因素。模型显示，ASR（成人生存率）对低收入国家的经济增长率具有显著影响，ASR的净影响的置信区间突出了低收入国家和高收入国家的不对称性。

（二）欠发达地区的研究

研究发现高发病率和高死亡率可能是当今许多"欠发达"经济体长期增长较差的原因之一。欠发达地区健康与经济增长的研究主要聚焦健康影响的理论模型以及贫穷陷阱的问题（Cervellati & Sunde, 2005；Bloom et al., 2015）。里维拉和库拉斯（Rivera & Currais, 1992）对24个发展中国家进行的研究探讨了人均健康支出与人均国内生产总值之间的关系。他们选择曼昆—罗默—威尔（Mankiew - Romer - Weil, 1992）模型，发现人均健康支出对人均GDP具有很强的正影响。默蒂和奥库纳德（Murthy & Okunade, 2009）利用2001年44个非洲国家的横截面数据，实证结果表明，从技术上讲，非洲的医疗保健是一种必需品，而不是奢侈品（对经合组织国家而言），以卫生为目标的外部资源流入有助于在良好的政策环境中刺激经济进步。布萨勒姆、布萨勒姆和泰巴（Boussalem, Boussalem & Taiba, 2014）利用阿尔及利亚1974～2014年的年度数据，研究了阿尔及利亚公共卫生支出与经济增长之间的因果关系和协整关系。佩卡茹等（Peykarjou et al., 2011）在对伊斯兰国家的研究中，使用2001年至2009年的面板数据，发现了GDP增长与一些健康指标之间的关系。他们指出出生时预期寿命对经济增长有显著的正向影响，而生育率对经济增长有负向影响。迈迪（Majdi, 2012）利用1990年至2008

年的面板数据，采用 OLS 多元回归经济计量模型，在地中海南北岸 15 个国家的小组中研究健康支出与经济增长之间的关系，研究表明，健康支出对这些国家的经济增长存在正向影响，GDP 增长对卫生保健费用的弹性系数实际上大于 0.8。道达（Dauda，2011）研究发现，健康对尼日利亚经济的增长至关重要。辛格和达斯（Singh & Das，2015）研究了不同收入组国家的健康状况与经济增长之间的关系，发现健康状况与经济增长之间存在显著的正相关关系。朗格和沃尔默（Lange & Vollmer，2017）研究发现，经济增长与卫生支出之间的关系因经济发展水平而异。在中等经济发展水平下，公共卫生支出对人均国内生产总值的变化特别敏感。

（三）发达地区的研究

阿罗拉（Arora，2001）研究了健康对工业化国家经济增长路径的影响，他发现健康状况的变化使长期增长速度提高了 30%~40%。尽管仍存在一些争议，但不可否认改善健康是总体经济发展，特别是实现持续经济增长的重要组成部分。但更多的怀疑围绕着健康作为发达经济体经济增长驱动力的作用。事实上，很多学者认为先进的医疗保健系统的高成本阻碍了经济增长，对此的研究集中在两个主要问题上：首先，鉴于目前长寿的改善主要集中在老年人身上（Breyer，Costa Font & Felder，2010；Eggleston & Fuchs，2012），长寿的进一步延长可能会降低经济支持率（即有效劳动力供给与依赖人口之比），从而导致人均消费下降，而且生产率的提高不能充分抵销老年人高昂的医疗费用，对经济增长造成了影响；其次，许多经合组织国家的卫生支出份额接近或超过 10% 大关（OECD，2017），"超大型"卫生保健部门吸收生产性资源恐怕会损害经济发展（Pauly & Saxena，2012），需要关注的医疗保险成为低效率的来源，以及医疗进步作为关键成本驱动的因素（Chandra & Skinner，2012）。

研究揭示了健康如何影响发达国家的人力资本积累、总体投资和基于技术创新的经济增长，这类研究大多将健康的改善和寿命的提高视为外生的，揭示了老龄化是否会抑制经济增长。布兰查德（Blanchard，1985）首次尝试模拟发达经济体预期寿命增长对经济绩效的影响，用世代交叠模型取代了标准新古典增长模型的代表性人的假设。在这种结构中,个人面临着持续的死亡风险,预期寿命的增加会提高储蓄总额,根据新古典增长模型中的机制,在向稳定状态过渡期间会提高经济增长。然而,在稳定状态下,预期寿命本身对长期增长率没有影响。基于干中学溢出效应的内生增长模型(Romer,1986)的研究包括莱因哈特(Reinhart, 1999)、海德拉和米罗(2011),以及米罗和图尔诺夫斯基(Turnovsky, 2014b),研究的基本结论是,预期寿命的增加对长期经济增长有积极影响,随着寿命的延长,总储蓄增加,由于知识溢出,资本积累的总回报不受限制。因此,单靠资本积累就能维持经济增长。虽然这一效应是从非年龄依赖性死亡率的分析中得出的,但只能在年龄依赖性死亡率的情况下用数值来说明,降低死亡率对资本积累的影响是经济增长的供应方驱动力。相比之下,库恩和普雷特纳(Kuhn & Prettner, 2018)将死亡率降低对消费增长的影响作为需求侧驱动因素进行了探讨,在世代交叠模型中,如果死亡人口的平均消费超过整个人口的人均消费,那么平均死亡率的降低将导致更大的消费增长。库恩和普雷特纳(2018)利用国家转移账户的数据发现,芬兰、德国、日本和美国等国的情况得到了同样的结果。

对于发达经济体健康与经济增长的研究还面临一个更为复杂的局面,对慢性病的改善会带来生产力的巨大提高,但许多改善是在退休后累积到个人身上的。延长寿命带来的额外资本积累和生产率增长的程度取决于社会保障计划的特殊设计和延长工作年限的潜在消极影响。虽然存在着提高保健系统效率的可能,但仅用经济增长评价健康支出并不科学,事实上,在发达经济体中,适度的健康改善可能远远超过放弃消费的损失(Kuhn & Prettner, 2016)。除了健康支出水平外,医疗保健推动的医疗创新会使这些积极结果更加复杂,健康收益分配越来越不平等,这些问题更应该得到关注。(Case & Deaton, 2017; Chetty et al., 2016; Frankovic & Kuhn, 2018b)。

(四) 特定群体的研究

健康对经济增长的积极影响对儿童健康和妇女健康最为重要,这些人口的健康改善促进了人力资本投资的增加(Chakraborty, 2004),增加了女性劳动力的参与,降低了生育率(Bloom, Kuhn & Prettner, 2015),有助于触发人口红利，并启动向长期经济增长的起飞。因此，采取有针对性的干预措施改善妇女和儿童的健康状况，如补充碘、针对人乳头瘤病毒疫苗的研制（Field et al.，2009；Luca et al.，2014），可能在经济增长、福祉和长期发展方面产生非常高的回报。阿克桑和查克拉博蒂（Aksan & Chakraborty，2014）指出，非洲儿童的死亡率主要是通过医疗活动而不是通过根除或预防传染病来控制的，治疗成功后也有可能通过感染性疾病发病率对死亡率产生影响，导致生产力下降，这将抵制对教育投资的激励，并鼓励提高生育率。

三、其他相关研究

（一）预期寿命和经济增长

巴罗（1990）后，很多学者开始研究寿命对经济增长的影响（Bloom, Canning & Sevilla, 2004; Lorentzen, McMillan & Wacziarg, 2008; Zhang & Zhang, 2005）。一些学者确定了长寿对各种经济增长指标的积极影响（Bloom, Canning & Sevilla, 2004; Lorentzen, McMillan & Wacziarg, 2008; Zhang & Zhang, 2005），还有一些研究揭示了寿命对经济增长影响的驼峰型关系（Bhargava et al.，2001）。张和张（Zhang & Zhang，2005）表明，受教育程度的提高和生育率的下降伴随着预期寿命对经济增长的积极影响，但这些影响受到边际回报率递减的影响。罗莎和普约（Rosa & Pueyo，2004）为了研究预期寿命和经济增长之间的关系，建立了模型，发现平均寿命由公共卫生投资内在决定，而增长则由提高私营企业生产力的生产性服务的公共支出驱动。尽管寿命和经济增长之间的平衡取决于两者之间的资源分配，但更长的寿命会导致更高的储蓄率和劳动力的扩张，从而加速经济增长。夏尔马（Sharma，2018）利用了一个由17个发达经济体组成的非平衡面板，并采用面板广义矩估计方法，通过交替的模型说明，以预期寿命为代表的人口健康对实际人均收入和增长都有积极而显著的影响。

（二）死亡率和经济增长

部分学者研究了死亡率同经济增长的关系，阿塞莫奥卢和约翰逊（Acemoglu & Johnson，2007）利用20世纪40年代以来国际上的主要健康改善方法来估计预期寿命对经济表现的影响。他们使用各种疾病的干预前死亡率和全球干预日期来构建预测死亡率，发现从1940年开始，预测死亡率对预期寿命的变化有很大影响，但在1940年之前没有影响。使用预测死亡率作为一种工具，他们发现预期寿命增加1%将导致人口增加1.7%~2%，但是，预期寿命对GDP的影响要小得多。洛伦岑等（Lorentzen et al.，2008）采用了疟疾、气候因素和地理特征作为死亡率的工具变量，发现降低成人死亡率会降低风险、降低生育率、增加物质资本投资，最终会促进经济增长。

查克拉博蒂（2003）将内生死亡率引入了两阶段世代交叠模型：从第一阶段到下一阶段的生存概率取决于通过公共投资增加的卫生资本。高死亡率的社会经济不会快速增长，因为较短的寿命会阻碍储蓄。当人力资本推动经济增长时，健康资本不同的国家不会向类似的生活水平趋同，也可能会产生"门槛效应"。张和李（Zhang & Lee，2003）在一个世代交叠模型中检验了成人死亡率下降对经济增长的影响。由于公共教育和不完善的年金市场，死亡率下降通过三个渠道影响经济增长。第一，提高储蓄率，从而提高实物资本积累率。第二，减少意外遗赠，降低投资，从而降低实物资本积累率。第三，它可能会导致中间选民在最初提高公共教育税率，但在后期降低税率。洛伦岑、麦克米兰和瓦齐亚格（Lorentzen，McMillan & Wacziarg，2008）分析了各种跨国家和次国家的数据，他们认为高成人死亡率通过缩短时间范围来降低经济增长，较高的成人死亡率与高风险行为水平、较高的生育率以及对物质和人力资本的投资较低有关。此外，从经济繁荣到更好的医疗保健的反馈效应表明，死亡率可能是贫穷陷阱的根源。斯特里特马特和桑德（Strittmatter & Sunde，2013）以欧洲国家为研究对象，探讨了健康状况变化与经济发展的因果关系。研究结果表明，婴儿死亡率或粗死亡率的降低对人均收入增长和人口增长具有积极影响。

（三）医疗技术进步和经济增长

施耐德和温克勒（Schneider & Winkler，2016）以及弗兰科维奇、库恩和沃尔扎切克（Frankovic，Kuhn & Wrzaczek，2017）研究了医疗技术进步对宏

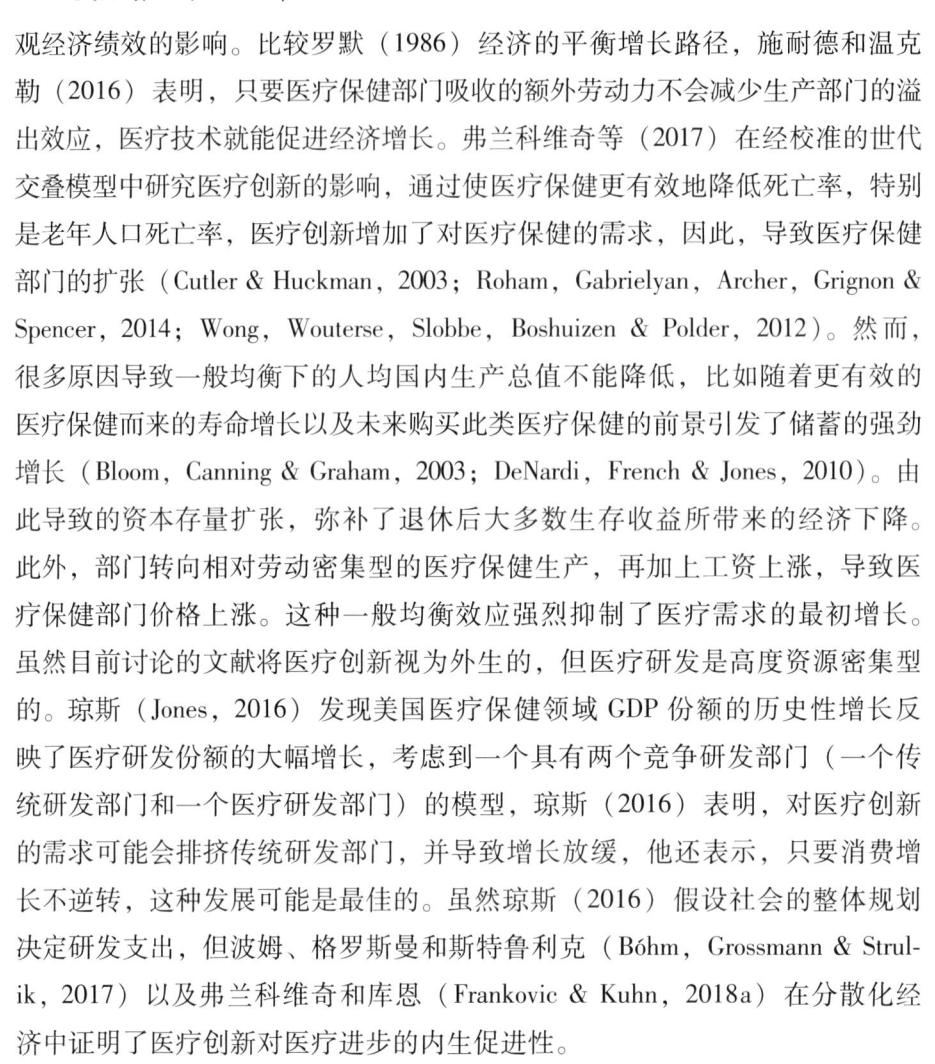

观经济绩效的影响。比较罗默（1986）经济的平衡增长路径，施耐德和温克勒（2016）表明，只要医疗保健部门吸收的额外劳动力不会减少生产部门的溢出效应，医疗技术就能促进经济增长。弗兰科维奇等（2017）在经校准的世代交叠模型中研究医疗创新的影响，通过使医疗保健更有效地降低死亡率，特别是老年人口死亡率，医疗创新增加了对医疗保健的需求，因此，导致医疗保健部门的扩张（Cutler & Huckman, 2003; Roham, Gabrielyan, Archer, Grignon & Spencer, 2014; Wong, Wouterse, Slobbe, Boshuizen & Polder, 2012）。然而，很多原因导致一般均衡下的人均国内生产总值不能降低，比如随着更有效的医疗保健而来的寿命增长以及未来购买此类医疗保健的前景引发了储蓄的强劲增长（Bloom, Canning & Graham, 2003; DeNardi, French & Jones, 2010）。由此导致的资本存量扩张，弥补了退休后大多数生存收益所带来的经济下降。此外，部门转向相对劳动密集型的医疗保健生产，再加上工资上涨，导致医疗保健部门价格上涨。这种一般均衡效应强烈抑制了医疗需求的最初增长。虽然目前讨论的文献将医疗创新视为外生的，但医疗研发是高度资源密集型的。琼斯（Jones, 2016）发现美国医疗保健领域GDP份额的历史性增长反映了医疗研发份额的大幅增长，考虑到一个具有两个竞争研发部门（一个传统研发部门和一个医疗研发部门）的模型，琼斯（2016）表明，对医疗创新的需求可能会排挤传统研发部门，并导致增长放缓，他还表示，只要消费增长不逆转，这种发展可能是最佳的。虽然琼斯（2016）假设社会的整体规划决定研发支出，但波姆、格罗斯曼和斯特鲁利克（Bóhm, Grossmann & Strulik, 2017）以及弗兰科维奇和库恩（Frankovic & Kuhn, 2018a）在分散化经济中证明了医疗创新对医疗进步的内生促进性。

（四）医疗保险和经济增长

部分学者对医疗保险和经济增长的关系进行了研究，评估医疗保险存在的情况下，事后道德风险产生的过度支出对经济绩效和最终福利的损害。郑和陈（Jung & Tran, 2016）模拟了2010年美国医疗改革的影响，结果显示，引入医疗保险和扩大医疗补助计划抑制了资本积累和劳动力供应，产生了相反的福利效应。康内萨（Conesa, 2017）的研究发现，美国取消医疗保险在新的宏观经济稳定状态下促进社会福利，即使是累积的福利收益也会低于转型道路上的福利损失。弗兰科维奇和库恩（2018a）分析了1965年到2005年美国医疗保险扩张的宏观经济影响，与魏斯布罗德（Weisbrod，1991）的推测不同，他们考虑了由更广泛的医疗保险范围引发的需求扩张如何导致新医疗技术的额外研发。根据他们的模拟，医疗保险的扩张和由此引发的医疗创新可以解释相当一部分医疗支出的增长，扩大医疗保险所产生的额外需求不会对特定的医疗技术状况产生较大的健康改善，可以认为是浪费。然而，诱导性医疗创新所带来的预期寿命的额外增加大大弥补了道德风险带来的福利损失。

四、健康与经济增长研究中的难点

健康与经济增长之间的显著相关性对经济发展和经济福祉至关重要，但其潜在的因果关系和机制难以概念化，在评估健康状况改善对经济增长的影响时，面临三方面的难点。

第一，许多研究试图确定健康对经济增长的因果影响，健康影响经济增长的经济和社会途径众多，而经济繁荣促进健康的因果关系反过来又使这种关系的描述复杂化，此外，技术进步和体制改革等推动因素也促进了健康和经济增长。虽然健康和经济增长之间存在双向因果关系，但还可能存在其他因素同时影响经济增长和健康改善。例如，健康和教育之间的巨大互补性加剧了这一问题（Becker，2007），教育与收入之间的关系呈现出因果关系。这些因素都对实证识别和可操作的理论建模提出了挑战，困扰着许多宏观经济计量研究。然而，正如迪顿（Deaton，2013）和威尔（2015）所说，其他因素，如技术进步，往往会提高人均收入并导致健康状况的改善，最终可能会推动健康增长关系。解开因果关系并量化不同影响因素的相对重要性是极其困难的，健康指标的大多数宏观经济变量不能真正满足排除限制（Bazzi & Clemens，2013）。因此，对研究结果进行总结是很困难的，并不足以说明大部分研究发现了一个积极的，甚至是薄弱的因果关系。如果考虑到其他影响经济增长的因素，研究健康和经济增长的复杂关系，未来可以了解健康在经济发展过程中的许多其他因素中的作用,以及如何通过适当的政策来促进健康。

第二,健康和经济增长估计发现的影响程度差异很大,难以比较,反映了计量、计量方法和背景的巨大差异。健康与经济增长之间的关系取决于健康的指标(如发病率、死亡率)以及个体的年龄、性别和社会经济地位,健康的不同指标(死亡率与发病率)、不同群体(儿童、妇女和老年人的健康)对经济的影响被同化。通过改变生命过程的持续时间和风险,死亡率影响个人投资,而发病率则更直接地与工作生产率和教育有关。儿童的健康影响到他们的教育,并对以后的劳动参与和生产力有着长期的影响。妇女健康与代际溢出效应密切相关,并影响赋予妇女的生育决定。老年人的健康对退休和护理有影响。对不同的人群,研究发现改善儿童和妇女健康的干预措施比在男子和老年人健康方面的投资产生了更多和更强的影响(Baldanzi, Bucci & Prettner, 2017; Bloom, Kuhn & Prettner, 2015; Field, Robles & Torero, 2009; Miguel & Kremer, 2004)。儿童健康干预措施对儿童的成年生活具有积极作用,并对儿童的学习能力产生积极影响(Bleakley, 2007, 2010; Miguel & Kremer, 2004)。妇女的健康投资往往会对其子女的健康产生强烈的代际溢出效应(Bhalotra & Rawlings, 2011; Field et al., 2009)。

第三,欠发达国家和发达国家卫生干预措施的经济效果之间存在着重大差异(Bhargava, Jamison, Lau & Murray, 2001)。健康与经济增长的关系随着经济发展的进程而变化,在较不发达国家,健康状况不佳往往会减少劳动力的参与,特别是妇女的参与,并阻碍对教育的投资,使生育率居高不下,经济陷于停滞状态,因此健康状况提高对经济增长有推动作用。相比之下,在较发达国家,医疗投资主要导致寿命延长,这可能不会对劳动力参与和劳动生产率产生重大影响。即使是低强度的健康干预措施,也会对健康状况较低的欠发达国家的劳动年龄人口健康产生强烈的积极影响(Field et al., 2009; Luca et al., 2014)。相比之下,高度发达的国家即使面临高强度的治疗,可能对人口健康状况的影响也很小(Fuchs, 2004)。对健康状况的改善大部分都是由退休人口累积起来的,在老龄化程度很高的国家,这会增加老年人口的数量,但对人口健康没有太大的影响(Poterba & Summer, 1987)。切尔

维拉蒂和桑德（2011，2015a）表明，只有当一个国家已经经历了从高生育率和高死亡率到低生育率和低死亡率的人口转变时，寿命的提高才能刺激教育投资和经济增长，否则，它们只会转化为更大的人口增长。发展中国家死亡率的降低带来更多的劳动力供应（Garthwaite，2012），也鼓励更多的储蓄（Bloom，Canning & Graham，2003）和对物质资本的投资，并提高教育投资的回报（Boucekkine，Dela Croix & Licandro，2002；Bleakley，2007，2010）。

第三节 健康影响经济增长的机制

健康对经济增长的影响通过许多机制来实现（Bloom & Canning，2000）。健康状况的改善影响到教育、劳动生产率、储蓄和投资以及人口统计，从而可能提高发展中国家的国民总收入，因此改善健康可以促进经济发展。富裕国家的人口更健康，健康的个人往往有能力和动机去储蓄更多，而这种资本积累将通过投资刺激增长。同样，当劳动力更健康或受教育程度更高时，公司可能更愿意投资。佩卡茹等（2011）指出，健康可以通过各种渠道影响一个国家的生产水平。例如，在人力健康状况得到改善之后，将有动力继续接受教育，并通过提高学习能力获得更多技能，从而提高生产力水平。同样，提高社会中的健康和健康指数将鼓励个人通过降低死亡率和提高预期寿命来更多地储蓄。随着社会储蓄的增加，物质资本得到增强，这一问题将间接影响劳动力生产率和经济增长（Weil，2005）。

一、健康影响经济增长的机制

根据人力资本理论和新经济增长理论，一国的综合产出水平是由物质资本、劳动力数量、人力资本和技术进步这四个因素的投入所决定的。由于健康投资是健康劳动力或健康人力资本形成的主要途径，因此，健康投资主要通过以下几种机制对经济产出产生影响：第一，劳动者的健康状况在当今高工作强度和高工作压力下对于生产及家庭收入影响较大，较低的健康状况会大幅降低劳动生产率。第二，从劳动供给方面看，健康水平低的劳动力难以进入劳动市场，可能不能胜任工作内容或者不能保证工作时间，进而降低工作收入以及国家产出。第三，健康条件的改善可以降低婴儿死亡率、成人死亡率和长期的生育率，此时净人口增长率上升，劳动力供给增加促进经济增长。第四，健康人力资本水平会影响教育人力资本，只有具有良好的健康水平，国民的受教育机会和程度才会大幅增加，从而影响未来经济发展，教育人力资本收益增长，国家经济上涨。第五，健康水平同时会影响人们的消费决策，预期寿命更长的人更倾向于为退休储蓄更多的物质资本，在年轻时便会更加愿意投入工作，从而促进国家经济发展（如图2-1所示）。

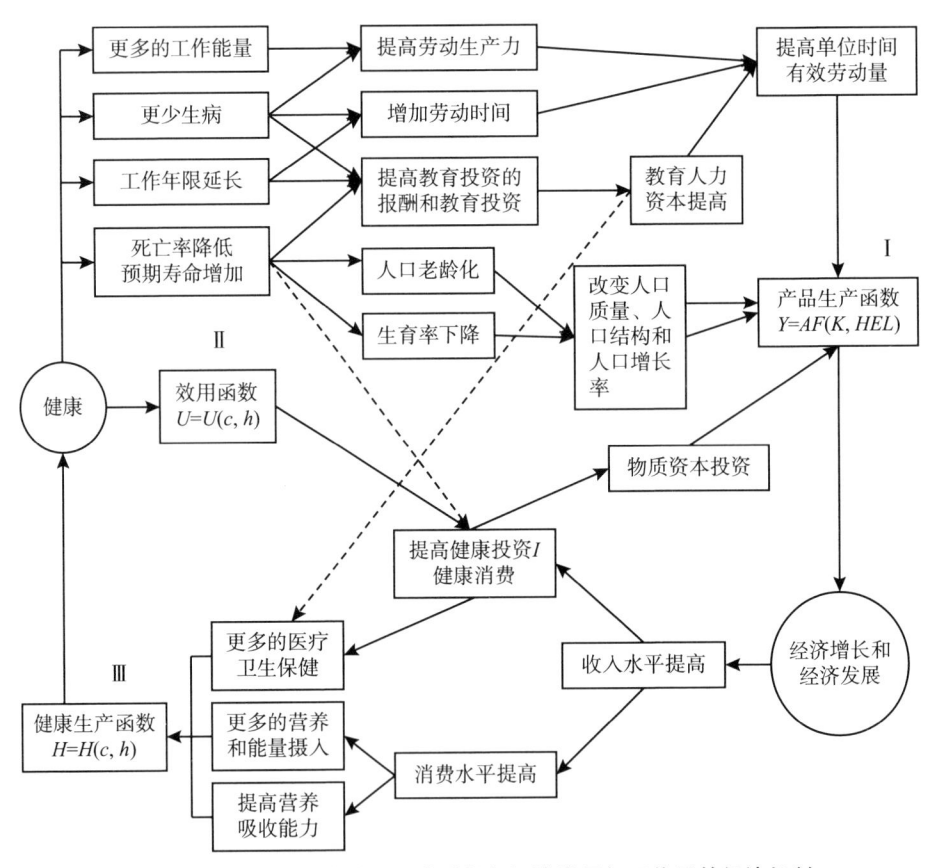

图2-1 健康人力资本同经济增长与经济发展相互作用的经济机制

从短期效应来看，健康投资可能导致经济增长速度有所减缓。一方面，体现在用于健康投资的可变资本成为短期沉淀成本，并不创造剩余价值，从而影响经济增长；另一方面，由于健康投资的可变资本增加对扩大再生产中不变资本的持续增加造成挤出，从而导致企业生产规模减小，经济增长放缓。因此，在一段时期内健康投资对经济的正向促进作用将弱于负向抑制作用，致使经济增长速度呈现一定的下降趋势。

在长期内，由于健康人力资本对于劳动力的健康恢复、修复、维护和提升的效应显现，并由沉淀成本转变为可变资本，从而不仅提高了劳动效率，还会促进经济增长，即作为健康投资的可变资本被激活，形成有效的健康人力资本，开始发挥其对经济增长的推动作用。此外，健康人力资本投资还会形成倍加的劳动效应，即健康人力资本投资不仅使得个体健康劳动力具有健康的体魄，可以承担更高的劳动强度，还会使健康劳动力在身体健康的同时，心理和智力也都健康发展。通过提升劳动力的综合素质，可以激发出他们的潜在劳动能力和创新性劳动能力，使其劳动由简单劳动转化为复杂劳动，在同样的时间内创造出更多的价值，从而提高企业绩效以促进健康经济增长。从长期效应来看，健康投资与经济增长会呈现协同提高。健康投资不仅可以形成具有可持续性且效率不断提升的劳动力供给，还会促进社会劳动力素质的不断提升，使得健康资本具有倍加的效应，从而推动经济增长；与此同时，经济增长又会反过来促进健康投资的可持续性增长，从而进一步提升劳动力的健康程度。此时就形成了"健康投资—经济增长"之间循环的良性互动关系。

二、劳动生产率和劳动供给

健康投资将改善整个社会劳动者身体状况，提升出生率，降低死亡率，延长人均寿命，并保证家庭和未来劳动力的健康，从而持续地提供健康的劳动力供给，以满足经济增长对于健康劳动力的需求。当婴儿死亡率降低时，则可以为未来的发展提供更多劳动力；当成人死亡率降低时，则当前工作的劳动力损耗减少，从而劳动供给增加；当预期寿命延长时，人们可能延迟从工作岗位上退休的时间，或者在退休后仍然从事其他生产活动，这都会对经济增长产生影响。

健康投资带来的健康人力资本增加能够提高劳动生产能力（Leibenstein, 1957; Schultz & Tansel, 1997; Savedoff & Schultz, 2000; Bloom et al., 2004）。健康的工人具有更多的精力和能量，从而能够胜任更长时间和更大强度的工作，工作时更有效率。施特劳斯和托马斯（Strauss & Thomas, 1998）发现健康可以提高劳动生产率，狄克逊等（Dixon et al., 2001）和布鲁姆等（2004）的研究发现，预期寿命与经济增长之间存在正相关关系，这证实了健康对生产力和经济增长具有高度和显著的影响。托马斯和弗兰肯伯格（Thomas & Frankenbeg, 2002）也发现了健康在劳动生产率及产出中的积极作用，永（2005）发现疾病对个人劳动供给和产出都有影响。一些研究发现健康可以提高劳动供给，梅特和舒尔茨（Mete & Schultz, 2002）发现健康显著影响老年人劳动供给。阿塞莫奥卢和约翰逊（Acemoglu & Johnson, 2007）发现预期寿命增加1%会导致人口增加1.7%~2%。

越来越多的研究表明，寿命延长使个人更多投资在健康上（Sanderson & Scherbov, 2010年），这意味着，原则上，工作年限可以延长，以避免老年依赖性的增加（Loichinger & Weber, 2016）。寿命的增长是否可以转化为老年人更高的劳动力参与程度在不同国家之间存在很大差异，这取决于养老金计划的退休激励措施以及其他因素（Milligan & Wise, 2015）。这种关系在不同的亚群体中也有很大的不同（Dudel & Myrskylä, 2017）。理论模型反映了混合的经验证据：虽然普雷特纳和坎宁（Prettner & Canning, 2014）与陈和鲁（Chen & Lau, 2016）表明，寿命的延长导致劳动力供应和储蓄的增加，但在社会保障的存在和知识溢出或研发（Romer, 1986, 1990）推动经济增长的经济体中会有差异。

三、教　育

健康也是教育等其他形式的人力资本得以产生的前提（Hoyt, 2010），更健康的人有更多的学习时间和更强的认知能力，能获得更好的教育人力资本

（Howitt，2005；Kalemli－Ozcan et al.，2000）。梅尔策（Meltzer，1992）认为健康投资增加会降低人力资本折旧率，并提高教育的投资收益率。卡莱姆利等（Kalemli et al.，2000）认为预期寿命增加和死亡率下降能够促进教育投资与消费。巴尔加瓦（2001）发现健康儿童的认知能力较强而缺课率较低，这让他们在将来有机会接受更高程度的教育并取得较高的收入。万宗和迈斯肯（2001，2003）的模型中认为健康人力资本的积累能够增加教育人力资本积累。斯特鲁利克、普雷特纳和普斯卡维茨（Strulik，Prettner & Prskawetz，2013）表明，对长期经济增长而言，重要的是人力资本存量总量，而不是分配给研发的劳动力规模，在较早的模型中，较低的生育率总是意味着较低的经济增长率。然而，斯特鲁利克等的研究（2013）显示，通过家庭层面的质量数量替代，教育投资的增加伴随着生育率的降低（Becker & Lewis，1973）。这种影响往往很强，足以推翻生育率下降对总人力资本积累的负面影响，从而使经济增长随生育率下降而上升。布鲁姆和坎宁（2005），普雷特纳、布鲁姆和斯特鲁利克（2013）表明，模型中的人力资本维度包括教育和健康存量。巴尔丹齐等（2017）利用这一观点，构建一个成熟的动态一般均衡增长模型，在该模型中，父母投资内在地决定健康和教育，卫生和教育之间的互补性对于提高人力资本水平至关重要，因此也是研发部门的核心投入。因此，随着医疗投资的增长，长期的经济增长也会上升。

健康对教育的影响还体现在对代际教育的影响。儿童期的健康状况对认知发展、学习能力和出勤率有直接影响。此外，由于成人死亡率和发病率（疾病）上升会降低教育投资的预期回报，改善成人健康可以提高教育投资的积极性。

四、收入

关于健康与收入之间因果关系的研究较多（Shastry & Weil，2003；Weil，2007；Lorentzen et al.，2008；Acemoglu & Johnson，2007；Aghion et al.，2011；Cervellati & Sunde，2011；Bloom，Canning & Fink，2014）。格利克和萨恩（Glick & Sahn，1998）对几内亚的研究发现家庭营养健康投资会影响男

性工作者和个体女性工作者的收入。迈耶（2001）通过建立18个拉丁美洲国家的数据，发现改善老年人的身体健康状况，将会引起其年收入在0.8%~1.5%的永久性增加。布鲁姆和坎宁（2005）发现成人存活率增加1%，从长远来看，收入将增加3%。托马斯等（2006）利用在印度尼西亚进行的一次自然试验，发现健康改善的男性样本工作收入更高。斯密（2003，2004，2007）考察了健康冲击对社会经济状况的影响，发现了显著关系。戈登等（Gordon et al.，2012）基于中国的数据研究发现，20世纪90年代中国居民收入的快速增加在一定程度上归功于对健康人力资本的投入。巴塔查吉（Bhattacharjee et al.，2017）发现公共和私人医疗支出会影响收入不平等。

五、物质资本

生产的扩大同时需要相应的劳动力和生产资料与其匹配，在积累率和剩余价值率均不发生变化的情况下，如果当期进行了健康投资，即增加了可变资本，这样势必会挤占不变资本，影响不变资本的增加，而在短期内，资本投资总量不会发生变化。因此，增加健康投资会对物质资本造成一定程度的挤出，从而导致物质生产规模减小，从而生产规模缩小，经济增长速度将会放缓。

健康对资本的影响体现在储蓄的影响。更长的预期寿命可以增加退休储蓄的动机，产生更高水平的储蓄和财富，健康的劳动力可以增加企业投资的动机。此外，医疗费用会迫使家庭出售生产性资产，迫使他们陷入长期贫困。

六、技术进步

健康投资作用与健康人力资本会形成倍增的劳动效应，健康劳动力在身体健康的同时，心理和智力也都健康发展。提升劳动力的综合素质，可以激发出他们的潜在劳动能力和创新性劳动能力，使其劳动由简单劳动转化为复杂劳动，复杂劳动产生技术进步，在同样的时间内创造出更多的价值。

以"干中学"溢出效应或人力资本积累作为长期增长唯一驱动力的模型

并没有为技术进步留下解释经济增长的空间。普雷特纳（2013）将具有年龄无关死亡率的世代交叠结构引入罗默（1990）和琼斯（1995）开创的研发驱动（半）内生增长模型中。普雷特纳表明，无论是内生增长还是半内生增长，预期寿命的增加对技术进步和长期经济增长都有明显的积极影响。其核心机制是预期寿命的延长导致储蓄总量的增加，从而对均衡利率形成下行压力。这反过来又增加了通过投资创新项目获得的贴现收入，因此，创新的动力增加，从而促进技术进步和长期经济增长。

第三章

健康投资现状

第一节 我国健康投资现状

一、健康投资国内外比较

该部分从医疗保健投资和生活环境投资两个方面对比我国和全球约200个不同经济发展水平国家[①]的健康投资现状。医疗保健投资的对比选取了人均医疗卫生支出、经常性卫生支出占GDP的比重、政府卫生支出占政府支出的比重的指标；生活环境投资的对比选取了PM2.5年平均浓度、二氧化碳排放量两个指标。

（一）医疗保健投资

1. 全球医疗保健投资。

从人均医疗卫生支出数据可以看出，全球人均医疗卫生支出不断增加，如表3-1所示。20世纪以来，人均医疗卫生支出的平均值表现为增长趋势，2019年比2000年的两倍还多。最大值和最小值的差距不断拉大，标准差也呈稳定增长趋势，反映出不同经济水平的国家之间的人均医疗卫生

---

① 对数据有缺失的国家进行了剔除。

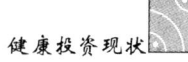

支出的差距在不断增加。

表 3-1 2000~2019 年世界人均医疗卫生支出 单位：现价美元

年份	样本数（个）	平均值	最大值	最小值	标准差
2000	181	450.65	4 560.06	3.35	776.53
2001	181	461.35	4 910.72	3.46	799.17
2002	181	503.67	5 328.28	4.69	894.24
2003	181	607.54	5 737.10	4.91	1 083.63
2004	181	694.97	6 099.77	5.24	1 234.44
2005	181	747.58	6 451.77	5.71	1 306.88
2006	181	795.24	6 819.76	6.32	1 360.59
2007	181	904.16	7 175.86	7.40	1 532.42
2008	181	1 006.69	7 768.05	10.97	1 672.17
2009	181	984.29	7 699.43	13.59	1 640.40
2010	181	1 009.98	8 021.81	12.86	1 666.12
2011	181	1 103.34	9 572.17	12.64	1 832.38
2012	181	1 092.63	9 286.55	14.25	1 796.11
2013	181	1 129.75	9 689.67	16.34	1 836.06
2014	181	1 155.51	10 014.71	18.30	1 872.54
2015	181	1 047.27	9 807.80	19.38	1 686.01
2016	181	1 062.59	9 941.35	16.36	1 720.54
2017	181	1 113.96	10 246.14	19.43	1 796.83
2018	183	1 062.59	10 515.32	18.52	1 861.81
2019	183	1 063.64	10 921.01	19.85	1 854.37

资料来源：世界银行数据库。

政府医疗卫生支出占 GDP 的变化趋势如图 3-1 所示[①]，从平均值、最大值、最小值、中位数四个方面考察世界各国从 2000 年到 2019 年间的变

---

① 样本为 181 个。

化情况。除了最大值波动较大之外，均值、最小值和中位数的变化趋势都比较平缓。总体来看，各国政府能够将医疗卫生支出稳定在GDP的一定比例，而突发医疗卫生事件会导致某些国家的某些年份有较高比例的政府卫生支出。

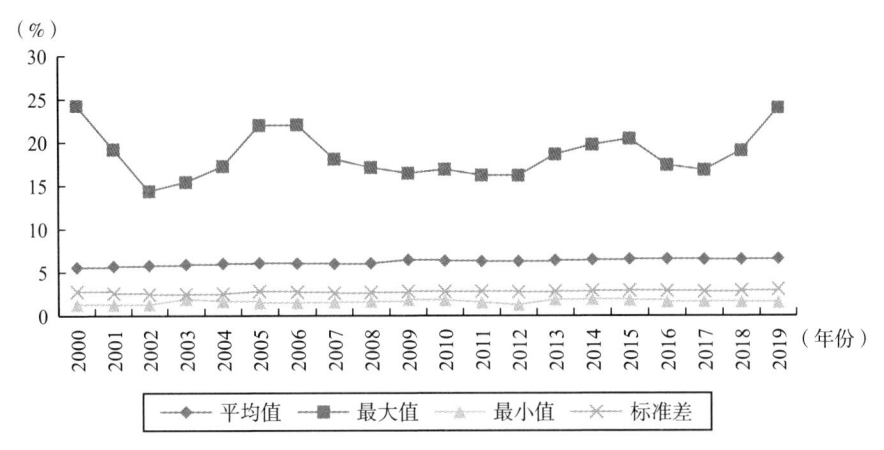

图 3-1 2000~2019 年世界各国政府医疗卫生支出占 GDP 的比重

资料来源：世界银行数据库。

可见，随着经济不断发展，各国的人均医疗卫生支出均呈增长趋势，医疗卫生支出占 GDP 的比重稳步上升。

2. 医疗保健投资国内外对比。

不同收入水平的国家人均经常性卫生支出的趋势如图 3-2 所示。可以看出，不同收入水平的国家人均经常性卫生支出均呈增加趋势，高收入国家的人均经常性卫生支出远高于其他收入水平的国家，并且高收入国家的增幅也遥遥领先，与其他收入水平的国家之间的差距逐渐拉大。2000 年至 2019 年，高收入水平国家的人均经常性卫生支出由 2 456.44 美元增长到 5 735.96 美元，中高等收入国家的人均经常性卫生支出由 109.48 美元增长到 554.74 美元，而中低等收入国家和低收入国家的人均经常性卫生支出始终在 100 美元以下，人均经常性卫生支出与国家收入水平基本呈正相关关系。

我国人均经常性卫生支出的变化趋势与中高等收入国家的变化趋势较为一致,如图3-2所示。我国人均经常性卫生支出与世界平均水平存在一定差距,但自2011年以后差距在逐渐缩小,2019年我国人均医疗卫生支出约为535.13美元,世界平均水平为1 121.81美元,相差586.68美元。

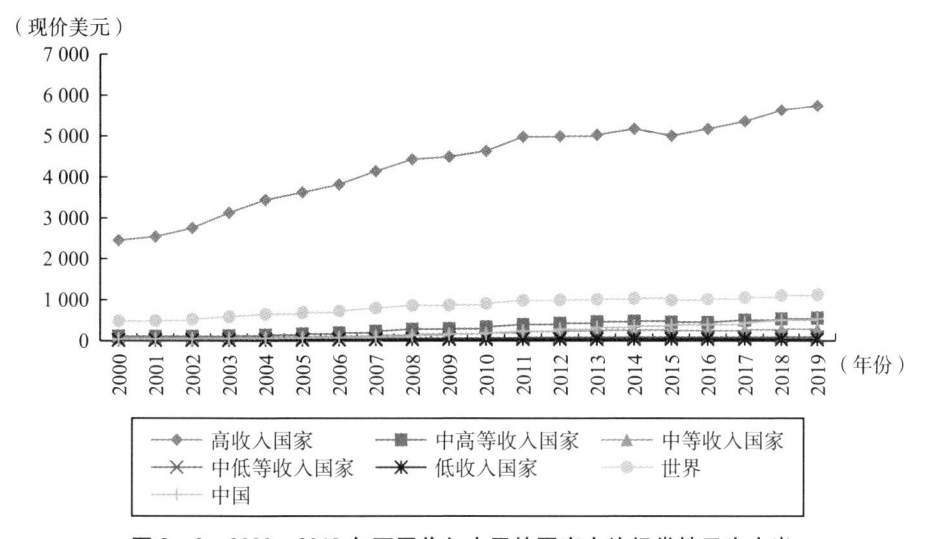

图 3-2　2000~2019 年不同收入水平的国家人均经常性卫生支出

资料来源:世界银行数据库。

不同收入水平的国家经常性卫生支出占 GDP 比重的变化趋势如图 3-3 所示,总体来看,全球的经常性卫生支出与 GDP 之比在 2000 年至 2019 年均呈缓慢上升趋势,高收入国家的该项指标值高于世界平均水平,而中高等收入国家、中低等收入国家和低收入国家的该指标值均位于世界平均水平之下。虽然各国总体上都在不断加大卫生支出力度,但经济发达国家的投入力度比经济较不发达国家的投入力度要大得多。

中国经常性卫生支出占 GDP 比重高于中低等收入国家,经常性卫生支出占 GDP 的比重自 2007 年起呈逐渐上升趋势,与中高等收入国家的差距逐渐缩小。

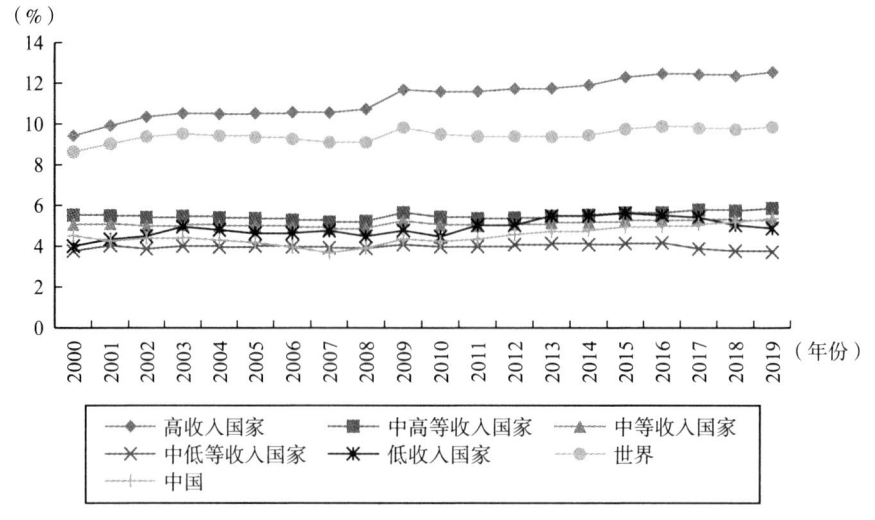

图 3-3　2000~2019 年不同收入水平的国家经常性卫生支出占 GDP 比重

资料来源：世界银行数据库。

(二) 生活环境投资

1. 全球生活环境投资。

194 个国家 2010 年至 2017 年 PM2.5 年平均浓度的相关数据如表 3-2 所示，其中平均值和最小值有轻微下降的趋势，最大值的波动较大，标准差呈增加趋势。总体来看，各国空气质量有改善的趋势，但有某些国家在某些年份的 PM2.5 含量较高，导致最大值的波动，各国 PM2.5 含量的差异有逐年增加的趋势，导致标准差的上升。

表 3-2　2010~2017 年世界各国 PM2.5 年平均浓度　　单位：微克/立方米

年份	样本数（个）	平均值	最大值	最小值	标准差
2010	194	28.51	100.78	7.15	16.86
2011	194	28.78	100.77	7.28	16.79
2012	194	28.18	96.96	6.60	17.07
2013	194	27.55	95.31	6.28	16.82

续表

年份	样本数（个）	平均值	最大值	最小值	标准差
2014	194	26.53	98.12	6.18	16.25
2015	194	28.32	97.43	6.06	19.06
2016	194	26.96	98.05	5.89	18.45
2017	194	27.08	99.73	5.86	18.78

资料来源：世界银行数据库。

世界各国二氧化碳排放量在 2001 年至 2018 年的变化趋势如图 3-4 所示，最小值、平均值和标准差对应左纵轴，最大值对应右纵轴。总体来看，二氧化碳排放量呈上升趋势，排放量高的国家和排放量低的国家之间差距明显，2001 年，二氧化碳排放量的最大值和最小值分别为 5 650.67 百万吨和 0.03 百万吨，2018 年，二氧化碳排放量的最大值和最小值分别为 9 648.65 百万吨和 0.07 百万吨。

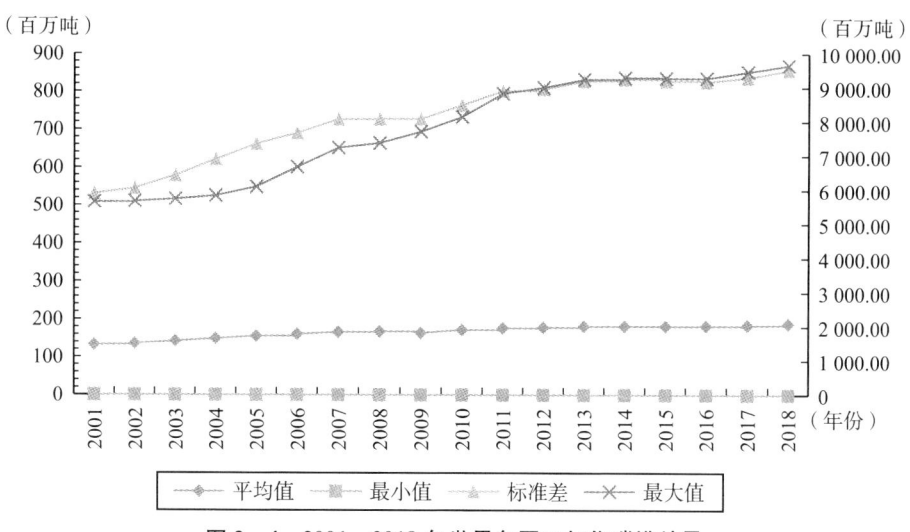

图 3-4 2001~2018 年世界各国二氧化碳排放量

资料来源：根据英国石油公司网站资料整理。

空气质量与人的健康息息相关，而PM2.5对空气质量有重要影响，虽然总体来看PM2.5年平均浓度呈轻微下降趋势，但下降幅度较小。二氧化碳的大规模排放会导致温室效应，进而导致全球变暖，虽然各国都采取了一些节能减排措施，但二氧化碳的排放量仍呈持续上升趋势。

2. 生活环境投资的国内外对比。

我国和其他国家PM2.5年平均浓度的变化情况如图3-5所示，相较于其他收入水平国家的变化趋势，我国PM2.5含量自2011年以来下降趋势最为明显，降幅达25.34%。

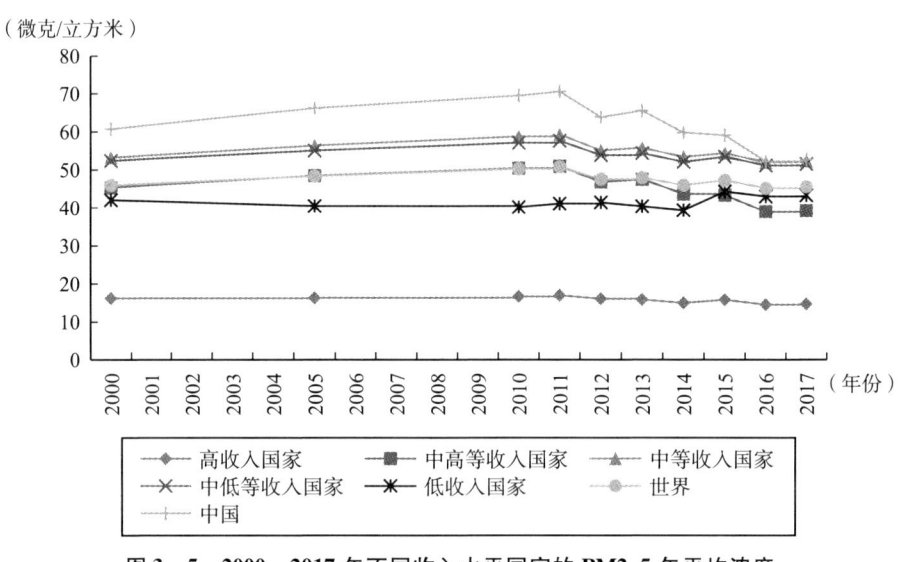

图 3-5　2000~2017年不同收入水平国家的PM2.5年平均浓度

资料来源：世界银行数据库。

6个国家二氧化碳年排放量的变化情况如图3-6所示。从趋势图可以看出，日本、印度、俄罗斯、德国的温室气体年排放量都在20亿吨以下，美国的年排放量稳定在50~60亿吨，呈现出逐年下降的趋势，我国温室气体排放量的增长趋势较为明显，远高于其他国家。

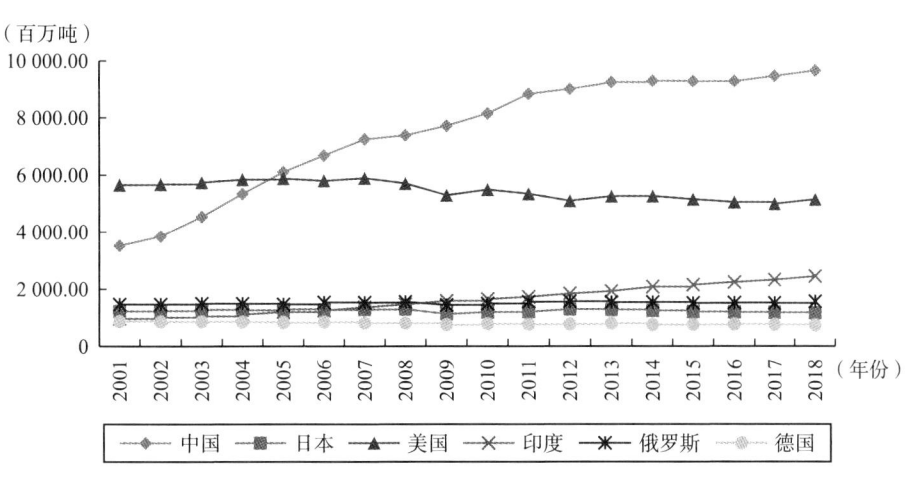

图 3-6　2001~2018 年部分国家二氧化碳排放量

资料来源：根据英国石油公司网站资料整理。

二、健康状况国内外比较

该部分分析中国和世界上 200 个国家①健康状况，选取预期寿命②、全部人口营养不良率、婴儿死亡率、5 岁以下儿童死亡率、成人超重患病率、结核病患病率等指标，考察我国与不同经济水平国家的健康状况的差异。

（一）全球健康状况

2000 年至 2020 年各个国家平均预期寿命的相关数据如表 3-3 所示，其中平均值、最小值均呈缓慢上升趋势，最大值虽有所波动，但整体也呈缓慢上升趋势。这表明进入 20 世纪以来，世界各国的国民寿命都在不断延长，标准差不断下降，说明各国预期寿命之间的差距在不断缩小。

---

① 剔除了数据有缺失的国家。
② 预期寿命（life expectancy）又称为"平均遗命""生命期望值"，指在某个时间段内、某个群体从出生到死亡的平均预期寿命，通过统计历史人口生存和死亡数据，预测群体平均存活时间，一般假定统计期间生存条件发生变化。预期寿命在一定程度上反映了人们的健康水平，预期寿命越高，相应人们的健康水平就越高。

表3-3　　　　　　　2000~2020年世界各国预期寿命　　　　单位：年

年份	样本数（个）	平均值	最大值	最小值	标准差
2000	191	66.87	81.08	39.44	9.91
2001	191	67.18	81.42	40.37	9.95
2002	191	67.43	81.56	41.38	9.89
2003	191	67.71	81.76	42.42	9.81
2004	191	68.10	82.03	42.73	9.77
2005	191	68.39	81.93	42.52	9.61
2006	191	68.75	82.32	42.60	9.45
2007	191	69.11	82.51	42.85	9.24
2008	191	69.50	82.68	43.38	9.03
2009	191	69.89	82.93	44.15	8.80
2010	191	70.26	82.84	45.10	8.59
2011	191	70.64	82.70	46.21	8.39
2012	191	70.99	83.10	47.42	8.17
2013	191	71.33	83.33	48.66	7.99
2014	191	71.66	83.59	49.89	7.84
2015	191	71.91	83.79	51.04	7.62
2016	191	72.19	83.98	52.06	7.51
2017	191	72.43	84.10	52.95	7.39
2018	191	72.64	84.21	53.71	7.28
2019	191	72.89	84.36	54.24	7.24
2020	191	72.89	84.62	54.51	7.03

资料来源：世界银行数据库。

162个国家的营养不良率相关数据如表3-4所示，其中平均值呈下降趋势，表明世界各国国民的平均营养水平呈提高趋势。营养不良率的最小值比较稳定，而最大值存在较大波动，标准差呈下降趋势，表明世界各国国民的营养水平差距在逐渐减小。

表3-4　　　　　2000~2017年世界各国营养不良率　　　　单位：%

年份	样本数（个）	平均值	最大值	最小值	标准差
2000	162	15.63	71.50	2.50	14.37
2001	162	15.14	68.90	2.50	13.93
2002	162	14.72	65.30	2.50	13.54
2003	162	14.30	61.30	2.50	13.20
2004	162	13.87	57.80	2.50	12.88
2005	162	13.43	57.10	2.50	12.56
2006	162	13.00	55.90	2.50	12.26
2007	162	12.61	54.50	2.50	12.01
2008	162	12.26	53.00	2.50	11.76
2009	162	11.92	51.50	2.50	11.47
2010	162	11.59	50.00	2.50	11.17
2011	162	11.30	49.50	2.50	10.91
2012	162	11.11	49.60	2.50	10.80
2013	162	11.00	49.60	2.50	10.88
2014	162	10.97	52.20	2.50	11.12
2015	162	11.02	57.80	2.50	11.42
2016	162	11.12	59.80	2.50	11.68
2017	162	11.21	59.60	2.50	11.87

资料来源：世界银行数据库。

（二）健康状况国内外对比

不同收入水平国家的预期寿命变化情况如图3-7所示，可以看出，不同收入水平的国家预期寿命均呈上升趋势，世界平均水平也呈上升趋势，且各个收入水平国家的差距在不断缩小，平均预期寿命与国家收入水平呈正相关关系。经济较发达国家的国民比经济较不发达国家的国民预期寿命更长。

我国的预期寿命趋势与中高等收入国家的预期寿命趋势基本保持一致，位于世界平均预期寿命水平之上。我国同高收入国家预期寿命的差距不断缩小，2000年差距约为6.20年，到2020年差距缩小为3.21年。

健康投资的宏微观经济效应

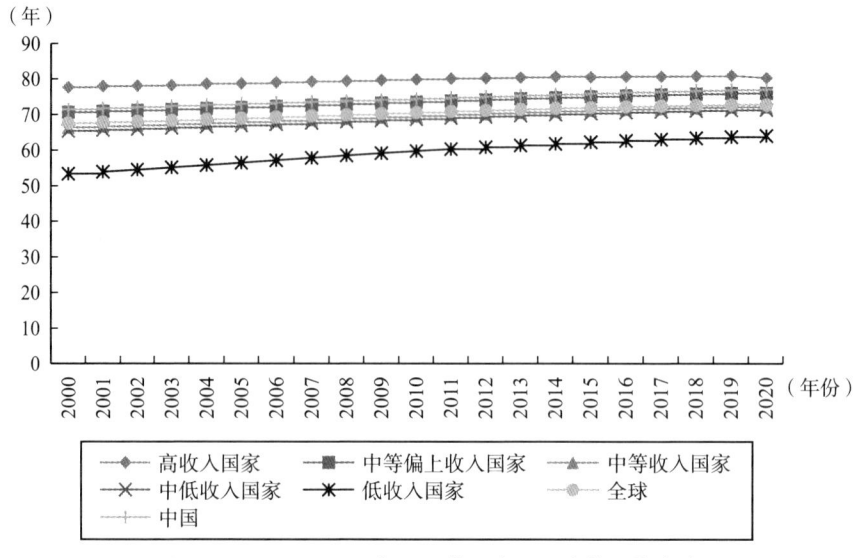

图 3-7　2000~2020 年不同收入水平国家的预期寿命

资料来源：世界银行数据库。

不同收入水平国家的平均营养不良率的趋势线如图 3-8 所示，不同收入水平的国家营养不良率整体均呈下降趋势，营养不良率与国家收入水平呈负相关关系。除高收入国家的营养不良率较为稳定外，中高等收入国家、中低等收入国家和低收入国家的营养不良率总体均呈下降趋势。

2000 年至 2008 年我国的营养不良率介于中高等收入国家和中等收入国家之间，2010 年之前高于高等收入国家，2010 年之后低于高等收入国家。

不同收入水平的国家的婴儿死亡率和 5 岁以下儿童死亡率的发展趋势如图 3-9 所示。从 2000 年到 2018 年，除了高收入国家比较平稳外，其他收入国家的两项指标均呈明显下降趋势。这表明世界各国婴儿和儿童的健康状况在进入 20 世纪以来的十几年内有大幅提升。两种死亡率在不同收入水平的国家两种死亡率之间的差距较大，但由于收入水平越低的国家死亡率下降幅度越大，死亡率之间的差距在逐渐缩小。

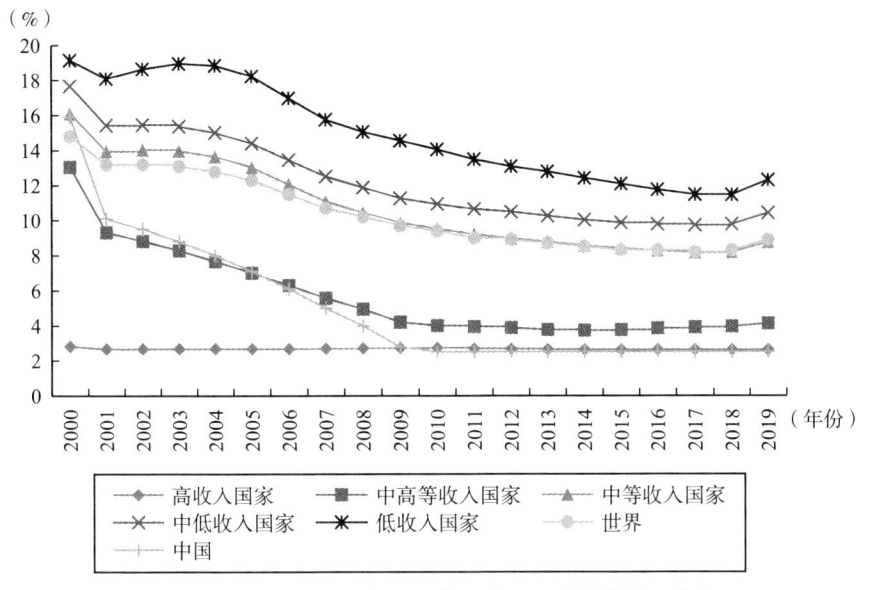

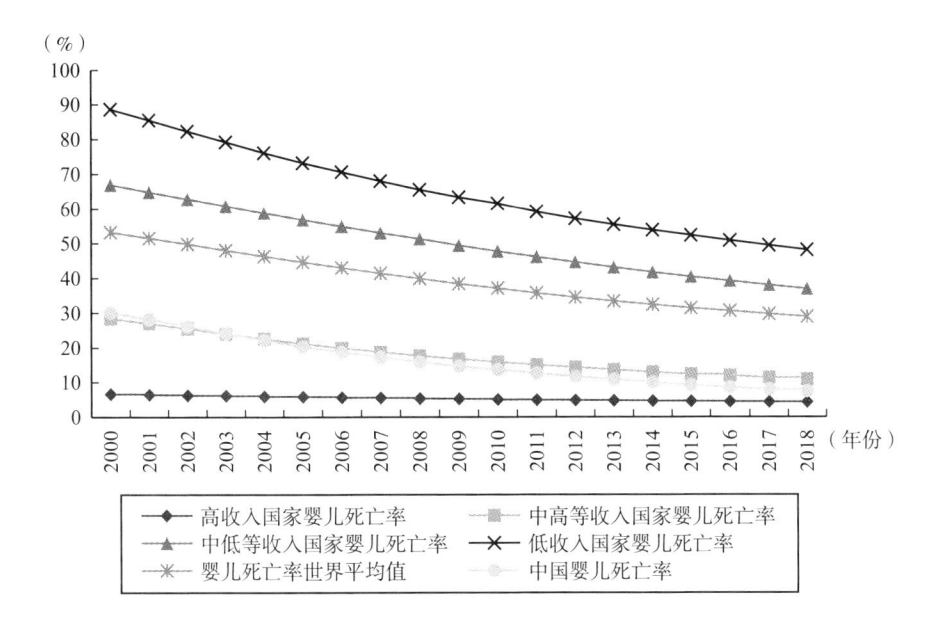

图 3-8　2000~2019 年不同收入水平国家的营养不良率

资料来源：世界银行数据库。

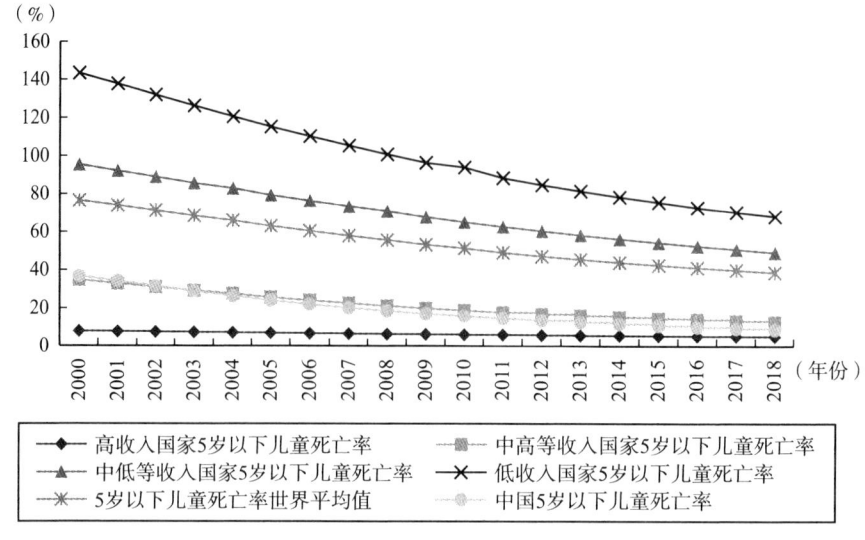

图 3-9　2000~2018 年不同收入水平国家婴儿死亡率和 5 岁以下儿童死亡率

资料来源：世界银行数据库。

我国的婴儿死亡率位于世界平均水平之下，2004 年以后低于中高等收入国家的平均水平，下降幅度也大于中高等收入国家，与高收入国家之间的差距逐渐缩小，由 2000 年的 23.5% 的差距缩小到 2018 年的 3.1%。我国的 5 岁以下儿童死亡率也位于世界平均水平之下，2002 年之前高于中高等收入国家，2002 年起低于中高等收入国家，下降幅度也大于中高等收入国家，与高收入国家之间的差距逐渐缩小，由 2000 年的 28.9% 的差距缩小到 2018 年的 3.6%。可见，我国 5 岁以下婴幼儿的总体健康状况处于世界较高水平。

不同收入水平国家的超重患病率变化情况如图 3-10 所示，不同收入水平的国家超重患病率均呈上升趋势，且高收入国家的超重患病率大幅高于低收入和中低等收入国家。

我国的超重患病率略高于低收入国家，但是增长幅度大于低收入国家和中低等收入国家，也高于世界平均水平的增长幅度。

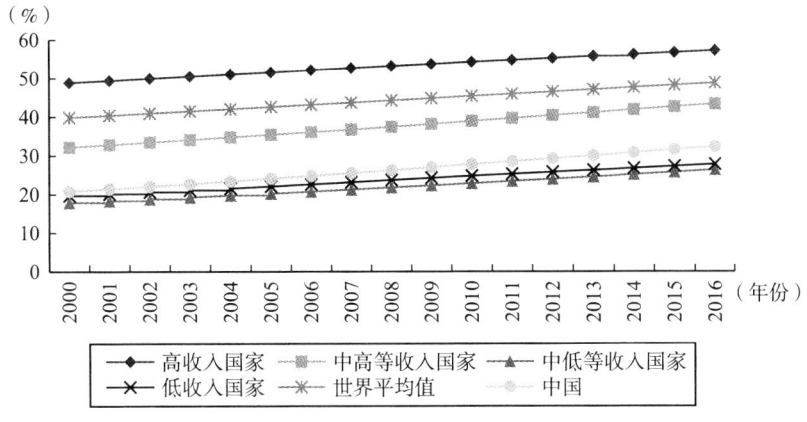

图 3-10　2000~2016 年不同收入水平国家的超重患病率

资料来源：世界卫生组织。

不同收入水平国家的结核病患病率的变化情况如图 3-11 所示，世界各国结核病患病率均呈下降趋势，不同收入水平国家之间的差距在不断缩小，结核病患病率和国家收入水平呈负相关关系，中低等收入国家和低收入国家的结核病患病率高于世界平均水平，高收入国家和中高等收入国家的结核病患病率低于世界平均水平，反映出经济水平较高的国家传染病防治工作更到位。

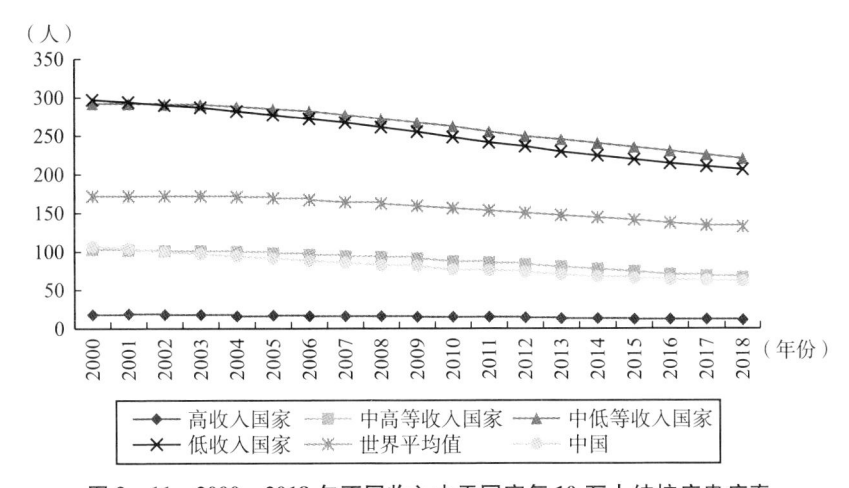

图 3-11　2000~2018 年不同收入水平国家每 10 万人结核病患病率

资料来源：世界银行数据库。

我国的结核病患病率变化趋势与中高等收入国家较为接近，2002年以前我国的结核病患病率高于中高等收入国家，2002年起低于中高等收入国家，下降幅度也大于中高等收入国家，与高收入国家的差距逐渐缩小，2000年我国结核病患病率与高收入国家相差89人（每10万人），2018年与高收入国家相差50人（每10万人）。

总体来看，进入20世纪以来，世界各国的人均经常性卫生支出均呈增长趋势，经常性卫生支出占GDP的比重稳步上升，各国PM2.5含量的差异有逐年增加的趋势，二氧化碳排放量呈上升趋势。世界各国国民的总体健康状况不断改善，表现为预期寿命不断提高、营养不良率逐渐下降、婴儿死亡率和5岁以下儿童的死亡率不断降低、结核病患病率不断下降，但各国的超重患病率呈上升趋势。

我国的人均经常性卫生支出和经常性卫生支出占GDP的比重处于世界较低水平，PM2.5水平和二氧化碳排放量均位于世界较高水平。从健康状况来看，我国国民的整体健康状况较好，预期寿命较长，儿童总体健康状况也较好，5岁以下婴幼儿的死亡率较低，我国的超重患病率和结核病患病率也较低。

第二节 我国健康投资的区域和城乡差异

一、健康投资差异

（一）区域差异

该部分选取了除港澳台地区以外的31个省级行政单位作为研究对象，主要从医疗卫生支出、医疗卫生设施、医疗卫生人员、健康保险、环境几个方面考察不同地区健康投资水平的差异。包括各地区医疗卫生支出、人均医疗卫生支出；各地区医疗卫生机构数、医疗卫生机构床位数、每千人口拥有医疗卫生机构床位数；各地区卫生技术人员数、每千人口拥有卫生技术人员数、各地区健康保险总费用、各地区废水排放量、废气中二氧化硫排放量。

各地区的医疗卫生支出见表3-5。2012年至2019年，各地区的支出均呈增长趋势。其中广东、江苏、山东的总支出浮动在前3名，四川、浙江、河南始终浮动在第4~6名，河北、北京、湖北、湖南、上海始终浮动在第7~11名，海南、宁夏、青海、西藏始终浮动在最后4名。总体来看，东南沿海以及大部分中部地区的医疗卫生支出较高，大部分西北地区的医疗卫生支出较低，医疗卫生支出和各地区的经济水平基本上呈正相关关系。

表3-5　　　　　　　　2012~2019年各地医疗卫生支出　　　　　　　单位：亿元

排名	省份	2012年	2013年	2014年	2015年	2016年	2017年	2018年	2019年
1	广东	2 185.30	2 518.82	2 832.33	3 301.67	4 193.33	4 619.23	5 198.69	6 126.41
2	江苏	1 892.02	2 213.19	2 644.65	2 974.42	3 359.58	3 691.21	4 035.02	4 459.17
3	山东	1 928.88	2 245.97	2 484.16	2 843.96	3 354.70	3 570.82	4 140.82	4 285.76
4	四川	1 405.91	1 675.24	1 876.97	2 164.33	2 675.77	3 055.64	3 253.09	3 705.41
5	河南	1 517.63	1 686.51	1 878.78	2 258.50	2 472.63	2 747.67	3 100.17	3 608.80
6	浙江	1 543.70	1 712.33	1 976.99	2 250.21	2 573.55	2 826.04	3 117.08	3 440.53
7	北京	1 190.01	1 340.23	1 594.64	1 834.75	2 048.89	2 193.80	2 500.82	2 964.81
8	河北	1 248.10	1 486.26	1 645.80	1 861.50	2 024.82	2 197.10	2 690.84	2 939.94
9	湖南	1 075.69	1 306.73	1 460.64	1 629.32	1 924.47	2 147.28	2 484.40	2 771.68
10	湖北	1 093.96	1 231.19	1 393.90	1 649.24	1 924.72	2 174.45	2 337.93	2 580.95
11	上海	1 092.35	1 248.68	1 345.50	1 536.60	1 838.00	2 087.09	2 301.60	2 532.68
12	安徽	1 112.02	1 221.50	1 321.64	1 460.42	1 643.29	1 812.24	1 998.08	2 240.12
13	陕西	860.52	1 016.70	1 124.02	1 254.37	1 348.15	1 538.05	1 742.23	1 824.45

续表

排名	省份	2012年	2013年	2014年	2015年	2016年	2017年	2018年	2019年
14	辽宁	1 011.96	1 176.78	1 329.95	1 411.95	1 484.46	1 605.71	1 728.94	1 810.59
15	云南	757.67	847.66	927.30	1 095.19	1 313.85	1 511.85	1 654.35	1 801.89
16	福建	678.21	835.32	971.93	1 130.61	1 250.07	1 407.52	1 553.50	1 699.13
17	广西	782.47	847.36	908.06	1 008.94	1 237.09	1 392.98	1 615.01	1 668.31
18	江西	658.24	738.09	850.13	978.66	1 090.56	1 256.22	1 473.89	1 667.62
19	黑龙江	823.72	968.63	992.15	1 043.18	1 190.45	1 342.25	1 406.76	1 510.68
20	重庆	621.54	737.34	821.53	1 000.23	1 064.57	1 179.67	1 374.30	1 415.43
21	贵州	480.23	552.54	647.85	754.18	878.93	1 044.07	1 206.76	1 390.84
22	新疆	566.30	667.06	750.82	870.98	962.32	1 088.83	1 204.51	1 355.03
23	山西	665.04	732.80	798.49	922.93	975.76	1 087.74	1 220.36	1 292.28
24	吉林	647.96	764.54	772.53	833.05	956.89	1 007.53	1 101.34	1 172.29
25	内蒙古	619.03	698.86	712.00	829.33	907.16	1 010.41	1 082.75	1 169.40
26	天津	479.75	552.09	650.91	752.79	827.02	864.74	888.72	973.51
27	甘肃	444.72	518.21	569.75	654.07	754.06	812.70	871.29	933.84
28	海南	180.33	185.12	220.68	262.61	303.28	369.49	402.50	454.41
29	青海	142.49	162.54	175.31	215.82	239.75	270.08	308.08	355.16
30	宁夏	135.00	168.06	206.76	227.86	251.77	298.86	343.55	341.06
31	西藏	63.97	73.83	81.93	103.95	124.98	139.28	167.85	189.13

资料来源：历年《中国卫生健康统计年鉴》。

2019年各地区医疗卫生支出如图3-12所示，广东省的医疗卫生支出超过6 000亿元，江苏、山东的医疗卫生支出超过4 000亿元，有12个省份达2 000亿元，25个省份达1 000亿元，不足1 000亿元的仅有6个省份，其中海南、宁夏、青海、西藏均不足500亿元。能够看出，经济水平较高的地区和较低的地区医疗卫生支出差距悬殊，其增幅差距也相当大。

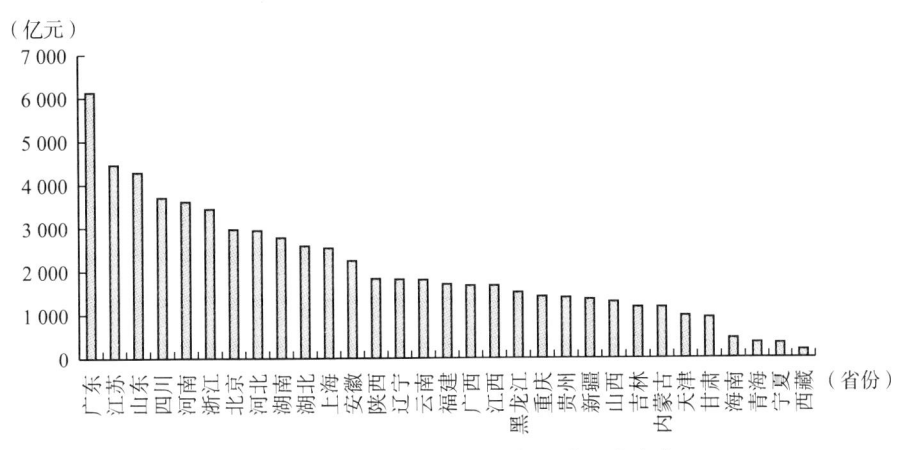

图 3-12 全国各地区 2019 年医疗卫生支出

资料来源：《2020 中国卫生健康统计年鉴》。

全国各地区人均医疗卫生支出变化情况如表 3-6 所示，总体均呈增加趋势，北京遥遥领先，自 2012 年至 2019 年均位列第 1，上海始终保持在第 2 位，两地的人均医疗卫生支出远大于其他地区。2012 年，北京的人均医疗卫生支出超过 5 500 元，上海超过 4 500 元，其余地区的人均医疗卫生支出在 1 300~3 400 元。2019 年，北京的人均医疗卫生支出超过 13 000 元，上海超过 10 000 元，其他地区的人均医疗卫生支出在 3 400~6 300 元。2012 年至 2019 年，北京和上海两地的人均医疗支出与其他地区的差距也呈上升趋势，其他地区之间的差距较小。

表 3-6　　　　　2012~2019 年全国各地区人均医疗卫生支出　　　　单位：元

排名	省份	2012 年	2013 年	2014 年	2015 年	2016 年	2017 年	2018 年	2019 年
1	北京	5 750.79	6 337.38	7 411.41	8 453.14	9 429.73	10 106.42	11 609.06	13 766.77
2	上海	4 588.86	5 170.21	5 546.92	6 362.02	7 595.98	8 630.30	9 495.89	10 430.53
3	天津	3 394.90	3 750.10	4 291.29	4 866.32	5 294.21	5 554.36	5 698.41	6 233.15
4	浙江	2 818.51	3 114.45	3 589.30	4 062.49	4 603.84	4 995.65	5 433.29	5 881.25
5	青海	2 485.95	2 813.15	3 004.89	3 667.8	4 043.05	4 513.49	5 107.2	5 843.23
6	江苏	2 388.92	2 787.57	3 322.40	3 729.07	4 200.21	4 597.18	5 012.01	5 525.61

续表

排名	省份	2012年	2013年	2014年	2015年	2016年	2017年	2018年	2019年
7	西藏	2 079.51	2 366.00	2 580.03	3 208.66	3 780.94	4 131.04	4 881.82	5 395.01
8	广东	2 062.77	2 366.42	2 641.11	3 043.29	3 812.46	4 135.76	4 581.96	5 317.60
9	宁夏	2 085.87	2 568.91	3 125.39	3 411.75	3 730.50	4 383.50	4 992.64	4 909.75
10	新疆	2 536.29	2 945.97	3 266.62	3 691.00	4 012.89	4 453.89	4 843.23	4 844.05
11	海南	2 034.02	2 067.69	2 442.50	2 883.25	3 306.78	3 991.16	4 307.91	4 810.05
12	陕西	2 292.88	2 701.11	2 977.53	3 307.08	3 535.66	4 010.09	4 508.42	4 706.80
13	内蒙古	2 486.17	2 798.11	2 842.54	3 302.78	3 599.67	3 995.95	4 272.88	4 604.72
14	重庆	2 110.50	2 482.61	2 746.30	3 315.82	3 492.19	3 836.11	4 430.65	4 530.36
15	四川	1 740.81	2 066.41	2 305.81	2 638.14	3 238.64	3 680.60	3 900.12	4 424.37
16	吉林	2 355.87	2 779.78	2 806.76	3 025.98	3 501.19	3 707.67	4 072.93	4 356.76
17	湖北	1 892.99	2 123.10	2 396.66	2 818.49	3 270.56	3 698.89	3 951.21	4 354.57
18	福建	1 809.51	2 213.36	2 553.68	2 945.07	3 226.83	3 598.89	3 941.89	4 276.70
19	山东	1 991.65	2 307.49	2 537.60	2 888.09	3 372.70	3 568.74	4 121.35	4 255.88
20	辽宁	2 305.68	2 680.59	3 028.54	3 221.86	3 390.89	3 675.32	3 966.09	4 160.65
21	黑龙江	2 148.47	2 525.77	2 588.44	2 736.56	3 133.43	3 542.76	3 728.40	4 027.08
22	湖南	1 620.26	1 953.09	2 168.01	2 402.06	2 820.97	3 130.08	3 601.22	4 006.25
23	河北	1 712.66	2 026.92	2 228.95	2 507.10	2 710.58	2 921.86	3 561.06	3 872.42
24	贵州	1 378.38	1 577.70	1 846.75	2 136.78	2 472.37	2 916.38	3 352.12	3 838.96
25	河南	1 613.47	1 791.68	1 991.07	2 382.38	2 594.03	2 874.43	3 227.66	3 743.57
26	云南	1 626.26	1 808.68	1 967.16	2 309.65	2 754.12	3 149.36	3 425.52	3 708.89
27	江西	1 461.47	1 632.17	1 871.65	2 143.54	2 374.79	2 717.89	3 170.63	3 573.89
28	甘肃	1 725.36	2 006.89	2 199.13	2 516.10	2 889.18	3 095.18	3 303.72	3 527.34
29	安徽	1 857.08	2 025.71	2 172.67	2 376.98	2 652.17	2 897.37	3 159.72	3 518.93
30	山西	1 841.79	2 018.84	2 188.87	2 518.82	2 650.33	2 938.24	3 282.00	3 465.29
31	广西	1 671.24	1 795.64	1 910.10	2 103.71	2 557.03	2 851.55	3 278.54	3 363.52

资料来源：国家统计局网站。

2010~2020年全国各地区的医疗卫生机构数见表3-7。2010年至2020年，各地区总体上均呈平稳上升趋势。其中四川、河北、山东、河南的医疗卫生机构数始终浮动在前4位，在65 000~90 000个之间变动，湖南稳居第5位，在6 000个上下浮动，广东稳居第6位，其医疗卫生机构数自2010年的44 880个平稳增长至2020年的55 900个。北京、西藏、青海、天津、海南、上海、宁夏始终处于最后7位，医疗卫生机构数在4 000~11 000个之间变动。其余18个地区的医疗卫生机构数在16 000~43 000个之间变动。医疗卫生机构数与各地区的人口数有较密切的关系，大致呈正相关关系。

表3-7　　　　2010~2020年全国各地区的医疗卫生机构数　　　　单位：个

排名	省份	2010年	2011年	2012年	2013年	2014年	2015年	2016年	2017年	2018年	2019年	2020年
1	河北	81 403	80 185	79 119	78 485	78 895	78 594	78 795	80 912	85 088	84 651	86 939
2	山东	66 967	68 275	68 840	75 426	77 012	77 259	76 997	79 050	81 470	83 616	84 872
3	四川	74 283	75 815	76 557	80 037	81 070	80 109	79 513	80 481	81 537	83 756	82 793
4	河南	75 741	76 128	69 258	71 464	71 154	71 394	71 271	71 089	71 351	70 734	74 644
5	湖南	59 359	59 634	58 612	62 210	61 571	62 646	61 055	58 624	56 239	57 230	56 042
6	广东	44 880	45 930	46 534	47 835	48 085	48 320	49 079	49 874	51 451	53 900	55 900
7	山西	41 098	40 339	40 192	40 281	40 777	41 002	42 204	42 490	42 079	42 162	41 140
8	江西	34 068	39 154	39 509	38 902	38 873	38 557	38 272	37 791	36 545	37 029	36 716
9	江苏	30 956	31 680	31 050	30 998	31 995	31 925	32 117	32 037	33 254	34 796	35 747
10	湖北	34 269	35 625	35 240	35 631	36 077	36 179	36 354	36 357	36 486	35 515	35 447
11	陕西	35 696	36 396	36 271	37 137	37 247	37 030	36 598	35 861	35 300	35 404	34 983
12	浙江	29 939	30 515	30 271	30 063	30 358	31 137	31 546	31 979	32 754	34 119	34 400
13	辽宁	34 805	35 229	35 792	35 612	35 441	35 236	36 131	35 767	36 029	34 238	34 131
14	广西	32 741	34 026	34 152	33 943	34 667	34 439	34 253	34 008	33 742	33 679	33 875
15	安徽	22 997	22 884	23 275	24 645	24 824	24 853	24 385	24 491	24 925	26 435	29 391
16	贵州	25 420	25 943	27 404	29 177	28 995	28 712	28 017	28 034	28 066	28 511	28 880
17	福建	27 017	27 147	27 276	28 175	28 030	27 921	27 656	27 217	27 590	27 788	28 105
18	云南	22 888	23 248	23 395	24 264	24 281	24 181	24 234	24 684	24 954	25 587	26 626
19	甘肃	26 673	26 632	26 401	26 697	27 916	27 799	28 197	28 857	27 897	26 697	26 204
20	吉林	19 385	19 785	19 734	19 913	19 891	20 612	20 829	20 828	22 691	22 198	25 616
21	内蒙古	22 565	22 908	23 046	23 257	23 426	23 886	24 002	24 218	24 610	24 564	24 549
22	重庆	17 495	17 650	17 961	18 926	18 767	19 806	19 933	19 682	20 524	21 057	20 922

续表

排名	省份	2010年	2011年	2012年	2013年	2014年	2015年	2016年	2017年	2018年	2019年	2020年
23	黑龙江	22 073	21 749	21 158	21 369	21 229	20 752	20 375	20 283	20 349	20 375	20 461
24	新疆	16 000	17 412	18 320	18 663	18 873	18 798	18 825	18 724	18 450	18 376	18 158
25	北京	9 411	9 495	9 632	9 683	9 638	9 771	9 773	9 976	10 058	10 336	10 599
26	西藏	4 960	6 602	6 660	6 725	6 795	6 814	6 835	6 826	6 844	6 940	6 939
27	青海	5 781	5 887	5 948	6 020	6 241	6 223	6 291	6 375	6 396	6 513	6 407
28	海南	4 678	4 816	5 154	5 011	5 075	5 046	5 144	5 180	5 325	5 417	6 127
29	上海	4 708	4 740	4 845	4 929	4 984	5 016	5 016	5 144	5 293	5 597	5 897
30	天津	4 542	4 428	4 551	4 689	4 990	5 223	5 443	5 539	5 686	5 962	5 838
31	宁夏	4 129	4 132	4 140	4 231	4 255	4 288	4 254	4 271	4 450	4 397	4 574

资料来源：国家统计局网站。

2020年全国各地区医疗卫生机构数情况如图3-13所示，排名靠前的几个地区和靠后的几个地区差距悬殊，河北医疗卫生机构数最多，达86 939个，宁夏最少，仅有4 574个，二者相差80 000多个。排名位于中间位置的地区之间的差距较小。

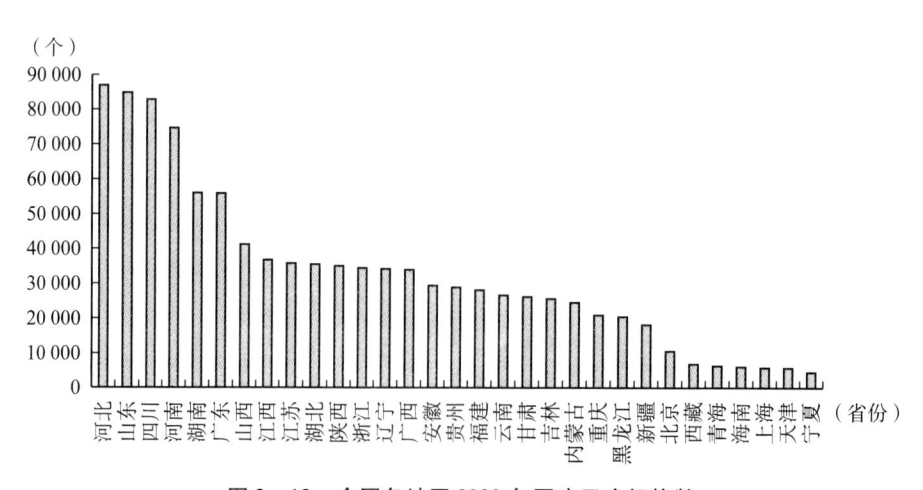

图3-13 全国各地区2020年医疗卫生机构数

资料来源：国家统计局网站。

全国各地区医疗卫生机构床位数见表3-8，自2010年至2019年，整体呈上升趋势，其中山东、河南、四川、广东、江苏的医疗卫生机构床位数始终浮动在前5位，天津、海南、宁夏、青海、西藏始终处于最后5位，大部分地区的医疗卫生机构床位数都在全国平均值上下浮动。虽然各个地区均呈上升趋势，但医疗卫生机构床位数基数较大的地区增长幅度也较大，导致各地区之间的差距逐渐增大。2010年，医疗卫生机构床位数最多的地区和最小的地区相差37.35万张床位，2019年，差距增加到62.3万张。

表3-8　　　　2010～2019年全国各地区医疗卫生机构床位数　　　　单位：万张

排名	省份	2010年	2011年	2012年	2013年	2014年	2015年	2016年	2017年	2018年	2019年
1	河南	32.76	34.96	39.40	42.98	45.93	48.96	52.15	55.90	60.85	64.01
2	四川	30.12	33.47	39.01	42.66	45.96	48.88	51.92	56.35	59.89	63.18
3	山东	38.23	41.61	47.38	48.97	50.06	51.94	54.10	58.48	60.85	62.97
4	广东	30.01	32.50	35.53	37.84	40.58	43.57	46.51	49.21	51.69	54.52
5	江苏	26.95	29.64	33.31	36.83	39.23	41.36	44.31	46.92	49.15	51.60
6	湖南	23.35	25.77	28.70	31.41	35.55	39.70	42.58	45.23	48.24	50.63
7	河北	24.97	26.65	28.44	30.35	32.29	34.21	36.05	39.50	42.19	43.01
8	湖北	20.04	22.40	25.30	28.82	31.75	34.31	36.06	37.62	39.35	40.33
9	浙江	18.41	19.48	21.33	23.01	24.58	27.25	28.99	31.35	33.21	35.02
10	安徽	18.80	20.42	22.23	23.60	25.20	26.74	28.17	30.57	32.81	34.74
11	辽宁	20.42	21.58	23.10	24.19	25.55	26.70	28.44	29.86	31.44	31.38
12	云南	15.71	17.34	19.47	21.01	22.49	23.76	25.36	27.48	29.12	31.19
13	广西	14.37	15.20	16.87	18.72	20.16	21.45	22.45	24.11	25.59	27.74
14	江西	12.46	13.56	16.37	17.43	18.67	19.78	20.91	23.40	24.95	26.71
15	陕西	14.23	15.15	15.38	16.92	18.51	19.94	21.19	22.54	24.13	25.37	26.58
16	贵州	10.53	11.75	13.92	16.67	18.22	19.64	21.03	23.30	24.56	26.50
17	黑龙江	15.99	16.53	17.82	18.92	20.13	21.26	22.01	24.17	25.01	26.26
18	重庆	10.36	11.56	13.08	14.74	16.06	17.65	19.09	20.64	22.01	23.18
19	山西	15.59	15.71	16.53	17.26	17.74	18.32	18.97	19.75	20.83	21.84

续表

排名	省份	2010年	2011年	2012年	2013年	2014年	2015年	2016年	2017年	2018年	2019年
20	福建	11.30	12.42	13.93	15.61	16.48	17.30	17.48	18.24	19.25	20.22
21	新疆	11.62	12.54	13.16	13.73	14.30	15.03	15.69	16.76	17.89	18.64
22	甘肃	9.04	9.49	11.23	11.61	12.24	12.77	13.43	14.66	16.27	18.12
23	吉林	11.51	12.12	12.78	13.32	14.10	14.45	15.12	15.37	16.70	17.03
24	内蒙古	9.34	10.06	11.08	12.01	12.90	13.39	13.92	15.03	15.90	16.11
25	上海	10.51	10.71	10.98	11.43	11.75	12.28	12.92	13.46	13.90	14.65
26	北京	9.28	9.47	10.02	10.40	10.98	11.16	11.70	12.06	12.36	12.78
27	天津	4.88	4.94	5.35	5.77	6.09	6.37	6.58	6.84	6.82	6.83
28	海南	2.60	2.85	3.03	3.21	3.45	3.87	4.03	4.20	4.48	4.98
29	青海	2.05	2.31	2.60	2.95	3.30	3.45	3.47	3.83	3.91	4.14
30	宁夏	2.37	2.58	2.78	3.11	3.25	3.38	3.63	3.98	4.10	4.10
31	西藏	0.88	0.96	0.84	1.10	1.19	1.40	1.45	1.61	1.68	1.71

资料来源：历年《中国卫生健康统计年鉴》。

2020年全国各地区医疗卫生机构床位数如图3-14所示，总体来看，医疗卫生机构数较多的地区，其床位数也较多。

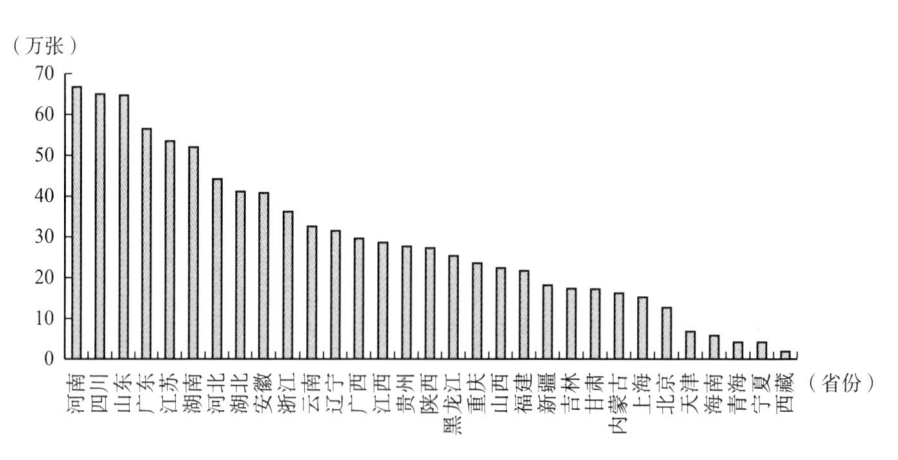

图3-14 全国各地区2020年医疗卫生机构床位数

资料来源：《2021中国卫生健康统计年鉴》。

各地区的每万人口医疗卫生机构床位数如表3-9所示,自2010年至2020年,总体呈上升趋势,各个地区之间的差距不大,除个别地区个别年份变化明显外,各个地区的增长趋势基本一致。2010年到2012年有部分地区(北京、上海)的每万人口医疗卫生机构床位数变化较大,2012年至2018年,各地区总体均呈平稳上升趋势。虽然各地区的医疗卫生机构床位数差别较大,但各地区人数也存在差异,从而使得每万人口医疗卫生机构床位数的差距缩小了。

表3-9　　　2010~2020年全国各地区每万人口医疗卫生机构床位数　　　单位:张

排名	省份	2010年	2011年	2012年	2013年	2014年	2015年	2016年	2017年	2018年	2019年	2020年
1	黑龙江	41.60	43.10	46.48	49.33	52.53	55.77	57.92	63.80	66.29	70.00	79.50
2	湖南	33.00	36.12	43.23	46.94	52.77	58.52	62.41	65.94	69.93	73.19	78.20
3	四川	33.50	36.95	48.31	52.63	56.46	59.58	62.84	67.87	71.80	75.43	77.70
4	辽宁	48.00	50.72	52.60	55.09	58.19	60.92	64.96	68.35	72.14	72.12	73.80
5	重庆	31.40	34.72	44.42	49.64	53.69	58.53	62.61	67.11	70.96	74.19	73.50
6	吉林	42.20	44.47	46.45	48.43	51.23	52.48	55.32	56.55	61.76	63.30	71.90
7	贵州	25.10	27.73	39.96	47.61	51.94	55.65	59.15	65.08	68.23	73.14	71.70
8	湖北	32.60	36.34	43.48	49.69	54.59	58.64	61.27	63.74	66.51	68.04	71.20
9	新疆	53.70	56.93	58.91	60.65	62.21	63.68	65.43	68.54	71.93	73.88	70.20
10	青海	37.20	41.46	45.39	51.11	56.62	58.71	58.60	64.08	64.92	68.18	69.70
11	云南	34.70	38.01	41.78	44.84	47.71	50.11	53.15	57.24	60.29	64.20	68.90
12	陕西	36.70	39.36	45.09	49.19	52.81	55.86	59.11	62.91	65.66	68.58	68.90
13	甘肃	33.30	34.78	43.56	44.95	47.25	49.14	51.47	55.83	61.71	68.43	68.70
14	内蒙古	38.10	40.81	44.50	48.07	51.50	53.32	55.25	59.44	62.75	63.43	67.40
15	河南	30.30	32.01	41.88	45.66	48.68	51.65	54.72	58.48	63.35	66.41	67.10
16	安徽	27.50	29.65	37.13	39.13	41.43	43.53	45.47	48.88	51.89	54.57	66.80
17	山西	44.90	44.90	45.78	47.56	48.64	50.00	51.52	53.36	56.03	58.58	64.10

续表

排名	省份	2010年	2011年	2012年	2013年	2014年	2015年	2016年	2017年	2018年	2019年	2020年
18	山东	40.10	43.39	48.87	50.32	51.14	52.74	54.39	58.45	60.56	62.53	63.70
19	江西	26.60	28.53	36.35	38.54	41.11	43.33	45.54	50.64	53.68	57.25	63.30
20	江苏	36.10	39.44	42.06	46.39	49.28	51.86	55.39	58.43	61.05	63.94	63.10
21	上海	74.40	75.48	46.12	47.33	48.44	50.85	53.37	55.67	57.36	60.32	61.20
22	河北	34.20	36.28	39.01	41.39	43.73	46.07	48.26	52.53	55.84	56.65	59.20
23	广西	27.00	28.32	36.03	39.67	42.41	44.72	46.40	49.36	51.96	55.92	59.00
24	北京	73.50	73.96	48.41	49.18	51.03	51.40	53.86	55.58	57.39	59.33	58.00
25	海南	29.00	31.36	34.17	35.85	38.17	42.49	43.97	45.31	47.97	52.68	58.00
26	宁夏	36.80	39.60	42.90	47.59	49.10	50.61	53.80	58.39	59.60	58.98	57.30
27	浙江	38.80	40.73	38.94	41.84	44.62	49.20	51.86	55.42	57.88	59.86	56.00
28	福建	32.00	34.98	37.17	41.37	43.30	45.07	45.11	46.63	48.84	50.90	52.20
29	西藏	30.10	31.73	27.15	35.26	37.51	43.25	43.67	47.78	48.80	48.67	50.90
30	天津	49.30	49.40	37.87	39.22	40.12	41.17	42.15	43.94	43.75	43.71	49.20
31	广东	35.20	37.63	33.54	35.55	37.84	40.16	42.29	44.06	45.56	47.32	44.80

资料来源：国家统计局网站。

从全国各地区的卫生技术人员数来看，2010年至2020年总体均呈上升趋势。如表3-10所示，广东、山东始终稳居前两名，河南、江苏、四川始终在3~5名浮动，河北、湖南、湖北始终在6~9名浮动，天津、海南、宁夏、青海、西藏始终位于最后5名，其余十几个地区差异较小，位于平均值附近。各地区的卫生技术人员数与各地区的人口数大致呈正相关关系。从表3-10中能够看出，各地区之间的卫生技术人员数的差距在不断增大，2010年最大差距为44.47万人，2020年最大差距增大为80.67万人。

表3-10　　　　　2010～2020年全国各地区卫生技术人员数　　　　　单位：万人

排名	省份	2010年	2011年	2012年	2013年	2014年	2015年	2016年	2017年	2018年	2019年	2020年
1	广东	45.48	48.56	51.84	55.37	58.30	61.80	66.53	70.75	75.52	79.26	82.94
2	山东	44.89	48.17	53.01	59.70	60.38	61.82	64.17	68.86	73.85	78.23	81.34
3	河南	37.28	39.63	42.85	46.85	49.48	51.99	54.70	58.10	62.15	65.39	70.68
4	江苏	32.82	35.05	39.60	42.89	45.85	48.70	51.70	54.77	59.01	63.33	66.55
5	四川	32.56	35.23	38.94	42.70	45.19	47.22	49.58	53.03	56.25	60.24	63.22
6	浙江	28.85	30.69	32.96	35.25	37.59	40.56	43.26	45.97	48.62	52.02	54.80
7	河北	29.22	30.17	31.49	33.30	35.15	37.27	39.31	42.52	46.11	49.01	51.96
8	湖南	26.92	28.25	29.69	32.31	34.14	37.08	39.25	41.56	43.70	50.23	49.78
9	湖北	25.58	26.81	28.87	30.93	33.56	36.79	38.45	39.97	41.10	41.62	42.85
10	安徽	21.15	21.76	23.62	25.35	26.80	28.08	29.37	31.35	33.36	36.12	41.21
11	广西	18.96	20.40	22.08	24.09	25.86	27.47	28.99	30.53	32.09	34.14	37.20
12	云南	14.31	15.10	16.68	19.32	20.89	22.92	24.97	28.39	30.18	33.97	36.65
13	陕西	18.14	19.72	21.63	23.91	25.26	26.54	28.86	31.02	32.80	35.38	36.35
14	辽宁	23.21	23.56	24.68	25.47	25.63	26.44	27.75	29.12	30.31	30.92	31.61
15	贵州	10.40	11.38	12.98	15.59	17.00	18.73	20.46	22.59	24.55	26.76	28.78
16	江西	15.80	16.59	17.97	19.01	20.14	21.09	22.10	23.57	24.73	26.78	28.61
17	福建	14.29	15.88	17.61	19.75	20.65	21.29	21.96	23.14	24.74	26.32	27.84
18	北京	17.13	18.19	19.62	20.37	21.32	22.54	23.40	24.60	25.59	27.12	27.61
19	山西	19.39	19.14	19.96	20.34	20.95	21.40	22.59	23.33	24.64	25.79	26.84
20	黑龙江	19.20	19.50	20.12	20.76	21.22	21.53	22.14	22.94	23.08	23.77	24.25
21	重庆	11.11	12.02	13.17	14.21	15.43	16.67	17.94	19.16	20.93	22.46	23.77
22	上海	13.71	14.07	14.78	15.71	16.41	17.01	17.82	18.69	19.56	20.45	21.44
23	吉林	13.84	13.90	14.41	14.59	15.14	15.90	16.66	16.80	18.38	18.85	21.21
24	内蒙古	12.58	13.16	13.99	14.82	15.45	16.23	17.04	18.04	18.82	19.64	20.23

续表

排名	省份	2010年	2011年	2012年	2013年	2014年	2015年	2016年	2017年	2018年	2019年	2020年
25	新疆	12.41	13.06	13.67	14.59	15.34	16.18	17.10	17.41	17.64	18.59	19.09
26	甘肃	9.89	10.59	11.16	11.81	12.64	12.95	13.46	14.69	15.73	17.88	18.12
27	天津	7.05	7.33	7.71	8.11	8.49	9.07	9.50	10.10	10.46	10.98	11.40
28	海南	3.95	4.33	4.51	4.81	5.06	5.47	5.75	6.04	6.37	6.77	7.44
29	宁夏	3.00	3.20	3.43	3.73	3.98	4.15	4.47	4.97	5.31	5.54	5.86
30	青海	2.49	2.75	2.93	3.24	3.39	3.54	3.70	4.17	4.46	4.74	4.89
31	西藏	1.01	1.08	0.93	1.16	1.29	1.43	1.48	1.65	1.91	2.09	2.27

资料来源：历年《中国卫生健康统计年鉴》。

全国各地区每万人拥有卫生技术人员数的变化情况如表3-11所示，其中北京与其他地区的差距较大，经2012~2014年的较大波动后，与其他地区的差距有所缩小，但仍然处于领先地位。同样在2012~2014年经历较大波动的还有上海和天津，但这两个直辖市在2014年以后降低到了大部分地区的水平附近。除前述三个直辖市之外，其余地区的每万人拥有卫生技术人员数大体呈平稳上升趋势，且各地区之间的差距不大。

表3-11　　　　2010~2020年全国各地区每万人拥有卫生技术人员数　　　单位：人

排名	省份	2010年	2011年	2012年	2013年	2014年	2015年	2016年	2017年	2018年	2019年	2020年
1	北京	136	142	95	155	99	104	108	113	119	126	126
2	陕西	47	50	58	60	67	70	76	81	85	91	92
3	吉林	51	51	52	54	55	58	61	62	68	70	88
4	上海	97	99	62	110	68	70	74	77	81	84	86
5	浙江	61	64	60	73	68	73	77	81	85	89	85
6	内蒙古	51	53	56	60	62	65	68	71	74	77	84

续表

排名	省份	2010年	2011年	2012年	2013年	2014年	2015年	2016年	2017年	2018年	2019年	2020年
7	青海	45	49	51	57	58	60	62	70	74	78	83
8	天津	71	73	55	81	56	59	61	65	67	70	82
9	宁夏	47	49	53	56	60	62	66	73	77	80	81
10	山东	47	50	55	62	62	63	65	69	74	78	80
11	江苏	44	47	50	56	58	61	65	68	73	78	79
12	云南	32	33	36	42	44	48	52	59	62	70	78
13	山西	56	55	55	58	57	58	61	63	66	69	77
14	黑龙江	50	51	52	55	55	56	58	61	61	63	76
15	四川	36	39	48	47	56	58	60	64	67	72	76
16	湖南	38	40	45	45	51	55	58	61	63	73	75
17	贵州	25	27	37	36	48	53	58	63	68	74	75
18	辽宁	55	55	56	60	58	60	63	67	70	71	74
19	湖北	42	43	50	50	58	63	65	68	69	70	74
20	广西	36	38	47	44	54	57	60	62	65	69	74
21	海南	44	48	51	53	56	60	63	65	68	72	74
22	重庆	34	36	45	42	52	55	59	62	67	72	74
23	新疆	57	59	61	64	67	69	71	71	71	74	74
24	甘肃	37	39	43	43	49	50	52	56	60	68	72
25	河南	35	36	46	42	52	55	57	61	65	68	71
26	河北	40	41	43	44	48	50	53	57	61	65	70
27	安徽	31	32	39	37	44	46	47	50	53	57	68
28	福建	41	45	47	54	54	55	57	59	63	66	67
29	广东	53	56	49	63	54	57	60	63	67	69	66
30	江西	34	35	40	39	44	46	48	51	53	57	63
31	西藏	34	36	30	37	41	44	45	49	55	60	62

资料来源：国家统计局网站。

2010年至2019年全国各地区健康保险总保费的变化情况如表3-12所示。总体来看，各地区均呈上升趋势，具体来看，2012年之前，各地区的人身保险费基本保持平稳，2012年至2014年，各地区的人身保险费缓慢上升，增长幅度较小，2014年以后各地区的人身保险费开始明显增长，且增幅逐渐增加，各地区之间的差距也在拉大。2010年，各地区健康险保费收入最大差距为507.31百万元，2019年该差距为5 604.64百万元。

表3-12　　　　2010~2019年全国各地区健康保险总保费　　　　单位：百万元

排名	省份	2010年	2011年	2012年	2013年	2014年	2015年	2016年	2017年	2018年	2019年
1	广东	518.76	683.14	781.07	1 153.78	1 449.50	1 621.52	1 815.49	2 174.23	3 842.08	5 901.91
2	湖南	158.52	181.78	217.69	393.98	637.86	901.43	1 542.36	2 239.16	3 425.96	5 636.08
3	上海	300.74	391.89	584.56	722.74	953.38	1 061.56	1 308.18	1 929.10	4 371.32	5 386.63
4	山东	144.25	160.19	264.57	832.68	454.42	1 597.30	2 516.21	996.08	3 678.61	4 736.18
5	河北	127.10	129.63	221.53	355.66	423.34	1 464.11	1 743.70	2 046.37	3 166.40	4 462.32
6	四川	349.18	263.82	320.34	486.36	924.14	1 288.42	1 261.26	1 740.80	2 873.81	4 344.05
7	湖北	132.71	140.86	184.36	562.59	742.28	998.48	1 248.13	1 756.73	2 704.46	4 320.64
8	江苏	221.86	304.92	393.76	608.40	966.95	1 249.55	1 464.18	1 973.59	2 598.04	3 987.35
9	安徽	78.31	96.55	141.34	374.94	526.09	828.59	1 806.23	2 177.42	4 034.98	3 795.96
10	江西	131.62	170.84	202.42	287.40	399.42	502.59	702.15	1 520.72	2 158.45	3 545.51
11	北京	156.72	227.22	330.22	349.55	582.55	688.03	1 075.07	1 327.86	1 329.77	3 192.86
12	福建	167.40	379.31	444.31	525.49	617.04	724.28	1 132.47	1 488.05	1 801.72	3 143.84
13	浙江	178.47	220.22	272.86	377.90	460.06	691.16	854.37	1 277.83	2 424.27	2 960.72
14	新疆	280.06	313.38	437.40	649.37	829.09	934.70	1 161.54	1 798.85	2 057.63	2 924.96
15	重庆	149.55	166.96	202.70	368.27	290.67	948.39	1265.11	1 932.35	2 029.97	2 400.24
16	云南	60.94	83.42	245.97	483.72	825.10	954.61	1 281.87	1 567.05	1 597.72	2 227.99
17	广西	105.17	118.08	143.33	251.87	502.34	769.74	760.95	945.39	1 551.81	2 225.13
18	山西	104.52	105.66	176.50	209.16	384.20	529.49	596.06	830.36	1 350.02	2 173.20
19	河南	58.35	113.33	134.32	171.91	211.69	250.50	391.78	689.66	1 148.82	1 815.28
20	吉林	35.16	59.23	76.75	290.55	362.35	497.34	310.05	564.80	1 022.80	1 561.65

续表

排名	省份	2010年	2011年	2012年	2013年	2014年	2015年	2016年	2017年	2018年	2019年
21	内蒙古	86.68	93.37	117.23	263.59	326.13	438.31	525.23	738.76	1 110.69	1 550.55
22	贵州	66.98	83.07	106.47	121.41	119.70	171.06	401.54	551.25	771.02	1 203.55
23	甘肃	34.83	40.95	49.92	151.71	324.59	431.85	482.06	647.73	781.80	1 128.71
24	辽宁	168.08	250.27	258.57	270.34	301.84	73.88	512.46	301.46	602.06	937.87
25	黑龙江	59.17	37.08	40.83	54.64	93.50	180.72	221.35	329.41	467.49	890.76
26	陕西	38.80	47.02	57.08	189.54	222.97	121.36	411.79	547.02	572.89	869.15
27	宁夏	23.92	27.36	29.47	82.33	120.78	170.75	188.21	323.24	334.33	453.71
28	海南	18.14	11.63	19.98	30.89	34.85	66.83	106.92	127.91	160.14	346.09
29	西藏	17.37	54.32	64.75	96.83	98.65	96.68	164.52	254.06	262.07	310.80
30	青海	11.45	11.62	28.28	126.88	129.40	119.77	153.43	183.03	254.85	299.89
31	天津	43.86	43.30	52.94	77.17	104.22	103.28	116.59	164.87	194.93	297.27

资料来源：历年《中国保险年鉴》。

全国各地区从2008年到2017年的废水排放变化情况如表3-13所示，其中广东遥遥领先，经历了先增加后平稳然后下降的过程，截至2017年仍领先于其他地区。江苏稳居第2，同样经历了先增加后平稳最后下降的变化过程。除广东和江苏之外，山东、浙江、河南三省的废水排放量也较大，浮动在第3~5名的位置。少部分地区的废水排放量呈缓慢增加趋势，大部分地区的废水排放量在最近几年有所下降，表明我国的废水治理情况取得了一定成效。

表3-13　　　　　　2008~2017年全国各地废水排放量　　　　单位：万吨

排名	省份	2008年	2009年	2010年	2011年	2012年	2013年	2014年	2015年	2016年	2017年
1	广东	677 352	687 429	722 978	785 587	838 551	862 471	905 082	911 523	938 261	882 020
2	江苏	509 701	522 329	555 500	592 774	598 211	594 359	601 158	621 303	616 624	575 196
3	山东	358 911	386 731	436 372	443 331	479 100	494 570	514 423	559 908	507 591	499 884
4	浙江	350 377	365 017	394 828	420 134	420 961	419 120	418 262	433 822	430 857	453 935

续表

排名	省份	2008年	2009年	2010年	2011年	2012年	2013年	2014年	2015年	2016年	2017年
5	河南	309 193	333 980	358 679	378 785	403 668	412 582	422 832	433 487	402 055	409 107
6	四川	262 343	262 709	256 095	279 852	283 657	307 648	331 277	341 607	352 826	362 438
7	湖南	250 331	260 278	268 110	278 811	304 214	307 227	309 960	314 107	298 757	300 563
8	湖北	258 874	265 757	270 755	293 064	290 200	294 054	301 704	313 785	274 787	272 694
9	河北	234 697	244 989	262 543	278 551	305 774	310 921	309 824	310 568	288 795	253 685
10	福建	236 269	246 013	238 502	316 178	256 263	259 098	260 579	256 868	237 016	238 279
11	辽宁	212 021	217 155	218 189	232 247	238 769	234 508	262 879	260 045	228 202	237 971
12	安徽	168 670	179 701	184 700	243 265	254 329	266 234	272 313	280 626	240 666	233 838
13	上海	223 751	230 518	248 250	214 155	219 244	222 963	221 160	224 147	220 759	211 951
14	重庆	145 113	147 069	128 113	131 450	132 430	142 535	145 822	149 799	202 061	200 677
15	广西	345 355	305 507	312 630	222 439	245 578	225 303	219 304	220 066	193 186	198 144
16	江西	138 909	147 081	160 661	194 432	201 190	207 138	208 289	223 232	221 092	189 362
17	云南	83 865	87 591	91 992	147 523	154 010	156 583	157 544	173 333	181 089	185 112
18	陕西	104 883	111 219	115 673	121 815	128 749	132 169	145 785	168 122	166 565	175 955
19	黑龙江	110 996	110 508	118 575	150 661	162 589	153 090	149 644	148 595	138 335	138 121
20	山西	106 911	105 875	118 299	116 132	134 298	138 030	145 033	145 252	139 291	135 057
21	北京	113 259	140 813	136 415	145 469	140 274	144 580	150 714	151 733	166 419	133 188
22	吉林	107 781	109 715	114 431	116 162	119 509	117 703	122 171	126 908	97 073	121 464
23	贵州	55 866	59 159	60 823	77 927	91 455	93 085	110 912	112 803	100 720	118 017
24	内蒙古	70 421	73 155	92 548	100 389	102 424	106 920	111 917	110 861	104 696	104 251
25	新疆	74 700	77 184	83 690	83 329	93 810	100 720	102 748	99 952	93 907	101 291
26	天津	61 229	59 647	68 196	67 147	82 813	84 210	89 361	93 008	91 534	90 790
27	甘肃	47 470	49 270	51 241	59 232	62 813	64 969	65 973	67 072	66 325	64 514
28	海南	36 188	37 518	36 689	35 725	37 103	36 156	39 351	39 123	44 097	44 081
29	宁夏	37 948	41 336	40 653	39 432	38 948	38 528	37 277	32 025	33 949	30 735
30	青海	19 997	22 171	22 609	21 292	21 994	21 953	23 001	23 663	27 275	27 115
31	西藏	3 420	3 455	3 825	4 635	4 683	5 005	5 450	5 883	6 143	7 176

资料来源：国家统计局网站。

全国各地废气中二氧化硫排放量的变化情况如表3-14所示，从2008年到2017年全国总体呈下降趋势，部分地区在2011年的排放量有所增加，但在2011年以后继续呈下降趋势。2016年几乎所有地区的二氧化硫排放量都有大幅降低，各地区排放量差距也大幅减小，表明我国的废气污染治理取得了一定成效。

表3-14　　　　2008~2017年全国各地废气中二氧化硫排放量　　　　单位：万吨

排名	省份	2008年	2009年	2010年	2011年	2012年	2013年	2014年	2015年	2016年	2017年
1	山东	169.20	159.03	153.78	182.74	174.88	164.50	159.02	152.57	113.45	73.91
2	贵州	123.60	117.55	114.88	110.43	104.11	98.64	92.58	85.30	64.71	68.75
3	河北	134.50	125.35	123.38	141.21	134.12	128.47	118.99	110.84	78.94	60.24
4	山西	130.80	126.84	124.92	139.91	130.18	125.54	120.82	112.06	68.64	57.31
5	内蒙古	143.10	139.88	139.41	140.94	138.49	135.87	131.24	123.09	62.57	54.63
6	新疆	58.50	58.99	58.85	76.31	79.61	82.94	85.30	77.83	48.07	41.82
7	江苏	113.00	107.42	105.05	105.38	99.20	94.17	90.47	83.51	57.01	41.07
8	辽宁	113.10	105.14	102.22	112.62	105.87	102.70	99.46	96.88	50.77	38.97
9	四川	114.80	113.53	113.10	90.20	86.44	81.67	79.64	71.76	48.83	38.91
10	云南	50.20	49.93	50.07	69.12	67.22	66.31	63.67	58.37	52.62	38.44
11	黑龙江	50.60	49.04	49.02	52.19	51.43	48.91	47.22	45.63	33.82	29.37
12	河南	145.20	135.50	133.87	137.05	127.59	125.40	119.82	114.43	41.36	28.63
13	陕西	88.90	80.44	77.86	91.68	84.38	80.62	78.10	73.50	31.80	27.94
14	广东	113.60	107.05	105.05	84.77	79.92	76.19	73.01	67.83	35.37	27.68
15	甘肃	50.40	50.03	55.18	62.39	57.25	56.20	57.56	57.06	27.20	25.88
16	重庆	78.20	74.61	71.94	58.69	56.48	54.77	52.69	49.58	28.83	25.34
17	安徽	55.60	53.84	53.21	52.95	51.96	50.13	49.30	48.01	28.16	23.54
18	湖北	67.00	64.38	63.26	66.56	62.24	59.94	58.38	55.14	28.56	22.01
19	江西	58.30	56.42	55.71	58.41	56.77	55.77	53.44	52.81	27.69	21.55
20	湖南	84.00	81.15	80.13	68.55	64.50	64.13	62.37	59.55	34.68	21.46

续表

排名	省份	2008年	2009年	2010年	2011年	2012年	2013年	2014年	2015年	2016年	2017年
21	宁夏	34.80	31.42	31.08	41.04	40.66	38.97	37.71	35.76	23.69	20.75
22	浙江	74.10	70.13	67.83	66.20	62.58	59.34	57.40	53.78	26.84	19.05
23	广西	92.50	89.05	90.38	52.10	50.41	47.20	46.66	42.12	20.11	17.73
24	吉林	37.80	36.30	35.63	41.32	40.35	38.15	37.23	36.29	18.81	16.61
25	福建	42.90	41.97	40.91	38.92	37.13	36.10	35.60	33.79	18.93	13.39
26	青海	13.50	13.57	14.34	15.66	15.39	15.67	15.43	15.08	11.37	9.24
27	天津	24.00	23.67	23.52	23.09	22.45	21.68	20.92	18.59	7.06	5.56
28	北京	12.30	11.88	11.51	9.79	9.38	8.70	7.89	7.12	3.32	2.01
29	上海	44.60	37.89	35.81	24.01	22.82	21.58	18.81	17.08	7.42	1.85
30	海南	2.20	2.20	2.88	3.26	3.41	3.24	3.26	3.23	1.70	1.43
31	西藏	0.20	0.17	0.39	0.42	0.42	0.42	0.42	0.54	0.54	0.35

资料来源：国家统计局网站。

综上所述，我国各地区在医疗卫生支出、医疗卫生设施、医疗卫生人员方面的投入都在不断增加，各地区人身保险费收入也不断上升，废水、废气的排放量在不断下降，总体来看，我国各地区的健康投资力度都在不断加大。不同地区之间健康投资存在差异，主要与人口、经济因素有关。

(二) 城乡差异

该部分主要从医疗卫生支出、医疗卫生设施、医疗卫生人员三个方面来考察城乡健康投资水平的差异，分别选取了城市和农村的以下指标：医疗卫生总支出、人均医疗卫生支出、医疗卫生机构数、医疗卫生机构床位数、每千人口拥有医疗卫生机构床位数、卫生技术人员数、每千人口卫生技术人员数等。

城市和农村的医疗卫生支出的变化情况如图3-15所示。城市和农村的医疗卫生支出均呈上升趋势，但城市的增长幅度大于农村的增长幅度，2000

年到 2016 年，城市医疗卫生支出增幅为 32833.77 亿元，而同一时期农村的医疗卫生支出增幅为 8 924.48 亿元。二者之间的差距也越来越大，2000 年，城市医疗卫生支出为 2 624.24 亿元，农村为 1 962.39 亿元，二者相差 661.85 亿元；2016 年，城市医疗卫生支出为 35 458.01 亿元，农村为 10 886.87 亿元，二者相差 24 571.14 亿元。

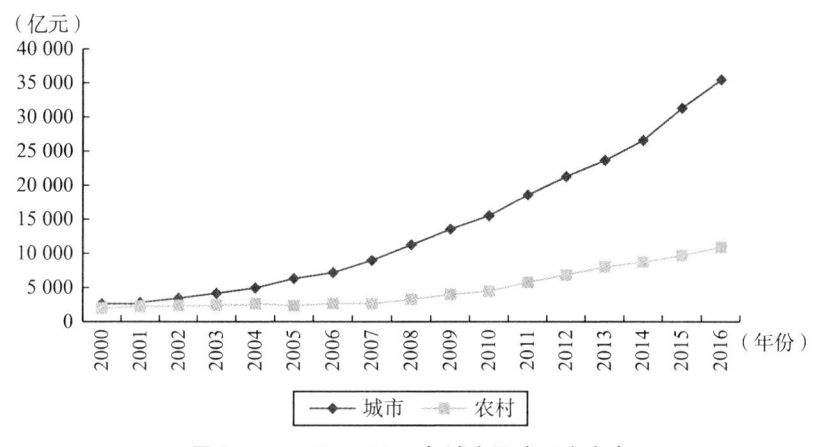

图 3-15　2000~2016 年城乡医疗卫生支出

资料来源：历年《中国卫生健康统计年鉴》。

从人均医疗卫生支出来看，城市和农村均呈上升趋势，城市的增长幅度依然大于农村的增长幅度。

城市和农村的医疗卫生支出、人均医疗卫生支出的变化情况如图 3-16 所示。2000 年到 2016 年，城市人均医疗卫生支出增幅为 3 657.8 元，农村的人均医疗卫生支出增幅为 1 631.4 元。二者之间的差距也越来越大，2000 年，城市人均医疗卫生支出为 813.7 元，农村为 214.7 元，二者相差 599 元。2016 年，城市人均医疗卫生支出为 4 471.5 元，农村为 1 846.1 元，二者相差 2 625.4 元。《2021 中国卫生健康统计年鉴》并未公布 2017 年到 2020 年，城市和农村分别计算的人均医疗卫生支出，只公布了合计的数据。2017 年我国人均医疗卫生支出为 3 756.7 元，2020 年为 5 112.3 元，增长率为 36.1%，人均医疗卫生支出逐年扩张。

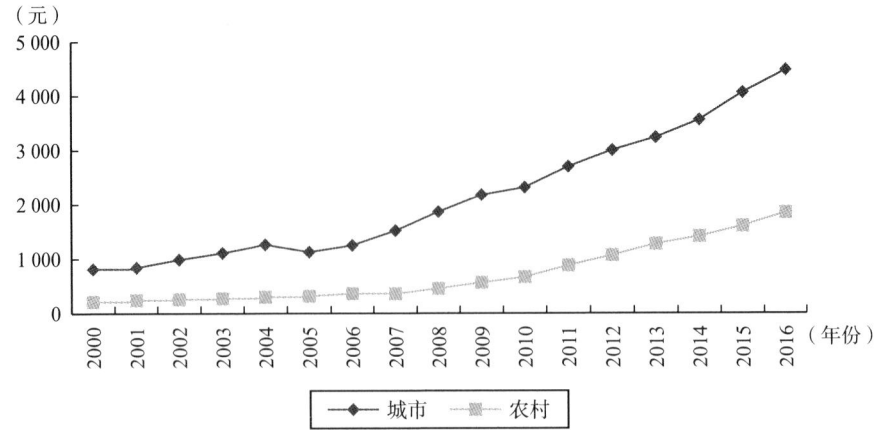

图 3-16　2000~2016 年城乡人均医疗卫生支出

资料来源：历年《中国卫生健康统计年鉴》。

2010 年至 2020 年城乡医疗卫生机构数的数据如表 3-15 所示，能够看出，城市医疗卫生机构数每年都有所增长，农村的医疗卫生机构数相对稳定，2014 年~2020 年有略微下降。城市和农村的差距较大，2010 年农村比城市的医疗卫生机构多 671 997 个，2020 年差距有所缩小，但也相差 573 182 个。农村和城市医疗卫生机构数目的差距主要由于农村还存在卫生院（包括街道卫生院、乡镇卫生院）和村卫生室。

表 3-15　　　　　　　2010~2020 年城乡医疗卫生机构数　　　　　　单位：个

年份	城市	农村
2010	132 465	804 462
2011	134 841	819 548
2012	139 035	811 262
2013	150 018	824 380
2014	156 256	825 176
2015	165 484	818 044
2016	172 532	810 862

续表

年份	城市	农村
2017	181 983	804 666
2018	196 074	801 359
2019	212 045	795 534
2020	224 870	798 052

资料来源：历年《中国卫生健康统计年鉴》。

城乡医疗卫生机构床位数的情况如图 3 – 17 所示，城市和农村的医疗卫生机构总床位数均呈上升趋势，二者差距不大，增长趋势也基本保持一致。

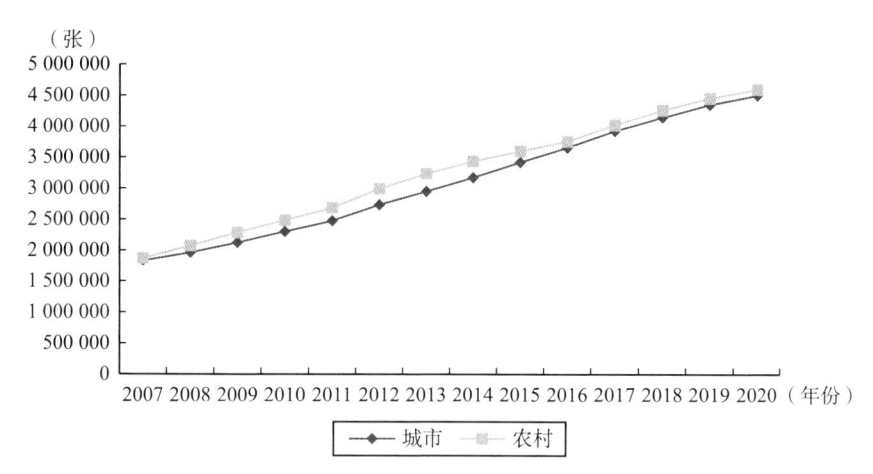

图 3 – 17　2007 ~ 2020 年城乡医疗卫生机构床位数

资料来源：历年《中国卫生健康统计年鉴》。

从每千人口医疗卫生机构床位数来看，如图 3 – 18 所示，城市和农村均呈上升趋势，但城市总体上高于农村。从 2015 年起，城市的每千人口医疗卫生机构床位数增幅有所放缓，2018 年出现了小幅下降，农村则保持小幅缓慢增长趋势。

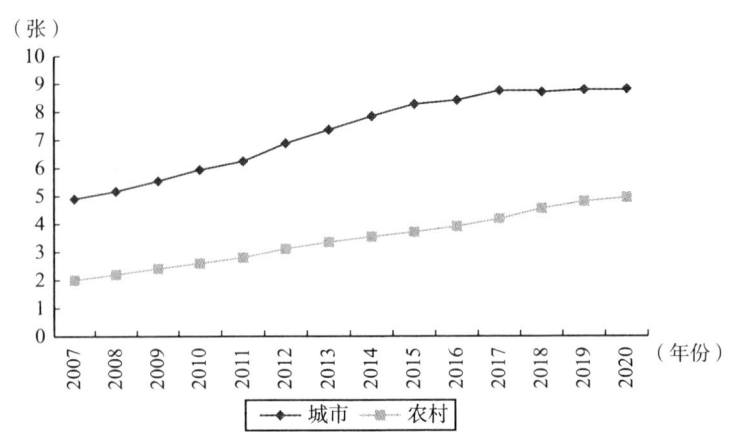

图 3-18　2007~2020 年城乡每千人口医疗卫生机构床位数

资料来源：历年《中国卫生健康统计年鉴》。

城市和农村的卫生技术人员情况如图 3-19 所示，城市和农村的卫生技术人员数总体均呈上升趋势，其中 2010 年城市卫生技术人员数有较大幅度的减少，较 2009 年减少 850 646 人，农村卫生技术人员数在 2010 年有较大幅度的增加，较 2009 年增加 1 181 680 人。2010 年以后，城市和农村的卫生技术人员数均呈平稳上升趋势，但城市增幅大于农村，二者之间的差距在不断加大，2020 年，城市卫生技术人员数比农村多 1 041 941 人。

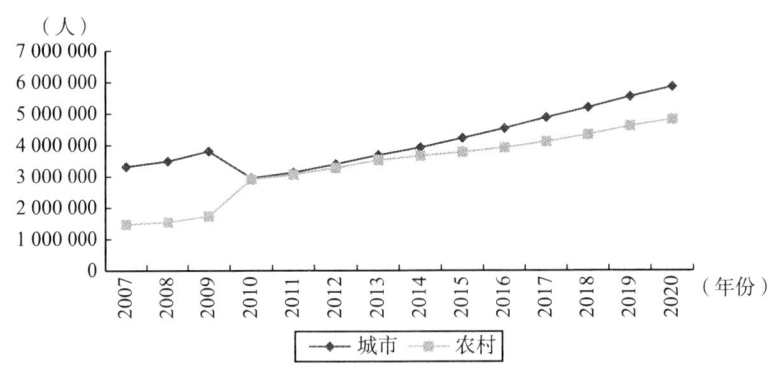

图 3-19　2007~2020 年城乡卫生技术人员数

资料来源：历年《中国卫生健康统计年鉴》。

从每千人口卫生技术人员数来看，城市和农村总体都呈上升趋势，但城市高于农村，且城市的增长幅度也大于农村，具体如图3-20所示。

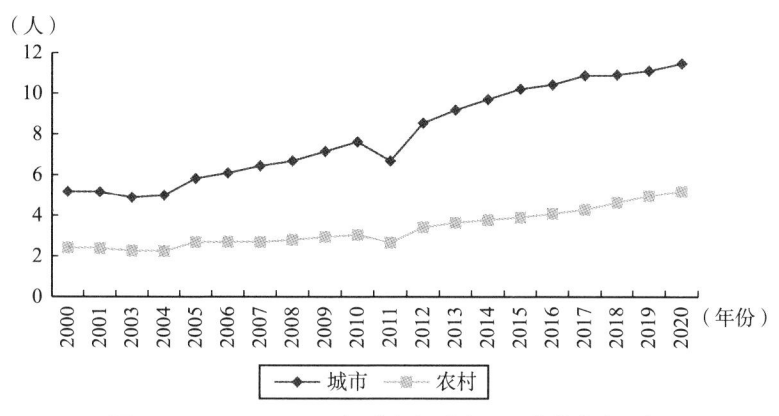

图3-20　2000~2020年城乡每千人口卫生技术人员数

资料来源：历年《中国卫生健康统计年鉴》。

综上所述，城市和农村的医疗卫生费用、医疗卫生机构数、医疗卫生机构床位数以及卫生技术人员数总体都呈上升趋势，但城市和农村的医疗卫生资源存在差异，城市的医疗卫生资源比农村更充足，尤其是以单位人口的医疗卫生资源来衡量时。这种差异在很大程度上和城乡之间的经济水平相关。

二、我国健康状况差异

（一）区域差异

该部分选取了除港澳台地区以外的31个省级行政单位作为研究对象，选取了预期寿命、孕产妇死亡率、围产儿死亡率、5岁以下儿童低体重患病率、甲乙类法定报告传染病发病率等指标来考察不同地区的健康人力资本差异。

全国各地区的预期寿命均呈上升趋势。具体如表3-16所示，1990年，11个地区的预期寿命超过70岁，19个地区的预期寿命在60岁以上，仅西藏自治区的预期寿命在60岁以下。2000年，23个地区的预期寿命在70岁以上，其中上海和北京的预期寿命达到了75岁以上，其余8个地区的预期寿命均在64岁以上。2010年，28个地区的预期寿命达到了70岁以上，其中上海和北京的预期寿命达到了80岁以上，仅青海、云南、西藏三个省份的预期寿命不足70岁。

表3-16　　　　　　　　　全国各地区的预期寿命

省份	1990年	2000年	2010年
总计	68.55	71.40	74.83
北京	72.86	76.10	80.18
天津	72.32	74.91	78.89
河北	70.35	72.54	74.97
山西	68.97	71.65	74.92
内蒙古	65.68	69.87	74.44
辽宁	70.22	73.34	76.38
吉林	67.95	73.10	76.18
黑龙江	66.97	72.37	75.98
上海	74.90	78.14	80.26
江苏	71.37	73.91	76.63
浙江	71.38	74.70	77.73
安徽	69.48	71.85	75.08
福建	68.57	72.55	75.76
江西	66.11	68.95	74.33
山东	70.57	73.92	76.46
河南	70.15	71.54	74.57
湖北	67.25	71.08	74.87
湖南	66.93	70.66	74.70
广东	72.52	73.27	76.49
广西	68.72	71.29	75.11
海南	70.01	72.92	76.30

续表

省份	1990年	2000年	2010年
重庆	66.33	71.73	75.70
四川	66.33	71.20	74.75
贵州	64.29	65.96	71.10
云南	63.49	65.49	69.54
西藏	59.64	64.37	68.17
陕西	67.40	70.07	74.68
甘肃	67.24	67.47	72.23
青海	60.57	66.03	69.96
宁夏	66.94	70.17	73.38
新疆	63.59	67.41	72.35

资料来源：《2019中国统计年鉴》。

由表3-17中预期寿命的平均值、最大值和最小值的变化情况可以看出，最大值与最小值的差距在不断缩小，标准差也在不断降低，这表明各地区预期寿命的差距在不断缩小。

表3-17　　　　　全国各地区预期寿命描述性统计　　　　单位：年

年份	样本数（个）	平均值	最大值	最小值	标准差
1990	31	68.03548	74.9	59.64	3.411408
2000	31	71.24387	78.14	64.37	3.139302
2010	31	74.90613	80.26	68.17	2.702879

资料来源：预期寿命数据来自1990年、2000年和2010年的全国人口普查数据。

全国各地区孕产妇死亡率的变化情况如表3-18所示，总体均呈下降趋势，其中西藏的孕产妇死亡率远高于其他地区，2004~2020年，西藏的孕产妇死亡率下降幅度较大，与其他地区的差距逐渐缩小。除西藏地区以外，其他地区之间的孕产妇死亡率差距不大且逐渐缩小。此外，经济水平较高的上海、浙江、天津、广东等地区的孕产妇死亡率水平处于全国最低水平附近。

表 3-18　2002~2020 年全国各地区每 10 万人孕产妇死亡率

单位：人

省份	2002年	2004年	2005年	2006年	2007年	2008年	2009年	2010年	2011年	2012年	2013年	2014年	2015年	2016年	2017年	2018年	2019年	2020年
北京	18.30	17.95	17.12	7.92	16.52	18.22	15.01	13.10	9.90	6.60	10.20	7.70	8.50	10.50	8.00	10.70	2.90	4.80
天津	11.50	12.20	13.38	6.64	8.61	7.26	9.61	9.60	6.80	9.20	8.80	9.30	8.10	9.40	6.00	5.10	5.10	7.50
河北	31.90	29.02	25.75	23.28	20.71	11.63	11.90	18.40	9.40	10.50	10.70	8.80	8.80	11.10	8.30	8.80	8.40	9.30
山西	49.30	44.61	42.71	39.26	33.89	28.80	17.31	14.60	16.60	11.70	15.60	14.40	13.10	12.10	13.50	14.20	12.50	11.00
内蒙古	47.70	48.94	33.80	38.59	35.40	30.66	30.24	35.20	16.70	20.10	15.50	19.60	18.30	15.60	13.10	10.50	12.70	14.90
辽宁	23.40	18.22	22.04	19.25	15.43	15.33	10.00	12.10	10.70	7.90	8.30	10.70	8.50	9.20	13.60	9.90	14.90	10.90
吉林	40.60	32.24	34.62	30.33	28.49	27.31	25.77	28.10	16.50	16.40	17.10	25.80	15.40	14.60	12.90	15.40	12.50	11.50
黑龙江	22.40	19.42	16.35	27.02	21.58	21.70	18.51	21.70	16.80	17.40	14.80	14.80	16.80	14.80	21.30	23.20	18.40	15.40
上海	10.00	10.79	1.38	9.53	7.86	7.79	5.53	6.60	3.70	2.00	9.30	5.00	5.70	3.40	1.10	1.40	3.10	7.40
江苏	25.40	21.70	16.14	11.23	11.71	9.34	5.20	3.60	1.20	1.40	1.90	1.90	2.30	2.20	10.40	9.50	7.30	5.10
浙江	12.80	14.44	13.40	10.29	8.08	6.57	9.54	7.40	6.40	4.00	6.20	5.50	5.30	5.70	4.50	4.10	4.10	3.90
安徽	31.90	29.38	26.31	26.85	24.62	20.51	19.21	21.90	15.70	11.50	13.70	11.50	14.00	13.00	15.30	9.60	11.30	7.10
福建	31.00	32.19	30.61	24.58	24.03	16.78	14.61	12.20	14.20	11.40	12.00	10.30	10.10	8.50	9.50	8.80	8.10	9.20
江西	41.10	42.80	31.97	31.60	25.46	15.95	13.72	11.20	12.60	11.30	10.70	9.00	8.30	9.90	8.20	8.10	7.40	5.90
山东	22.50	21.83	16.35	15.72	16.04	12.32	12.78	11.50	9.70	10.10	9.30	9.50	8.50	9.60	9.00	9.50	8.20	6.80
河南	54.10	50.66	44.80	41.21	28.82	21.02	16.92	15.20	10.20	9.20	10.30	11.20	10.50	9.40	10.40	11.50	9.20	9.50
湖北	34.80	42.14	34.42	27.08	20.02	17.25	17.73	15.40	10.60	10.10	11.60	9.00	9.10	8.60	9.60	9.70	7.10	10.00

续表

省份	2002年	2004年	2005年	2006年	2007年	2008年	2009年	2010年	2011年	2012年	2013年	2014年	2015年	2016年	2017年	2018年	2019年	2020年
湖南	46.80	44.17	39.37	34.59	35.44	30.45	27.14	26.70	18.80	19.60	16.00	14.90	14.20	13.80	12.70	10.40	9.50	9.30
广东	19.70	20.28	17.18	17.29	17.79	16.35	13.67	10.50	11.40	9.90	8.40	8.40	6.10	7.50	6.80	6.50	7.30	6.10
广西	54.00	55.21	37.61	28.98	26.03	21.70	23.47	20.70	18.70	17.40	14.20	14.10	14.20	12.70	14.00	10.50	11.50	8.40
海南	28.60	36.29	36.67	41.03	29.22	21.33	24.45	22.70	13.60	25.80	17.90	15.00	8.30	17.70	23.70	16.80	9.60	15.10
重庆	65.40	79.10	77.74	63.51	50.17	35.20	30.14	23.00	21.60	15.00	17.10	18.30	11.10	13.10	15.00	12.10	10.70	9.50
四川	74.30	79.32	67.98	57.65	48.62	39.09	29.08	22.80	23.10	18.90	20.70	18.60	17.80	17.50	13.40	11.50	10.90	9.40
贵州	111.40	95.41	83.63	79.32	66.67	56.24	50.35	35.40	24.30	26.10	22.60	26.80	20.50	22.40	23.50	19.50	16.50	15.90
云南	73.60	65.37	63.32	64.03	50.40	47.71	41.53	37.30	34.70	28.00	26.70	22.10	23.60	23.30	19.70	17.70	14.50	12.40
西藏	401.40	310.43	290.35	244.10	265.38	233.96	232.23	174.80	180.70	176.10	154.50	108.90	100.90	109.90	95.00	56.50	63.70	47.90
陕西	52.20	58.76	47.46	32.91	36.64	25.52	21.94	17.30	13.30	10.70	13.30	11.60	9.20	9.50	9.30	6.40	9.80	7.70
甘肃	87.30	79.47	82.77	64.82	62.63	41.66	36.24	33.20	30.70	24.40	23.00	19.50	15.10	17.10	14.50	18.60	12.90	15.10
青海	130.90	114.51	110.07	88.50	78.70	50.57	48.15	45.10	46.10	36.20	44.00	33.30	31.90	31.50	29.40	25.60	28.40	24.90
宁夏	76.60	54.52	43.70	44.65	47.42	25.11	20.70	29.70	22.80	27.50	15.10	14.80	23.10	20.00	23.30	20.40	17.60	11.20
新疆	160.30	123.71	116.77	92.13	73.71	62.04	41.39	43.20	39.10	34.10	33.80	39.10	38.50	31.90	30.90	27.80	18.90	17.00

资料来源：历年《中国卫生健康统计年鉴》。

全国各地围产儿死亡率的变化情况如表3-19所示，总体均呈下降趋势，且各地区之间的差距逐渐缩小。其中西藏和新疆的围产儿死亡率较高，2012年至2020年始终位于全国前两名，其他地区之间的差距相对较小。除西藏和新疆外，甘肃、青海、宁夏等偏远地区的围产儿死亡率相对较高，经济水平较高的上海和北京围产儿死亡率水平最低。

表3-19　　　　　2012~2020年全国各地区围产儿死亡率　　　　单位：‰

省份	2012年	2013年	2014年	2015年	2016年	2017年	2018年	2019年	2020年
北京	4.57	3.75	4.05	3.25	3.69	3.21	2.86	2.96	2.85
天津	7.89	7.25	7.19	6.72	7.53	5.83	5.74	5.47	4.61
河北	5.23	4.81	4.53	4.11	4.06	3.24	3.11	3.01	2.88
山西	7.85	7.86	7.22	6.95	7.48	6.25	5.70	4.79	4.82
内蒙古	7.01	6.55	6.30	5.54	5.96	5.41	5.15	4.22	5.06
辽宁	7.99	7.49	6.89	6.08	6.86	5.97	5.71	5.15	5.35
吉林	8.90	8.88	7.47	6.65	6.67	5.93	5.51	5.38	5.37
黑龙江	7.52	7.30	6.64	6.65	6.39	5.52	5.12	5.01	5.03
上海	2.67	2.44	2.43	2.15	2.19	2.02	2.38	1.80	1.83
江苏	3.77	3.43	3.28	3.11	3.53	3.43	3.56	3.42	3.62
浙江	5.01	4.82	4.51	3.98	3.90	3.74	3.55	3.48	3.57
安徽	5.26	4.68	4.41	4.20	4.22	3.79	3.29	2.97	3.23
福建	6.03	5.12	5.25	4.82	4.87	4.33	3.76	3.76	3.63
江西	3.98	3.49	3.29	3.07	2.87	2.81	2.43	2.28	2.38
山东	4.78	4.73	4.51	3.92	4.69	4.30	3.69	3.64	3.53
河南	3.98	3.92	3.98	3.92	3.99	3.68	3.72	3.59	3.70
湖北	4.96	4.84	4.64	4.37	4.63	4.13	3.59	3.6	3.92
湖南	5.94	5.43	5.59	4.84	4.59	4.37	4.60	4.38	4.66
广东	5.84	5.14	5.05	4.64	4.61	4.40	4.22	4.19	4.06
广西	7.97	8.05	7.74	7.19	6.60	6.36	5.82	5.56	5.45
海南	5.84	5.36	5.79	5.01	4.40	3.97	3.56	3.36	3.68
重庆	4.71	4.56	4.32	3.98	4.27	4.17	3.82	3.54	3.98
四川	5.17	5.03	4.53	4.02	3.91	3.53	3.16	3.18	3.39
贵州	4.86	4.93	5.44	5.04	5.06	4.96	5.25	4.59	4.75
云南	8.47	7.22	7.25	7.05	7.31	6.07	5.42	5.40	5.32

续表

省份	2012年	2013年	2014年	2015年	2016年	2017年	2018年	2019年	2020年
西藏	24.04	18.82	16.75	16.90	16.52	15.94	14.67	12.64	13.51
陕西	5.60	5.10	4.53	4.27	4.28	3.71	3.52	2.93	3.11
甘肃	8.51	8.23	7.34	7.43	7.46	7.53	6.74	6.12	6.21
青海	8.93	7.68	6.99	6.96	7.06	7.32	6.50	6.46	6.43
宁夏	11.20	9.59	8.64	8.31	8.79	8.13	6.35	4.49	4.70
新疆	14.38	13.89	14.27	14.20	14.77	12.94	11.01	8.10	9.06

资料来源：历年《中国卫生健康统计年鉴》。

2012~2020年全国各地区5岁以下儿童低体重患病率的变化情况如表3-20所示，除广西、西藏、海南处于较高水平且波动较大外，大部分地区的变化幅度不大，波动较小。2015年之前，西藏的5岁以下儿童低体重患病率处于最高水平，2015年起有大幅下降，但2019年又有所回升；广西的5岁以下儿童低体重患病率从2012年至2018年呈先上升后下降的趋势，在2018年达到最高水平。海南的5岁以下儿童低体重患病率呈现"增—减—增—减"的变化趋势，最终2020年水平与2012年相差不大。北京、上海、吉林、天津几个地区的5岁以下儿童低体重患病率处于全国较低水平。

表3-20　　2012~2020年全国各地区5岁以下儿童低体重患病率　　单位：%

省份	2012年	2013年	2014年	2015年	2016年	2017年	2018年	2019年	2020年
北京	0.12	0.10	0.16	0.16	0.17	0.19	0.20	0.19	0.18
天津	0.23	0.23	0.29	0.32	0.33	0.43	0.51	0.62	0.56
河北	2.52	2.39	2.21	2.22	2.14	2.11	1.84	1.94	1.63
山西	1.08	0.96	1.15	0.87	0.88	0.93	0.85	0.72	0.77
内蒙古	0.56	0.57	0.84	0.60	0.57	0.67	0.60	0.78	0.72
辽宁	0.83	0.84	0.83	0.81	0.80	0.75	0.64	0.70	0.70
吉林	0.44	0.26	0.29	0.32	0.27	0.31	0.24	0.26	0.27
黑龙江	1.64	1.59	1.55	1.42	1.39	1.27	1.02	0.95	0.85
上海	0.06	0.07	0.13	0.13	0.15	0.17	0.17	0.21	0.25
江苏	0.53	0.47	0.6	0.56	0.62	0.62	0.57	0.55	0.43

续表

省份	2012年	2013年	2014年	2015年	2016年	2017年	2018年	2019年	2020年
浙江	0.60	0.54	0.57	0.51	0.50	0.51	0.47	0.43	0.38
安徽	0.69	0.64	0.72	0.66	0.68	0.63	0.59	0.58	0.52
福建	1.19	1.12	1.03	0.95	0.93	0.90	0.89	0.89	0.89
江西	2.30	2.28	2.58	2.55	2.42	2.35	2.33	2.46	2.06
山东	0.67	0.64	0.88	0.99	0.96	1.05	0.97	0.92	0.83
河南	1.53	1.52	1.64	1.61	1.70	1.46	1.84	1.54	1.33
湖北	1.19	0.94	1.06	1.18	1.18	1.30	1.43	1.22	1.15
湖南	2.02	1.62	1.42	1.45	1.31	1.14	1.17	1.08	1.01
广东	1.08	1.13	1.54	1.68	1.72	1.78	1.88	2.02	1.92
广西	2.88	2.94	4.05	4.16	3.86	4.35	4.47	4.11	3.31
海南	3.18	3.37	3.37	2.95	2.84	2.80	3.33	3.21	2.76
重庆	0.85	0.78	0.96	1.15	1.02	0.90	0.95	0.89	0.86
四川	1.60	1.37	1.13	1.21	1.15	1.14	1.08	1.11	1.00
贵州	1.27	1.05	1.10	1.21	1.26	1.27	1.56	1.15	1.08
云南	2.97	2.65	2.13	1.93	1.77	1.84	1.70	1.72	1.50
西藏	5.21	4.17	4.32	4.87	3.32	2.66	2.11	2.84	2.09
陕西	0.90	1.06	1.01	0.94	0.94	0.89	0.84	0.91	0.75
甘肃	1.19	1.21	1.37	1.30	1.45	1.21	1.08	1.08	0.91
青海	2.33	2.46	2.36	2.07	2.38	1.58	1.08	1.28	1.01
宁夏	0.45	0.48	0.60	0.80	0.85	0.57	0.54	0.52	0.44
新疆	1.85	1.91	2.13	2.02	1.72	2.14	1.61	1.66	0.68

资料来源：历年《中国卫生健康统计年鉴》。

全国各地区甲乙类法定报告传染病患病率的变化情况如表3-21所示，除新疆、青海两地水平较高以外，其他地区的水平波动在100～500人/每10万人范围内。新疆的传染病患病率远远高于其他地区，2008～2010年有大幅下降，2011年以后又波动上升。青海的传染病患病率在2009年出现大幅下降，2009年以后波动下降，逐渐趋于平缓，稳定在全国第2的水平。甘肃的传染病患病率在2011年以前位于全国第3，2011年开始大幅下降，到2020年已降至全国较低水平。山东、江苏、天津的传染病患病率始终处于全国较低水平，北京、吉林两地经大幅下降后也达到全国较低水平。

表3－21　2003～2020年全国各地区每10万人甲乙类法定报告传染病患病率

单位：人

省份	2003年	2004年	2005年	2006年	2007年	2008年	2009年	2010年	2011年	2012年	2013年	2014年	2015年	2016年	2017年	2018年	2019年	2020年
北京	231	408	446	449	421	313	340	269	227	174	156	165	151	138	140	131	123	81
天津	197	261	284	305	295	242	187	174	155	146	143	149	132	130	141	147	149	109
河北	159	192	198	225	207	200	205	200	181	184	182	186	185	179	174	173	171	134
山西	113	192	288	258	284	291	281	265	280	310	297	292	268	244	237	238	242	203
内蒙古	165	256	332	320	342	344	358	325	333	324	295	301	268	250	267	275	269	226
辽宁	162	206	215	223	222	214	216	207	234	231	210	236	211	201	205	200	195	155
吉林	184	220	232	227	208	234	258	246	260	233	195	203	174	146	139	133	118	87
黑龙江	190	276	297	265	255	241	243	239	231	225	216	208	200	181	174	165	158	106
上海	220	358	275	237	221	225	221	186	167	191	174	174	187	184	185	175	177	129
江苏	138	202	201	180	172	166	165	138	132	122	117	117	124	115	112	114	116	98
浙江	289	407	394	356	348	345	325	296	262	209	192	194	193	195	207	182	175	146
安徽	155	180	224	246	242	219	195	176	190	198	198	190	243	206	224	225	247	225
福建	218	268	279	274	299	318	320	293	276	287	281	275	278	259	255	257	263	224
江西	207	259	281	242	233	231	239	210	208	206	206	208	228	224	232	230	232	199
山东	101	129	139	130	124	124	116	102	107	115	124	132	131	137	145	157	163	132
河南	190	239	303	331	354	343	331	289	315	314	242	217	205	192	192	194	179	153
湖北	221	254	267	285	310	315	314	279	280	265	255	247	252	250	250	251	240	291

续表

省份	2003年	2004年	2005年	2006年	2007年	2008年	2009年	2010年	2011年	2012年	2013年	2014年	2015年	2016年	2017年	2018年	2019年	2020年
湖南	144	130	169	191	212	225	232	213	222	242	255	247	245	238	252	278	293	269
广东	111	205	292	298	325	336	350	328	312	318	317	361	313	320	347	311	315	272
广西	246	300	306	325	329	336	334	331	356	333	289	280	263	254	265	281	291	264
海南	225	405	365	340	322	296	269	262	263	278	313	326	342	321	382	360	389	339
重庆	224	266	325	337	334	336	272	241	245	246	255	250	262	264	284	241	237	202
四川	380	319	286	301	292	241	239	225	223	217	198	183	188	185	191	189	213	196
贵州	221	323	301	312	343	357	339	277	263	257	262	254	267	254	261	259	250	248
云南	295	216	253	239	216	189	188	179	180	206	206	209	208	188	195	197	217	190
西藏	254	239	294	256	198	160	296	188	233	231	238	268	326	287	317	358	398	337
陕西	278	388	328	262	254	240	244	212	217	225	208	201	200	194	193	186	180	150
甘肃	383	444	417	464	488	504	478	403	423	306	209	193	189	200	194	180	176	151
青海	350	385	436	391	464	504	648	456	431	464	481	388	414	427	452	433	438	377
宁夏	468	516	423	408	406	357	317	240	262	265	253	269	235	226	221	224	214	169
新疆	262	435	468	536	658	738	599	539	591	624	619	612	635	607	589	660	484	325

资料来源：历年《中国卫生健康统计年鉴》。

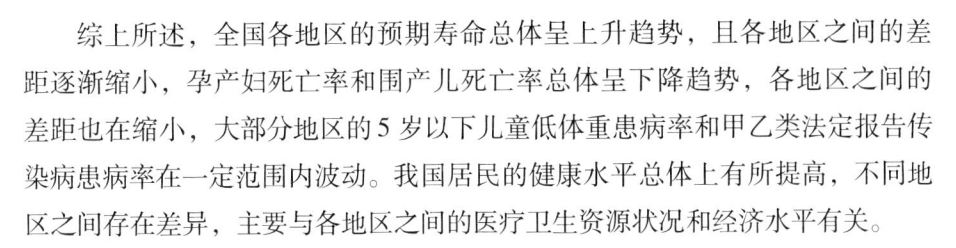

综上所述,全国各地区的预期寿命总体呈上升趋势,且各地区之间的差距逐渐缩小,孕产妇死亡率和围产儿死亡率总体呈下降趋势,各地区之间的差距也在缩小,大部分地区的 5 岁以下儿童低体重患病率和甲乙类法定报告传染病患病率在一定范围内波动。我国居民的健康水平总体上有所提高,不同地区之间存在差异,主要与各地区之间的医疗卫生资源状况和经济水平有关。

(二)城乡差异

该部分主要从城乡婴幼儿死亡率、城乡孕产妇死亡率、城乡居民患病率和城乡居民恶性肿瘤死亡率几个方面来考察城市地区和农村地区健康人力资本的差异,选取的指标包括城市(农村)婴儿死亡率、5 岁以下儿童死亡率、新生儿死亡率、孕产妇死亡率、城市(农村)居民两周患病率、慢性病患病率和几种常见的恶性肿瘤死亡率等。

城市和农村婴幼儿死亡率的变化情况如图 3-21 所示,总体来看,均呈下降趋势。2003 年至 2020 年,农村的三种死亡率始终高于城市,但农村的

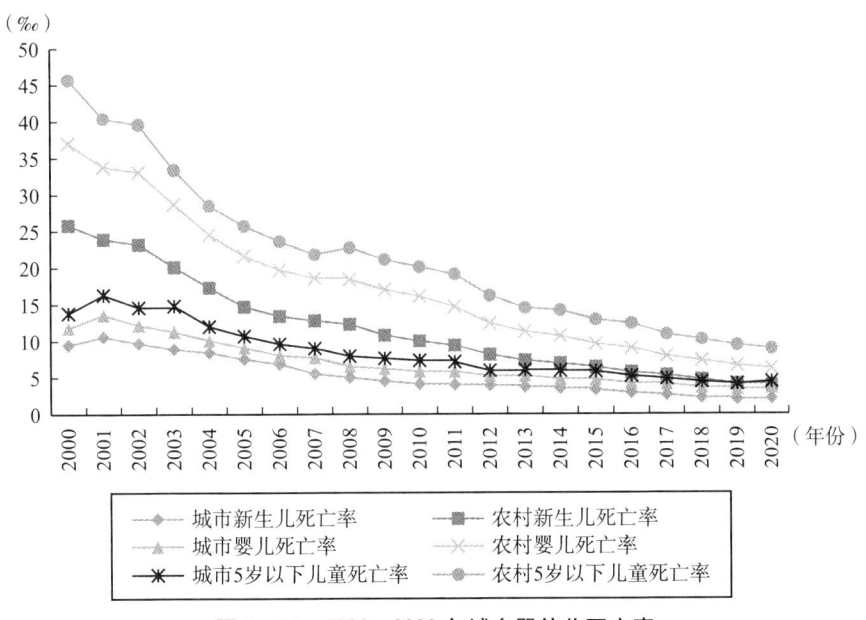

图 3-21 2000~2020 年城乡婴幼儿死亡率

资料来源:历年《中国卫生健康统计年鉴》。

下降幅度大于城市，每种死亡率与城市之间的差距都逐渐减小。可以看出，城乡婴幼儿的总体健康状况都在不断改善，城市婴幼儿的健康状况总体好于农村，但近些年来农村婴幼儿与城市婴幼儿之间健康水平差距在不断缩小。

我国城乡地区孕产妇死亡率的变化趋势如图3-22所示，农村地区总体高于城市地区，2003年至2015年农村地区的孕产妇死亡率呈明显下降的趋势，2015年后逐渐趋于平缓。城市地区的孕产妇死亡率在2000年至2010年有所波动，2010年以后呈平稳下降的趋势。城市和农村的孕产妇死亡率从2003年至2010年差距逐渐缩小，在2010年至2016年下降趋势较为一致，2016年以后又拉开较小差距。

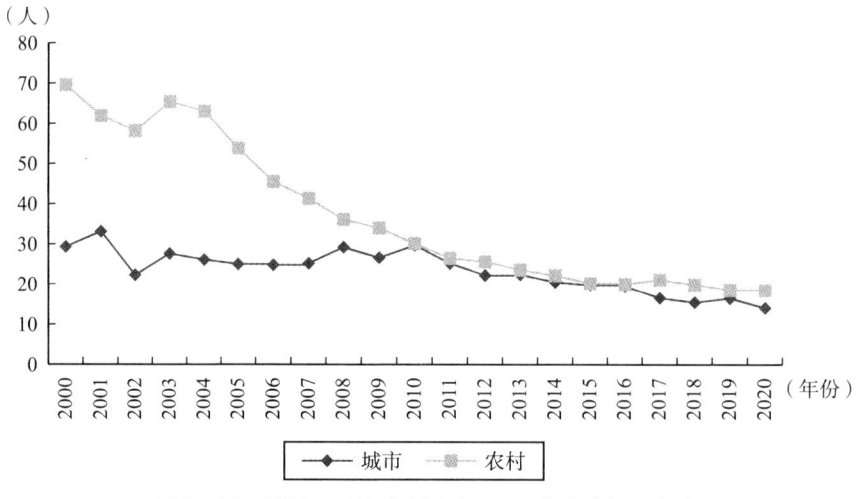

图3-22 2000~2020年城乡每10万人孕产妇死亡率

资料来源：历年《中国卫生健康统计年鉴》。

调查地区2003年、2008年、2013年和2018年的城乡居民患病率数据如表3-22所示，2003年至2013年，无论是两周患病率还是慢性病患病率，城市地区均高于农村地区，且两个地区的两种患病率均呈上升趋势。城市地区的人口老龄化程度高于农村地区，因而慢性病患病率和两周患病率高于农村。此外，两周患病率并非严格意义上的医学患病，被调查者自身的"不适"以及调查人员客观判断的患病情况都属于"患病"，而城市居民的健康意识和对疾病的认同程度较高,因而自报疾病的情况较多,也会导致两周患病率高于农村。2018年,农村地区的两周患病率和城市地区持平,慢性患病率更是高于城市地区。

表3-22　　　　　　　　调查地区城乡居民患病率　　　　　　　　单位:‰

年份	两周患病率 城市	两周患病率 农村	慢性病患病率 城市	慢性病患病率 农村
2003	15.3	13.9	177.3	104.7
2008	22.2	17.7	205.3	140.4
2013	28.2	20.2	263.2	227.2
2018	32.2	32.2	334.9	352.1

资料来源:历年《国家卫生服务调查分析报告》。

2004~2005年城乡地区几种常见恶性肿瘤的死亡率情况如图3-23所示,其中城市地区的肺癌死亡率大幅超过农村地区,侧面反映出农村地区空气环境质量较城市地区更高。农村地区的肝癌、胃癌、食管癌均高于城市地

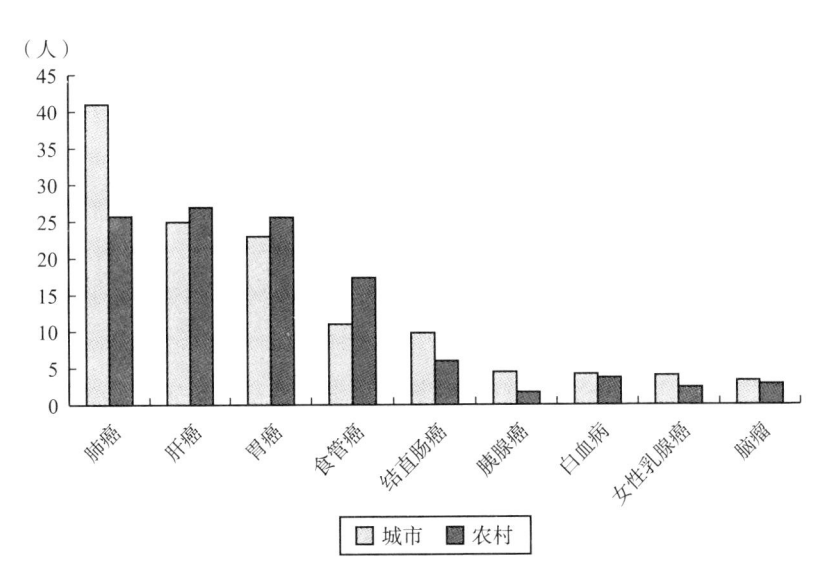

图3-23　2004~2005年城乡每10万人恶性肿瘤死亡率

资料来源:历年《中国卫生健康统计年鉴》。

区，反映出农村居民的饮食健康水平低于城市地区。死亡率相对较低的胰腺癌、白血病、女性乳腺癌和脑瘤这几种恶性肿瘤，都是城市高于农村。2004~2005年，城市地区恶性肿瘤死亡率总体高于农村地区，前者为146.57人/10万人，后者为128.63人/10万人。

综上所述，从婴幼儿死亡率和孕产妇死亡率来看，城市的妇幼保健水平要高于农村地区，这和城乡地区的医疗卫生水平有较大联系。从居民患病率来看，城市居民患病率高于农村地区。

第三节 健康产业

中共中央、国务院发布的《"健康中国2030"规划纲要》中把发展健康产业作为五大重点任务之一，提出到2030年健康产业规模显著扩大，健康服务业规模达到16万亿的总体布局。近年来，我国健康产业在医疗、卫生、保健等诸多领域取得了重大突破，随着我国老龄化、疾病谱转变、经济转型，健康产业有许多新的发展领域，但也面临挑战。

一、健康产业的内涵

（一）健康产业的概念

美国经济学家保罗·皮尔泽在《财富第五波》中将健康产业称为继IT产业之后的"财富第五波"，健康产业发展已经成为全球关注的热点。伴随着我国经济发展、居民健康意识提升以及《"健康中国2030"规划纲要》的颁布与实施，我国健康产业迎来了黄金发展时期，成为朝阳产业。施魏策尔等（Schweitzer et al., 2000）认为健康产业是以健康服务为主要经济活动的产业集群，涵盖医疗保健。罗伯特·布兰斯顿（J. Robert Branston, 2006）认为公立和私营机构提供的健康服务都应该纳入健康产业。保罗·赞恩·皮尔泽（Paul Zane Pilzer, 2007）提出健康产业包含疾病产业和保健产业，前者注重医疗救治，后者注重疾病预防。道琼斯和富时集团制定的 ICB（Industry Classification Bench mark）把健康产业单独列为一级产业的行业分类标准（FTSE Russell，2017），在此标准下的健康产业包括卫生保健供应商、医疗设备、医疗物资、生物科技和制药 5 类从属行业。

国内关于健康产业的研究逐渐增多。刘治君等（2015）从健康产品供需角度分析，认为健康产业是满足人们追求更加健康和高层次健康需求的经济活动的集合。何静等（2016）认为健康产业包含制造经营活动与健康服务活动，其中涵盖以健康为目标的活动以及与健康有直接关系的活动。张毓辉等（2017）将健康产业分为以保健产品和中药材种植养殖为主体的健康农林牧渔业、健康相关产品制造业和健康服务业。张车伟等（2018）认为大健康产业本质上是一种通过市场运作盈利的产业活动，同时由于大健康产业具有较强的正外部性需要政府的支持。

2019 年国家统计局发布了《健康产业统计分类（2019）》，文中首次将健康产业分为 13 个大类并将健康产业定义为以医疗卫生和生物技术、生命科学为基础，以维护、改善和促进人民群众健康为目的，为社会公众提供与健康直接或密切相关的产品（货物和服务）的生产活动集合。

本书中的健康产业是以时代发展为大背景，以生物科学和医疗科技为技术基础，在经济水平和生活质量提升从而产生健康需求的条件下衍生出的新兴产业。其覆盖范围囊括了医药产品、保健用品、营养食品、医疗器械、保健器具、休闲健身、健康管理、健康咨询等众多与人们健康紧密联系的生产和服务领域。

（二）健康产业的定位

健康产业的定位指的是健康产业根据产业本身具有的特点、独有优势、所处的经济发展阶段和运行模式，所进行的合理规划和布局。健康产业是具有极大潜力的新兴产业，涵盖了医疗产品、保健器具、休闲健身、健康管理、健康咨询等多种不同领域，其中老年健康产业将占据主导地位，营养健康产业将迎来巨大发展空间，体育健身产业将会成为健康产业新的增长点。我国健康产业尚处于产业发展的初级阶段，根据当前我国的经济发展状况和健康产业特点，对于健康产业的规划主要有以下几点：一是持续吸纳社会投资，探索健康产业各种新模式；二是加快健康产业传统动能的改造升级，增强中高端产品的供给能力；三是促进健康产业与养老、旅游、互联网等产业的有机融合，形成健康产业新业态；四是统筹国内外两个市场，加深与"一带一路"沿线及周边国家的合作。

（三）健康产业的属性

健康产业具有半公益性质。其区别于一般产业的根本属性是兼具市场属性和公益属性，因此健康产业的发展需要市场和政府两大主体的共同推动。健康产业最基础的组成部分来自传统医疗卫生，而传统医疗卫生作为公共物品具有非竞争性和非排他性，如果由私人通过市场提供必将形成巨大成本，需要由政府提供，所以健康产品天然具有公益属性。同时随着社会经济发展和人民生活水平提高，人们对于健康的需求不断提升，不再局限于治疗疾病和损伤，健康需求呈现出多样化、个性化、高端化等特征，健康产业的市场属性逐渐显现出来并日益强化。如今的健康产业已经从传统医疗卫生行业拓展到健康服务、健康旅游、运动健身、保健养生、文化娱乐等新兴行业，这些新兴健康产品和服务大部分属于私人产品，可以通过市场提供给社会。

大健康产业包括以市场需求为导向、以市场机制发挥主导作用的保健产业、养老产业等产业，也包括以公共服务为导向、政府发挥主导作用的公共健康与医疗卫生事业和福利事业，同时也离不开优美的生态环境。[①] 基于健康产业半公益的属性，要发展好健康产业，一方面，需要政府对健康产业给予充分重视，加强政策支持，鼓励引导社会资本进入健康市场，同时政府也应该注重健康产业的监管，维护好人民利益。健康事业和健康产业各有侧重又形成紧密联系，共同构成国民健康体系。另一方面，要发挥市场资源配置的决定性作用，在尊重经济规律和市场规则的前提下为健康产业创造利润，促进健康产业发展的积极性，为其发展提供良好市场环境。

---

① 张车伟、赵文、程杰：《中国大健康产业：属性、范围与规模测算》，载《中国人口科学》2018年第5期。

二、国外健康产业发展现状

从世界范围来看,以健康为核心在世界范围内发展多层次、多元化、全方位的健康产业链是 21 世纪经济发展的主要特征,越来越多的国家尤其是发展中国家加入世界健康产业版图中。健康产业发展比较成熟的有美国、日本、加拿大等国家美国的医疗服务占 GDP 的比重超过 15%;加拿大、日本等国家的健康产业占 GDP 比重也超过了 10%。[①]

(一)美国的健康产业

美国的健康产业发展较早,拥有比较成熟的健康产业和全面的健康服务体系,美国的健康体系中主要包括健康管理、健康保险、健康食品、医疗服务、家庭及社区保健服务医疗器械等。

1. 美国健康产业发展背景。

美国健康产业的萌芽要追溯到 20 世纪 30 年代前后,私营性医疗保险公司在美国医疗体系中占据主导地位,其中"蓝十字""蓝盾"计划是典型代表。20 世纪 60 年代前后是美国保险的起源时期,在这个时期健康维护组织成立起来,健康保险市场逐步建立,健康管理和健康保险结合,社会医疗保险基本形成。当时美国面临着人口老龄化、慢性病人群、高额医疗成本等社会问题,从而促进了健康管理为中心的卫生服务模式的崛起,之后健康管理被纳入医疗保健计划,建立起专门的健康法案。[②] 20 世纪 70 年代到 20 世纪 90 年代美国健康产业稳步发展,这主要得益于美国政府在政策、立法等方面的支持,美国政府进行了一系列医疗保险制度改革,形成管理式医疗,使得健康管理更加规范化、专业化,减少了医疗资源的浪费。20 世纪 90 年代至今是美国健康产业快速发展的时期,健康产业成为美国经济发展的重要组成部分。

2. 美国健康产业特征。

美国健康产业覆盖广泛,主要包括健康管理、健康保险、健康食品、医

[①] 时涛、刘迎迎:《我国健康产业发展现状及提升策略研究》,载《现代商业》2014 年第 17 期。
[②] 潘效淑:《关于健康管理与健康产业现状的分析》,载《中国管理信息化》2017 年第 7 期。

疗服务、家庭及社区保健服务医疗器械等众多领域，而且美国健康保险市场是全球最发达的健康保险市场。

美国政府大力支持健康产业的发展，通过政府立法加强健康市场的监管，提高健康产业运行的规范性，保护公民的利益。通过发布一系列的规划制定不同时期健康产业发展目标。除此之外政府还颁布各项政策支持引导社会资本对于健康产业的投资。

创新是美国健康产业蓬勃发展的动力之源。美国政府将大量资源投入临床医学、药物研发以及医疗器械的设计等方面。美国医药企业充分利用产业技术创新生产，形成垄断市场获得大量利润，从而能够不断将大量资金投入健康相关产品的研发之中，形成良性循环。美国政府鼓励健康产业发展和创新，建立健全一系列专利保护机制，激发了科研人员的创新积极性。

3. 美国健康产业发展现状。

如图 3-24 所示，从产业结构来看，美国将大健康产业分为五大块，分别为家庭及社区保健服务、医院医疗服务、医疗商品、健康风险管理服务、长期护理服务。其中家庭及社区保健服务占比 50%，是大健康领域最大的一个板块，医院医疗服务占比 19%、医疗商品占比 14%、健康风险管理服务占比 11%。

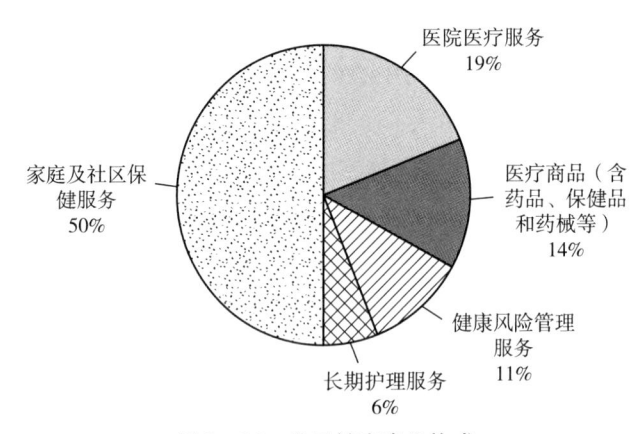

图 3-24 美国健康产业构成

资料来源：前瞻产业研究院网站。

美国大健康产业规模趋势图见图3-25，可以看出从2007年到2015年美国大健康产业的规模呈现逐年上升的趋势。根据美国卫生及公共服务部统计数据，2017年美国的医疗总支出已经超过3.49万亿美元，GDP占比超过18%，健康产业总产值占GDP的15%以上，健康产业已经成为美国经济发展的支柱性产业和朝阳产业。

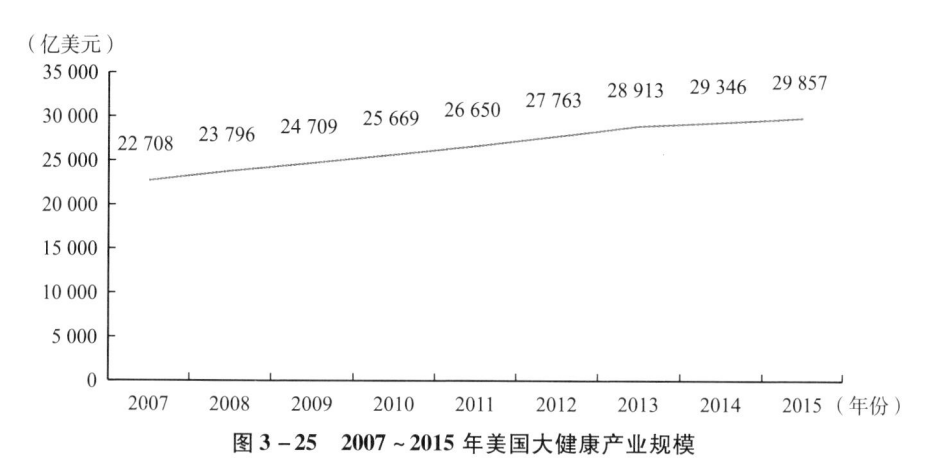

图3-25 2007~2015年美国大健康产业规模

资料来源：世界银行、WHO。

4. 美国健康产业发展的积极影响。

降低医疗成本。美国健康产业的蓬勃发展很大程度上解决了医疗成本过高的难题，美国人均卫生支出的增长速度放缓。

优化经济结构。美国健康产业已经成为带动美国经济发展的新动力，由于健康产业大多数属于第三产业，因此健康产业的良好发展推动第三产业的增长，优化了美国的经济结构。

提升美国就业率。美国健康产业行业分布广泛，融合了第一、二、三产业，为居民提供了较多的就业机会。

促进经济发展。经过2008年金融风暴后，美国的众多传统产业受到冲击，健康产业占GDP的比重却逐年增长，成为美国最大的支柱产业，促进了美国的经济发展。

促进科技与医疗的融合发展。健康产业的不断发展促进人工智能技术和医疗健康产业的融合，形成新兴的智能医疗服务。

带动食品保健业发展。由于健康产业的发展和科技水平的提高，保健品的研制、开发、销售都有了长足的发展，美国是目前保健品最大的生产和销售国。

（二）日本的健康产业

1. 日本健康产业发展背景。

日本是世界上人口老龄化最严重的国家之一，截至2018年9月，日本65岁以上人口3 557万人，占总人口比例高达28.1%[1]，刷新历史最高水平。少子化也是日本的重大社会难题，人口老龄化趋势的不断加剧和少子化问题促进了日本国民对医疗卫生、健康保健以及养老服务的消费需求，成为推动日本健康产业快速发展的重要现实因素之一。日本健康产业的核心内容可以概括为：以健康管理为主导，结合医疗保健的积极参与，同时以注重健康饮食等社会生活中的传统习惯作为保障性因素。[2]

2. 日本健康产业发展现状。

日本健康产业的规模变化趋势如图3-26所示，可以看出2007年日本健康产业规模为3 578亿美元，之后逐年上升，在2012年达到6 106亿美元，2013年下降到5 050亿美元，2014年又上升到5 125亿美元。虽然日本健康产业规模波动较大，但是整体呈现上升趋势。

据估算，日本健康产业总产值占其GDP比例已经超过10%，是促进国家经济增长的强大动力，已然成为国民经济支柱产业。日本国民对健康的关注度高，政府对于健康产业也较为重视，安倍政府明确了健康产业的战略发展地位。政府将资源向健康产业倾斜，放宽行政管制，大大提高企业参与健康行业的积极性。老龄化是日本社会面临的长期难题，2015年日本社会保障福利支出共计114.86万亿元，占国民收入的21.58%，其中养老金占支出总额的47.8%，医疗保健支出比重为32.8%，社会福利等占19.3%[3]。

---

[1] 2018年9月日本总务省统计局的人口统计数据。
[2] 陈志恒、丁小宸：《日本健康产业发展的动因与影响分析》，载《现代日本经济》2018年第4期。
[3] 数据来源：CEIC。

（亿美元）

图 3-26 2007~2014 年日本健康产业规模

资料来源：世界银行、WHO。

3. 日本健康产业发展的积极影响。

提高国民健康水平。健康产业的发展提高了日本国民的身体健康水平，日本人均寿命、国民身高等指标明显增长。

形成养老新模式。日本形成了比较系统化、专业化的老年人康养产业，在一定程度上缓解老龄化带来的养老难题。

促进经济增长。健康产业的发展创造了就业机会，提升了日本经济结构的合理性，并且带动了日本医疗器械、医药品出口的增长。

减少财政支出。日本老龄少子问题的逐渐严重化使得医疗卫生费用迅速上涨，给财政部门带来巨大压力。在政府的支持下大量私人部门加入健康产业中，缓解了财政压力。

三、我国健康产业发展现状

（一）我国健康产业发展现状

中国大健康行业市场规模如图 3-27 所示，从中国目前的政策理论体系及产业规模来看，中国的健康产业还处于初步发展阶段；2018 年中国大健康行业市场规模为 7.27 万亿元，较 2017 年同比增长 10.7%；2019 年中国大健康市场规模达到8.78万亿元,较2018年增加1.51万亿元。根据《2016年~2021年中国大健康产业市场运行暨产业发展研究趋势报告》预计,2021年将达到12.9万亿元,预计未来中国大健康产业规模将持续扩大成为全球最大的健康产业市场。

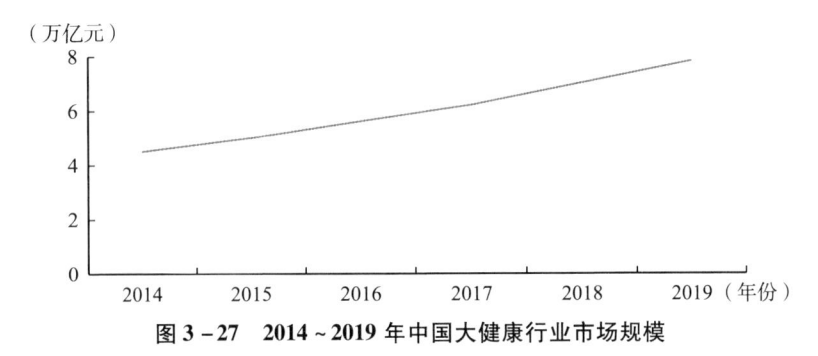

图3-27　2014~2019年中国大健康行业市场规模

资料来源:智研咨询网站。

中国大健康产业细分市场占比统计情况如图3-28所示,从图中可以看到2017年我国大健康产业主要以医药产业和健康养老产业为主,医药产业市场占比为50%,健康养老产业占比为33%,医疗行业占比为9%,保健品行业占比为5%,健康管理服务业占比为3%。

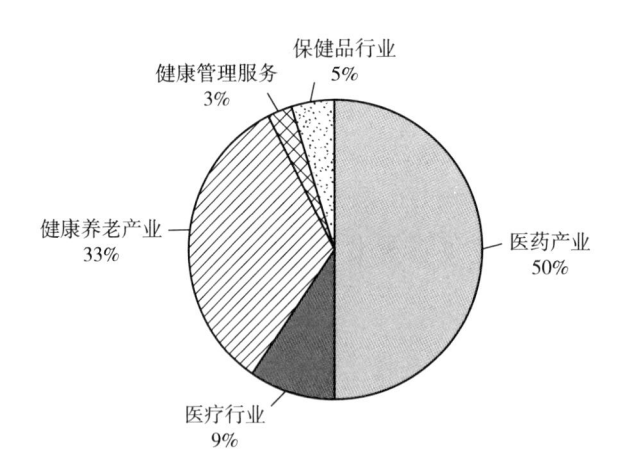

图3-28　2017年中国大健康产业细分市场占比统计情况

资料来源:前瞻产业研究院网站。

总的来说，我国健康产业已经形成了一个相对较完整的产业体系，包括医疗、医药、医疗器械、保健品、服务机构等。《健康中国行动（2019~2030）年》提出，到2030年，我国健康产业占GDP的比重将从5%提高为15%，2030年健康产业规模可达16万亿元（《中国健康经济白皮书2019~2020》，2020）。

可以看出，在国家政策支持下健康产业在国家经济结构中的地位将会逐渐提高，并为国家经济发展做出更大贡献。

（二）我国健康产业的发展趋势

未来我国健康产业发展主要有以下趋势：

新兴科技将会应用于健康产业，未来可用穿戴设备、远程医疗、双向音频远程、慢病监测、区块链等技术将会在健康产业广泛投入使用。

健康产业将会提供专业化和个性化服务，未来健康产业会通过高端技术进行精准监测、治疗、康养等服务，人们的个性化健康管理需求将会得到更好的满足，将会形成更全面的健康管理体系。

健康产业将与其他产业形成有机融合，健康产业将会与文化产业、旅游产业、养老产业有更紧密的结合。

健康产业会成为国际化产业，国际合作与资源互通是未来医疗健康产业发展的方向，"一带一路"大健康驿站建设将会构成中国健康产业与世界各国交流合作的桥梁。

第四章

不同主体的健康投资现状

第一节 公共健康投资

政府公共健康投资主要关注公共财政框架中的健康卫生投资情况，包括国家用于整个人口群体的医疗、保健及其他健康服务费用的支出总和，健康卫生领域的政府支出等。该部分主要从医疗卫生支出、医疗卫生支出占比情况、政府医疗卫生支出情况、医疗保障基金支出和民政部门医疗救助情况几个方面来考察我国公共健康投资水平。

我国医疗卫生支出包括政府支出、社会支出和个人支出三部分，它反映了一定经济条件下，政府、社会和个人对医疗卫生保健的重视程度和费用负担水平，以及卫生筹资模式的主要特征和卫生筹资的公平性合理性。进入20世纪以来，我国医疗卫生支出逐年增加，2000年医疗卫生支出为4 586.63亿元，2020年达到72 175亿元，增长了近15倍。各部门医疗卫生支出的绝对水平和相对水平如图4-1所示，政府、社会和个人的医疗卫生支出均呈增加趋势，社会医疗卫生支出在2008年以后增长率大幅升高，而政府医疗卫生支出和个人医疗卫生支出增幅较缓，二者支出水平逐渐靠拢。2020年，政府医疗卫生支出为21 941.9亿元，个人医疗卫生支出为19 959.43亿元，二者差距较小，而社会医疗卫生支出为30 273.67亿元，处于领先地位。从政府、社会和个人的医疗卫生支出相对水平来看，社会医疗卫生支出占比呈平稳上升趋势，个人医疗卫生支出占比逐渐下降，政府医疗卫生支出占比呈现缓慢上升，在趋于平缓后又下降的趋势。2014年以后，政府医疗卫生支出占比和个人医疗卫生支出占比的变化情况较为一致。2020年，政府医疗卫生支出占比为30.4%，个人医疗卫生支出占比为27.65%，二者较为相近，而社会医疗卫生支出占比达41.94%，大幅领先于政府和个人。

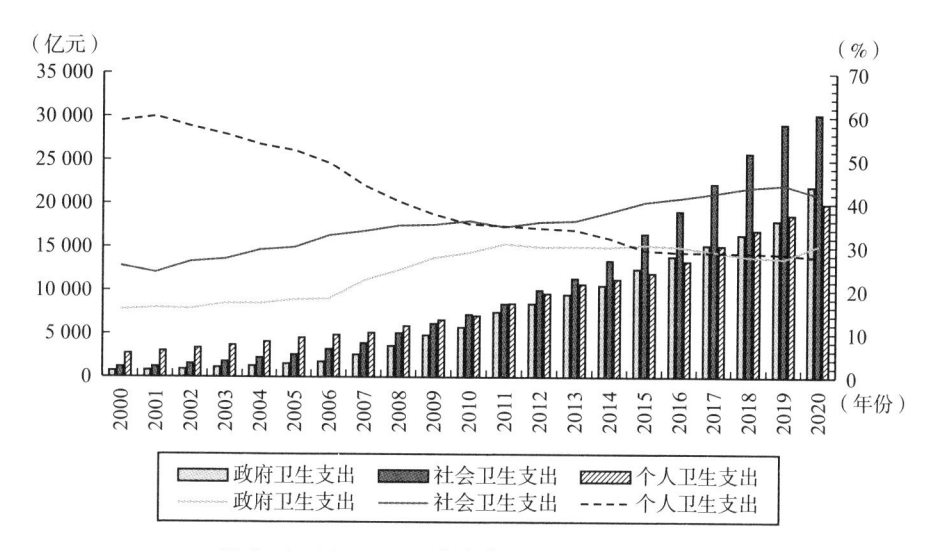

图4-1 2000~2020年各部门医疗卫生支出情况

资料来源：卫生健康委网站。

政府医疗卫生支出在财政支出、医疗卫生总支出、国内生产总值中的占比情况如图4-2所示，三个比重总体均呈上升趋势，其中占财政总支出的比重和占国内生产总值的比重上升趋势较为平缓。2000年政府医疗卫生支出占财政支出的4.47%，2020年达到8.41%，增幅为3.94%。2000年政府医疗卫生支出占国内生产总值的0.71%，2018年达到2.17%，增幅为1.46%。政府医疗卫生支出占财政支出和国内生产总值的比重虽然都在缓慢增加，但远低于同期财政收入和国内生产总值的增长率。政府医疗卫生支出占医疗卫生总支出的比重变化较大，从2000年到2020年经历了"增加—平稳—下降—增加"的趋势，比重由 15.47% 变化为 30.4%，增幅达 14.93%，但该比重的世界平均水平在 60%，相比之下，我国仍然处于落后水平。

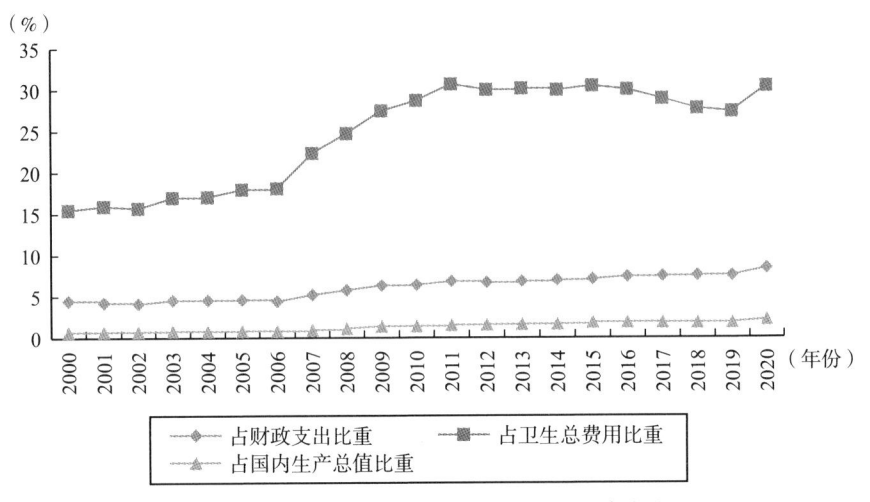

图 4-2　2000~2020 年政府医疗卫生支出占比

资料来源：卫生健康委网站。

政府医疗卫生支出包含医疗卫生服务支出、医疗保障支出、行政管理事务支出和人口与计划生育事务支出四方面内容，20 世纪以来这四个方面的支出情况如图 4-3 所示。2006 年以前，四部分支出均保持缓慢增长趋势，2006 年以后医疗卫生服务支出和医疗保障支出呈大幅增长趋势，行政管理事务支出始终保持缓慢增长趋势，人口与计划生育支出缓慢增长至 2013 年以后又缓慢下降。2000 年，医疗卫生服务支出、医疗保障支出、行政管理事务支出和人口与计划生育事务支出分别为 407.21 亿元、211 亿元、26.81 亿元和 64.5 亿元，2020 年分别为 11 415.83 亿元、8 844.93 亿元、1 021.15 亿元和 660 亿元。医疗保障支出增幅最大，为 11 008.62 亿元，人口与计划生育事务支出增幅最小，仅 595.5 亿元。

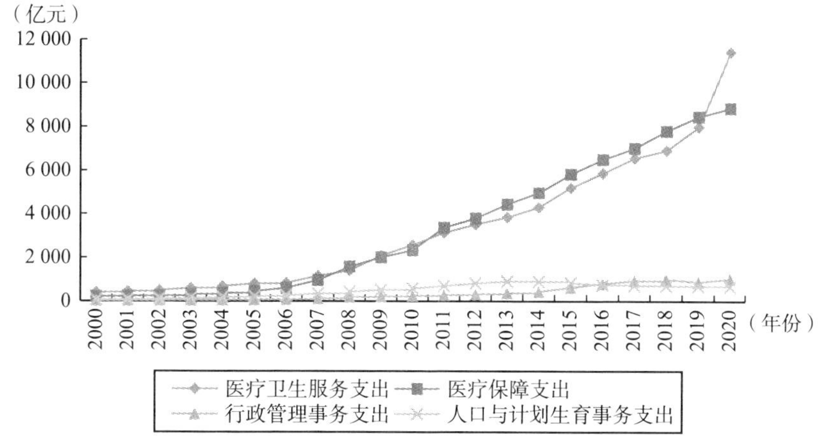

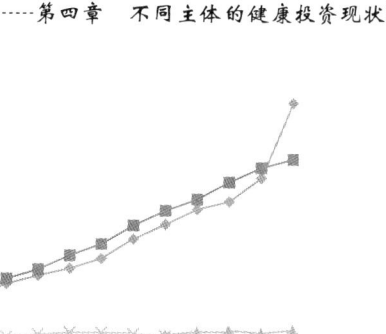

第四章　不同主体的健康投资现状

图 4-3　2000~2020 年政府医疗卫生支出明细

资料来源：卫生健康委网站。

生育保险、新型农村合作医疗保险（下文简称新农合）、城镇职工医疗保险的基金支出的变化情况如图 4-4 所示，其中生育保险和城镇职工医疗保险的基金支出均呈逐年增加趋势。新农合基金支出在 2016 年之前逐年递增，由于 2016 年提出要实施城乡居民基本医疗保险制度，将城镇居民医疗保险与新农合进行整合，导致 2016 年以后新农合的基金收入和支出均出现下降情况。2019 年起，生育保险基金支出纳入基本医疗保险支出统计。总体来看，三种基金的支出费用自 2006 年至 2018 年呈上升趋势，2006 年支出费用共 1 470.01 亿元，2018 年达到 12 308.4 亿元。

我国民政部门医疗救助的各项费用支出情况如图 4-5 所示，资助参加医疗保险支出、资助参加合作医疗支出和直接医疗救助支出均呈上升趋势，其中直接医疗救助支出增长趋势最为明显，在三种救助项目的支出中所占的比重也最高。资助参加医疗保险支出和资助参加合作医疗支出的增长趋势较为平缓，与直接医疗救助支出的差距逐渐拉大。2009 年，资助参加医疗保险支出为 58 631 万元，直接医疗救助支出为 807 749 万元，二者相差 749 118 万元。自 2016 年起，将资助参加医疗保险和资助参加合作医疗保险合并统计。2017 年，资助参加医疗保险和合作医疗的支出为 739 969 万元，直接医疗救助支出为 2 660 890 万元，二者相差 1 920 921 万元。

健康投资的宏微观经济效应

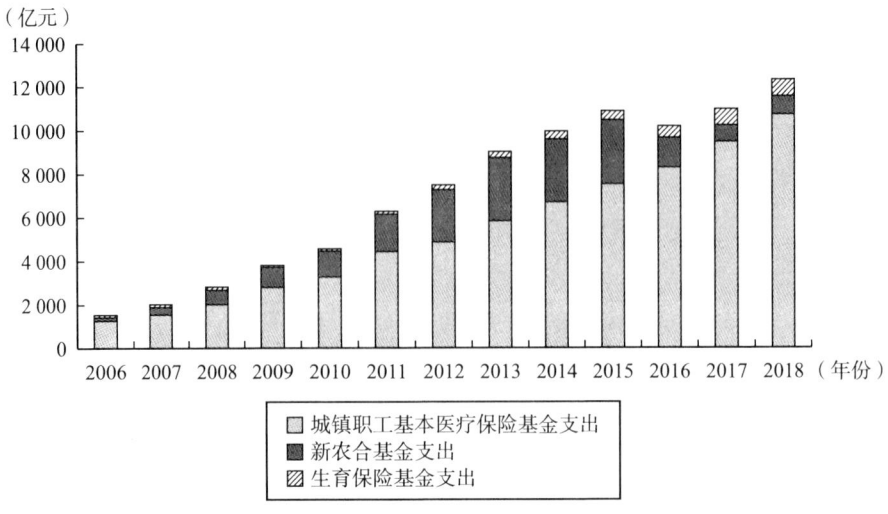

图4-4　2006~2018年医疗保障基金支出情况

资料来源：历年《中国卫生健康统计年鉴》。

图例：
- 城镇职工基本医疗保险基金支出
- 新农合基金支出
- 生育保险基金支出

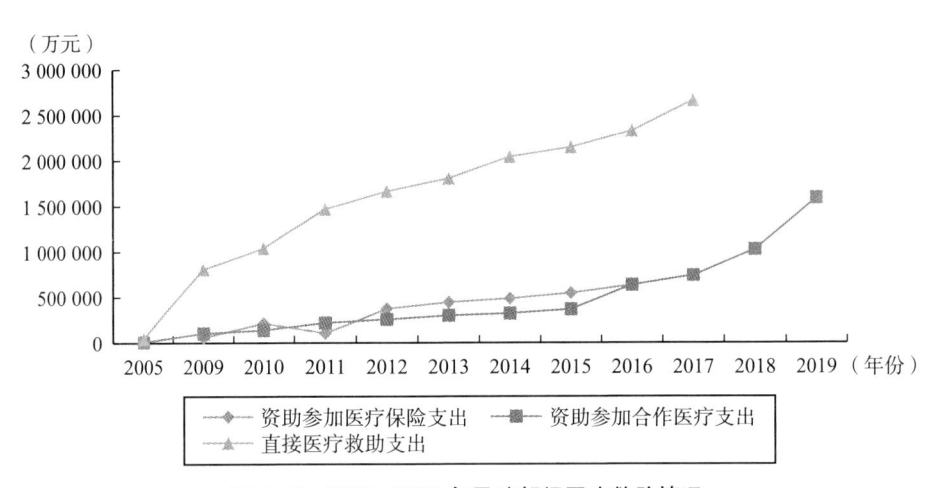

图4-5　2005~2019年民政部门医疗救助情况

资料来源：历年《中国卫生健康统计年鉴》。

图例：
- 资助参加医疗保险支出
- 资助参加合作医疗支出
- 直接医疗救助支出

综上所述，我国卫生总费用、政府卫生支出费用都在逐年增长。《2010年世界卫生报告》提出卫生支出目标为：广义政府卫生支出占GDP的比重不低于5%，个人卫生现金支出占全国卫生总支出的比重为15%~20%。2016

124

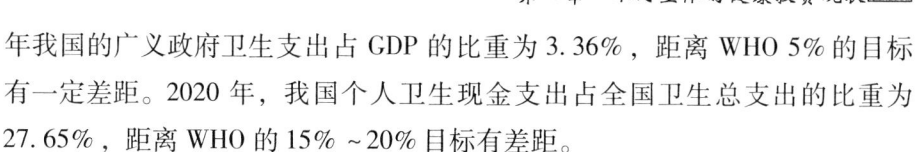

年我国的广义政府卫生支出占 GDP 的比重为 3.36%，距离 WHO 5% 的目标有一定差距。2020 年，我国个人卫生现金支出占全国卫生总支出的比重为 27.65%，距离 WHO 的 15%~20% 目标有差距。

第二节　家庭健康投资

根据前文的论述，本节从四个维度来考察我国居民家庭健康投资。一是维持人类身体所必需的营养投资，选取了我国居民食物摄入量、营养素摄入量、膳食结构三个指标来进行考察；二是生活方式和改善生活环境的投资，选取了我国居民吸烟率、睡眠时间、饮酒率、生活环境状况四个指标来进行考察；三是体育锻炼和休闲投资，选取了我国居民锻炼情况、出行方式占比情况、做家务的时间、国内旅游时间等几个指标来进行考察；四是医疗卫生保健投资，选取了我国居民医疗保健支出情况、健康体检情况、儿童和孕产妇保健情况三个指标来进行考察。

一、营养健康投资

2002 年和 2012 年我国居民每人每日食物摄入量的变化情况见图 4-6，米及其制品、蔬菜、面及其制品、禽畜类是我国居民摄入较多的几种食物。2012 年我国居民米制品摄入量（每人每日标准，以下同）为 177.7 克，较 2002 年有大幅下降，降幅达 60.6 克，蔬菜摄入量下降 6.8 克，其中浅色蔬菜 5.4 克，深色蔬菜 1.4 克。2012 年面及其制品的摄入量为 142.8 克，与 2002 年的 140.2 克基本持平，禽畜类摄入量为 89.7 克，比 2002 年增加 11.1 克。2012 年食用油的摄入量为 42.1 克，与 2002 年的 41.6 克基本持平，但动物油摄入量下降了 3.9 克，植物油的摄入量增加了 4.4 克。2012 年蛋奶制品摄入量为 49 克，与 2002 年的 50.2 克相差不大，其中奶及其制品增加了 0.6 克，蛋及其制品下降了 1.8 克。整体来看，2012 年我国居民每日食物摄入量较 2002 年有所下降。

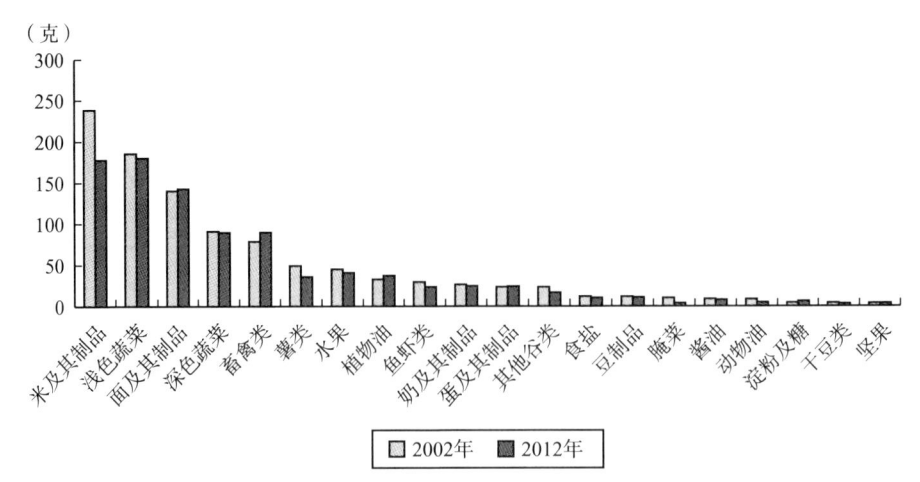

图 4-6 我国居民每人每日食物摄入量

资料来源：中国疾病预防控制中心营养与健康所网站。

我国居民 2002 年和 2012 年的营养素摄入情况见表 4-1，2012 年居民的能量摄入量（每人每日标准，以下同）为 2 172.1 卡，略低于 2002 年，蛋白质摄入量为 64.5 克，也略低于 2002 年，但已满足日常生活需要。脂肪摄入量较 2002 年增加了 3.7 克，增幅不大，膳食纤维较 2002 年略微降低，降幅为 1.2 克。碳水化合物摄入量为 300.8，较 2002 年下降 20.4 克，钠摄入量 5 702.7 毫克，较 2002 年下降了 565.5 毫克。钾下降 83.2 毫克，钙下降 22.7 毫克，而维生素 E、硫胺素、锌、核黄素的摄入量都基本和 2002 年持平。

表 4-1 我国居民每人每日营养素摄入量

营养素名称	2002 年	2012 年
钠（毫克）	6 268.2	5 702.7
能量（卡）	2 250.5	2 172.1
钾（毫克）	1 700.1	1 616.9
视黄醇当量（微克）	469.2	443.5
钙（毫克）	388.8	366.1

续表

营养素名称	2002 年	2012 年
碳水化合物（克）	321.2	300.8
脂肪（克）	76.2	79.9
蛋白质（克）	65.9	64.5
硒（毫克）	39.9	44.6
维生素 E（毫克）	35.6	35.9
铁（毫克）	23.2	21.5
膳食纤维（克）	12.0	10.8
锌（毫克）	11.3	10.7
硫胺素（毫克）	1.0	0.9
核黄素（毫克）	0.8	0.8

资料来源：中国疾病预防控制中心营养与健康所网站。

我国居民的膳食结构变化情况见表4-2，从能量的食物来源看，动物性食物类的占比较2002年上升了2.4%，谷类食物的占比下降了4.8%，但仍是能量最主要的食物来源。从能量的营养素来源看，蛋白质占比与2002年基本持平，脂肪占比增加了3.3%，虽然碳水化合物占比下降了3.6%，但仍是能量的主要营养素来源。蛋白质的食物来源主要是谷类、豆类和动物性食物，2012年谷类占比和豆类占比分别下降4.7%、2.1%，动物性食物增加5.6%，但三种食物的占比相对大小并未发生变化，依然是谷类＞动物性食物＞豆类。脂肪的食物来源只有动物性食物和植物性食物两种，动物性食物占比下降，则植物性食物的占比上升3.3%。

表4-2　　　　　　　　我国居民膳食结构　　　　　　　　单位：%

来源	食物分类	2002 年	2012 年
能量的食物来源	谷类	57.9	53.1
	动物性食物类	12.6	15.0
	其他	29.5	31.9

续表

来源	食物分类	2002年	2012年
能量的营养素来源	蛋白质	11.8	12.1
	脂肪	29.6	32.9
	碳水化合物	58.6	55.0
蛋白质的食物来源	谷类	52.0	47.3
	豆类	7.5	5.4
	动物性食物类	25.1	30.7
	其他	15.4	16.6
脂肪的食物来源	动物性食物	39.2	35.9
	植物性食物	60.8	64.1

资料来源：中国疾病预防控制中心营养与健康所网站。

二、生活方式和改善生活环境的投资

我国居民的吸烟率情况见表4-3，2012年我国居民总吸烟率比2002年增加了2.9%。从性别角度来看，男性吸烟率比2002年略微增长，增幅为0.8%，而女性吸烟率大幅下降，2012年仅有2%的女性吸烟。从年龄角度来看，45～59岁年龄段的人吸烟率最高，其次是18～44岁年龄段的人。18～44岁和45～59岁这两个年龄段的人吸烟率基本持平，18～44岁年龄段的人吸烟率较2002年增加4.3%，而60岁以上人群吸烟率下降了3.1%。城市居民和农村居民的吸烟率均有增长，增幅分别为3.7%和3.1%，农村居民的吸烟率略高于城市居民。

表4-3　　　　　　　　我国居民吸烟率　　　　　　　　单位：%

项目	2002年	2012年
合计	23.6	26.5
男性	49.6	50.4
女性	32.8	2.0

续表

项目	2002年	2012年
15~17岁	1.9	2.2
18~44岁	24.0	28.3
45~59岁	31.3	32.0
60岁及以上	28.7	25.6
城市	21.6	25.3
农村	24.5	27.6

资料来源：中国疾病预防控制中心营养与健康所网站。

我国居民的睡眠时间状况见表4-4，无论是按性别、年龄还是城乡划分，我国居民2012年的平均每天睡眠时间都比2002年要短。按年龄划分，6~12岁年龄的人群睡眠时间最长，60岁以上人群睡眠时间最短，2002年这两个年龄段的人每天睡眠时间相差1.3小时，2012年差距也是1.3小时。农村居民每天睡眠时间比城市居民长，2002年二者相差0.4小时，2012年差距缩小为0.2小时。男性和女性的每天睡眠时间相同，2002年均为8.3小时，2012年均为7.9小时。

表4-4　　　　　　我国居民平均每天睡眠时间　　　　　单位：小时

项目	2002年	2012年
合计	8.3	7.9
男性	8.3	7.9
女性	8.3	7.9
6~12岁	9.1	8.9
13~17岁	8.5	7.9
18~44岁	8.2	7.9
45~59岁	7.9	7.6
60岁及以上	7.8	7.6
城市	8.0	7.8
农村	8.4	8.0

资料来源：中国疾病预防控制中心营养与健康所网站。

我国居民的饮酒情况见图 4-7，2012 年平均每天的酒类消费量高于 2002 年，增加了 5.5 克酒精/日，居民总体饮酒率也增加了 11.8%。男性的酒类消费量始终高于女性，2012 年男性的酒类消费量比 2002 年增加了 6.2 克酒精/日，同期女性的酒类消费量下降了 2.2 克酒精/日。四个年龄段的人群中，45~59 岁年龄段的人群酒类消费量最高，增长幅度也最大，15~17 岁年龄段的人群酒类消费量最低，也是酒类消费量唯一出现下降的人群。2002 年农村居民酒类消费量高于城市居民，但 2012 年城市居民的酒类消费量增长幅度远大于农村居民，最终超过了农村居民。

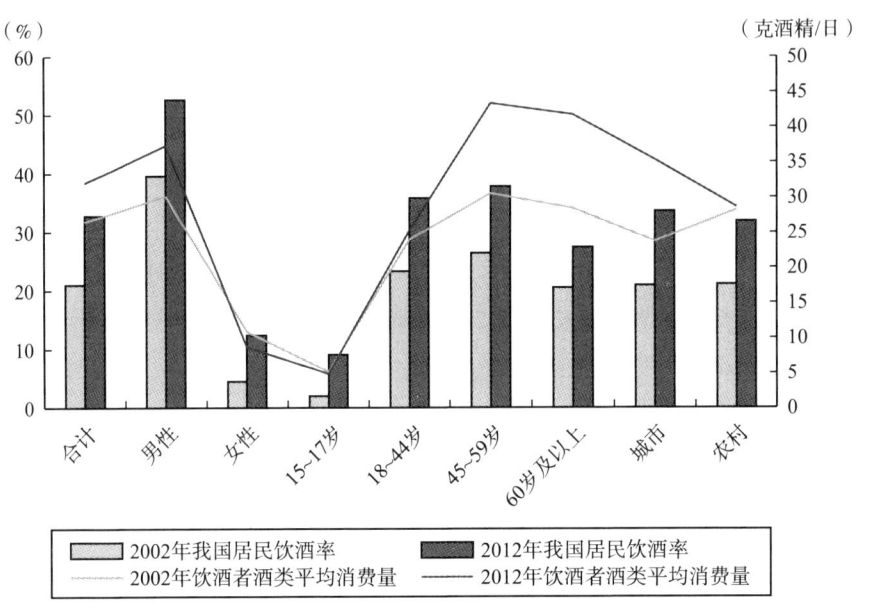

图 4-7 我国居民饮酒状况

资料来源：中国疾病预防控制中心营养与健康所网站。

从居民饮酒率来看，无论是按性别、年龄还是城乡划分，2012 年的居民饮酒率都比 2002 年高。男性饮酒率始终高于女性，2002 年二者差距为 35.1%，2012 年差距扩大为 40.2%。四个年龄段的人群饮酒率都有所增加，其中 45~59 岁年龄段的人群饮酒率始终最高，15~17 岁年龄段的人群饮酒率始终最低。2002 年，农村居民的饮酒率高于城市居民，但 2012 年城市居民的饮酒率增长幅度大于农村居民,最终超过了农村居民。

我国城市居民生活环境的变化情况见图4-8,随着城市用水普及率的提升,人均日生活用水量的下降幅度逐渐减小,并在2011年之后缓慢上升。人均公园绿地面积也呈缓慢上升趋势,2001年人均公园绿地面积为4.6平方米,2020年为14.78平方米,增长了两倍多。城市用水普及率呈缓慢增加趋势,由2001年的72.3%增长到2019年的98.78%,几乎覆盖了所有的城市居民,大大提高了居民的生活便利度。城市污水处理率也保持增长趋势,由2001年的36.4%增长到2020年的97.52%,污水处理效率的大幅提升,能够有效地降低水体污染的可能性,有利于水资源的改善。城市生活垃圾无害化处理率在2006年以前呈缓慢下降趋势,2006年以后逐渐上升,2020年达到99.75%,较高水平的垃圾无害化处理率能够大幅降低生活垃圾对环境的污染。

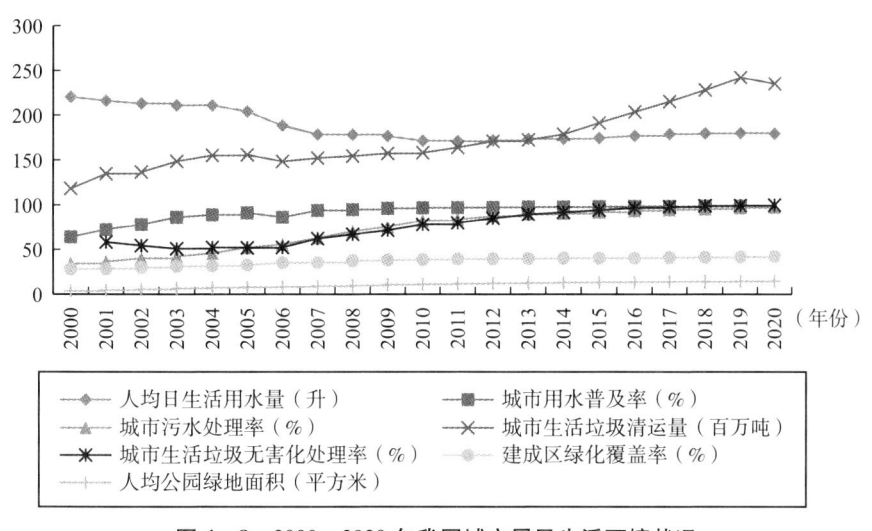

图4-8 2000~2020年我国城市居民生活环境状况

资料来源:国家统计局网站。

三、体育锻炼和休闲投资

定义每周锻炼的频率大于等于3次,每次大于等于30分钟的居民属于经常锻炼人群,参加锻炼但达不到经常锻炼标准的居民属于偶尔锻炼人群,其余为不锻炼人群。我国居民的锻炼情况见表4-5,2002年和2012年,不锻炼人群所占比例远远高于锻炼人群,并且2012年不锻炼的人群比例较2002年有所上升。男性参加锻炼的比例高于女性,城市居民参加锻炼的比例高于农村居民。与2002年相比,2012年男性居民、女性居民和城乡居民的偶尔锻炼的比例均有所下降,我国居民总体偶尔锻炼的比例下降2.5%。2012年男性居民和女性居民的经常锻炼比例都在增加,农村居民经常锻炼的比例增加了2.6%,城市居民经常锻炼的比例下降了3.4%,总体来看,我国居民经常锻炼的比例较2002年增加了2.1%。

表4-5　　　　　　　　　　我国居民锻炼情况　　　　　　　　　　单位:%

项目	不锻炼所占比例		偶尔锻炼所占比例		经常锻炼所占比例	
	2002年	2012年	2002年	2012年	2002年	2012年
合计	85.8	86.2	8.3	5.8	5.9	8.0
男性	84.8	85.3	8.9	6.3	6.3	8.4
女性	86.9	87.0	7.7	5.3	5.4	7.6
城市	75.4	81.3	10.3	7.8	14.3	10.9
农村	89.9	91.0	7.5	3.8	2.6	5.2

资料来源:中国疾病预防控制中心营养与健康所网站。

2012年我国居民的出行方式情况见表4-6,2002年我国居民总体步行、骑车、坐车上下班(学)的比例分别为64.9%、24.6%、10.5%,与之相比,2012年我国居民总体步行和骑车上下班(学)的比例均大幅下降,降幅分别为26.8%和9.5%,而坐车上下班(学)的比例大幅上升,增加了3倍多。2012年,步行出行的女性多于男性,坐车出行的男性多于女性,骑车出行的男性略高于女性,总体女性出行方式比男性更健康。由于掌握骑车技能的儿童较少,6~12岁儿童主要出行方式为步行和坐车,13~17岁的青少年步行和骑车出行的总比例为65.2%,坐车比例为34.8%,总体出行方式较为健康。60岁及以上人群步行出行的比例高达61.7%,坐车出行的比例远低于其他年龄段人群,这与老年人的生活方式有较大关系。18~44岁人群坐车出行的比例最高的,比全国平均水平高出12.3%,不符合绿色出行理念,也不利于身体健康。农村和城市的三种出行方式相差不大,坐车出行的比例均略低于步行和骑车出行的比例之和。

表4-6　　　　　　　　　我国居民出行方式占比情况　　　　　　　　单位:%

项目	步行上下班（学）的比例 2012年	骑车上下班（学）的比例 2012年	坐车上下班（学）的比例 2012年
合计	38.1	15.1	46.8
男性	31.1	15.3	53.6
女性	45.5	14.8	39.7
6~12岁	55.7	7.3	37.0
13~17岁	44.7	20.5	34.8
18~44岁	26.3	14.6	59.1
45~59岁	39.8	18.4	41.8
60岁及以上	61.7	13.7	24.6
城市	37.1	16.0	46.9
农村	39.2	14.2	46.6

资料来源:中国疾病预防控制中心营养与健康所网站。

我国居民做家务的变化情况见图4-9,2012年我国居民每天做家务的时间较2002年有所下降,2002年全体居民每天做家务1.6小时,2012年下降为1.1小时。男性和女性每天做家务的时间较2002年都有下降,受我国传统影响,女性每天做家务的时间大幅高于男性,2002年差距为1.8小时,2012年差距为1小时。家庭中做家务的主要是成年人,未成年人每天家务时间少于0.5小时,2002年45~59岁人群做家务时间最长,为2.2小时,2012年45~59岁人群和60岁及以上人群的每天做家务时间持平,均为1.5小时。

2002年城市居民和农村居民做家务时间相差不大，2012年二者持平，均为1.1小时。

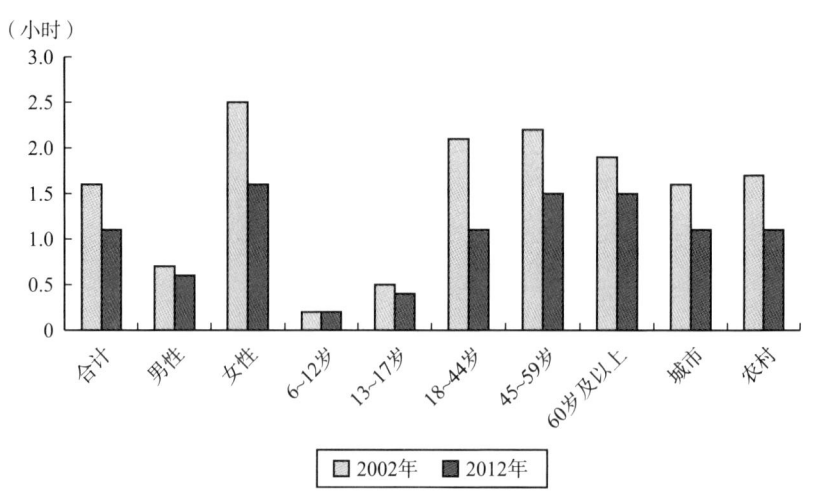

图 4-9 我国居民每天做家务的时间

资料来源：中国疾病预防控制中心营养与健康所网站。

随着经济发展，我国居民收入不断提高，旅游逐渐成为了许多居民节假日的娱乐休闲方式。20世纪以来我国旅游人数和旅游花费的变化情况见图4-10，左纵轴对应人数取值，右纵轴对应花费取值。总体来看，我国城乡居民旅游人数和花费呈现先上升后下降的趋势，2019年达到峰值，随后的下降主要受新冠肺炎疫情的影响。具体来看，我国城镇居民国内旅游人数2000年为3.29亿人次，2019年增长到44.71亿人次。2020年下降到20.65亿人次。相比之下，农村居民国内旅游人数的增长趋势较为平缓，2000年为4.15亿人次，2019年为15.35人次，2020年为8.14亿次。2009年之前，农村国内旅游人数高于城市，2009年以后城市超过农村且二者差距逐渐拉大，2019年相差29.36亿人次。我国居民国内旅游人均花费，2019年为953.3元，较2000年增加526.7元。城镇居民总体上高于农村居民，2019年二者相差427.9元。

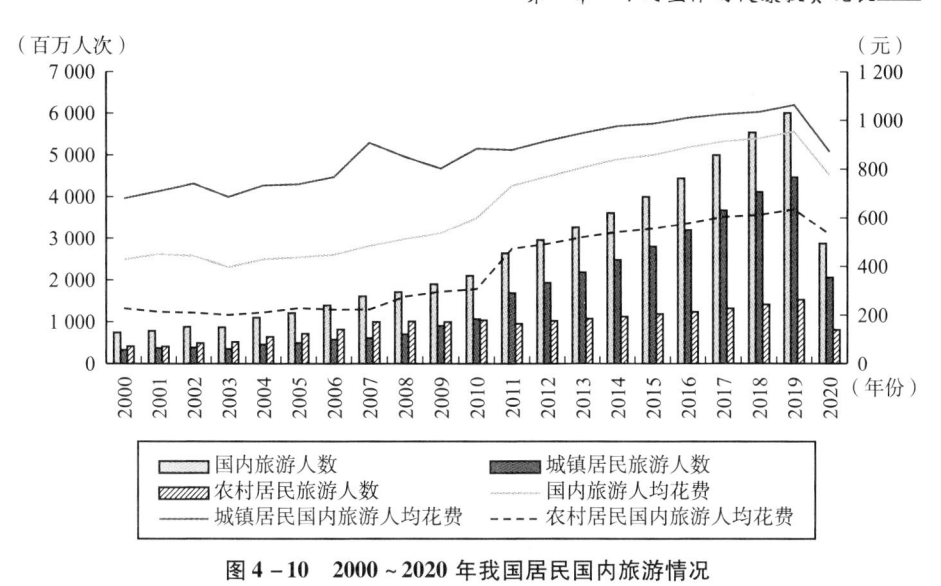

图 4-10　2000~2020 年我国居民国内旅游情况

资料来源：国家统计局网站。

四、医疗卫生保健投资

我国居民人均医疗保健支出的变化情况见图 4-11，农村居民和城镇居民均呈上升趋势，但城镇居民的人均医疗保健支出总体高于农村居民，并且前者的增长幅度也大于后者，二者之间的差距逐渐拉大。2000 年城镇居民和农村居民的人均医疗保健支出分别为 318.1 元和 87.6 元，差距为 230.5 元，2020 年二者增长为 2 172.2 元和 1 417.5 元，差距为 754.7 元。出现这种情况，与城镇居民和农村居民的收入状况有关。

农村居民医疗保健支出占消费性支出的比例呈平稳上升趋势，从 2000 年的 5.2% 增长到 2020 年的 10.3%，增幅为 5.1%。城镇居民医疗保健支出占消费性支出的比例从 2000 年至 2005 年缓慢上升，2005 年至 2013 年逐渐下降，2013 年以后又平稳上升，从 2000 年的 6.4% 变化为 2020 年的 8%，增幅仅 1.6%。2009 年以前，城镇居民医疗保健支出占消费性支出的比例高于全

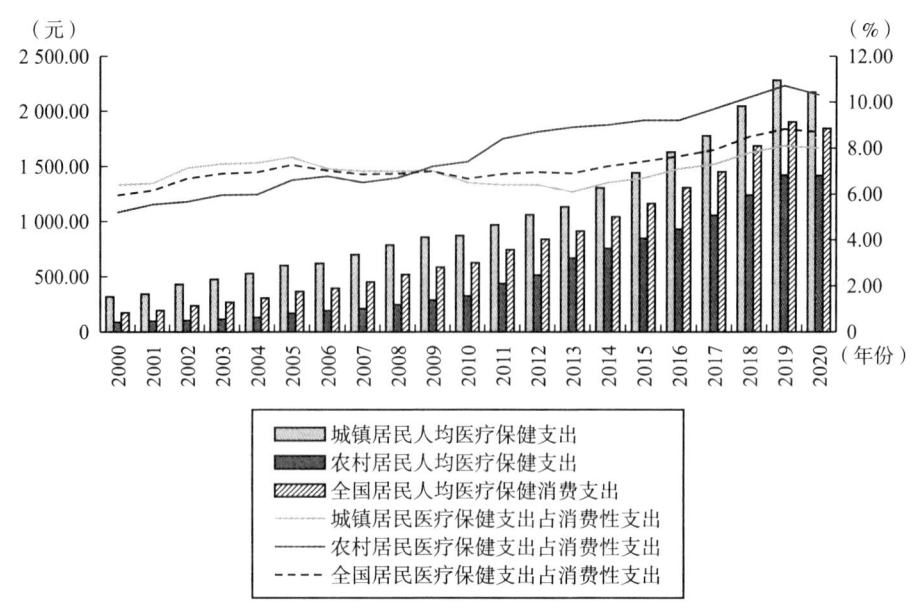

图4-11 2000～2020年我国居民医疗保健支出情况

资料来源：国家统计局网站。

国平均水平，而农村医疗保健支出占消费性支出的比例低于全国平均水平，2009年以后，城镇居民医疗保健支出占消费性支出的比例降低到全国平均水平之下，农村居民医疗保健支出占消费性支出的比例增长到全国平均水平之上，体现出农村居民的医疗保健意识不断增强。

随着我国经济不断发展，居民收入水平不断提高，健康管理意识也不断增强，而健康体检则是进行健康管理的重要基础。我国居民健康体检的变化状况见图4-12，2011年至2020年，我国居民健康体检人次数总体呈增加趋势，2011年总体检人次数为3.44亿人次，到2020年增长为6.4亿人次，增长率达86.05%。我国居民的体检覆盖率总体也呈上升趋势，2020年达到了45.32%，但与发达国家相比仍有较大差距，美国和日本的体检覆盖率都在70%以上，而德国达到了90%以上。

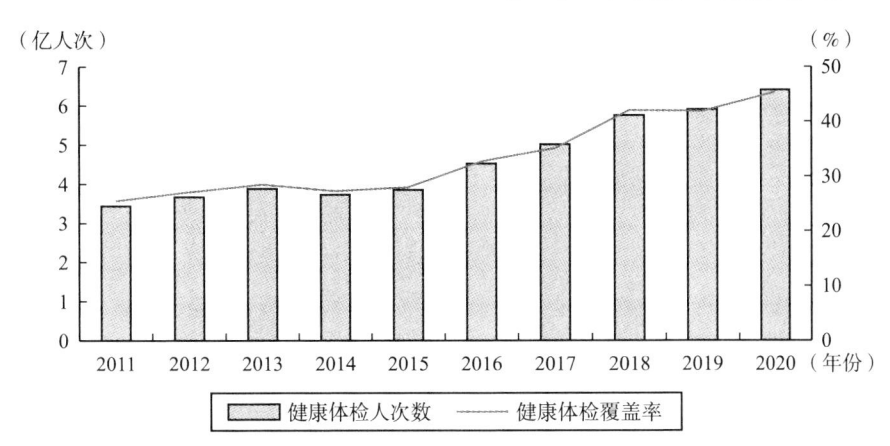

图 4-12　2011~2020 年我国居民健康体检情况

资料来源：武留信：《中国健康管理与健康产业发展报告 No.4 (2021)》，社会科学文献出版社 2021 年版。

我国儿童和孕产妇的保健情况见图 4-13, 3 岁以下儿童系统管理是指 3 岁以下儿童按年龄接受生长监测或 4:2:1 （城市）或 3:2:1 （农村）体检检查（身高和体重）的人数。7 岁以下儿童保健管理是指 7 岁以下儿童中当年实际接受 1 次及以上体格检查（身高和体重）的人数。通过儿童系统管理和儿童保健管理，能够及时发现儿童的健康异常情况，有利于做好儿童常见病、多发病的防治工作，保护儿童健康。我国 3 岁以下儿童系统管理率和 7 岁以下儿童保健管理率总体均呈上升趋势，2000 年分别为 73.8% 和 73.4%，2020 年二者增幅分别为 19.1% 和 20.9%，达到了 92.9% 和 94.3%，体现了较高的儿童保健水平。

我国的孕产妇建卡率、产前检查率和产后访视率总体均呈缓慢增长趋势，而孕产妇系统管理率在 2016 年以前缓慢增长，2016 年以后出现小幅度下降。2020 年，孕产妇建卡率、孕产妇系统管理率、产前检查率和产后访视率分别为 94.1%、92.7%、97.4% 和 95.5%，孕产妇整体保健水平较高，能够很好地保障母婴健康。

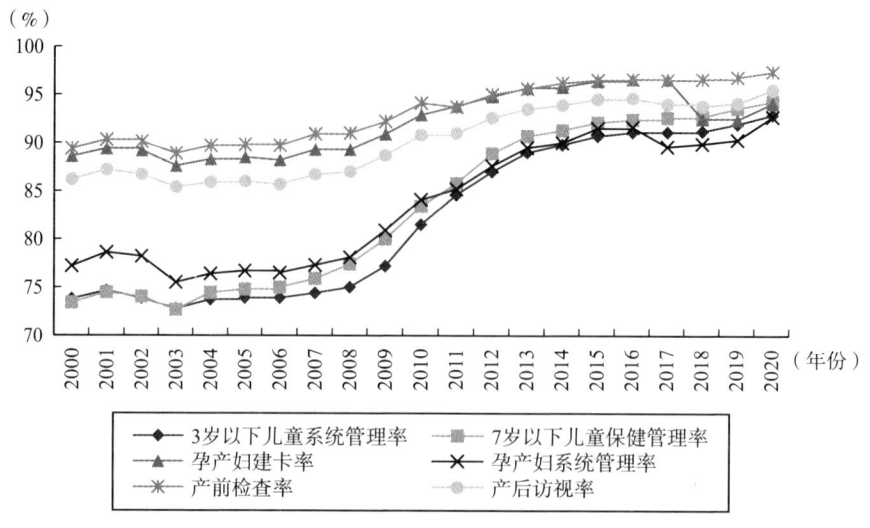

图 4-13　2000~2020 年我国儿童和孕产妇保健情况

资料来源：卫生健康委网站。

第三节　企业健康投资

该部分使用 2015 年、2016 年和 2018 年的企业综合调查报告相关数据对我国企业健康投资状况进行分析，三年调查报告选择的调查区域以及企业和员工的样本数情况如表 4-7 所示。

表 4-7　　　　　　　　　企业综合调查基本情况

年份	调查区域	企业样本数（个）	员工样本数（个）
2015	广东	573	4 838
2016	广东、湖北	1 122	9 130
2018	广东、湖北、江苏、四川、吉林	1 978	16 379

资料来源：历年《中国企业综合调查报告》。

一、员工工作时间情况

员工工作时间代表着员工的工作强度，过长的工作时间会损害员工的身心健康，影响员工的日常生活，因而员工工作时间在一定程度上能够反映企业健康投资状况。

员工每天工作时间情况见图4-14，不同规模的企业，从2015年到2018年员工平均每天工作时间呈递减趋势，每次调查中员工平均每天工作时间最短的都是小型企业，最长的都是大型企业。不同行业的员工平均每天工作时间存在一定差异，2015年每天工作时间最长的为电子设备制造业，高达9小时，最短的食品制造业为8.3小时。2016年每天工作时间最长的为电子设备制造业和纺织皮革制造业，均为8.9小时，最短的为食品制造业和化工产品制造业，均为8.4小时。2018年每天工作时间最长的为纺织皮革制造业，高达9小时，最短的为食品制造业和木材加工业，均为8.4小时。

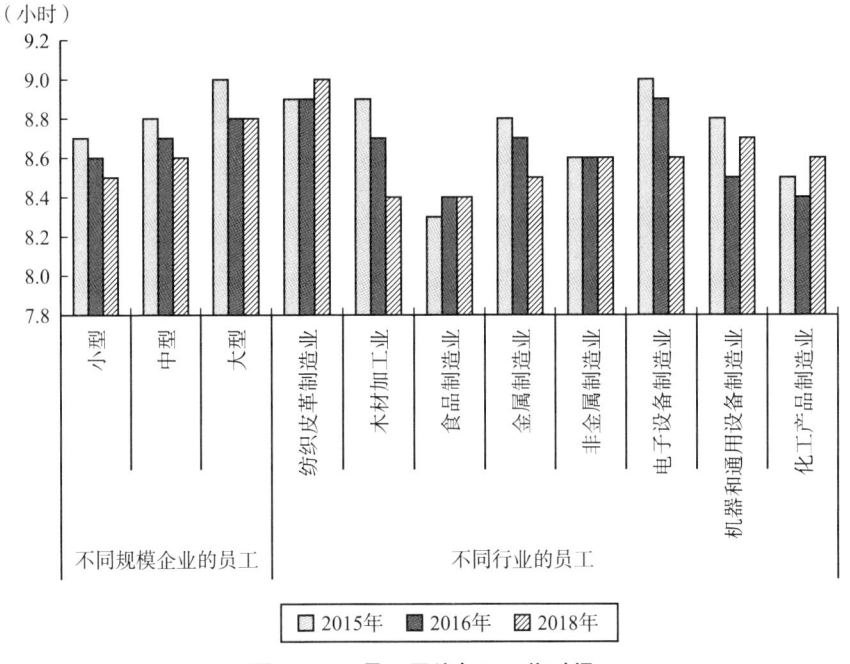

图4-14 员工平均每天工作时间

资料来源：历年《中国企业综合调查报告》。

不同职位的员工平均每周工作时间情况见图4-15，所有员工平均每周工作天数都超过了5天，2015年、2016年和2018年平均每周工作时间最长的都是一线工人，且均为5.9天。2015年平均每周工作天数最短的是其他员工，比一线工人少0.3天，2016年平均每周工作天数最短的是其他管理人员和销售人员，均为5.7天，2018年平均每周工作天数最短的仍然是其他管理人员和销售人员，均为5.6天。

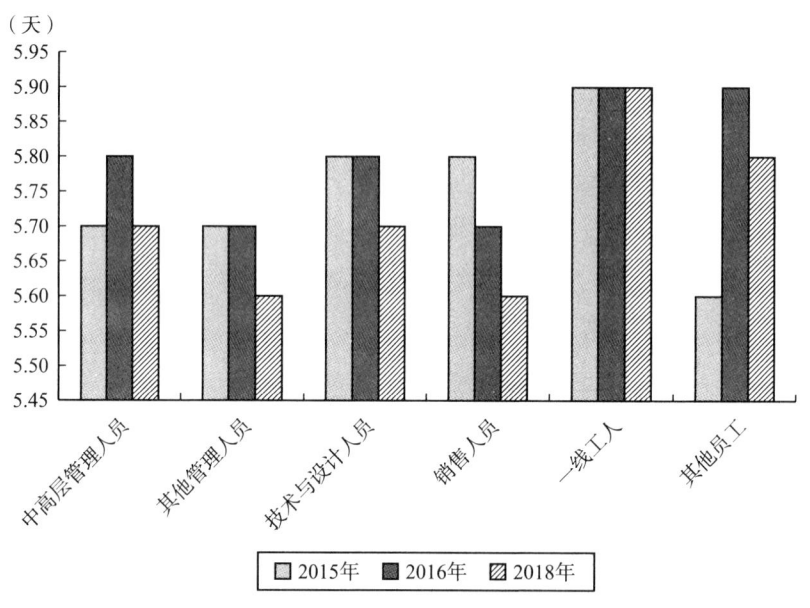

图4-15 员工平均每周工作天数

资料来源：历年《中国企业综合调查报告》。

员工平均每月加班时间情况见图4-16，不同规模的企业，三次调查中平均每月加班时间最长的都是大型企业员工，加班时间最短的都是小型企业员工。不同行业的员工平均每月加班时间相差较大，2015年平均每月加班时间最长的是木材加工业员工，为6.9天，而平均每月加班时间最短的是食品制造业，仅1.9天，二者相差5天。2016年平均每月加班时间最长的是纺织皮革制造业员工，高达8.9天，而平均每月加班时间最短的是化工产品制造业，仅4.8天，二者相差4.1天。2018年平均每月加班时间最长的是纺织皮革制造业员工，为6.7天，而平均每月加班时间最短的是木材加工业，为2.3天，二者相差3.4天。加班时间最长的行业与加班时间最短的行业之间的差距在不断缩小。

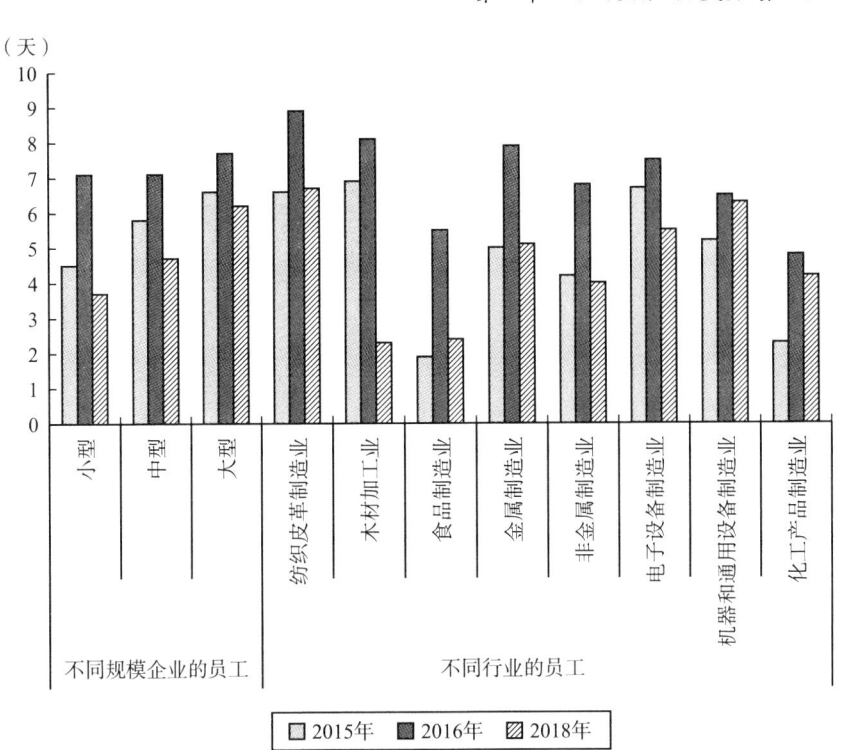

图 4-16 员工每月平均加班天数

资料来源：历年《中国企业综合调查报告》。

综上所述，所有员工的平均每天工作时间都超过了每天 8 小时的标准，平均每周工作时间也超过了每周 5 天的标准，不同规模企业和不同行业的员工普遍存在加班现象，总体来看员工工作时间较长，工作强度较大，长此以往不利于员工的身心健康，针对员工工作时间问题，企业健康投资力度还有待加强。

二、社会保险情况

社会保险能够为丧失劳动能力、暂时失去劳动岗位或因健康原因造成损失的人口提供收入或补偿，企业为员工投保社会保险能够更好地保障员工的工作生活，属于健康投资的一部分。企业参保社会保险的情况见图 4-17，不同所有制的企业中，国有企业的参保率最高，2015年和2016年分别为98.9%和97.4%，接近100%，民营企业的参保率较低，与国有企业相差20%以上，其2016年的参保率还不足70%。不同规模的企业中，大型企业的参保率最高，小型企业的参保率最低，2015年两者分别为91.6%和75.8%，相差15.8%，2016年两者分别为93.6%和69.3%，相差24.3%。不同行业的企业之间的差距较大，2015年参保率最高的化工产品制造业与参保率最低的金属制造业分别为97.6%和72.3%，相差25.3%，2016年参保率最高的电子设备制造业与参保率最低的纺织皮革制造业分别为86.9%和64.7%，相差22.2%。

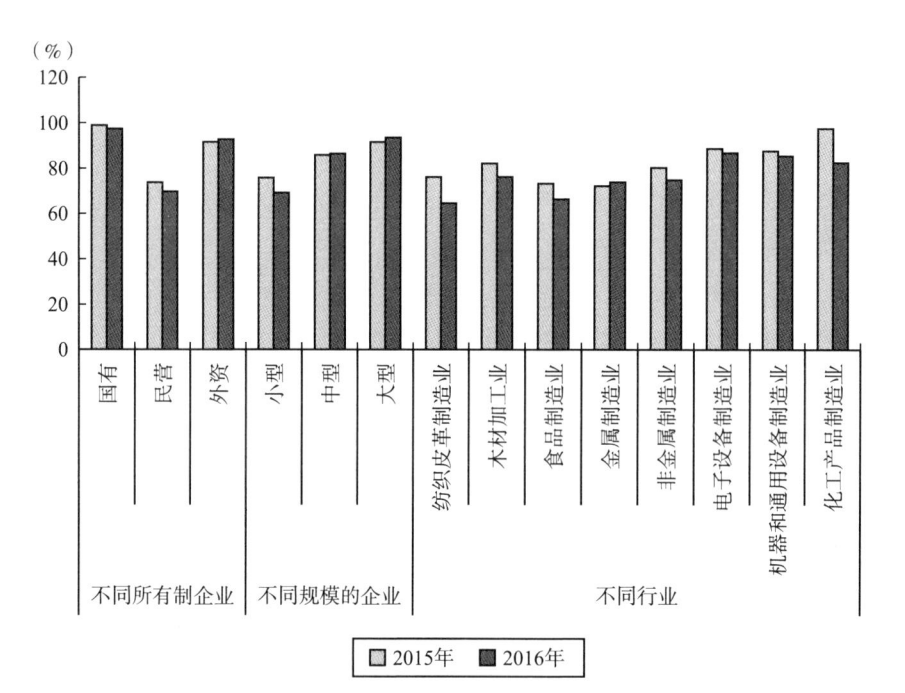

图4-17 企业社会保险参保率

资料来源：历年《中国企业综合调查报告》。

2018年企业参保社会保险各个险种的情况如图4-18所示，生育保险和失业保险参保率较低，均在80%以下，养老保险、工伤保险和医疗保险的参保率相差不大，医疗保险参保率最高，和生育保险相差9.8%。

第四章 不同主体的健康投资现状

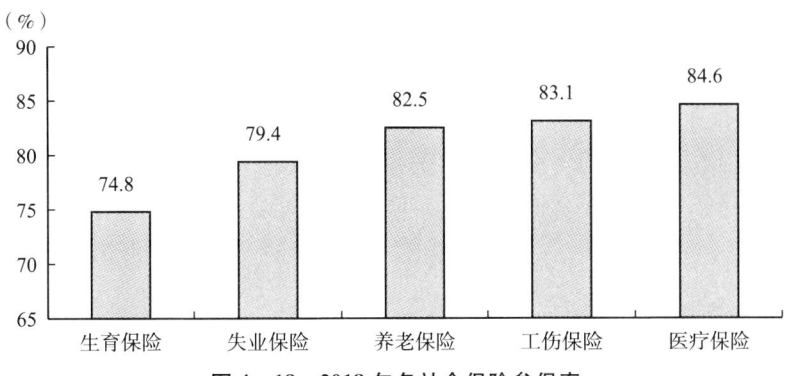

图 4-18 2018 年各社会保险参保率

生育保险 74.8；失业保险 79.4；养老保险 82.5；工伤保险 83.1；医疗保险 84.6

资料来源：《中国企业综合调查报告（2018）》。

不同行业的企业社保支出情况见图 4-19，2015 年社保支出占企业成本比重最高的行业为木材加工业，超过了 5%，而当年占比最低的化工产品制造业仅 2.4%，还不到木材加工业的一半。2016 年社保支出占企业成本比重最高的行业为纺织皮革制造业，为 4.4%，当年占比最低的仍为化工产品制

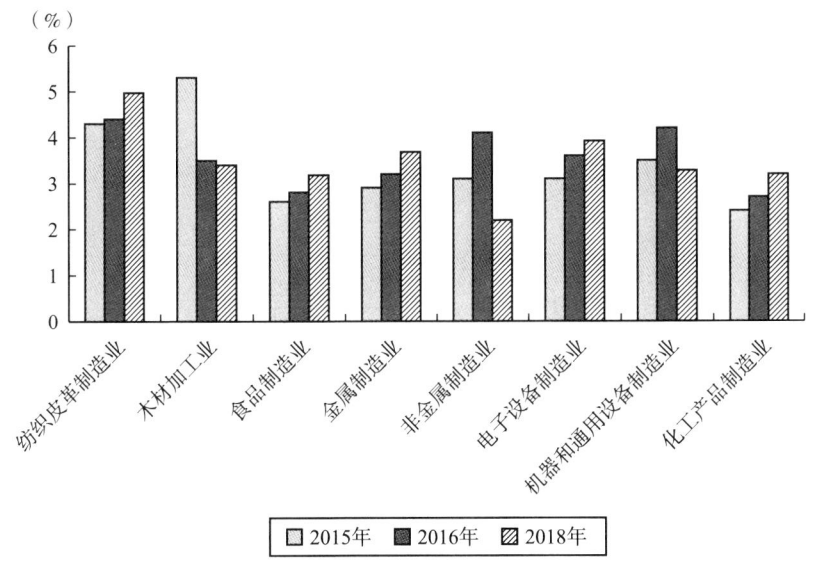

图 4-19 不同行业企业社保支出占总成本比重

资料来源：历年《中国企业综合调查报告》。

143

造业,其比重为2.7%。2018年社保支出占企业成本比重最高的行业为纺织皮革制造业,接近5%,当年占比最低的非金属制造业仅2.19%。三年中,2016年各行业的企业社保支出占比差距较小。

不同所有制企业的年金参保情况见图4-20,三次调查中,国有企业的年金参保率均为最高,且远远领先于民营企业和外资企业,2015年,国有企业年金参保率为46.9%,民营企业年金参保率仅11.2%,不足国有企业的1/4。2016年,国有企业年金参保率为38.8%,民营企业年金参保率为12.2%,不足国有企业的1/3。2018年,国有企业年金参保率为20.2%,民营企业年金参保率仅4.3%,不足国有企业的1/4。2015~2018年以来,国有企业的年金参保率呈下降趋势,民营企业和外资企业都是在2015~2016年有所增长,到2018年又大幅下降。

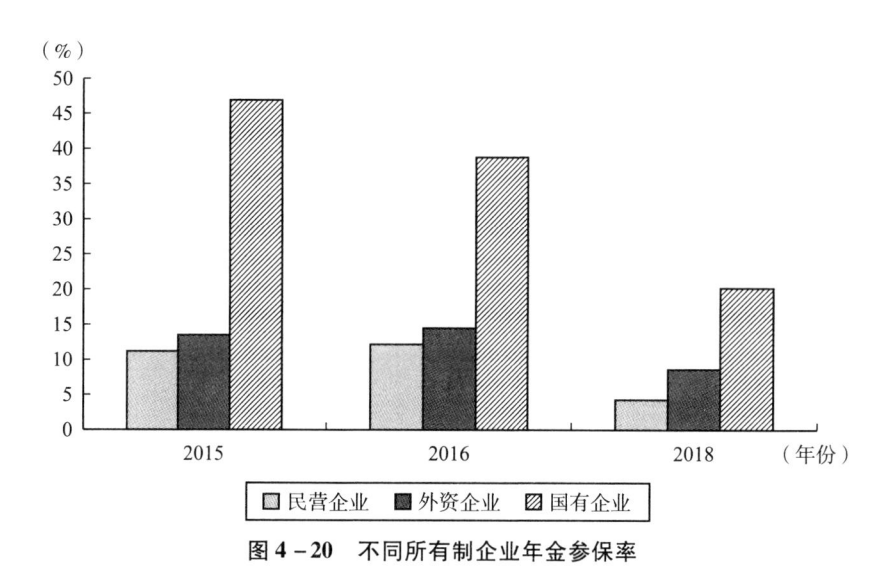

图4-20 不同所有制企业年金参保率

资料来源:历年《中国企业综合调查报告》。

三、社会保险与企业福利情况

企业福利能够改善员工的生活质量,为员工的身心健康提供一定保障,是企业健康投资的一部分。2018年员工享受到的企业福利状况见图4-21,

其中健康体检、带薪年假和外出旅游活动这几项是企业提供的比较多的福利项目，享受到健康体检企业福利的员工数达到了60%以上，占相当大的比例，享受到带薪年假企业福利的员工数达到了45%以上，外出旅游活动福利的受惠员工比例接近30%。相比之下，享受住房补贴、生活救助、无偿住房几项企业福利的员工只有10%左右，心理咨询福利更低，仅7.5%。

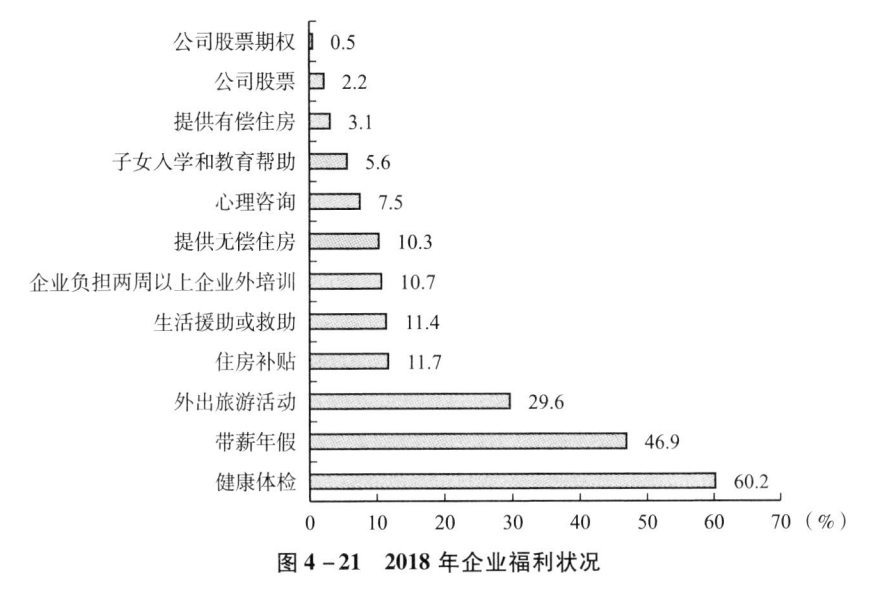

福利项目	比例(%)
公司股票期权	0.5
公司股票	2.2
提供有偿住房	3.1
子女入学和教育帮助	5.6
心理咨询	7.5
提供无偿住房	10.3
企业负担两周以上企业外培训	10.7
生活援助或救助	11.4
住房补贴	11.7
外出旅游活动	29.6
带薪年假	46.9
健康体检	60.2

图4-21 2018年企业福利状况

资料来源：《中国企业综合调查报告（2018）》。

从企业参保社会保险与企业福利方面来看，企业之间的健康投资水平差异较大，各个企业应该针对自身的薄弱点，有侧重点地提高企业健康投资水平，如提高社保参保率、提高社保覆盖种类、提高企业年金参保率，以及增加企业福利项目等。

第五章

健康和健康投资测量

第一节 健康的测量

健康经济学研究中，健康指标的客观性是健康经济学研究的重要问题，健康测度的偏差最终会导致研究结果的偏差，因此要解决健康的测度的问题。现有研究文献中所用的健康测度指数，主要有宏观类的健康指数和微观类的健康指数。宏观健康测度指标是用于测度某类人群或某一国家总体人口的健康状况，微观健康测量指标则是用一些特定的量表测量个体的健康状况。总体来看，健康经济学研究中使用的健康指标归纳起来大体包括：死亡率、预期寿命、健康自评（SRHS 或 SRH、SSH）、健康得分、因病损失的工作时间、工作受限、残疾、疾病种类以及综合健康状况等，综合健康通过一系列指标合成，使用因子分析提取健康指标的方法也被广泛使用（Baldwin & Johnson, 1994; VandeVen & Hooijmans, 1991）。

一、健康的宏观衡量

现有研究文献中所用的健康测度指数，主要有宏观类的健康指数和微观类的健康指数。宏观类的健康测度指标是用于测度某类人群或某一国家总体人口的健康（the health of populations）状况，即公共健康（public health）测

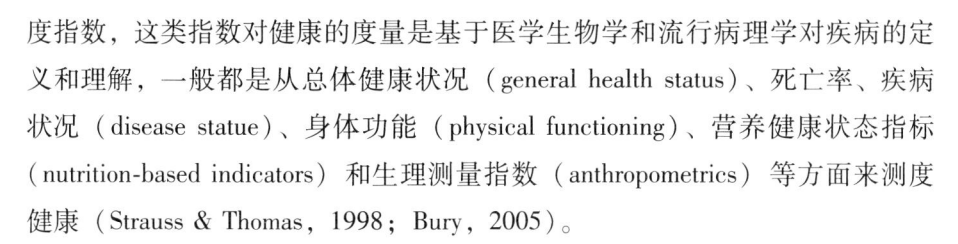

度指数,这类指数对健康的度量是基于医学生物学和流行病理学对疾病的定义和理解,一般都是从总体健康状况(general health status)、死亡率、疾病状况(disease statue)、身体功能(physical functioning)、营养健康状态指标(nutrition-based indicators)和生理测量指数(anthropometrics)等方面来测度健康(Strauss & Thomas, 1998; Bury, 2005)。

(一)人口死亡率

人口死亡率通常是指某地区的某一人群中每单位时间的死亡数目(整体或归因于指定因素)。死亡率是衡量人口健康状况的重要指标,也是测量人群死亡危险因素的常用指标,其分子为死亡人数,分母为该人群年平均人口数。死亡率还可以根据不同的指标分别计算,如性别、年龄、职业、种族、死亡原因等。一般而言,采用宏观数据或对一些特殊人群的研究,例如慢性病患者、高龄老人,更多倾向采用死亡率进行健康度量。

死亡率在早期的健康产出研究中是最重要的健康指标之一。死亡率可以较为容易地获得,便于进行区域健康分析,因此有比较广泛的应用。

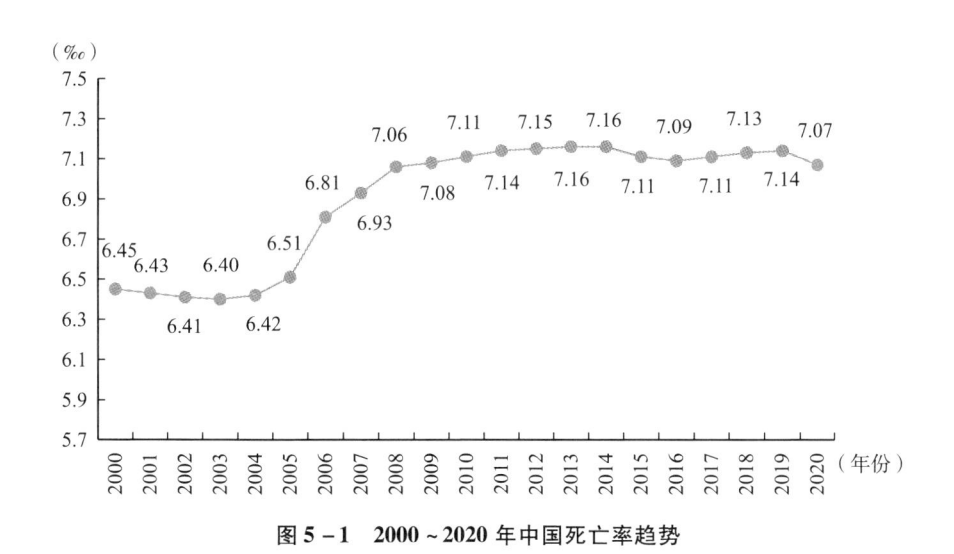

图5-1给出2000年到2020年我国死亡率折线。

图5-1 2000~2020年中国死亡率趋势

资料来源:历年《中国统计年鉴》。

(二) 总生存年限

地区总生存人年限是指某时期某地区中所有人生存年限的总和，这一指标不仅反映了该区域人口总量，同时也反映了每个地区的健康存量状态（年龄），相比死亡率这一指标来说更为全面。2020年我国各地区总生存人年的综合指标见表5-1①。各地区人均年龄用全国0~14岁、15~64岁、65岁及以上三个年龄段人口平均年龄与各地区三个年龄段人口数量百分比加权总和求得，而各地区三大年龄段人均年龄用各地区每5岁分组年龄段人口数量数据求得。即：

平均年龄 = {[（各年龄组的下限值×各年龄组的人数）之和] ÷ 总人口数} + (组距)/2。

表5-1　　　　　　　　各地区总生存人年限

省份	各年龄段所占人口百分比			各年龄段平均年龄			平均年龄	地区人年数
	0~14岁	15~64岁	65岁以上	0~14岁	15~64岁	65岁及以上		
总计	0.1661	0.7447	0.0892	7.4859	38.0533	73.9614	36.1814	48 223 002 397.50
北京	0.0860	0.8268	0.0871	6.9501	37.1189	74.2754	37.7607	740 575 955.00
天津	0.0980	0.8168	0.0852	7.2948	37.9160	74.1313	38.0017	491 692 262.50
河北	0.1683	0.7493	0.0824	6.8782	38.2130	73.7638	35.8682	2 577 284 325.00
山西	0.1710	0.7533	0.0758	7.9863	37.5287	73.6512	35.2139	1 257 562 882.50
内蒙古	0.1407	0.7837	0.0756	7.7100	38.6182	73.2613	36.8887	911 381 882.50
辽宁	0.1142	0.7827	0.1031	7.7843	40.2864	73.9636	40.0453	1 751 834 387.50
吉林	0.1199	0.7963	0.0838	7.5595	39.5341	73.5032	38.5486	1 058 268 162.50
黑龙江	0.1194	0.7978	0.0828	7.8473	39.5406	73.3391	38.5560	1 477 233 297.50

---

① 由于统计数据的限制，第七次全国人口普查数据并未公布每5岁年龄段人口数量，因此各年龄段平均年龄采用该地区2010年的数据计算得到；总生存年数用各地区人均年龄与各地区年末人口数量乘积求得。

续表

省份	各年龄段所占人口百分比			各年龄段平均年龄			平均年龄	地区人年数
	0~14岁	15~64岁	65岁以上	0~14岁	15~64岁	65岁及以上		
上海	0.0861	0.8126	0.1013	6.9036	38.5308	75.4531	39.5459	910 313 800.00
江苏	0.1301	0.7611	0.1088	7.2124	38.7457	74.2789	38.5095	3 029 193 382.50
浙江	0.1321	0.7745	0.0934	7.4605	38.5137	74.7572	37.7959	2 057 115 717.50
安徽	0.1777	0.7200	0.1023	7.4356	38.3869	73.8455	36.5114	2 172 442 685.00
福建	0.1547	0.7664	0.0789	7.1445	36.9725	74.5500	35.3257	1 303 312 707.50
江西	0.2190	0.7049	0.0760	7.2975	37.4367	73.9331	33.6096	1 497 905 442.50
山东	0.1574	0.7442	0.0984	7.3132	39.1553	74.2675	37.6009	3 601 894 947.50
河南	0.2100	0.7064	0.0836	7.2603	37.7488	73.9268	34.3698	3 231 788 512.50
湖北	0.1391	0.7700	0.0909	7.2129	38.3633	73.5640	37.2283	2 130 864 407.50
湖南	0.1762	0.7261	0.0977	7.1888	38.6533	74.0409	36.5668	2 402 467 360.00
广东	0.1687	0.7633	0.0679	7.8373	35.2157	74.7603	33.2818	3 471 969 412.50
广西	0.2171	0.6905	0.0924	7.3156	37.4908	74.3180	34.3435	1 580 616 517.50
海南	0.1978	0.7215	0.0807	7.4141	36.3829	75.0268	33.7705	292 840 667.50
重庆	0.1700	0.7128	0.1172	7.7346	39.6115	73.6484	38.1829	1 101 429 950.00
四川	0.1697	0.7208	0.1095	7.7987	39.1134	73.6684	37.5829	3 022 320 475.00
贵州	0.2526	0.6603	0.0871	8.1573	37.8717	73.2583	33.4469	1 162 233 040.00
云南	0.2073	0.7165	0.0763	7.7926	36.8235	73.7227	33.6207	1 545 434 580.00
西藏	0.2437	0.7053	0.0509	7.5076	34.6447	73.2353	29.9964	90 054 187.50
陕西	0.1471	0.7676	0.0853	7.6887	37.5990	73.1453	36.2323	1 352 457 357.50
甘肃	0.1816	0.7361	0.0823	7.9514	37.4142	72.6370	34.9640	894 213 182.50
青海	0.2092	0.7278	0.0630	7.7267	36.5071	72.6299	32.7633	184 349 937.50
宁夏	0.2139	0.7222	0.0639	7.7737	36.5631	72.8427	32.7233	206 200 850.00
新疆	0.2045	0.7307	0.0648	7.4353	36.3544	72.9013	32.8088	715 750 122.50

资料来源:《第六次全国人口普查公报》,《第七次全国人口普查公报》。

常用的更细分的度量指标有新生婴儿死亡率、1岁以下婴幼儿死亡率、5岁以下儿童死亡率、成年人口死亡率、孕妇死亡率以及某一特殊年龄和某一特殊病种的死亡率等。

(三) 患病率

患病率，指在特定时间段内一定人群中某种特定疾病的新旧病例数占该人群的比例。患病率通常用于统计慢性疾病（如心理疾病、呼吸道疾病以及肌肉损伤等）发生的概率，是反映居民的健康状况、疾病负担和卫生服务需要量的重要指标，也是健康保险中重大疾病保险费厘定的基础。

患病率 =（特定时期某人群中某病新旧病例数/同期观察人口数）× K

(5 – 1)

其中，K = 100%，1 000‰，1 000/万或 100 000/10 万。

患病率的测量较为困难，国外研究者使用的患病率数据主要来源于人群调查（surveys）、特定疾病登记（disease-specific register）和全科医师记录（General Practitioner，GP）。国内的患病率数据则需要来自医疗机构的记录和国家卫生机构的调查统计，数据较难获得，因而使用范围也不是很广泛。

2003年、2008年、2013年以及2018年各调查地区的两周患病率和调查地区居民两周患病严重程度以及调查地区的慢性病患病率见表5–2。

表 5–2　　　　　　　　　调查地区患病率等有关指标

指标名称	两周患病率			居民两周患病严重程度（每千人）				慢性病患病率（‰）	
	调查人数	患病人次数	两周患病率（%）	患病天数	休工天数	休学天数	卧床天数	按人数计算	按病例计算
2003年	193 689	27 696	14.3	1093	194	50	170	123.3	151.1
2008年	177 501	33 473	18.9	1 537	90	44	185	157.4	199.9
2013年	273 688	66 067	24.1	2 237	141	24	169	245.2	330.7
2018年	256 304	82 563	32.2					342.9	

资料来源：历年《中国卫生健康统计年鉴》。

患病率的细分指标主要包括三个方面的因素：疾病和伤残的发生频率、持续时间、严重程度，以及它对经济和社会的冲击。度量某种疾病发生频率的指数有累计发病率（cumulative incidence），即一定时期内新增病例数同具有患病风险的总人口数量之比）或发病比率（incidencepro-portion）、病发密度（incidence density，即某一特定时期（通常为一年）内每1000人中新患病的人数）或者发病率（incidencerate）、患病率（prevalence，即某一时点上已经患病的人数同总人口数量之比）等。度量疾病严重程度的指标有提前死亡率（premature mortality，即相对于没有患病的人而言，患病者提前死亡率的概率）。度量伤残严重程度指标有致残率（case disability ratio），一般是从医学上按照某种疾病或伤残的症状和特征定义疾病和伤残的严重程度。疾病和伤残的持续时间（the duration of the disease）是指从患病或受伤开始到疾病被治愈或者死亡所经历的时间。

（四）总体人口健康

总体人口健康指数是能够全面反映总体人口健康状况的综合性指数，即总体人口健康综合指数（composite summary measures of population health），主要包括健康损失（health gaps）类指标和健康预期（health expectancies）类指标。健康损失类指标是基于对实际人口健康同某一标准人口健康之差来度量总体人口健康状况的综合指标，如健康寿命年数（health life year）、伤残调整的寿命年数（disability-adjust life year）和质量调整的寿命年数（quality-adjust life year）等指标；健康预期类指标则有预期寿命（life expectancy）、健康期望寿命（active life expectancy）、无疾病的预期寿命（disability-free life expectancy）和健康调整的预期寿命（health-adjusted life expectancy）。

预期寿命（life expectancy）又称为"平均遗命""生命期望值"，指在某个时间段内、某个群体从出生到死亡的平均预期寿命，通过统计历史人口生存和死亡数据，预测群体平均存活时间，一般假定统计期间生存条件发生变化。预期寿命在一定程度上反映了人们的健康水平，预期寿命越高，相应人们的健康水平就越高。但是，在实际应用中，通过官方统计得到的预期寿命不具有时间上的连续性，准确性不高，因此应用范围较为狭窄。

二、健康的微观衡量

健康的微观度量主要使用健康量表和自评健康等。健康量表的优点在于可度量较多的健康维度，且较少受到被访者主观判断的干扰，但健康量表多为肢体功能性障碍衡量指标，通常用于特定人群，而不用于一般人群的健康度量。自评健康优点在于代表了个人对于当前健康的综合判断，但由于是主观判断，可能存在潜在的测量误差。研究中常常因为数据选择和研究角度不同而采用不同健康度量指标，目前，相关研究趋势是，在同一研究中采用多个健康指标进行度量[①]。

（一）一般健康水平的测量

健康测量的量表是为了研究实际应用而设计的，一般都经过了有效性和可靠性的全面测试。具体的量表包括：

1. 诺丁汉健康状况问卷（NHP）。

诺丁汉健康状况问卷是一类自行测试的问卷，旨在衡量、感知健康问题以及这些问题在多大程度上影响日常活动，可以衡量个人在身体，情感和社会领域的情况，在人口健康调查中通常用来评估护理需求，也可以用于临床研究。诺丁汉健康状况问卷分为两部分，第二部分是可选的，只有45个是/否的答案需要受访者进行选择。问卷涵盖流动性、疼痛、睡眠、资源、社会关系、情感反应和就业、社会生活、家庭工作、家庭生活、兴趣和爱好和假期等内容，但它不能综合衡量生活质量与健康的关系。

诺丁汉健康状况问卷适合广泛的人群，具有简单、灵敏度高、覆盖面广等优点，具有较高的效度和信度且对变化非常敏感，是欧洲唯一一种被广泛测试和被用来感知健康水平的测量方法，被翻译成西班牙语、加泰罗尼亚语、法语、意大利语、荷兰语、德语、丹麦语、瑞典语和芬兰语。

---

① 同一研究中采用多个健康指标往往受到数据的限制。

2. 疾病状况。

疾病健康状态指数是根据临床诊断的疾病特征及其严重程度来定义健康状态，这种测度健康状态的方法由于具有医学实践的基础，因而被很多临床医生和流行病理学家所青睐。但是，这一指数同样存在调查成本太高和医学诊断疾病的不确定性这两大问题而无法直接操作。在实际抽样调查数据中，同样是以被调查者本人对自己疾病状态的自我评估作为疾病导向的健康状况指数。例如，很多调查数据都是通过询问被调查在调查期间是否患病或具有特殊症状（如发烧、腹泻、呼吸方面的问题等），或者直接询问其因病而不能正常活动的天数来确定其疾病健康状况指数。身体功能健康状况是根据个人从事某些正常身体活动时所遇到的困难程度来判断的，如走完某一特定距离的路程、举起或搬动某一特定重量的物体、弯腰、爬楼梯等。尽管对"困难"的定义仍然具有主观性，但这些问题的确定要比"是否患病"或"身体是否正常"要容易定义得多。

SIP主要用于衡量在护结果、健康调查、项目规划和政策制定以及监测患者进展的情况下健康水平的变化，被广泛应用于各种健康和疾病问题中。疾病问题是以其对个人行为的影响来测定的，可能是自我管理的，也可能是由面试者管理的，是通过对外行人采用谨慎和详尽的态度采访发展起来的。SIP的许多应用可以适用于众多的患者群体，因此可以比较不同群组的得分。该方法具有较强的信度和效度，并且可以作为一种健康服务评价，其结果指标具有敏感性。

3. 宏观量表。

宏观量表包括劳顿的指令调查、QARS调查问卷和CARE，这三种是较为宏观的量表，旨在对居住在社区内的老年人的福利进行综合评估，需要长时间的面谈[①]，这三个量表提供的结果显示了良好的有效性和可靠性。

4. SF-36。

兰德公司（Rand）的调研是为了在人口调查中的政策措施而开发的，包括生理、心理、社会健康以及一般的健康水平认知。每个部分都可以自行填

---

① OARS问卷有一个简短版本，称为功能评估量表。

写并独立使用。

SF-36是由兰德公司对美国的健康保险研究中发展而来的,被作为一个通用的测量方法,来评估医疗护理的结果,目的是补充现有的医疗措施。SF-36由最初的一系列问题发展而来,包含36个项目,涵盖9个维度(身体功能、社会功能、身体问题导致的生活限制、情绪问题导致的生活限制、心理健康、能量/活力、疼痛、一般健康感知水平和过去一年的健康变化)。

大量的出版物说明SF-36可以用来进行心理测量,但也有学者(Brazier et al.)指出,对于65岁及以上的人群,SF-36有较多的缺失值,还需要进一步的研究来确定该问卷对老年人的适用性。

SF-36改编应用于英国,在英国,SF-36规定了大型社区样本中的人口准则。准则规定,个人得分和群体平均得分由其在总体人口得分中的所处的位置来解释。相关具体标准可以根据年龄、性别、职业和社会阶层的不同而分别计算。当标准数据集存在时,可以使用这些数据集与其他样本进行比较来进行相应的评估。

5. GHS指数。

美国国家营养健康检测调查数据(National Health and Nutrition Examination Surveys)中的GHS指数是根据医学上对个人所有器官组织的结构和功能进行临床检测后对个人健康状态的综合评估,不过,这种方式获得GHS指标的成本较高,实际操作中大部分的家庭调查数据使用的GHS指数都是被调查者本人对自己健康状态的评估,即自我评估的GHS指数。由于自我评估的GHS指数同后续死亡率和患病率直接相关,很多研究也认为GHS指数是健康指标数据中最理想的健康指数。

(二) 功能性障碍的测量

大多数功能性残疾的测量方法采用自我报告方法,这种方法考虑了三个方面:损害是指身体或心理上承受能力的下降;如果不消除或减少损害造成的影响,可能会导致残疾,使正常行为能力受到限制;残障是指由于残疾造成个体在某些方面的社会劣势(如收入损失)。

周围环境,获得支持的程度以及患者的心态都影响着损害转化为残疾或残障的程度。不同的患者对客观上相似的身体损伤水平有着不同的反应，这取决于他们以前的病史、目标期望、优先事项以及可获得的社会支持网络等。有许多不同的量表用来评估个人的日常活动（activities of daily living）能力，包括基本生活活动（洗澡，穿衣，上厕所，转移，馈送等）；指导性生活活动（购物，烹饪，家政服务，洗衣，运输，理财等）；自由性活动等。

1. ADL表。

ADL表包括基本的ADL调查及相关能力的严重等级残疾度量，主要覆盖居住在医疗机构里的患者和老年人，但把社区居民考虑在内的IADL（Instrumental Activities of Daily Living）量表也已被开发出来。在ADL量表中，残疾的定义通常是被授予的，并没有明确的相关特性。而IADL量表的内容强调了患者在某特定环境中具备的能力，与其是否受伤或者残疾相比，更能反映其残障程度。目前的研究中很少有涉及患者对自身功能水平满意度或者选择能力的评估。

与IDL量表相比，IADL量表通常用于较轻微程度的残疾人或残障人群，通常用于在普通人群中调查。以下量表中的前两个主要用于临床调查。

2. 心理健康（PWB）量表。

该量表体现的是短期的心理状态，而非持久的心理特征，并描述了个体适应环境的心理反应。心理健康量表主要对两方面进行评估调查：一是身体的痛苦程度以及是否出现相关症状；二是对幸福感到积极还是消极。心理健康量表的主要问题之一是难以统一概念定义，从而难以进行比较。

3. Bradburn量表。

该量表包含十项对自我管理水平的测量，涵盖了日常生活中，应对压力的积极和消极情绪反应，很多大型调查中都用到了Bradburn量表，Bradburn量表的优势是具有可接受的效度和信度以及对变化具有敏感性。

4. 普通健康问卷（GHQ）。

GHQ是英国应用最广泛的精神障碍测量方法，已经在许多国家进行了测试，显示出非常一致的有效性结果。该问卷以自我管理为基础，主要用于检测人群研究中的急性、非精神病性精神健康障碍，但不适合检测慢性疾病。GHQ适合在社区和初级护理环境中对年轻人和老年人开展的调查，在精神疾病的筛查实践中得到了广泛应用。GHQ存在的问题是评分系统项目的权重是相等的，这使得对回答的定量分析无效。

（三）生活质量和生活满意度的测量

1. 生活质量量表。

生活质量量表测量每个人对疾病造成的在身体、精神和社交上的反映情况，影响着对生活环境的满意程度，因此，健康被普遍认为是生活质量的最重要决定因素之一。生活质量的维度包括身体、社交、休闲活动、工作、收入损失、认知、自尊、人际关系、情绪适应、焦虑、压力、症状以及对生活的总体满意度。生活满意度通常是指个人对自身状况的评估，主要通过与参考标准或个人意愿相比较。该表与健康状况相关的生活质量测量方法相对较新，因此相关指标的测度并不准确（尤其是心理测量方面），其有效性和可靠性仍然有待确定。

2. 生活满意度量表。

对于生活满意度即幸福状态的度量，一般由四个单项指标组成：心情量表、面对面量表、阶梯量表、圆圈量表。可用于评估总体生活满意度水平，如健康水平、经济状况和住房水平等，优势在于适用对象十分广泛，通常用于人口调查和临床环境等。

生活满意度指数量表用于测量的总体幸福感，劳顿量表旨在测量70~90岁人群的情绪调节维度，适用于社区人群和机构人员，易于管理，可以由本人或访谈者进行管理。

（四）自评健康指标

自我报告的主观健康测量方法，如与感知健康状况有关的单项问题，经常应用于流行病学健康测量中。原则上，真正的主观健康评估与有关疾病流行的问题之间有明显的区别。主观健康评估反映了一个人对健康的综合看法，包括其生物学、心理和社会层面，而自我报告的慢性病和损害主要反映健康的医学方面，研究人员也可以从身体和实验室检查以及医疗记录中客观地核实这些方面。因此，在健康监测中，对全球健康的主观评估可能比客观健康测量更为敏感。

标准化的自我报告健康状况调查易于管理，处理成本低。为了在人群健康监测和随访研究中合理使用主观健康测量方法，应了解主观健康测量方法在不同人群中的信度、稳定性和有效性。通过分析主观健康评价对更客观的健康结果的预测价值，可以部分评价内容效度。在横断面研究中，感知健康与慢性病的发生和医生对健康状况的评价相关。米伦帕洛等（Miilunpalo et al.，1992）调研了受试者自评健康状况（如疾病自我报告、医生就诊、住院、功能残疾），再用一个有代表性的劳动年龄段的受试者样本来测试，在前瞻性研究中，通过分析健康自我评估与两个客观定义的健康指标（每年门诊医生就诊次数和年龄别死亡率）之间的关联，评估自评健康评估在流行病学研究中的价值，并将主观健康变量与死亡率之间的关联强度与客观健康指标（即报告的慢性病和使用医生服务）与死亡率之间的关联强度进行了比较。

三、健康指标分析

在前文的基础上，本部分用一个典型的微观调研数据对健康指标进行分析。本部分选取的研究样本为中国健康与营养调查数据（China Health and Nutrition Survey），是一个正在进行的开放队列，为北卡罗来纳大学教堂山分校卡罗莱纳州人口中心与国家营养与健康研究所（NINH）在中国疾病预防控制中心（CCDC）开展的国际合作项目，旨在研究国家和地方政府实施的健康、营养和计划生育政策和计划的效果，了解中国社会经济转型对人口健康和营养状况的影响。对营养和健康行为和结果的影响是通过社区组织和项目的变化，以及家庭和个人经济、人口和社会因素的变化来衡量的。这项调查是由一个国际研究小组进行的，他们的背景包括营养，公共卫生，经济学，社会学，中国研究和人口学。

CHNS 采用多阶段、随机集群的方式进行。在地理、经济发展、公共资源和健康指标差异很大的 15 个省（北京、辽宁、黑龙江、上海、江苏、浙江、山东、河南、湖北、湖南、云南、广西、贵州、重庆、陕西）抽取了约 7 200 个家庭和 30 000 多人的样本。首先按照经济发展水平和地区分布分别在中国东中西部地区部分省份抽样,每个省随机抽取4个县2个市,再从抽取的县市中随机抽取村庄、乡镇以及市区和郊区,每个社区随机抽取20户家庭,该家庭的所有成员都进行调查录入。此外,在对食品市场,卫生设施,计划生育官员以及其他社会服务和社区工作人员的调查中收集了详细的社区数据。

使用因子分析法构建综合健康指标。

(一) 自评健康状态

CHNS问卷中问题"与其他同龄人相比,你认为你现在的健康状况怎么样?"的回答:1很好,2好,3中等,4差,5很差。本书对该样本数据进行描述性统计分析,并将统计结果剔除失踪和总计指标,将各个年份的自我健康状况进行趋势分析,见表5-3。

表5-3　　　　　　　　样本总体健康状况统计　　　　　　　　单位:个

年份	很好	好	中等	差	很差	合计
1997	1 594	6 872	2 547	447	0	11 460
2000	1 633	5 247	2 943	557	0	10 380
2004	1 538	4 893	3 386	693	0	10 510
2006	1 336	4 810	3 274	729	0	10 149
2015	2 077	6 371	5 851	910	138	15 347
总计	8 178	28 193	18 001	3 336	138	57 846

由表5-3可知,大多样本认为自己总体健康状况好,其次是中等、很好、差和很差。

(二) 疾病状态

疾病状态指数是根据临床诊断的疾病特征及其严重程度来定义健康状态,这种测度健康状态的方法由于具有医学实践的基础,因而被很多临床医生和流行病理学家所青睐。但是,这一指数同样存在调查成本太高和医学诊断疾病的不确定性这两大问题而无法直接操作。在实际抽样调查数据中，同样是以被调查者本人对自己疾病状态的自我评估作为疾病导向的健康状况指数。例如，很多调查数据都是通过询问被调查在调查期间是否患病或具有特殊症状（如发烧、腹泻、呼吸方面的问题等），或者直接询问其因病而不能正常活动的天数来确定其疾病健康状况指数。我们选取问卷中"调查期间4周内是否患病或受伤"进行统计，结果以虚拟变量表述，0－没有患病、1－患病。患病情况统计见表5－4。

表5－4　　　　　　　　　调查样本患病情况

年份	未患病	患病	总计	患病率（%）
1991	13 315	1 388	14 703	9.44
1993	12 982	753	13 735	5.44
1997	13 140	930	14 070	6.54
2000	14 016	1 102	15 118	7.23
2004	9 952	1 837	11 789	15.58
2006	9 829	1 533	11 362	13.44
2009	9 943	1 780	11 723	15.18
2011	12 851	2 617	15 468	16.91
2015	13 262	1 959	15 221	12.86
总计	109 290	13 899	123 189	11.24

由表5－4可以看出，我们选取的这123 189个样本，在任一调查年间（1991~2015年），样本在调查期间4周内没有患病的人数远高于患病人数，并且未患病人数占样本总计的比例都在80%以上。这说明，我国微观居民的疾病健康状况指标良好。

慢性病是指不构成传染、具有长期积累形成疾病形态损害的疾病的总称。常见的慢性病主要有心脑血管疾病、癌症、糖尿病、慢性呼吸系统疾病，其中心脑血管疾病包含高血压、脑卒中和冠心病。对CHNS问卷中关于"医生给你下过高血压的诊断吗？医生给下过中风或一过性缺血发作的诊断吗？医生给下过中风或一过性缺血发作的诊断吗？过去的12个月中，你是否曾经气喘或呼吸时胸部出现啸声？医生给你下过哮喘的诊断吗？"等问题进行统计，结果以虚拟变量表述，如果其中一项的答案是有，取1，都没有上述情况取0。患慢性病情况见表5-5。

表5-5　　　　　　　　　调查样本出现相关症状

年份	未患慢性病	患慢性病	总计	患慢性病占比（%）
1991	16 088	356	16 444	2.16
1993	15 062	379	15 441	2.45
1997	15 765	430	16 195	2.66
2000	16 725	688	17 413	3.95
2004	15 118	852	15 970	5.34
2006	17 664	964	18 628	5.18
2009	17 442	1 355	18 797	7.21
2011	20 786	2 152	22 938	9.38
2015	21 616	2 273	23 889	9.51
总计	172 189	9 449	181 638	5.20

（三）生理健康状态

生理健康测量指数一般在医学和病理生理学的试验研究和拟试验研究中比较常见。生理测量指数是指个人的身高、体重指数（BMI）等身体特征作为健康测度指标，因为这些指标直接同个人的营养摄入量有关，作为健康投入结果，这些指标也在一定程度上反映了个人的身体健康状态，特别是能反映个人的活动能力。例如，身高不但同个人当前的营养和卡路里摄入量有关，而且还同个人儿童早期的营养摄入有关，因此能同时衡量个人长期和短期多维度的营养水平。BMI取决于能量的摄入量和输出量，它对个人体力劳动时的最大耗氧量、有氧代谢能力和耐力都有影响。以上这些健康指标在运用微观家庭和个人调查数据的研究文献中都比较常见（Strauss & Thomas，1998）。

我们选取 CHNS 数据库中样本的 BMI 值并进行分析，见表 5-6。

表 5-6 BMI 统计

年份	平均值	标准差	最小值	最大值	样本量
1989	20.29432	3.195955	10.96443	36.44444	6 689
1991	20.13802	3.586447	10.901	40.34496	12 537
1993	20.32806	3.603493	11.23593	41.09139	11 652
1997	20.92846	3.794522	10.74114	39.62666	11 668
2000	21.53228	3.914911	11.42874	43.64214	12 368
2004	22.09189	3.912797	10.79002	41.92421	10 861
2006	22.27627	4.071822	11.83432	132.5444	10 451
2009	22.46214	4.059975	11.42857	42.72461	10 965
2011	23.08614	12.41392	1.429838	1 388.394	14 991
2015	23.46086	5.183003	1.561393	144.6143	14 274
总计	21.77301	5.940083	1.429838	1 388.394	116 456

通过获取的样本的身高体重，得到了 116 456 个有效数据。我们将这些有效数据按年份进行相关统计，得到每一年份的平均 BMI，最大值，最小值以及方差。由表 5-6 可以得出，我国人均 BMI（身体健康指数）较为平稳，方差随着年份的增长先增大后减小。因此，以 BMI 为身体测量指数可得出，我国居民身体健康整体较为良好，随着生活条件的差异越来越明显，人们身体素质差异也逐渐增大。

（四）综合健康指标

如表 5-7 所示，在已有研究的基础上，本部分分别选取自评健康状态（Frijters，2005）、生理健康状态（BMI）（Strauss & Thomas，1998）、短期健康状态（CHNS 问卷中调查期间 4 周内是否患病或受伤）、长期健康状况（CHNS 问卷中"医生给你下过高血压的诊断吗？医生给你下过糖尿病的诊断吗？医生给下过中风或一过性缺血发作的诊断吗？过去的 12 个月中，你是否曾经气喘或呼吸时胸部出现啸声？医生给你下过哮喘的诊断吗？"的回答）。

表5-7 综合健康指标

项目	被解释变量（健康）	变量含义	赋值
客观健康	过去4周是否患病	过去的4周中，你是否生过病或受过伤？是否患有慢性病或急性病	1 无 0 有
	身体质量指数（BMI）	体重（千克）/身高（米）的平方	正常范围18.5~24之间取1，其余取0
	是否患有慢性病	完全没有重大慢性病或具有心脏病、中风、癌症、关节炎、哮喘、糖尿病和高血压等	1 无 0 有
主观健康	自评健康	与其他同龄人相比，你认为你现在的健康状况怎么样	5很好/4好/3中等/2差/1很差

为了更全面地评估健康，本部分构建整体健康指标评价健康状况，选取上述4个健康变量进行衡量，4个健康变量分别为 $health_1$、$health_2$、$health_3$、$health_4$，将一个健康变量作为因变量，其他健康变量作为自变量，做线性回归：

$$health_i = \beta_0 + \beta_1 \times health_j + \beta_2 \times health_k + \beta_3 \times health_l \quad (5-2)$$

其中，i、j、k、l 分别取1-4，$i \neq j \neq k \neq l$。

某个变量与其他变量的复相关系数可以表示为：

$$R_{health_i} = \frac{\sum (health_i - \overline{health})(\widehat{health_i} - \overline{health})}{\sqrt{(health_i - \overline{health})^2 (\widehat{health_i} - \overline{health})^2}} \quad (5-3)$$

其中，R_{health_i} 反映 $health_i$ 与其他健康指标的相关性，若 R_{health_i} 越大，说明该健康指标与其他健康指标的相关性越大，越容易被其他指标所解释，综合指标中对该指标赋予权重就越小。对复相关系数 R_{health_i} 求倒数，再进行归一化处理，得到各指标的权重 r_1、r_2、r_3、r_4，最终加权求出综合健康指标。

综合健康得分有4个等级，每个等级下的综合健康评分的均值，标准差，最小值，最大值见表 5-8。

表 5-8　　　　　　　　各健康指标评分描述性统计

综合健康	平均值	标准差	最小值	最大值
1	-0.95528	-0.19192	-1.04891	0.24453
2	-0.094	0.063823	0.378674	-0.26035
3	0.620596	0.872691	0.380552	-0.20373
4	0.743877	0.645583	0.380552	1.697102
合计	-0.00324	0.308193	0.007165	0.1331

每个等级下，各指标情况见表 5-9。

表 5-9　　　　　　　　各健康指标描述性统计

综合健康	生理健康状态	短期健康状态	长期健康状况	自评健康状态
1	-0.23438	-0.28351	-0.23426	-0.84015
2	-0.23054	0.089712	-0.23426	-0.26684
3	-0.18324	0.337128	-0.23426	0.309801
4	0.541901	0.560439	1.453295	0.80261
合计	-0.02656	0.175943	0.187632	0.001356

综合健康指标的描述性统计结果见表 5-10。

表 5-10　　　　　　　　综合健康指标描述性统计

年份	平均值	标准差	最小值	最大值	样本量
1997	0.343975	1.095895	-4.03237	3.158208	9 973
2000	0.334749	1.137343	-4.03237	3.158208	8 947
2004	0.046131	1.396703	-4.03237	3.158208	9 471

续表

年份	平均值	标准差	最小值	最大值	样本量
2006	0.125266	1.318604	-4.03237	3.158208	9 339
2015	0.088375	1.279062	-4.62516	3.158208	12 391
合计	0.182105	1.257954	-4.62516	3.158208	50 121

样本分布见图 5-2。

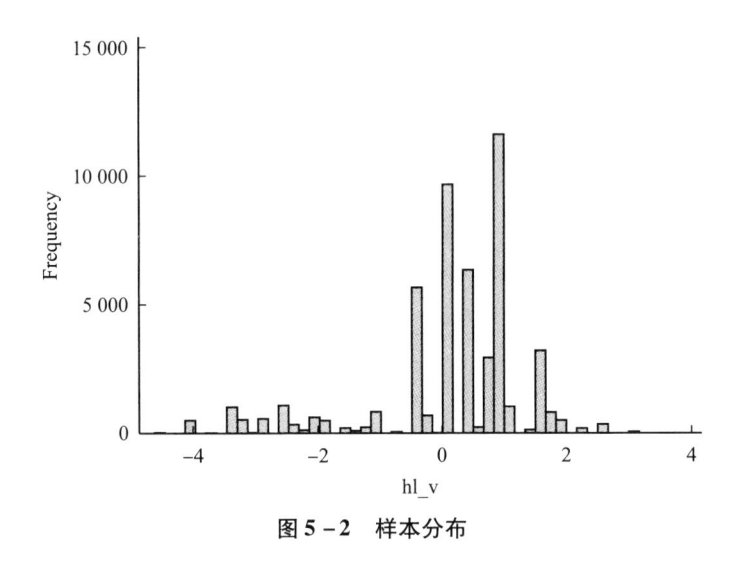

图 5-2 样本分布

综合健康分值越高，表示越健康。

第二节 健康投资的宏观测量

一、健康投资的宏观指标

根据本书的定义，健康投入指标包括在医疗卫生服务、医疗保险、人口、环境保护上的投入，以及对全社会的体育、教育的投入等。本书使用如下健康投资的宏观指标。见表5-11。

表5-11　　　　　　　　　　　健康投资宏观指标

维度指标	基础指标	单位
消费和营养水平投资	食品消费支出费用/总人数	元/人
	居民消费支出的恩格尔系数	%
医疗和保健投资	医疗保健支出总费用	亿元
	政府、社会、私人卫生支出总费用	亿元
	医疗保健支出费用/总人数	元/人
	卫生技术人员数/总人数	%
	卫生机构床位数/总人数	张/人
	享受公共医疗保障人数/总人数	%
	购买健康保险人数/总人数	%
	各省人均床位增长率	%
体育运动与休闲投资	体育财政投入总费用	亿元
	各省地方财政文化、体育与传媒支出	亿元
	体育产业增加值	亿元
	各省在全运会上所得积分	分
	各省在全运会上所得金牌数	个
	体育财政投入费用/总人数	元
	体育产业的GDP贡献率	%
生活环境投资	各省人均废水排放量	万吨
	人均污染治理投资额	元/人
	污水处理服务人口比重	吨/人

二、健康投入产出效率

本部分使用 DEA 方法①测量健康的投入产出效率,选取了 2007~2017 年我国 31 个省份相关指标的数据。根据前文的分析,健康投资指标分别从医疗、保健、环保和教育四个方面选择医疗机构数目、7 岁以下儿童健康管理率、一般工业废物产生量、氨氮排放量以及平均受教育年限,健康产出指标选取现存地区生存人年数为健康指标。选用 DEA 的 CCR 模型对健康投入产出效率进行估算,结果见表 5-12。

表 5-12　　　　中国各省域健康投入产出效率均值与标准差

省份	DEA 均值	均值排名	均值标准差	最大值	最小值
安徽	0.562762	8	0.06724524	0.687637	0.493908
北京	0.44509	31	0.18480031	1	0.365602
福建	0.882486	2	0.14857197	1	0.470843
甘肃	0.546431	9	0.04311261	0.603066	0.495293
广东	0.512678	19	0.10975906	0.838739	0.452283
广西	0.528448	14	0.04582564	0.641209	0.490043
贵州	0.59265	4	0.05946394	0.675369	0.52754
海南	0.545214	10	0.08008702	0.764251	0.482733
河北	0.521509	15	0.06421512	0.706711	0.477022
河南	0.5381	11	0.0866229	0.78942	0.484032
黑龙江	0.487129	25	0.04132909	0.589138	0.451282
湖北	0.534606	12	0.15650548	1	0.46103
湖南	0.515938	17	0.05813973	0.66856	0.460191

---

① 与效率相关的研究方法,可以采用数据包络分析(DEA),DEA 是非参数型的确定性前沿生产函数,主要优点是不需要对生产函数进行任何假设,从而避免了主观方面的影响,且在处理多投入多产出的效率度量上具有优势。

续表

省份	DEA 均值	均值排名	均值标准差	最大值	最小值
吉林	0.47675	28	0.0295457	0.544671	0.448334
江苏	0.504488	21	0.07048261	0.704107	0.460732
江西	0.514974	18	0.04506716	0.621206	0.463841
辽宁	0.461357	30	0.04187343	0.571565	0.424452
内蒙古	0.48739	24	0.03467204	0.536183	0.443844
宁夏	0.574286	6	0.08545886	0.758568	0.500351
青海	0.614941	3	0.06981589	0.751558	0.555736
山东	0.533507	13	0.08874027	0.793788	0.482781
山西	0.477593	27	0.0344649	0.552969	0.433455
陕西	0.49197	22	0.03325385	0.561104	0.460668
上海	0.485688	26	0.16233676	0.97225	0.404554
四川	0.565129	7	0.0817587	0.796051	0.512029
天津	0.475873	29	0.08793921	0.726804	0.404304
西藏	0.925072	1	0.08514683	1	0.784148
新疆	0.490379	23	0.03203739	0.540636	0.449619
云南	0.588458	5	0.05446189	0.692871	0.527792
浙江	0.508697	20	0.05700683	0.661211	0.459571
重庆	0.519882	16	0.04696011	0.583869	0.46704

资料来源：历年《中国卫生健康统计年鉴》《中国统计年鉴》等。

用 DEA 方法从投入角度测量投入产出效率，所得数值越接近 1，代表该省份健康投入效率越高，反之越接近 0，该省份健康投入效率越低。由表 5-12 结果可得，省域健康人力资本投入产出效率平均 DEA 得分最高的分别为西藏、福建和青海；得分最低的分别为北京、辽宁和天津。结果说明西藏、福建和青海等地健康投资效率较高。

从表 5-12 显示的各个省域标准差来看，各个省的标准差整体上较低，波动较为平稳，而北京、上海、广东和福建等地的 DEA 均值标准差偏高，说明在 2007~2017 年健康人力资本投入产出波动较大，与该省域经济环境、居民健康意识等有很大程度上的关系。从图 5-3 所示的各个年份健康人力资本投入产出的 DEA 趋势中，我们发现整体上较为平稳，但 2015 年多个省域健康投入产出效率波动较大。

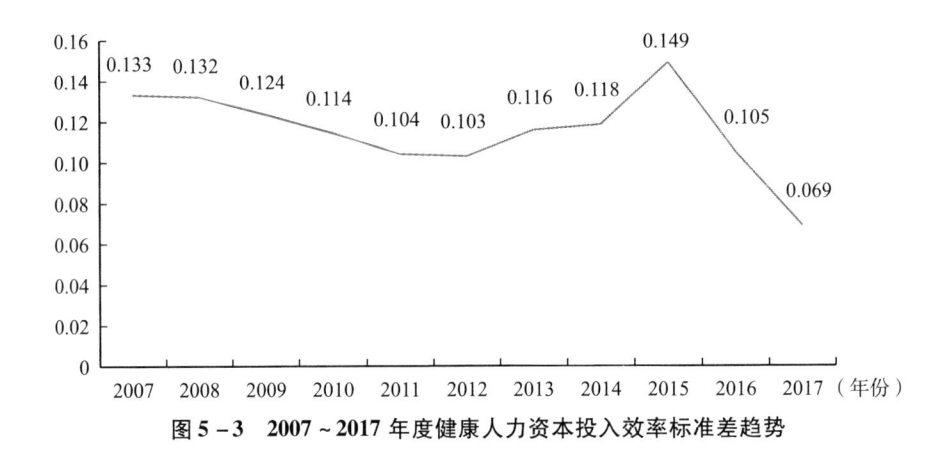

图 5-3 2007~2017 年度健康人力资本投入效率标准差趋势

第三节 健康投资的微观测量

一、健康投资的微观指标

本部分研究所用数据来自中国营养与健康调查（CHNS）。CHNS 始于 1989 年，每轮调查间隔期为 2~4 年不等，目前 10 轮调查遍及中国 15 个省，调查采用分区多级随机抽样法抽取了大约 7 200 个家庭样本，其中，CHNS 食物消费和营养数据仅更新到 2015 年。

健康投资分别从消费和营养水平、医疗和保健、体育运动与休闲、生活环境几个方面选取变量，变量见表 5-13。

表 5-13　　　　　　　　　　　健康投资指标

项目	变量	赋值
消费和营养投资	人均热量摄入	个体热量摄入量是否处于合理范围内（女性 2 100~2 700kcal，男性 2 400~3 200kcal），0=否，1=是
	人均蛋白质摄入	个体蛋白质摄入量是否处于合理范围内（女性 40~90g，男性 75~120g），0=否，1=是
	人均脂肪摄入	个体脂肪摄入量是否处于合理范围内（女性 27~40g，男性 34~50g），0=否，1=是
	人均碳水化合物摄入	个体蛋白质摄入量是否处于合理范围内（女性 280~320g，男性 380~420g），0=否，1=是
医疗和保健投资	吸烟情况（smoke）	0 是；1 否
	喝酒情况（drink）	0 是；1 否
	医疗保险情况（insurance）	0 否；1 是
	医疗服务利用	0 否；1 是
	预防保健（care）	0 否；1 是
体育运动与休闲投资	运动情况（spot）	1、2、3、9，赋值为 0；4、5，赋值为 1
	睡眠时间（sleep）	
生活环境投资	饮用水来源（water）：1. 地下水（>5 米）；2. 大口井水（≤5 米）；3. 小溪、泉水、河、湖泊；4. 冰雪水；5. 水厂；6. 瓶装水/矿泉水或纯净水；7. 其他	家庭未通自来水，包括 1、2、3、4、7，赋值为 0；5，赋值为 1；6，赋值为 2
	厕所：0. 没有；1. 室内冲水；2. 室内马桶（无冲水）；3. 室外冲水公厕；4. 室外非冲水公厕；5. 开放式水泥坑；6. 开放式土坑；7. 其他	厕所无冲水设施，包括 0、2、3、4、5、6、7，赋值为 0；1，赋值为 1

（一）消费和营养健康

食品消费的目的就是为人体提供各种必需的营养摄入。CHNS提供了家庭和个人层面的各种食品消费数据。家庭层面数据是家庭当天食品消费的流量，个人层面数据则是个人回忆过去24小时的消费数据，包括在家中进食和外出就餐数据。对家庭和个人食物消费的调查采用连续3天24小时膳食回顾法和家庭食物称重法，收集每个受访者各种食物消费量，基于此计算了个人4种主要的营养每天的摄入水平：能量（千卡）、碳水化合物（g）、蛋白质（克）和脂肪（g）。

如表5-14所示，人均热量摄入量从1991年到2011年逐年降低，1991年为2 425.120千卡，到2011年为1 882.856千卡，降低了22.36%，2011年的标准差最大，说明摄入热量呈现的差异比较大。

表5-14　　　　　　　　　人均热量摄入统计　　　　　　　　单位：千卡

年份	平均值	标准差	最小值	最大值	样本量
1991	2 425.120	832.6307	9.513632	11 957.03	13 579
1993	2 327.940	840.8345	140.5373	25 205.78	12 733
1997	2 176.877	796.2193	78.21041	32 937.21	12 846
2000	2 145.120	691.5898	149.875	8 463.364	13 586
2004	2 097.624	703.7543	50.89081	6 053.592	11 846
2006	2 077.248	707.8176	209.073	5 754.352	11 374
2009	2 046.369	700.4475	179.03	10 345.2	11 609
2011	1 882.856	1 553.7810	199.2333	115 188	15 002
2015	—	—	—	—	—
总计	2 146.313	932.8377	9.513632	115 188	102 575

如表5-15所示，人均碳水化合物摄入量从1991年至2001年逐年降低，1991年人均摄入碳水化合物398.2622克，2011年人均摄入239.1300克，降低了66.54%。1991年标准差最大，且1991年至2011年标准差逐渐缩小，说明碳水化合物摄入量的差异逐年缩小。

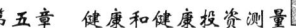

表 5-15　　　　　　　　　人均碳水化合物摄入统计　　　　　　　　单位：克

年份	平均值	标准差	最小值	最大值	样本量
1991	398.2622	152.1281	1.938526	1 237.995	13 579
1993	376.8569	146.7813	12.21056	1 993.804	12 733
1997	337.6396	129.5203	2.659348	1 412.391	12 846
2000	315.1372	112.5869	10.22639	1 122.937	13 586
2004	306.7807	111.6008	2.735833	929.374	11 846
2006	297.0475	117.7524	25.08408	986.455	11 374
2009	282.0783	103.9443	29.74366	882.4204	11 609
2011	239.1300	104.3792	11.13657	899.5445	15 002
2015	—	—	—	—	—
总计	318.7922	133.265	1.938526	1 993.804	102 575

如表 5-16 所示，人均蛋白质摄入量从 1991 年至 2011 年逐年下降，1991 年人均蛋白质摄入量为 70.70353 克，到 2011 年为 61.93936 克，降低了 12.39%。1991 年标准差最大，说明 1991 年蛋白质人均摄入差异最大。

表 5-16　　　　　　　　　人均蛋白质摄入统计　　　　　　　　单位：克

年份	平均值	标准差	最小值	最大值	样本量
1991	70.70353	26.11164	0.218728	266.3683	13 579
1993	69.37802	25.59124	2.914933	295.4548	12 733
1997	65.22503	31.51079	2.22	1 396.15	12 846
2000	63.97982	23.49012	4.604167	309.6064	13 586
2004	63.82129	25.72151	0.775843	441.9053	11 846
2006	63.23502	24.40959	5.486567	213.2293	11 374
2009	63.35105	23.59728	5.338663	213.271	11 609
2011	61.93936	25.96579	5.56864	429.1107	15 002
2015	—	—	—	—	—
总计	65.22547	26.11528	0.218728	1 396.15	102 575

如表 5-17 所示，人均脂肪摄入量从 1991 年至 2011 年整体呈上升趋势，1991 年人均脂肪摄入量为 59.32581 克，到 2011 年为 73.61566 克，上升了 24.09%。2011 年标准差最大，说明 2011 年摄入脂肪差异最大。

表 5-17　　　　　　　　　　人均脂肪摄入统计　　　　　　　　　　单位：克

年份	平均值	标准差	最小值	最大值	样本量
1991	59.32581	41.95843	0.098411	1 114.751	13 579
1993	58.70364	48.43489	0.45	2 566.841	12 733
1997	61.51575	52.19073	0.24	3 611.468	12 846
2000	68.32031	40.25602	0.744167	624.8275	13 586
2004	66.1842	38.44862	1.2146	451.3891	11 846
2006	68.19738	37.71162	1.29	315.2106	11 374
2009	71.91633	42.53089	1.522667	974.1247	11 609
2011	73.61566	158.8778	1.173333	12 615.66	15 002
2015	—	—	—	—	—
总计	66.00481	73.02971	0.098411	12 615.66	102 575

（二）医疗和保健投资

1. 吸烟。

如表 5-18 所示，吸烟人口占比从 1991 年至 2015 年整体呈下降趋势，1991 年有 31.03% 的人吸烟，2015 年有 25.59% 的人吸烟，降低 5.44%，平均吸烟人群占比为 29.2%。

表 5-18　　　　　　　　　　吸烟统计

年份	否	是	总计	吸烟占比
1991	6 927	3 116	10 043	31.03%
1993	6 577	2 841	9 418	30.17%
1997	8 126	3 352	11 478	29.20%

续表

年份	否	是	总计	吸烟占比
2000	7 421	3 068	10 489	29.25%
2004	7 594	3 230	10 824	29.84%
2006	7 333	3 107	10 440	29.76%
2009	7 469	3 174	10 643	29.82%
2011	9 702	4 006	13 708	29.22%
2015	9 931	3 416	13 347	25.59%
合计	71 080	29 310	100 390	29.20%

2. 喝酒。

如表 5-19 所示，喝酒人群从 1991 年的 27.57% 下降至 2015 年的 27.11%，下降了 0.46%，喝酒人群占比呈波动态势，1997 年占比最高为 33.19%。

表 5-19　　　　　　　　　　喝酒统计

年份	否	是	总计	喝酒占比
1991	9 050	3 444	12 494	27.57%
1993	6 734	3 013	9 747	30.91%
1997	7 546	3 748	11 294	33.19%
2000	6 934	3 393	10 327	32.86%
2004	7 540	3 282	10 822	30.33%
2006	7 282	3 163	10 445	30.28%
2009	7 252	3 391	10 643	31.86%
2011	9 239	4 471	13 710	32.61%
2015	9 509	3 536	13 045	27.11%
合计	71 086	31 441	102 527	30.67%

3. 医疗保险情况。

如表5-20所示，参加医保人口占比从1991年至2015年逐年上升，1991年参加医保人口占比为27.81%，2015年参加医保人口上升至96.39%，上升68.58%。

表5-20　　　　　　　　　医疗保险统计

年份	否	是	总计	有医疗保险样本占比
1991	10 583	4 077	14 660	27.81%
1993	10 516	3 157	13 673	23.09%
1997	10 732	3 311	14 043	23.58%
2000	12 100	3 031	15 131	20.03%
2004	8 943	3 162	12 105	26.12%
2006	6 166	5 575	11 741	47.48%
2009	1 283	10 647	11 930	89.25%
2011	990	14 648	15 638	93.67%
2015	551	14 731	15 282	96.39%
合计	61 864	62 339	124 203	50.19%

4. 医疗服务利用情况。

如表5-21所示，过去4周医疗服务利用情况从2004年至2015年波动上升，2004年过去4周医疗服务利用率为2.19%，2015年过去4周医疗服务利用率为3.08%，上升0.89%。

表5-21　　　　　　　过去4周医疗服务利用情况统计

年份	否	是	总计	使用占比
2004	10 577	237	10 814	2.19%
2006	10 256	127	10 383	1.22%
2009	10 303	121	10 424	1.16%
2011	13 199	272	13 471	2.02%
2015	13 296	423	13 719	3.08%
合计	57 631	1 180	58 811	2.01%

5. 预防保健情况。

如表5-22所示，预防保健占比从1989年至2015年先上升后下降，1989年预防保健占比为1.84%，2015年预防保健占比为3.60%，2009年预防保健占比最高为7.41%。

表5-22　　　　　　　　　预防保健统计

年份	否	是	总计	预防保健占比
1989	77	216	293	1.84%
1991	14 381	270	14 651	1.65%
1993	13 424	225	13 765	2.03%
1997	13 584	281	14 056	1.99%
2000	14 548	295	14 939	4.09%
2004	11 623	496	12 151	3.78%
2006	11 269	443	11 741	4.03%
2009	11 440	480	11 930	7.41%
2011	14 461	1 158	15 638	3.88%
2015	14 669	592	15 282	3.60%
总计	119 476	4 456	124 446	1.84%

（三）体育运动与休闲投资

1. 运动情况。

问卷"是否参加体育活动？包括武术、体操、舞蹈、杂技、田径（跑步等）、游泳、散步、足球、篮球、网球、羽毛球、排球、其他活动（乒乓球、太极等）"的回答。运动情况统计见表5-23。

表5-23　　　　　　　　　运动情况统计

年份	很不喜欢	不喜欢	中立	喜欢	很喜欢	不参加	总计
2004	388	1 420	1 099	641	0	7 242	10 790
2006	124	2 208	968	986	243	5 860	10 389

续表

年份	很不喜欢	不喜欢	中立	喜欢	很喜欢	不参加	总计
2009	397	6 109	2 112	1 202	216	578	10 614
2011	374	7 613	3 054	1 815	329	504	13 689
2015	581	5 472	4 598	2 023	114	573	13 361
总计	1 864	22 822	11 831	6 667	902	14 757	58 843

2. 睡眠时间。

如表5-24所示,问卷"包括晚上和白天,你每天的睡眠时间通常有多少?(小时)"。睡眠时间从2004年至2015年逐年降低,2004年平均睡眠时间为8.397790小时,到2015年平均睡眠时间为8.037682小时,降低了4.29%。2011年标准差最大,说明该年样本睡眠时间差距最大。

表5-24　　　　　　　　　睡眠时间统计

年份	平均值	标准差	最小值	最大值	样本量
2004	8.397790	1.445906	3	18	11 765
2006	8.328783	1.446005	3	18	11 392
2009	8.219150	1.442512	3	18	11 718
2011	8.116107	1.493784	3	18	15 503
2015	8.037682	1.399184	3	18	15 100
总计	8.204076	1.452304	3	18	65 478

(四) 生活环境投资

1. 饮用水来源。

见表5-25,2015年23 362户家庭中,家庭饮用水来源以水厂(14 121户,占60.44%)和地下水(6 601户,占28.25%)为主;开口井508户,占2.17%;地表水1 576户,占6.75%;瓶装水479户,占2.05%。

表 5-25　　　　　　　　　　　饮用水来源统计　　　　　　　　　　单位：户

年份	地下水（>5米）	大口井水（≤5米）	小溪、泉水、河、湖泊	冰雪水	水厂	瓶装水/矿泉水或纯净水	其他	合计
1989	6 087	2 860	1 269	8	5 164	0	23	15 411
1991	6 064	2 380	1 077	98	6 154	0	29	15 802
1993	6 098	1 832	1 110	8	5 694	0	39	14 781
1997	6 398	1 164	568	0	7 146	0	54	15 330
2000	6 884	1 148	1 025	14	7 686	0	135	16 892
2004	6 127	474	1 426	23	7 533	0	114	15 697
2006	6 405	565	1 714	7	9 476	0	109	18 276
2009	6 438	473	1 523	3	10 071	0	31	18 539
2011	6 861	343	1 388	11	14 120	0	51	22 774
2015	6 601	508	1 527	49	14 121	479	77	23 362
合计	63 963	11 747	12 627	221	87 165	479	662	176 864

2. 厕所。

见表 5-26，2015 年调查的 23 827 户中，家庭有室内冲水（15 530 户，65.18%）和开放式水泥坑（3 665 户，15.38%）为主；室外非冲水公测 1 406 户，占比 5.9%；开放式土坑 1 436 户，占比 6.03%；室外冲水公厕 804 户，占比 3.37%；室内马桶（无冲水）744 户，占比 3.12%。

表 5-26　　　　　　　　　　　厕所统计　　　　　　　　　　单位：户

年份	没有	室内冲水	室内马桶（无冲水）	室外冲水公厕	室外非冲水公厕	开放式水泥坑	开放式土坑	其他	合计
1989	605	1 722	954	202	2 305	3 637	5 351	674	15 450
1991	218	1 909	685	789	2 799	4 480	4 459	697	16 036
1993	212	2 400	736	714	2 035	4 459	4 296	141	14 993
1997	286	4 036	553	668	1 294	4 668	3 652	232	15 389
2000	336	5 396	503	438	1 315	5 589	3 274	140	16 991

续表

年份	没有	室内冲水	室内马桶（无冲水）	室外冲水公厕	室外非冲水公厕	开放式水泥坑	开放式土坑	其他	合计
2004	318	5 993	471	346	1 088	5 021	2 313	174	15 724
2006	369	7 469	458	473	1 278	6 060	2 098	150	18 355
2009	168	8 918	489	524	1 181	5 540	1 628	116	18 564
2011	197	13 119	656	652	1 060	5 443	1 651	78	22 856
2015	194	15 530	744	804	1 406	3 665	1 436	48	23 827
合计	2 903	66 492	6 249	5 610	15 761	48 562	30 158	674	178 185

二、综合健康投资的微观测量

运用因子分析的方法构造多维健康投资具有优势，比单个健康投资的指标综合，也更接近健康投资的内涵，多维健康投资指标又是一个连续变量，避免了赋权的主观性。但多维健康指标也存在无法克服的问题：由于因子提取来自数据本身，因而同样的健康投资因子在不同的研究之间不具有可比性；而且该指标的质量取决于能否提取合理的、尽可能少的健康投资因子，对健康投资因子的估计系数不够直观，而且缺乏量化的实际意义，从而在政策研究方面缺乏优势。

根据问卷调查的指标体系，采用前文的健康投资指标，为了使健康投资因子与健康投资同方向变化，本部分对所有变量重新进行了标准化，使所有变量的变化都是同方向的，这些变量数值越大，则健康投资越高，在此基础上进行了因子分析（见表5-27）。

表5-27　　　　　　　　　　因子分析

因子	Eigenvalue	Difference	Proportion	Cumulative
Factor1	2.17334	0.52788	0.1672	0.1672
Factor2	1.64546	0.50854	0.1266	0.2938

续表

因子	Eigenvalue	Difference	Proportion	Cumulative
Factor3	1.13691	0.04605	0.0875	0.3812
Factor4	1.09086	0.09747	0.0839	0.4651
Factor5	0.9934	0.03018	0.0764	0.5415
Factor6	0.96322	0.04045	0.0741	0.6156
Factor7	0.92277	0.03087	0.071	0.6866
Factor8	0.8919	0.01875	0.0686	0.7552
Factor9	0.87315	0.09222	0.0672	0.8224
Factor10	0.78093	0.24945	0.0601	0.8825
Factor11	0.53148	0.01348	0.0409	0.9233
Factor12	0.518	0.0394	0.0398	0.9632
Factor13	0.47859	—	0.0368	1

注：LRtest：independentvs. saturated：chi2（78）=5.4e+04 Prob>chi2=0.0000，通过检验，发现加入脂肪摄入后 KMO 值较低，因此去掉脂肪摄入变量，KMO=0.626，可以使用因子分析。

H_0 零假设：变量间之间不相关，p=0 小于0.05，则拒绝原假设，认为变量间存在公因子（见表5-28）。

表5-28　　　　　　　　提取公因子

变量	Factor1	Factor2	Factor3	Factor4	Uniqueness
d3kcal	0.7132	0.0419	0.419	0.0369	0.3127
d3carbo	0.4789	-0.0434	0.3777	0.0293	0.6253
d3fat	0.244	-0.0757	-0.5247	-0.0031	0.6594
d3protn	0.6849	0.1485	0.3123	0.0242	0.4107
smoke	-0.6535	-0.1081	0.4352	0.0312	0.3709
drink	-0.6358	-0.2098	0.4135	0.0273	0.38
insurance	-0.1157	0.4207	-0.1259	0.0122	0.7936
Med	-0.0714	0.1236	-0.0461	0.7135	0.4685

续表

变量	Factor1	Factor2	Factor3	Factor4	Uniqueness
care	-0.0381	0.2193	-0.0151	0.7013	0.4585
Act	0.0468	0.383	-0.0624	0.0944	0.8383
sleep	0.0289	-0.2567	0.1841	0.1584	0.8743
water	-0.1514	0.7222	0.1281	-0.1675	0.411
toilet	-0.1723	0.7641	0.1141	-0.1526	0.3502

共提取 5 个因子，其特征根大于 1，累计贡献率 0.633，通过碎石图进行分析（如图 5-4 所示）。

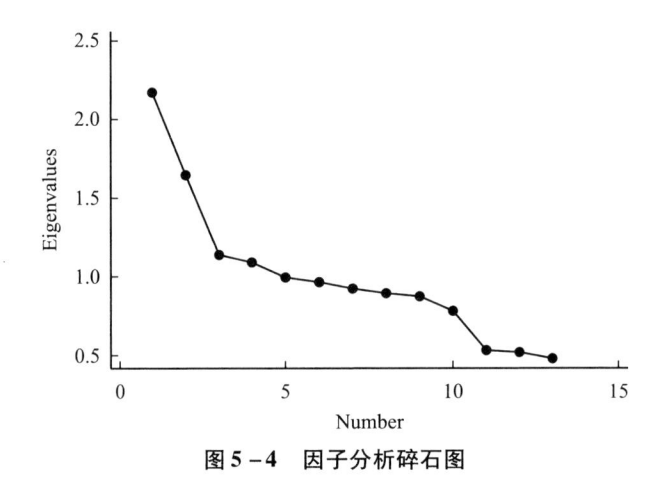

图 5-4　因子分析碎石图

通过负荷矩阵可以看到因子对有的原始变量的解释力度，但是有些情况下，因子对原始变量解释力度不够清晰，为更好地分离并强化各因子的作用，本部分又使用了 Varimax 旋转方法对因子矩阵进行正交化旋转，进而得到旋转后的因子矩阵，让因子对原始变量的解释更清晰，rotate 后见表 5-29。

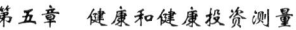

表 5-29　　　　　　　　Varimax 旋转方法的因子矩阵

Variable	Factor1	Factor2	Factor3	Factor4	Uniqueness
d3kcal	0.8155	-0.0375	-0.1439	-0.0113	0.3127
d3carbo	0.606	-0.0827	-0.0103	-0.0232	0.6253
d3fat	-0.1624	-0.1764	-0.5321	-0.0075	0.6594
d3protn	0.7308	0.0588	-0.2273	0.0058	0.4107
smoke	-0.2149	0.0532	0.7613	0.0204	0.3709
drink	-0.2224	-0.0486	0.7538	-0.0053	0.38
insurance	-0.1418	0.403	-0.1032	0.1148	0.7936
Med	-0.0353	-0.029	0.0192	0.7274	0.4685
care	0.0153	0.063	0.0019	0.733	0.4585
Act	0.0244	0.3297	-0.1472	0.1752	0.8383
sleep	0.1344	-0.2616	0.1772	0.0887	0.8743
water	0.0055	0.7663	0.0419	-0.0051	0.411
toilet	-0.0159	0.8049	0.037	0.0202	0.3502

计算因子得分见表 5-30。

表 5-30　　　　　　　　　　　因子得分

Variable	Factor1	Factor2	Factor3	Factor4
d3kcal	0.49092	0.00636	0.0648	0.00436
d3carbo	0.38226	-0.02784	0.11565	-0.00641
d3fat	-0.21872	-0.11821	-0.40735	0.00298
d3protn	0.42354	0.06149	-0.01039	0.01209
smoke	0.0197	0.02836	0.49068	0.01131
drink	0.00927	-0.03357	0.48324	-0.00506
insurance	-0.09535	0.23709	-0.09892	0.07414
Med	-0.00912	-0.06834	0.00576	0.65677
care	0.02321	-0.00977	0.00451	0.65639

续表

Variable	Factor1	Factor2	Factor3	Factor4
Act	0.00025	0.19322	-0.09642	0.13604
sleep	0.11379	-0.16269	0.1501	0.09944
water	0.03989	0.47727	0.03501	-0.05629
toilet	0.02702	0.49875	0.02745	-0.03638

健康投资综合指标统计情况见表5-31。

表5-31　　　　　　　健康投资综合指标统计

年份	平均值	标准差	最小值	最大值	样本量
2004	-0.034	0.256	-0.873	1.227	8 291
2006	-0.016	0.248	-0.873	1.035	8 246
2009	0.008	0.249	-0.883	1.178	8 524
2011	0.025	0.246	-0.865	1.547	10 846
2015	0.007	0.176	-0.480	0.856	11 071
合计	0.0000000015	0.235	-0.883	1.547	46 978

第六章

健康投资与健康

健康投资的研究中,健康投资如何提高健康水平是一个重要的问题。本章试图从健康投资的角度对个体健康水平的影响因素给出解释,使用因子分析构建健康投资综合指标的基础上,利用中国营养与健康调查(CHNS)数据对此进行了实证检验。为克服内生性的影响,采用系统 GMM 模型实证检验健康投资对健康的影响。研究结果表明,健康投资可以显著增加自评健康水平、生理健康水平、短期健康水平、长期健康水平和综合健康水平,针对健康投资异质性分析的结果发现,相对城镇居民,农村居民的健康投资对健康水平的影响更显著,40 岁到 60 岁的年龄组健康投资对整体健康水平的影响是最大的,采用样本所在地区的财政状况和医疗机构数量的工具变量的两阶段模型验证了本章的结果,本章为解释健康投资和健康的因果关系提供了证据,可以为未来制定政策提供参考。

第一节 引言及研究假设

一、引言

我国 2020 年全面建成小康社会,我国居民不再满足于基本的物质需要,健康也是居民的共同追求。我国政府一直以来都非常重视居民的健康,"十三五"规划强调把提升人的发展能力放在突出重要位置，着力增强人民科学文化和健康素质，加快建设人力资本强国。健康是促进人的全面发展的必然要求，是经济社会发展的基础条件。习近平总书记在2016年全国卫生与健康大会上指出，要把人民健康放在优先发展的战略地位①。党的十九大报告中将实施健康中国战略纳入国家发展的基本方略，把国民健康置于"民族昌盛和国家富强的重要标志"地位，认为国民健康是国家可持续发展能力的重要标志。2020年党的十九届五中全会，继续强调全面推进健康中国建设。将健康融入所有政策，探讨具有中国特色的健康经济学的分析框架已经成为理论研究的重点，也符合我国以人为本的理念和构建和谐社会的要求。只有准确估计健康投资对健康的影响，才能明确健康中国政策中对健康投入的政策效应，从而调整和优化相关健康政策，以利用有限的社会资源取得最大化的社会效益。

　　健康投资不仅是为了满足人类的需要，而是人类福利的基本组成部分（Mushkin，1962）。近年来，人们已经认识到，医疗服务、营养和锻炼方面的支出可以被视为对健康资本的投资，并利用资本理论的工具进行分析（Cropper，1977）。格罗斯曼（1972）将健康被视为一种资本存量，个人可以通过将时间（如医生就诊）与购买的投入（如医疗服务）相结合来投资健康，投资于健康的动机是，通过增加健康存量，个人可以增加获得收入或生产消费品的时间。查德威克（1909）提出健康投资有利于人力资本的累积。埃利希和楚马（1990）在家庭层面比较了健康人力资本投资的成本与随之生命延长所带来的效用。埃利希和吕（1991）把人力资本作为增长的驱动力和代际间物质和精神情的纽带，分析父母健康投资对人力资本的影响。菲尔普斯（1997）分析了健康投资对健康人力资本的影响。查克拉博蒂（2004）考虑了公共健康支出对存活率的影响。在此基础上，本书将健康投资定义为为了恢复和发展人群健康而消耗的资源，用于维持和保护个体和群体健康状态、预防和治疗人体疾病方面的投入，包括营养水平投资、医疗和保健投资、体育运动与休闲投资和生活环境投资。

　　健康投资对健康影响的评估比较困难，因为个体的健康投资总是由决定

---

① 中共中央党史研究室：《党的十八大以来大事记》，人民出版社，中共党史出版社2017年版，第75页。

健康状况的一些相同因素决定。因此，健康投资差异导致的不同健康结果可能是个体选择健康投资差异的结果，或者可能是个人之间的差异，甚至是研究者未观察到的其他差异。健康投资与健康之间存在显著的内生关系，这使得确定健康投资和健康的因果关系比较困难。本书利用中国营养与健康调查（CHNS）数据，从个体微观角度来研究健康投资对个体健康水平的影响。与已有文献研究相比，本书贡献可能体现在以下四个方面：首先，已有的研究大多从宏观的视角分析健康人力资本、健康投资同宏观经济变量的关系（王弟海等，2008；王弟海，2012），本书从微观个体的角度研究个体健康投资对健康的影响，丰富了该领域的研究；其次，运用因子分析的方法构造多维健康投资指标，多指标体系可以更加全面地揭示健康投资的各个方面，比单个健康投资的指标综合，也更接近健康投资的内涵，而且多维健康投资指标是一个连续变量，避免了赋权的主观性；再其次，利用样本所在地区的财政状况和医疗机构数量作为个体健康投资的工具变量，对本书的解释变量进行了内生性识别，使得估计结果更加可靠；最后，本书详细探讨了健康投资影响健康水平的异质性，同时利用两阶段模型，在估计影响健康投资因素的基础上研究健康投资对健康的影响，检验了结果的稳健性。

二、文献综述和研究假设

已有文献在研究影响个体健康的影响因素时，主要从以下几个方面进行：一是营养与健康的关系。营养投资是指居民在食物消费和饮食营养方面的投资，食物消费是维持人体正常机能的前提，消费不足则无法满足人体正常生活的需求，消费过量则会给身体带来负担，都不利于身体健康。研究认为外在的营养干预有效地解决了家庭经济困难学生的健康问题（Glewwe et al.，2001；Winicki & Jemison，2003；Alderman et al.，2006），史耀疆等（2013）针对我国贫困地区农村学生的微量营养素缺失问题研究发现，每天服用一片21金维他多维元素片，学生的健康和学业表现均有显著的提升。学者研究不同营养投入对健康的影响，分别发现铁营养（Baltussen，2004）、锌营养、维生素A（Howe，2006）等对改善人口健康的影响。

二是医疗和保健投资对健康的影响。医疗和保健投资可分为预防和治疗两部分投资，预防投资是为防止出现健康问题而提前进行的医疗保健方面的投资，包括服用保健产品、注射疫苗、进行推拿按摩等方式进行的投资，预防投资能够在一定程度上提高人体抵抗能力，降低患病概率。治疗投资则是在身体出现健康问题以后为了恢复健康而进行的投资。林达尔（Lindahl，2005）和弗里特斯（Frijters，2005）发现健康保险改善了自我评估的健康状况。多瓦龙等（Doiron et al.，2008）使用澳大利亚统计局的数据在自我评估的健康状况与健康保险之间发现了强有力的积极联系。维德斯和斯特格曼（Weathers & Stegman，2012）发现，与对照组相比，健康保险组健康状况不佳的概率降低了10.8%。黄枫和甘犁（2010）发现享受医疗保险的老人同无医疗保险的老人的预期寿命相差5年，蔡和萨默斯（Chua & Sommers，2014）发现健康保险保障范围扩大增加了自评健康状况，潘杰等（2013）发现医疗保险有利于促进参保个人的健康。

三是体育运动与休闲与健康的研究。有关体育运动对健康影响的研究主要集中在有氧运动，如步行、跑步、骑自行车，以及力量训练对健康的影响上（许浩等，2009）。祖然（Zoran，2015）在系统回顾和Meta分析的基础上发现团体运动如足球对静坐少动人群健康有正向影响。玛门等（Mammen et al.，2013）发现即使少量的体育锻炼活动也发挥了预防抑郁症的作用。大量研究表明运动有利于老年人平衡和协调能力的改善（Caixeta et al.，2012）。福克斯（Fox，2000）发现休闲体育活动对个体的身体外观和躯体意向的知觉都有积极影响。

四是生活环境与健康关系的研究。生活环境状况与人的生活质量息息相关，进而影响到人体健康状况。对环境污染与健康关系的研究主要集中在死亡率和疾病发生率上。柴等（Chay et al.，2003）研究发现总悬浮颗粒物（TSPs）下降会降低婴儿死亡率。阿尔西奥等（Arceo et al.，2012）分析发现墨西哥空气污染增加了婴儿的死亡率。陈等（Chen et al.，2013）发现TSP浓度会提高死亡率。苗艳青和陈文晶（2010）发现PM10和SO2两种空气污染物对当地居民的健康需求都有显著的不利影响。也有学者研究空气污染所引发的各类疾病。安东尼（Anthony，2009）研究认为香港的污染水平会导致肺、心脏和血管的健康问题。

营养投资、医疗和保健投资、体育运动与休闲投资和生活环境投资会从不同的角度影响健康，因此，提出本章假设：健康投资有利于提高健康水平。

第二节 实 证 研 究

一、数据、变量和模型

（一）数据

本章研究所用数据来自中国营养与健康调查（CHNS）1989 年到 2015 年的数据，样本涵盖了 9 年 12 个省份。为了更好地观察样本的行为，基于如下原则对样本进行筛选：剔除 18 岁以下的样本；剔除模型所需变量观察值缺失较多的样本；删除样本的一些异常值。由于健康投资变量和健康变量某些年份的缺失，最终，数据来自 2004 年、2006 年和 2015 年，得到 18 513 个个体的 31 218 个观察值。后文用到的工具变量地区财政状况和医疗机构数量的资料来源于历年中国统计年鉴。

（二）变量

本章研究的被解释变量使用分别选取自评健康状态[①]（Frijters，2005）、生理健康状态（BMI）（Strauss & Thomas，1998）、短期健康状态（CHNS 问卷中调查期间 4 周内是否患病或受伤）、长期健康状况（CHNS 问卷中"医生给你下过高血压的诊断吗？医生给你下过糖尿病的诊断吗？医生给下过中风或一过性缺血发作的诊断吗？过去的 12 个月中，你是否曾经气喘或呼吸时胸部出现啸声？医生给你下过哮喘的诊断吗？"的回答），以及第五章测量的综

[①] CHNS 问卷中问题"与其他同龄人相比，你认为你现在的健康状况怎么样？"的回答：1. 很好；2. 好；3. 中等；4. 差；5. 很差。

合健康指数。

本章的解释变量使用第五章使用因子分析法得到的健康投资得分。

为了规避其他变量对健康状况的影响从而导致健康投资估计的偏误,本章将可能对健康人力资本有影响的因素纳入控制变量(见表6-1)。

表6-1　　　　　　　　　　　控制变量

人口社会学特征	性别(gender)	0=男;1=女
	你是什么户口(urban)	0=城镇;1=农村
	年龄(age)	18岁以上
	教育程度(edu)	0=未上过小学;1=小学学历;2=初中学历;3=高中学历;4=职业技术学历;5=大学学历;6=硕士学历及以上
	婚姻状况(marry)	0=未婚、离婚、丧偶、分居;1=已婚
社会学特征	工作情况(job)	0=否;1=是
	上个月收入(wage)	上个月工资

控制变量。为了规避其他变量对健康状况的影响从而导致健康投资估计的偏误,本文将可能对健康有影响的人口社会学特征和社会经济特征纳入控制变量,包括性别、年龄、教育程度、婚否、工作、收入。具体的变量如表6-1所示。

(三) 模型

1. 基准模型。

$$health_{it} = \beta_0 + \beta_1 invest_{it} + \sum_{k=1}^{N}\beta_k X_{kit} + \sum_{j=1}^{N}\beta_j year_{jit} + \varepsilon_{it} \quad (6-1)$$

其中,$health_{it}$是被解释变量,分别表示健康的不同指标;$invest_{it}$是健康投资变量,也是需要检验的关键变量,X_{kit}为一组控制变量;$year_{jit}$为年度虚拟变量,ε_{it}为随机扰动项。

2. 动态面板数据模型。

健康投资与健康之间存在双向关系,健康投资通过直接或间接的方式影响健康,而健康投资在很大程度上是个体选择的结果,自身健康状况的好坏也可能反过来影响健康投资,并且一些可观测的和不可观测的个人特征因素可能共同影响个体的健康投资行为和个体健康,那么健康投资与健康之间存在显著的内生性,这就造成了健康投资影响健康因果关系识别的困难。本章考虑采用动态面板数据模型(GMM)作为参数估计方法(Blundell & Bond, 1998),并选择合适的工具变量,与静态面板模型相比,模型右边增加了被解释变量的滞后期。

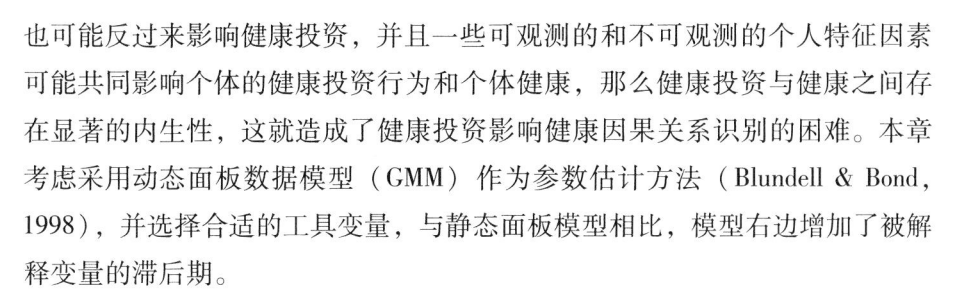

选取工具变量需要满足两个条件,一是工具变量本身外生的,即工具变量与扰动项不相关;二是工具变量与内生变量高度相关。本章选取样本所在地区的财政状况和医疗机构数量作为个体健康投资的工具变量。主要依据是:样本所在地区的财政状况和医疗机构数量会影响到个体的医疗和保障投资,样本所在地区的财政状况好且医疗机构数量多的地区,居民医疗服务和健康保健方便一些,所以个体健康投资水平较高(后文的检验结果证实这一关系);同时,样本所在地区的财政状况和医疗机构数量与单个个体的健康状况(误差项)并不相关。

动态面板计量模型构建如下:

$$health_{it} = \alpha_0 + \alpha_1 health_{it-1} + \alpha_2 invest_{it} + \alpha_1 IV_{it} + \sum_{k=1}^{N} \alpha_k X_{kit} + \lambda_i + \varepsilon_{it}$$

(6-2)

其中,$health_{it}$是被解释变量,分别表示健康的不同指标;IV_{it}表示工具变量;$health_{it-1}$表示滞后一期的被解释变量;$invest_{it}$是健康投资变量,也是需要检验的关键变量,X_{kit}为一组控制变量;λ_i是未观测的特定时间固定效应,ε_{it}为随机扰动项。

二、实证分析

(一)主要变量描述性统计结果

主要变量的描述性统计见表6-2,整体健康水平的均值为0.42,方差为2,健康投资综合得分的均值为0.0066,方差为0.29。

表6-2　　　　　　　　　主要变量描述性统计结果

变量	均值	方差	最小值	最大值	样本量
健康水平	0.42	2	-2.6	22	45 988
健康投资	0.0066	0.29	-0.75	5.7	34 988
性别	46	16	18	101	103 232
户口类型	0.66	0.47	0	1	103 241
年龄	0.52	0.5	0	1	140 371
教育程度	1.7	1.4	0	6	98 854
婚姻状况	0.58	0.49	0	1	142 317
工作情况	0.65	0.48	0	1	101 945
上个月收入	1 488	4 154	100	400 000	25 666

（二）健康投资影响健康模型基准模型

首先，使用基准模型检验整体健康投资对不同健康指标的影响见表6-3。

表6-3　　　使用基准模型检验综合健康投资对不同健康指标的影响

变量	（1）自评健康水平	（2）生理健康	（3）短期健康	（4）长期健康	（5）综合健康
健康投资	0.047 (1.166)	-0.013 (-0.463)	-0.059*** (-4.563)	0.045*** (3.387)	-0.091* (-1.658)
性别	-0.073*** (-4.002)	0.111*** (8.835)	0.012** (2.074)	-0.022*** (-3.692)	0.052** (2.099)
户口类型	0.079*** (4.423)	-0.009 (-0.729)	0.043*** (7.513)	0.010* (1.723)	0.186*** (7.619)
年龄	-0.009*** (-9.987)	-0.002*** (-3.430)	-0.001*** (-3.705)	-0.006*** (19.551)	-0.001 (-0.999)
教育程度	0.036*** (5.077)	0.003 (0.646)	0.000 (0.196)	0.003 (1.194)	0.030*** (3.075)

续表

变量	(1) 自评健康水平	(2) 生理健康	(3) 短期健康	(4) 长期健康	(5) 综合健康
婚姻状况	0.008 (0.286)	0.006 (0.293)	-0.009 (-0.985)	-0.025*** (-2.759)	-0.057 (-1.519)
就业情况	-0.219 (-0.811)	-0.058 (-0.313)	-0.055 (-0.635)	0.055 (0.619)	-0.258 (-0.703)
上个月收入	-0.021** (-1.964)	-0.058*** (-7.941)	0.007** (2.060)	0.008** (2.315)	-0.027* (-1.887)
常数项	4.479*** (16.011)	0.974*** (5.042)	0.972*** (10.756)	-0.277*** (-2.986)	0.746* (1.957)
样本量	6 797	6 800	6 798	6 800	6 795

注：括号内为Z值，*表示10%的显著性水平，**表示5%的显著性水平，***表示1%的显著性水平。

模型的结果发现，健康投资在5%和1%的置信水平上显著影响短期健康、长期健康和整体健康水平，健康投资越多，长期健康水平越高，但个体短期健康和整体健康水平越低。这可能受到反向因果关系的影响，即短期健康和整体健康水平越低的个体，会增加对健康的投资，因此接下来需要加入工具变量进行检验。

模型结果还显示，年龄显著影响自评健康水平、生理健康水平、短期健康水平、长期健康水平，年龄越大，自评健康水平越低，BMI指标越高，越容易患慢性病。性别也显著影响不同健康指标，男性的自评健康水平和长期健康水平较高，女性的生理健康水平、短期健康水平和整体健康水平较高。个体的城乡水平影响不同健康指标，农村居民的各项健康水平高于城镇居民。教育程度显著影响自评健康水平和整体健康水平，教育程度越高的个体，自评健康水平和整体健康水平越高。收入和自评健康水平、生理健康水平和整体健康水平显著负相关，说明收入越高，自评健康水平、生理健康水平和整体健康水平越低，这同中华中医药学会发布的《2018年全民中医健康指数研究报告》的结果相符，即随着收入的增加，"病态"居民比例也在上升。报告还解释了高收入健康水平不佳的原因：工作压力，熬夜，应酬酗酒等原因，导致精英白领常陷于焦虑情绪之中。收入对短期健康和长期健康的影响是显著正向的。

(三) 系统 GMM 模型检验结果

接下来使用系统 GMM 模型检验整体健康投资对不同健康指标的影响，GMM 模型检验见表 6-4。

表 6-4　　　　　　健康投资影响健康的系统 GMM 模型检验

变量	(1) 自评健康水平	(2) 生理健康	(3) 短期健康	(4) 长期健康	(5) 整体健康
滞后一期的健康水平	1.862*** (3.565)	4.142 (0.15)	0.778 (0.930)	1.212*** (3.270)	2.068** (2.179)
健康投资综合得分	3.691** (2.059)	1.048* (1.772)	0.806** (2.200)	0.671* (1.869)	2.261** (2.175)
性别	-1.484 (-0.828)	-1.453* (-1.805)	0.240 (0.512)	0.249 (0.513)	0.080 (0.046)
城乡	0.640 (0.214)	0.828* (1.738)	0.201 (1.429)	0.317 (0.986)	0.018 (0.047)
年龄	0.013 (0.371)	0.033*** (3.217)	0.010 (1.309)	0.010 (1.477)	0.050* (1.773)
教育	-0.047 (-0.298)	0.043 (0.842)	0.009 (0.353)	0.019 (0.666)	-0.024 (-0.241)
婚姻	-0.930 (-0.598)	-1.453*** (-3.087)	-0.244 (-0.921)	-0.256 (-0.987)	-1.652* (-1.671)
工作	-2.617 (-0.257)	-5.782 (-1.438)	-1.454 (-0.625)	-1.652 (-0.691)	10.405 (1.119)
收入	0.009 (0.059)	-0.133*** (-3.694)	0.021 (0.722)	0.011 (0.339)	-0.119 (-1.054)
工具变量	加入	加入	加入	加入	加入

续表

变量	(1) 自评健康水平	(2) 生理健康	(3) 短期健康	(4) 长期健康	(5) 整体健康
常数项	6.955 (0.732)	7.114* (1.802)	0.900 (0.386)	1.076 (0.452)	-9.796 (-1.040)
样本量	6 797	6 800	6 798	6 800	6 795

注：括号内为 Z 值，* 表示 10% 的显著性水平，** 表示 5% 的显著性水平，*** 表示 1% 的显著性水平，从结果来看，所有模型中 Hansen 检验结果值均大于 0.1，表示无法拒绝工具变量外生的原假设，即工具变量设置是合理的。从 AR（1）和 AR（2）检验结果来看，扰动项之间存在一阶序列相关，但不存在二阶序列相关，符合系统 GMM 方法的有关设定，并且各个解释变量系数均显著有效，因此模型的设定是合理有效的。

模型结果表明，考虑反向因果关系影响的系统 GMM 模型估计是有效且可靠的，从 GMM 的估计结果中，健康投资对自评健康水平、生理健康水平、短期健康水平和长期健康水平的影响分别在 5% 和 10% 的置信水平上是正的，说明健康投资可以显著增加个体的健康水平，这验证了本章的假设。

三、进一步分析

（一）健康投资影响健康的异质性

1. 农村和城镇群体健康投资对健康的影响。

前文的研究发现农村和城镇群体的健康存在差异，因此按农村和城镇分组检验健康投资对健康的影响，该部分的研究主要关注整体健康水平。

如表 6-5 所示，模型的结果显示，农村居民的健康投资对健康的影响在 5% 的置信水平上显著，说明农村居民的健康投资显著影响健康水平，而城镇居民的健康投资对健康的影响并不显著。观察城乡居民的整体健康水平和健康投资综合得分，发现有显著差异①。说明提高对农村居民的健康投资对整体健康水平的影响更大。

---

① 检验结果没有在文中展示。

表6-5 农村和城镇群体健康投资影响健康的系统GMM模型检验

变量名称	被解释变量：整体健康水平	
	城镇居民	农村居民
滞后一期的整体健康水平	0.762 *** (4.723)	0.208 (1.531)
健康投资综合得分	1.568 (1.404)	2.752 ** (2.368)
性别	3.157 (1.010)	-0.995 (-0.986)
年龄	0.025 (0.668)	0.017 (0.574)
教育	0.313 * (1.801)	-0.081 (-0.698)
婚姻	2.280 (0.986)	-0.539 (-0.554)
工作	4.332 (0.196)	-15.175 (-1.535)
收入	-0.286 ** (-2.342)	-0.048 (-0.497)
常数项	-7.463 (-0.350)	16.406 * (1.656)
工具变量	加入	加入
样本量	3 168	3 627

注：括号内为Z值，* 表示10%的显著性水平，** 表示5%的显著性水平，*** 表示1%的显著性水平。

2. 不同年龄健康投资对健康的影响。

将年龄按18~40岁，40~60岁和60岁以上分为3组，分别检验不同年龄段健康投资对健康的影响。

如表6-6所示，模型的结果显示，18~40岁的年龄组健康投资在5%的置信水平上影响整体健康水平，40~60岁的年龄组健康投资在10%的置信水平上影响整体健康水平，60岁以上的年龄组健康投资在5%的置信水平上影响整体健康水平，其中，40~60岁的年龄组健康投资对整体健康水平的影响是最大的。

表6-6　　不同年龄分组投资影响健康的系统GMM模型检验

变量名称	被解释变量：整体健康		
	18~40岁	40~60岁	60岁以上
滞后一期的整体健康水平	0.428* (1.881)	0.051 (0.430)	0.147 (0.590)
健康投资综合得分	2.021** (2.179)	7.773* (1.926)	1.869** (1.974)
性别	-0.800 (-1.042)	0.053 (0.019)	1.994 (1.224)
城乡	-0.513 (-1.063)	1.168 (0.400)	1.611 (0.821)
教育	0.012 (0.052)	0.253 (0.848)	0.056 (0.238)
婚姻	-0.094 (-0.329)	1.952 (0.226)	2.657 (1.562)
工作	15.563 (1.033)	-3.056 (-0.225)	-4.968** (-2.106)
收入	-0.166 (-1.291)	0.226 (0.908)	0.224 (0.779)
常数项	-13.292 (-0.882)	-1.735 (-0.151)	13.823 (0.33)
工具变量	加入	加入	加入
样本量	2 933	3 663	200

注：括号内为Z值，*表示10%的显著性水平，**表示5%的显著性水平。

（二）采用二阶段最小二乘模型（2SLS）的检验

二阶段最小二乘模型能够充分考虑系统中的内生性问题以及误差项之间的相关性问题（Greene，2001），克服了间接最小二乘法不适用于过度识别的结构方程的缺点,以及工具变量法中工具变量选取中带来的缺点(Arelllano,2003),本章同样选用样本所在地区的财政状况和医疗机构数量作为个体健康投资的工具变量。

第一阶段估计:

$$Invest_{it} = \alpha_0 + \alpha_1 Finance_{it} + \alpha_2 Medical_{it} + \sum_{k=1}^{N} \alpha_k X_{kit} + \varepsilon_{it} \quad (6-3)$$

其中,$Invest_{it}$是被解释变量,表示综合健康投资,$Finance_{it}$表示样本所在地区财政状况,$Medical_{it}$表示样本所在地区医疗机构数量,X_{kit}为影响健康投资的控制变量,ε_{it}为随机扰动项。

接着,以式(6-3)为第一阶段,采用最小二乘模型估计健康投资对健康的影响。具体表达式为:

$$health_{it} = \beta_0 + \beta_1 invest_{it} + \sum_{k=1}^{N} \beta_k X_{kit} + \mu_{it} \quad (6-4)$$

其中,$health_{it}$是被解释变量,表示整体健康变量,$invest_{it}$是健康投资变量,X_{kit}为一组控制变量,μ_{it}为随机扰动项。

基准回归模型引入工具变量后的回归结果见表6-7。结果显示,一阶段回归中,两个工具变量对健康投资的回归显著异于0。通过 estat firststage 检验发现工具变量与内生变量间有较强的相关性。同时,在结构方程中对内生解释变量的显著性进行wald检验,发现不存在弱工具变量,保证了检验结果的可靠性。二阶段的回归结果表明,在引入工具变量后,健康投资对健康仍具有显著正向影响,印证前文回归结果的稳健可靠。

表6-7　　　　　健康投资与健康:基于工具变量的2SLS回归

变量	一阶段回归 (被解释变量:健康投资)	变量	二阶段回归 (被解释变量:健康)
所在地区财政状况	0.041*** (4.30)	健康投资	2.128*** (5.37)
医疗机构数量	0.019*** (3.51)		

续表

变量	一阶段回归 （被解释变量：健康投资）	变量	二阶段回归 （被解释变量：健康）
控制变量	加入		加入
年份固定效用	加入	年份固定效用	加入
家庭固定效应	加入	家庭固定效应	加入
N	6 795		6 795

注：括号内为 Z 值，*** 表示1%的显著性水平。

第三节 结论与政策建议

健康投资的最终目的是提高居民的健康水平，本章从不同角度选取健康投资的变量构建综合健康投资指标，并采用多种方法解决健康投资与健康水平的内生性问题，本章的研究结果显示，健康投资对自评健康、生理健康、短期健康、长期健康和整体健康水平都有积极的影响，说明营养投资、医疗和保健投资、体育运动与休闲投资和生活环境投资能够在一定程度上提高个体的健康水平。本章还研究了健康投资的异质性，发现农村居民的健康投资显著影响健康水平，而城镇居民的健康投资对健康的影响并不显著，不同年龄段的健康投资都对整体健康水平有显著影响，其中，40~60岁的年龄组健康投资对整体健康水平的影响是最大的。

根据本章的研究，提出如下政策建议：一是需要关注多个维度的健康投资，综合健康投资指标较为科学地度量了个体的健康投资水平，可以体现不同个体健康投资的差异；二是加强宣传，鼓励居民健康饮食、培养良好卫生习惯、推行健康文明的生活方式、营造绿色安全健康的环境，提高健康素养，提高居民自身的健康投资是建设健康中国的重要方面；三是城乡居民的健康投资对健康水平的影响存在差异，不同年龄的健康投资对健康水平的影响也存在差异，在制定政策时应当考虑这些因素，比如更加关注农村居民的健康投资，以及特定年龄段群体的健康投资。

本章的研究结果支持全面推进健康中国建设的国家战略。健康投资是一个系统工程，需要长时间的持续努力，当前由于工业化、城镇化、人口老龄化、疾病谱、生态环境、生活方式不断变化，中国仍面临多重疾病威胁并存、多种健康影响因素交织的复杂局面；同时，随着生活水平提高和健康观念增强，人民群众对健康产品、健康服务的需求持续增长，并呈现出多层次、多元化、个性化的特征，如何更加有效地进行健康投资是下一步研究的重点问题。

第七章

儿童健康投资的长期影响

第一节 儿童健康投资的研究

一、儿童健康的相关文献

很多研究聚焦儿童健康与成人健康和福祉之间的关系,越来越多的研究表明,儿童时期的健康会影响成人后的健康。例如,一些研究者发现胎儿在子宫内的健康水平会影响其成人后的健康水平。巴克和马丁(Buck & Martin, 1992)将包括心脏病在内的一些成人疾病与母亲在关键妊娠期营养不良联系起来,他们通过动物研究表明,在"关键时期"的应激事件或正刺激可能对大脑化学和内分泌系统产生长期影响,从而对健康产生影响(Hertzman & Wiens, 1996)。由于健康影响工资和劳动力参与(Currie & Madrian, 1999),儿童时期的不良健康会通过影响未来健康直接降低未来效用,并通过降低未来工资和劳动力参与间接降低未来效用。儿童健康也可以通过其对学校教育的影响与成人劳动力市场的成功联系起来(Grossman, 1975; Perri, 1984; Wolfe, 1985; Wadsworth, 1986; Grossman, 2000)。其中包含直接影响和间接影响。

许多研究发现,诸如出生体重、体重、身高、头围等健康测量指标对不同年龄儿童的认知发展[①]有积极影响。布罗曼、尼科尔斯和肯尼迪（Broman, Nichols & Kennedy, 1975）研究了4岁儿童健康指标对认知发展的影响；爱德华兹和格罗斯曼（Edwards & Grossman, 1979）研究了6～11岁的白人儿童健康指标对认知发展的影响；沙科特科等（Shakotko et al., 1981）研究了青少年健康指标对认知发展的影响；而威尔逊等（Wilson et al., 1986）研究了12岁以上的儿童健康指标对认知发展的影响。柴金德和科尔曼（Chaikind & Corman, 1991）以及罗森茨威格和沃尔平（Rosenzweig & Wolpin, 1994）研究出生体重对后期认知成就的影响。凯斯特纳和科尔曼（Kaestner & Corman, 1995）使用横截面数据估计的模型检查认知测试，发现出生体重的积极影响，以及发育迟缓（例如体重或身高低于同龄儿童的10%或25%）的消极影响，当把儿童固定效应加入模型中时，这些效应基本上消失了；然而，考虑到测试分数中的大量测量误差，这个结果也许是可以预期的。凯斯特纳和科尔曼认为他们的结果可能比罗森茨威格和沃尔平（他们使用相同的NLSY数据）的结果弱，因为罗森茨威格和沃尔平关注的是更弱势儿童的亚样本。也就是说，健康状况不佳对认知能力的不良影响，对处境不利的儿童可能比处境较好的儿童更大。

科伦曼、米勒和夏斯塔德（Korenman, Miller & Sjaastad, 1995）也在NLSY数据中发现人体测量和各种认知测量之间的积极关系，并注意到这些影响对于短期记忆特别大，但该研究对横截面模型中的认知结果的测量有负面影响。凯斯特纳和科尔曼的论文还研究了一些母亲报告的儿童健康措施的影响，包括存在严重疾病和需要医疗护理的疾病数量，母亲报告的结果也受到以下因素影响：一是受过更多教育、收入更高的母亲可能会更频繁地带儿童去看医生，儿童健康状况会更好；二是与医疗服务提供者的更多接触可能导致一些诊断（如哮喘）的概率更高；三是报告自己健康状况不佳的母亲更可能报告自己的儿童健康状况不佳，无论儿童是否真的生病（Strauss & Thomas, 1996）。

研究表明，在儿童健康方面的投资确实会以更好的成人健康和更好的教

---

① 使用测试分数测量。

育成果的形式得到回报，研究的结果可能取决于是否使用了母亲健康状况报告或更客观的测量方法，如身高和体重。即使选择了更为客观的措施，也必须确定这些措施是否得到直接遵守或是否以产妇报告为依据。施特劳斯和托马斯（1996）发现，在某些情况下，母亲报告的身高和体重不是直接测量出来的，受过更多教育的母亲更关注儿童健康报告，母亲教育与儿童身高和体重之间存在着虚假的负相关关系。吴贾等（2021）研究了胚胎和婴儿时期健康投入如何影响儿童长期认知能力发展，发现在胚胎和婴儿时期接受更多健康资源的儿童，10～16岁时的平均成绩比没有获得健康资源的儿童高 0.19 个标准差，且低收入家庭的儿童从早期健康投入中获益更大。

经济发展水平不同的国家在儿童健康的研究方式上也存在着差异。对发展中国家儿童的研究通常着眼于儿童健康的客观指标，如营养素摄入量、身高、体重或臂围，而经济较发达国家儿童的研究往往侧重于利用儿童保健和产妇保健报告[①]；另外，儿童健康对各种健康投资变化的反应性是高度非线性的。例如，在非常低的健康水平下，热量摄入的少量增加将拯救生命并预防疾病；而在较高的健康水平上，热量摄入的少量增加可能导致体重增加，但不会对健康构成直接威胁。同样，不去医院的儿童可以被推定为没有预防保健和治疗，但不能假定每年到医院次数从 3 次增加到 4 次对健康有任何可测量的影响。

儿童健康的衡量也是研究需要解决的一个重要的问题，死亡率作为儿童健康的衡量标准比较片面，因为死亡率可能与儿童健康的其他指标没有密切关系。在大规模调查中可以衡量的其他相对客观的指标，如儿童是否贫血、发育不良、超重或体重不足，是否有未矫正的视力或听力障碍，以及是否经历发育迟缓。这些数据一般是自报的，这就增加了系统测量误差的可能性。例如，受教育程度较低的父母如果对哮喘等疾病的症状了解较少，报告这些疾病的可能性可能较小。另一个困难是，为记录出生体重、传染病或事故发生率等信息而创建的行政数据集往往缺乏有关儿童收入或家庭背景的重要信息。此外，通常不可能将关于利用率的个体级别的数据与衡量获得医疗服务

[①] 尽管客观健康状况随着产妇教育的开展而改善，但报告的健康状况实际上可能会下降（Dow et al., 1997）。

的"补充"数据联系起来①,数据收集工作的相对简单的改进将在研究方面产生潜在的巨大回报,包括:制定允许发布地理标识的协议,允许合并"需求方"和"供应方"数据集,在数据集中增加家庭收入和背景的衡量标准,收集更客观的儿童健康衡量标准。

二、政府对儿童的健康投资

各国都比较重视对儿童的健康投资,如日本有一个公共卫生中心网络,提供广泛的儿科预防服务;瑞典在全国有一个儿童保健中心系统,提供免费的免疫接种和筛查;德国婴儿和学龄前儿童有权获得预定数量的免费综合检查(Chaulk,1994);在法国,由医生、护士、儿童心理学家和社会工作者组成的医疗小组对学龄前儿童进行监测(Bergmann,1996)。这些国家的儿童健康投资发挥作用的关键之一似乎是建立一个跟踪系统,以确保符合条件的儿童得到帮助。英国、法国、德国、日本和荷兰都有跟踪系统,通知卫生当局有关出生的情况,并启动计算机跟踪预防保健(U. S. Government Accountability Office,1993)。例如,在荷兰,电脑打孔卡向中央办公室表明,已完成预约服务,并且儿童已得到适当的照顾(威廉姆斯和米勒,1992)。美国的研究表明,跟踪孕妇和高危新生儿,并协助他们协调护理,可以有效地改善贫困妇女的所产婴儿的健康(Buescher et al.,1991)。迈尔贝格等(Myerberg et al.,1995)发现,对高危儿童实施跟踪系统提高了华盛顿州的免疫接种率(美国国家州长协会,1997b)。

对儿童健康最严重的威胁中许多并非医学性质的。即使在富裕国家,采取了旨在预防事故、遏制暴力、减少药物滥用和鼓励健康生活方式的公共卫生措施后,改善儿童健康的余地仍然很大。公共卫生计划可以采取多种形式,从通过教育活动提供信息,到强制使用安全设备和制裁不良行为。经济理论认为,提供必要的信息应当是政府干预儿童保健市场的最有效形式之一。

---

① 因为地理标识要么不可用,要么仅在非常聚合的级别可用。

三、儿童公共健康政策

（一）教育和宣传

教育和宣传是很重要的，一些教育父母和儿童了解良好健康做法的努力取得了成效。例如，美国一些州实施了一个名为"宝贝你的宝贝"的计划，其中包括大规模的产前护理广告活动以及一个免费电话号码，人们可以打电话获取所在地区产前护理的信息。在内华达州，婴儿死亡率从实施该计划前的每1 000人死亡9人下降到实施该计划后的每1 000人死亡5.7人，1997财政年度仅花费46.8万美元（全国州长协会，1997b）。美国婴儿死亡率从1994年每千名活产死亡8人下降到1996年每千名活产死亡7人，这一进步归功于医院和其他医疗保健机构的共同努力，让婴儿侧卧或仰卧，而不是其他睡姿，因为研究表明，仰卧睡眠可以降低发生婴儿猝死综合征（SIDS）的风险。鉴于烟草对健康构成的重大威胁，宣传吸烟的影响程度非常重要，据估计，美国每6名儿童中就有1名可能吸烟，其中1/4将因此死亡（美国国土安全部，1991）。此外，美国80%的吸烟者在18岁之前就开始吸烟（美国疾控中心，1998）。

怀孕期间吸烟被认为是"发达国家胎儿生长不良的最有力的决定因素"（美国国家成瘾和药物滥用中心，1996），研究表明，怀孕期间吸烟使婴儿出生时体重不足的风险增加了一倍。胡、松和基勒（Hu，Sung & Keeler，1995）发现这个项目对香烟的消费有很大的负面影响，这个项目已经被认为在加州减少了40%的吸烟者。

旨在减少暴力行为的教育干预通常试图教导儿童识别情感并以适当的方式对其采取行动，其中许多课程还强调补习教育，以缓解因学业失败而产生的挫折感，这种类型的一些项目在非常小的儿童身上显示出有利的结果（Tremblay et al.，1997），几乎没有证据表明针对严重攻击性青少年的项目在改变行为方面是有效的（托兰和格拉，1994）。因此，可获得的有限信息表明，正如经济理论所表明的那样，在某些情况下，教育可能是改善公共卫生的一种非常具有成本效益的方法。

(二) 社区健康措施

有许多类型的社区健康措施被证明在改善儿童健康方面是有效的。德国和日本的奖励以及制裁措施为寻求早期产前护理提供了财政奖励，而法国则通过减少她们有权获得的儿童津贴来惩罚没有使儿童得到护理的妇女（伯格曼，1996）。在英国，医生因为获得高免疫率而获得奖金（乔克，1994）。这些措施的特点是关注社区，而不是改变个人行为。例如，美国的"安全儿童/健康社区伤害预防计划"致力于整修操场，并设立安全监督活动。该项目还有一个教育部分——在当地学校开展了预防伤害和暴力教育。在研究期间，目标伤害（车辆伤害、户外坠落、攻击和手枪伤害）下降，而非目标伤害（中毒、吞食、烧伤等）没有下降。美国马萨诸塞州和瑞典的类似社区方法也显示出了积极的效果（戴维森，1994）。许多主要目的不是改善儿童健康的政策可能对健康产生重大影响。事实上，许多儿童权利倡导者强烈认为，通过综合采取包括关注经济和社会剥夺以及健康在内的措施，儿童健康将得到最有效的改善（Kliegman，1995）。

美国、加拿大、德国、法国、瑞典、日本和英国都有针对高危孕妇、产后护理和"高危"儿童的家访调研计划。例如，英国使用公共卫生护士在所有新生儿家庭中提供预防性健康信息和检查，而这六个国家的儿童和婴儿死亡率也都较低，但并不能将这些结果只归因于家访项目（Chaulk，1994）。美国有数千个利用家庭访客为有小孩的家庭提供各种服务的项目，有证据表明，针对有幼儿家庭的家访计划可以减少诸如低出生体重、虐待和忽视儿童以及教育失败等严重问题的发生（Heinsetal et al.，1987）。迈耶（1988）研究发现，与前几次怀孕和具有类似人口统计学特征的对照组相比，受访的低收入密歇根州母亲的出生后儿童的健康状况更好。拉森（Larson，1980）报告说，随机分配到家访项目的儿童在第一年的意外事故较少，免疫接种率较高。在佛罗里达州，被随机分配到家庭探访2年的低出生体重儿童以后不太可能需要额外的发育服务（Resnick et al.，1987）。研究结果还发现，政府从福利（对有受抚养子女的家庭的援助和食品券）、医疗补助和儿童保护服务中节省的资金略高于提供家访计划的费用（Olds et al.，1997）。

卫生政策最紧迫的问题之一是确定对儿童健康的干预措施是良好的投资。例如，临床研究表明，高危妇女的产前护理可以对出生结局产生重大影响（医学研究所，1985）。但对大量人口产前护理影响的经济研究往往发现影响很小或微不足道（Rosenzweig & Schultz，1982，1983，1988；Frank et al.，1991；Corman et al.，1987）。这些结果可能不一致，因为对"有风险"的妇女来说，福利可能很大，而对其他妇女来说，福利可能很小或根本不存在。此外，虽然对所有妇女来说，获得一些产前护理（以便确定和治疗高危妇女）可能很重要，但对所有妇女来说，接受政府建议的所有护理可能并不有用。

（三）成本和收益评估

库里和格鲁伯（Currie & Gruber，1996a）的研究发现，针对低收入妇女的医疗补助扩展每挽救一条生命就要花费大约100万美元，虽然确切的费用数字很敏感，但也说明医疗补助不总是特别具有成本效益的公共卫生措施。维斯库西（Viscusi，1995）认为，这是因为这些措施在没有任何成本/收益分析的情况下实施，而且往往包含一种看似不合理的"现状偏见"。现状偏见是指人们愿意承担现有的"自然"风险（例如，食用食品中自然发生的化学物质），同时又不愿意承担其他较小的"合成"风险（例如，食用食品中的化学添加剂）。另外，如果人们对合成化学物质无害的说法持怀疑态度，这也是合理的，因为以前的"无害"化学物质被证明是有毒的、致癌的或环境灾难性的。因此，现状偏差可能是市场对不完全信息风险的合理反应。威廉姆斯和科奇（Williams & Kotch，1990）研究了美国儿童的"超额死亡率"，并指出，通过管制手枪、更多地使用公共交通工具，以负担得起并方便的日托服务来限制（风险）暴露是应该执行的措施之一。即保健领域之外的许多公共政策都会影响儿童健康，在考虑这些政策时，这些影响应该包括在成本/效益计算中。

第二节 儿童健康投资实证研究

一、儿童健康产出模型

儿童健康问题一直以来都吸引了广泛的关注,儿童健康的重要性不仅在于其作为生命质量的重要指标之一,还在于其同儿童的教育、未来的劳动供给以及工资的决定等具有正相关关系(Behrman,1990),儿童健康的影响因素得到了广泛的研究。传统的儿童健康方程决定儿童个体的健康与健康相关投资之间的逻辑关系,其中包括了直接决定儿童健康产出的变量,如儿童的营养摄入、母亲或其他对儿童健康有关联的行为的时间(如食物准备、哺乳以及进行医疗保健的时间等),而母亲的劳动供给则主要是通过增加儿童健康投入品以及减少育儿时间或降低育儿质量等起间接作用。布劳(Blau,1996)和詹姆斯－伯杜米(James-Burdumy,2005)将儿童的健康产出同母亲的劳动供给之间的关系表述为:

$$H = h[T_c \times Q_c(T_w, A), G(w \times T_w, V)] \qquad (7-1)$$

其中,T_c 表示母亲照料儿童时间,Q_c 表示母亲照料儿童的质量,T_w 表示母亲的工作时间,即母亲照料儿童的质量由工作时间决定,A 为其他决定母亲照料质量的外生变量。G 表示儿童消费的商品和服务的数量,由母亲的劳动收入 $w \times T_w$ 与家庭其他收入 V 所决定,w 指工资水平。

父亲也是家庭收入的主要提供者(Glick,2002)。已有的研究发现,男性对于儿童的影响主要是通过收入来实现的,因为在许多发展中国家,男性较女性更少地照料儿童,尤其是年幼的儿童(Evans et al.,1995),甚至当其妻子表现出更高的劳动参与与劳动时间时,男性在儿童照料方面的行为也没有明显地提高(Engle & Breaux,1994)。因此在儿童健康产出方程中,父亲的收入而非劳动时间影响儿童健康。

在通常健康产出的估计中,健康投入作为健康的决定因素直接进入健康

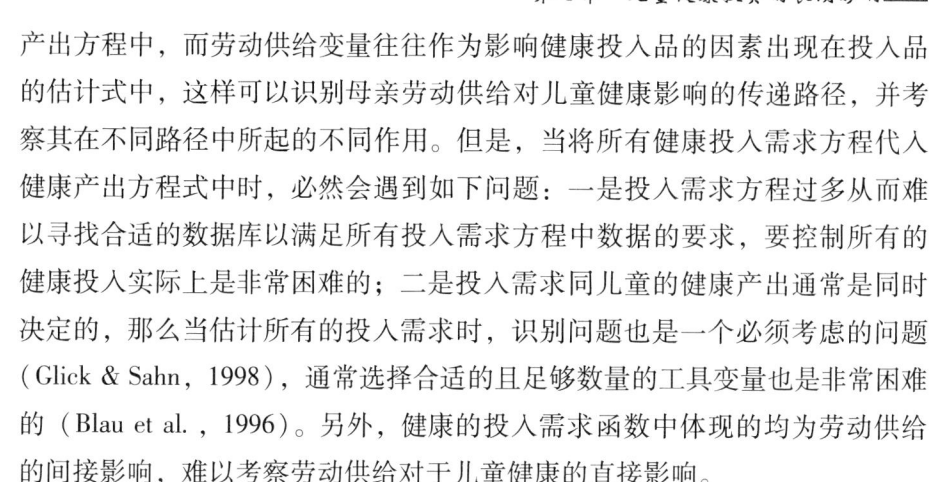

产出方程中,而劳动供给变量往往作为影响健康投入品的因素出现在投入品的估计式中,这样可以识别母亲劳动供给对儿童健康影响的传递路径,并考察其在不同路径中所起的不同作用。但是,当将所有健康投入需求方程代入健康产出方程式中时,必然会遇到如下问题:一是投入需求方程过多从而难以寻找合适的数据库以满足所有投入需求方程中数据的要求,要控制所有的健康投入实际上是非常困难的;二是投入需求同儿童的健康产出通常是同时决定的,那么当估计所有的投入需求时,识别问题也是一个必须考虑的问题(Glick & Sahn, 1998),通常选择合适的且足够数量的工具变量也是非常困难的(Blau et al., 1996)。另外,健康的投入需求函数中体现的均为劳动供给的间接影响,难以考察劳动供给对于儿童健康的直接影响。

二、数据、变量和模型

(一) 数据

本部分采用 CHNS(中国健康与营养调查)的数据,CHNS 始于 1989 年,每轮调查间隔期为 2~4 年不等,目前 10 轮调查遍及中国 15 个省份,调查采用分区多级随机抽样法抽取了大约 7 200 个家庭样本,选取 2004~2015 年 0~12 岁儿童样本共 2 061 个。

(二) 变量

被解释变量使用儿童的四周患病情况和 Z 评分,Z 评分是已被广泛接受的一个研究 0~17 岁儿童的短期和长期的健康指标(WHO, 2006),在许多现有的经济研究中它已被用于作为唯一的儿童保健标准。本章研究选用年龄身高比(HAZ)和年龄体重比(WAZ)两个指标,年龄身高比用于测量积累或长期健康水平,年龄体重比测量短期内发生改变或短期健康状况。

$$\mathrm{HAZ} = \frac{height_i - mean_g^h}{sd.dev_g^h} \qquad (7-2)$$

其中,$height_i$ 表示第 i 个儿童的身高,$mean_g^h$ 表示分年龄分性别的身高参考标准中位数，$sd.dev_g^h$ 表示分年龄、分性别身高的参考标准的标准差。HAZ 为负数时，表示研究儿童身体健康状况低于 WHO 标准，HAZ < -1 时表示研究儿童生长发育迟缓，HAZ < -2 时表示研究儿童中度生长发育迟缓，HAZ < -3 时表示研究儿童重度生长发育迟缓。

$$WAZ = \frac{weight_i - mean_g^h}{sd.dev_g^w} \quad (7-3)$$

其中，$weight_i$ 表示第 i 个儿童的体重，$mean_g^h$ 表示分年龄分性别的体重参考标准中位数，$sd.dev_g^w$ 表示分年龄、分性别体重的参考标准的标准差。WAZ 为负数时，表示研究儿童身体健康状况低于 WHO 标准，WAZ < -1 时表示研究儿童低体重。

解释变量为健康投资，健康投资包括母亲或家庭其他成员（如祖父母）对于孩子健康相关联行为的投入，根据本书的定义，儿童健康投资也分别从营养投资、医疗和保健、体育运动与休闲、生活环境几个方面选取变量。

CHNS 的收入是以家庭为单位计算的，因而本部分借鉴解垩（2009）对于家庭人均收入的计算方式，将各个家庭成员的工资、奖金、补贴以及农牧业收入按家庭求和，再除以家庭人口得出人均收入。健康投资一方面取决于家庭的支付能力，另一方面取决于各种投入品如医疗保健服务的可获性，因此儿童的健康状况不仅受到生物遗传因素，而且还受家庭、社区等社会经济因素的影响（宋月萍和谭琳，2006；陈在余，2009）。因此控制变量包括父母收入、父母受教育程度、母亲是否工作等家庭特征变量；是否独生子女、儿童性别、年龄等个人特征变量；父母身高、体重等遗传因素变量；所在区域及经济发展状况，各变量的具体定义见表 7-1。

表 7-1　　　　　　　　　　模型变量设计

变量分类	变量名称	变量描述
被解释变量	患病状况（health）	儿童的 4 周患病情况
	年龄身高比（HAZ）	计算所得
	年龄体重比（WAZ）	计算所得

续表

变量分类	变量名称	变量描述
解释变量	消费和营养投资（nutrition_invest）	调研问卷"去年,你是否喝过软饮料或含糖果汁饮料?"的回答,虚拟变量
		你喝软饮料和含糖果汁饮料的频率？1. 每天喝；2. 每周 3~4 次；3. 每周 1~2 次；4. 每月 1~2 次；5. 每月不超过 1 次
	医疗和保健投资（medical_invest）	调研问卷"你是否享有医疗保险?"的回答,虚拟变量,0 表示没有,1 表示有
		医疗保健,调研问卷"在过去 4 周,你有没有接受过任何一种保健服务(如健康检查、视力检查、查血等)?"的回答,0 代表没有,1 代表有
	体育运动与休闲投资（sports_invest）	是否进行体育运动的虚拟变量,针对 6 岁以下儿童,调研问卷"你平时是否在学前机构、体校或家中进行体育活动(如跑步、使用操场器械、踢足球或其他运动)?"的回答,针对 6 岁以上儿童,调研问卷"你上学前、放学后或周末是否参加体育活动(包括相对剧烈的体育活动,如排球、羽毛球、足球、长跑)?"的回答
		体育运动时间的连续变量,针对 6 岁以下儿童,调研问卷"平均每周进行多长时间的体育活动？（小时）"的回答,针对 6 岁以上儿童,调研问卷："每周在上学前、放学后或周末参加多少次体育活动？"和"平均每次体育活动进行多长时间？（小时:分钟）"的回答
	生活环境投资（environ_invest）	家庭所使用的水源类型（water）
		厕所类型（toilet）
个人特征	性别（gender）	0＝男；1＝女
	出生次序（birth_order）	按照家庭 ID、年份、年龄进行排序,然后再根据年龄进行赋值次序
	户口（urban）	1＝城镇；2＝农村
	年龄（age）	考虑到儿童不同年龄阶段的差异以及计算健康指数时参考标准的计算方式的不同,引入 0~2 岁儿童、2~5 岁儿童以及 5~12 岁儿童的虚拟变量
	是否独生子女（only）	hhid 和年份进行排序统计,若同一年出现两个 hhid,则家庭孩子是 2 个（hhsize）,最终统计 hhsize 不等于 1 则是非独生

续表

变量分类	变量名称	变量描述
家庭特征	父亲身高（height_f）	根据调研体测的数据
	母亲身高（height_m）	根据调研体测的数据
	父亲体重（weight_f）	根据调研体测的数据
	母亲体重（weight_m）	根据调研体测的数据
	父亲的健康状况（health-f）	根据问卷"与其他同龄人相比，你认为你现在的健康状况怎么样？"的回答，1. 很好；2. 好；3. 中等；4. 差；5. 很差
	母亲的健康状况（health-m）	根据问卷"与其他同龄人相比，你认为你现在的健康状况怎么样？"的回答，1. 很好；2. 好；3. 中等；4. 差；5. 很差
	母亲生育儿童的年龄（bearing_age）	使用母亲年龄-孩子年龄计算所得
	父亲教育水平（education-f）	根据调研问卷"你的最高教育程度是什么？"的回答
	母亲教育水平（education-m）	根据调研问卷"你的最高教育程度是什么？"的回答
	父亲是否吸烟（smoke-f）	根据调研问卷"你吸烟吗？（包括手工卷烟、机器卷烟及烟斗）"的回答
	母亲是否吸烟（smoke-m）	根据调研问卷"你吸烟吗？（包括手工卷烟、机器卷烟及烟斗）"的回答
	父亲饮酒频率（drink-f）	根据调研问卷"喝酒的频率？"的回答，1. 几乎每天喝；2. 每周3~4次；3. 每周1~2次；4. 每月1~3次；5. 每月少于1次
	母亲饮酒频率（drink-m）	根据调研问卷"喝酒的频率？"的回答，1. 几乎每天喝；2. 每周3~4次；3. 每周1~2次；4. 每月1~3次；5. 每月少于1次
	父亲是否工作（job-m）	0=否；1=是
	母亲是否工作（job-m）	0=否；1=是
	母亲的周均工作小时数（wt-m）	调研问卷"母亲上周工作时间"的回答

续表

变量分类	变量名称	变量描述
家庭特征	父亲收入（wage-f）	父亲去年平均月收入
	母亲收入（wage-m）	母亲去年平均月收入
	家庭总收入（income）	调研问卷中家庭总收入的问题
地区特征	地理区位（location）	东中西三大区域
	所在地区（GDP）	取对数
工具变量	劳动收入	按照年份、地区、职业和性别划分的CHNS数据库全部样本的平均工资水平
	劳动参与水平	所在省女性从事劳动的比重
		所在省服务行业从业人员

（三）模型

1. 基准模型。

$$health_{it} = \beta_0 + \beta_1 \sum_{l=1}^{N} hinvestment_{lt} + \beta_1 IM_{it} + \beta_1 IF_{it} + \sum_{k=1}^{N} \beta_k X_{kit} + \sum_{j=1}^{N} \beta_j F_{jit} + \sum_{j=1}^{N} \beta_j EN_{jit} + \varepsilon_{it} \quad (7-4)$$

其中，方程左边为第 i 个儿童的健康水平，$hinvestment_{lt}$ 为健康投资变量，X_{kit} 是一系列控制向量，代表了儿童的个体特征，如年龄和性别，F_{jit} 为家庭特征，如父母自身的健康状况和教育水平；EN_{jit} 为与健康状况相关的环境或区域变量，ε_{it} 为扰动项，代表了未观察到的能够影响孩童健康水平的个体、家庭或区域特征。

2. 动态面板数据模型。

儿童健康投资产出方程的估计过程中，对健康投资内生性进行处理是必要的。本章考虑采用动态面板数据模型（GMM）作为参数估计方法（Blundell & Bond, 1998),与静态面板模型相比,模型右边增加了被解释变量的滞后期。本部分选择合适的工具变量,选择的工具变量同健康投资变量相关而同儿童的健康状况无关。一般而言,可选择的工具变量包括家庭资产、家庭非劳动收入和价格水平(Glick & Sahn,1998)。然而家庭资产等家庭水平上的变量可能是过去家庭成员劳动供给水平的积累,而这可能影响到儿童的健康禀赋从而影响到儿童当期的健康水平。从这个角度而言,社区水平的变量更为合适的,因为社区水平的变量一般认为是外生于家庭的,而任何家庭或母亲个人水平上的变量都可能与儿童发展相关,从而不是一个好的选择(James – Burdumy,2005)。因此,本章选择两类工具变量:第一类为劳动收入水平的工具变量,主要是按照年份、地区、职业和性别划分的 CHNS 数据库全部样本的平均工资水平,我们预期平均工资水平同个体的劳动参与决定以及劳动所得紧密相关,但同儿童个体的健康状况关系不大;第二类为地区影响劳动参与水平的变量,分别选择了当地女性从事农业劳动的比重与当地服务行业从业人员的比例来反映当地劳动力市场状况,服务行业为非农劳动转移的主要行业,因此其在当地的发展状况同母亲的非农劳动供给密切相关,而女性从事农业劳动的比重与母亲的农业劳动供给以及非农劳动供给都有着密切的联系,然而这两类社区水平变量同儿童的健康状况均关系不大。

动态面板计量模型构建如下:

$$health_{it} = \alpha_0 + \alpha_1 health_{it-1} + \alpha_2 \sum_{l=1}^{N} hinvestment_{lt}$$
$$+ \alpha_3 \sum_{m=1}^{3} IV_{it} + \sum_{k=1}^{N} \alpha_k X_{kit} + \lambda_i + \varepsilon_{it} \quad (7-5)$$

其中,$health_{it}$ 是被解释变量,分别表示儿童健康的不同指标;$health_{it-1}$ 表示滞后一期的被解释变量;$\sum_{l=1}^{N} hinvestment_{lt}$ 是健康投资变量,也是需要检验的关键变量;IV_{it} 表示工具变量;X_{kit} 是一系列控制向量,包含了儿童的个体特征(如年龄和性别)、家庭特征(如父母自身的健康状况和教育水平)、与健康状况相关的环境或区域变量;λ_i 是未观测的特定时间固定效应,ε_{it} 为扰动项,代表了未观察到的能够影响孩童健康水平的个体、家庭或区域特征。

三、儿童健康投资指标构建

本章采用儿童营养投资、医疗和保健、体育运动与休闲、生活环境投资指标构建多维健康投资指标,为了使健康投资因子与健康投资同方向变化,本书对所有变量重新进行了标准化,使所有变量的变化都是同方向的,这些变量数值越大,则健康投资越高,在此基础上进行了因子分析。

通过均值化方法对所有数据进行计算,用协方差矩阵反映各指标变异程度的差异,得出各指标的特征值、变化幅度、影响率及累计影响率(见表7-2)。

表7-2　　　　　　　　因子分析方差贡献率

因子	特征值	变化幅度	影响率	累计影响率
因子1	1.4912	0.44615	0.2485	0.2485
因子2	1.04505	0.04235	0.1742	0.4227
因子3	1.0027	0.02701	0.1671	0.5898

由表7-2可以看出,因子1影响率最高,占24.85%,共提取3个因子,其特征根大于1,累计贡献率58.98%,碎石图如图7-1所示。

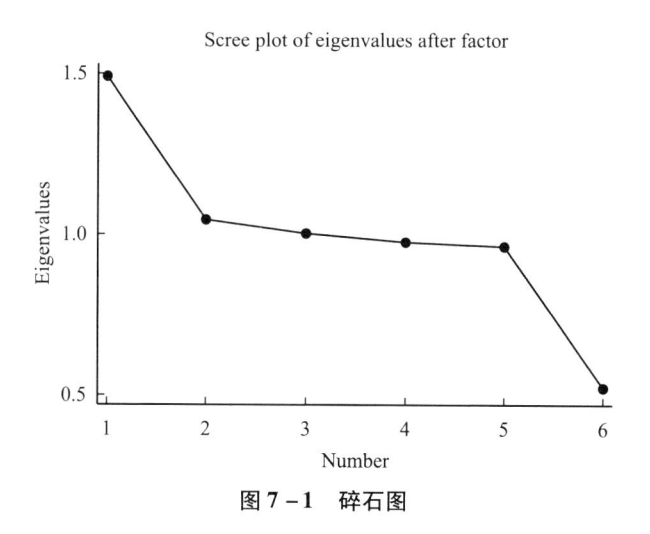

图7-1　碎石图

对各细分指标与因子之间的关联度进行计算,得到各原始变量的因子表达式系数,为更好地分离并强化各因子的作用,使用 Varimax 旋转方法对因子矩阵进行正交化旋转,进而得到旋转后的因子矩阵,让因子对原始变量的解释更清晰,各细分指标因子经过旋转运算后,组成了4个不具备关联的综合因子,而每个综合因子均与原始的变量相关,各变量的因子得分见表7-3。

表 7-3　　　　　　　　　因子分析旋转成分及得分系数

变量	因子1	因子2	因子3	因子4
消费和营养投资	-0.00359	0.58174	-0.23164	-0.00359
医疗和保健投资	0.07932	-0.4045	0.17066	0.07932
体育运动与休闲投资	0.06137	0.66772	0.28321	0.06137
生活环境投资	0.57556	-0.0237	-0.00015	0.57556

根据表7-2和表7-3的方差贡献率以及因子得分系数,得到不同健康投资的权重,从而计算出健康投资综合得分。

四、实证分析

(一)描述性统计

表7-4列出了变量的描述性统计,整体健康水平的均值为0.131,方差为0.773,HAZ 的均值为 -0.085,方差为1.001,WAZ 的均值为0.212,方差为1.000,健康投资综合得分的均值为0.212,方差为1。

表 7-4　　　　　　　　　　描述性统计

变量名称	样本量	均值	方差	最小值	最大值
患病状况	49 434	0.131	0.773	0	9
年龄身高比	21 884	-0.085	1.001	-4.967	2.231

续表

变量名称	样本量	均值	方差	最小值	最大值
年龄体重比	22 168	0.212	1.000	−1.763	6.646
健康投资得分	8 360	−0.002	0.347	−8.724	3.425
性别	277 938	1.431	0.495	1	2
出生次序	51 317	1.699	0.922	1	9
户口	42 300	1.641	0.480	1	2
年龄	51 317	20.212	14.948	0	91
是否独生子女	277 938	0.145	0.353	0	1
父亲身高	55 617	165.350	6.931	0	193.6
父亲体重	64 973	154.548	6.631	0	190
母亲身高	55 250	62.793	11.177	7.4	171.4
母亲体重	64 649	55.452	9.868	0	140
父亲健康情况	34 018	2.348	0.855	1	9
母亲健康情况	38 390	2.464	0.863	1	9
母亲生育儿童年龄	43 349	27.212	5.118	18	78
父亲教育水平	66 407	1.242	1.284	0	9
母亲教育水平	81 854	3.218	1.910	1	9
父亲是否吸烟	57 111	0.670	0.531	0	9
母亲是否吸烟	65 195	0.043	0.242	0	9
父亲饮酒频率	35 693	2.550	1.491	1	9
母亲饮酒频率	6 170	3.476	1.629	1	9
母亲是否工作	67 181	0.608	0.488	0	2
母亲的周均工作小时数	23 073	36.783	20.256	0	126
父亲收入	17 776	1 406.203	5 125.768	0	400 000
母亲收入	10 450	1 112.394	2 240.182	0	80 000

（二）健康投资影响健康模型基准模型

首先使用基准模型检验儿童健康投资对儿童健康指标的影响。

如表7-5所示，模型的结果发现：儿童健康投资在10%和5%的置信水平上显著正向影响年龄身高比和年龄体重比，儿童健康投资越多，儿童年龄身高比和年龄体重比越高。

表7-5　　　　　　　健康投资影响健康的基准模型结果

变量名称	（1）患病状况	（2）WAZ	（3）HAZ
健康投资得分	-0.126 (-0.723)	0.295* (1.938)	0.281** (2.379)
性别	0.072 (1.144)	0.065 (0.656)	-0.033 (-0.475)
出生次序	-0.040 (-0.939)	0.151* (1.852)	-0.078 (-1.090)
户口	-0.116 (-1.218)	-0.181* (-1.656)	-0.008 (-0.071)
年龄	-0.017** (-2.543)	0.244*** (18.731)	0.195*** (27.459)
是否独生子女	0.091 (1.136)	0.039 (0.328)	-0.043 (0.512)
父亲身高	-0.015** (-2.462)	0.017 (1.413)	0.002 (-0.284)
母亲身高	-0.003 (-0.513)	0.017** (2.571)	0.012 (1.194)
父亲体重	0.005 (1.226)	0.012** (2.303)	0.005 (1.238)
母亲体重	0.005 (1.172)	0.023*** (3.747)	0.002 (0.618)
母亲生育儿童的年龄	0.0002 (0.036)	0.023* (1.708)	0.016 (1.589)

续表

变量名称	(1) 患病状况	(2) WAZ	(3) HAZ
父亲教育水平	-0.004 (-0.527)	0.011 (0.752)	0.003 (0.332)
母亲教育水平	-0.001 (-0.136)	0.019 (1.342)	0.013 (1.475)
父亲是否吸烟	0.025 (0.404)	-0.258** (-2.556)	0.022 (0.388)
母亲是否吸烟	-0.005 (-0.043)	0.087 (0.449)	0.426*** (4.566)
父亲饮酒频率	-0.027 (-1.548)	0.071** (2.336)	-0.010 (-0.929)
母亲饮酒频率	0.002 (0.097)	-0.010 (-0.424)	-0.015 (-1.338)
母亲的周均工作小时数	0.001 (0.696)	-0.001*** (-2.483)	-0.0002*** (-2.340)
父亲收入	-0.0002 (-0.478)	0.0003** (2.044)	0.0004* (1.948)
母亲收入	-0.0001 (-0.656)	0.0003*** (3.018)	0.0004*** (2.612)
常数项	2.824** (2.361)	-4.432** (-2.133)	-5.020*** (-3.828)
样本量	2061 (0.051)	2061 (0.915)	2061 (0.970)

注：括号内为t值，*表示10%的显著性水平，**表示5%的显著性水平，***表示1%的显著性水平。

年龄正向显著影响年龄身高比和年龄体重比。工作时间的增加将挤占育儿时间，同时由于工作时间增加将导致育儿质量下降，母亲劳动时间增加对于孩童的健康是一个负向的效果，而母亲的收入增加促使更多的对儿童有利的消费，以及提高对儿童的人力资本投资，对于儿童的健康将有一个正的促进作用。正如布劳等（Blau et al., 1996）所指出的，母亲劳动供给对于孩童健康将主要通过两种渠道发生作用：一方面，母亲的劳动供给对于孩童的健康状况可以有一个直接的生理作用，或者可以通过与健康产出方程中的其他变量发生相互作用从而对健康产出产生影响；另一方面，某些外生变量如价格、工资等，将会同时影响到儿童健康产出的投资需求（如母亲或其他人的照料儿童的时间）以及母亲的劳动供给行为两方面。父亲收入对儿童健康的影响在5%和10%的置信水平上显著，父亲收入对于儿童健康的影响除了通过影响儿童的消费品来实现之外，其收入水平的变动通常会影响到母亲照顾儿童的行为，这给儿童的健康带来了间接的影响（Glick, 2002）。

五、稳健性检验

（一）系统GMM模型检验结果

在考察儿童的健康产出与儿童健康投资之间的关系时，内生性的问题不可忽视，其来源通常有两种：一是可能有些未观测到的因素同时影响到了儿童的健康和健康投资，如哺乳期或怀孕期有一些因素影响到了儿童健康和健康投资，但在研究调查中被忽略（Blaue et al., 1996），另外母亲对于儿童健康的偏好不同也可能导致其劳动供给行为产生差异，而偏好往往是难以观测的（Glick et al., 1998）；二是儿童的健康对于儿童健康投资具有反作用，健康水平较差的儿童的健康投资可能增加，因此，接下来使用系统GMM模型检验儿童健康投资对不同健康指标的影响（见表7-6）。

表 7-6　　　　　健康投资影响健康的系统 GMM 模型检验

变量名称	(1)	(2)	(3)
	患病状况	WAZ	HAZ
健康投资综合得分	-0.098** (-2.195)	2.105* (1.890)	1.697*** (2.339)
控制变量	加入	加入	加入
工具变量	加入	加入	加入

注：括号内为 Z 值，*表示10%的显著性水平，**表示5%的显著性水平，***表示1%的显著性水平，从结果来看，所有模型中 Hansen 检验结果值均大于0.1，表示无法拒绝工具变量外生的原假设，即工具变量设置是合理的。从 AR（1）和 AR（2）检验结果来看，扰动项之间存在一阶序列相关，但不存在二阶序列相关，符合系统 GMM 方法的有关设定，并且各个解释变量系数均显著有效，因此模型的设定是合理有效的。

GMM 的估计结果中，儿童健康投资对患病的影响在5%的置信水平上显著，说明儿童健康投资显著降低儿童患病，儿童健康投资对年龄身高比和年龄体重比的影响分别在5%和10%的置信水平上是正的，说明健康投资可以显著增加个体的健康水平，这验证了本章的假设。

（二）采用二阶段最小二乘模型（2SLS）的检验

二阶段最小二乘模型能够充分考虑系统中的内生性问题以及误差项之间的相关性问题（Greene，2001），克服了间接最小二乘法不适用于过度识别的结构方程的缺点，以及工具变量法中工具变量选取中带来的缺点（Arelllano，2003），本书同样选用样本所在地区的财政状况和医疗机构数量作为个体健康投资的工具变量。

第一阶段估计：

$$Invest_{it} = \alpha_0 + \alpha_1 Finance_{it} + \alpha_2 Medical_{it} + \sum_{k=1}^{N} \alpha_k X_{kit} + + \varepsilon_{it} \quad (7-6)$$

其中，$Invest_{it}$ 是被解释变量，表示综合健康投资，$Finance_{it}$ 表示样本所在地区财政状况，$Medical_{it}$ 表示样本所在地区医疗机构数量，X_{kit} 为影响健康投资的控制变量，ε_{it} 为随机扰动项。

接着，以式（7-6）为第一阶段，采用最小二乘模型估计健康投资对健康的影响。具体表达式为：

$$health_{it} = \beta_0 + \beta_1 invest_{it} + \sum_{k=1}^{N} \beta_k X_{kit} + \mu_{it} \qquad (7-7)$$

其中，$health_{it}$是被解释变量，表示整体健康变量，$invest_{it}$是健康投资变量，X_{kit}为一组控制变量，μ_{it}为随机扰动项。

表7-7报告基于工具变量的2SLS回归结果，结果显示，一阶段回归中，三个工具变量对儿童健康投资的回归显著异于0。通过 estat firststage 检验发现工具变量与内生变量间有较强的相关性。同时，在结构方程中对内生解释变量的显著性进行 wald 检验，发现不存在弱工具变量，保证了检验结果的可靠性。引入工具变量的二阶段的回归结果表明，健康投资对健康仍具有显著正向影响，印证前文回归结果的稳健可靠。

表7-7　　　　健康投资与健康：基于工具变量的2SLS回归

变量	一阶段回归 （被解释变量：儿童健康投资）	变量	二阶段回归 （被解释变量：HAZ）
劳动收入	-1.871*** (-7.710)	健康投资	0.022** (2.158)
所在省女性从事劳动的比重	-0.0004*** (-6.267)		
所在省服务行业从业人员	-0.0002* (-1.862)		
控制变量	加入		加入
年份固定效用	加入	年份固定效用	加入
家庭固定效应	加入	家庭固定效应	加入

注：括号内为Z值，**表示5%的显著性水平，***表示1%的显著性水平。

第三节　结论与政策建议

儿童的健康问题一直以来都吸引了广泛的关注，其重要性不仅在于儿童的健康是生命质量的重要指标，还在于其与教育、未来的劳动供给以及工资的决定等具有正相关关系。在计划生育政策背景下，家庭中的子女个数越来越少，如何提高质量成为国家和家庭关注的重点。本部分采用2004~2015年中国营养与健康调查数据0~12岁共2 061个儿童样本作为分析样本，验证儿童健康投资对儿童健康的影响。本部分还采用儿童营养投资、医疗和保健、体育运动与休闲、生活环境投资指标通过因子分析构建多维健康投资指标。结果发现，无论采用年龄身高 Z 评分还是年龄体重 Z 评分衡量儿童健康，儿童健康投资对儿童健康具有显著的正面影响。考虑可能存在的内生性问题，选择适合的工具变量，GMM的估计结果发现，儿童健康投资对患病的影响在5%的置信水平上显著，说明儿童健康投资显著降低儿童患病，儿童健康投资对年龄身高比和年龄体重比的影响分别在5%和10%的置信水平上是正的，说明健康投资可以显著增加个体的健康水平，这验证了本书的假设。引入工具变量的二阶段的回归结果表明，健康投资对健康仍具有显著正向影响，印证前文回归结果的稳健可靠。

基于以上分析，本章认为儿童健康投资对儿童健康具有显著的正面影响，本研究具有较强的政策意义。首先，鉴于健康投资对儿童健康的积极作用，我国仍需继续从儿童营养投资、医疗和保健、体育运动与休闲、生活环境投资等方面加大儿童的健康投入；其次，在加大投入的同时还应让投资更有针对性，关注对儿童健康影响最大的方面，最大限度地提升健康投资健康效益。

不同于以往大部分研究只使用某一健康维度的测量方法，本办法考虑了更为广泛的生活环境以及多种健康的综合维度来提供儿童早期健康投资导致健康结果差异的证据，但因为无法观察到所有儿童早期的家庭生态环境，很难确定导致健康差异的儿童环境的确切集合，因此，许多健康方面的变化可能无法解释，对于儿童健康差异测量的结果总是低于真实值，这可能使得决策者错误地认为健康差异在很大程度上是公平的（Kanbur & Wagstaff，2016）。但为了消除儿童环境造成的健康不平等，必须了解儿童健康投资中可能影响健康的关键因素，这样才有利于进行针对性行动干预。

第八章

健康投资的收入效应

第一节 引言及研究假设

一、引言

我国"十四五"规划提出,要"多渠道增加城乡居民财产性收入",2021年《政府工作报告》也表示,将"多渠道增加居民收入",从世界各国的经验来看,虽然发放消费券、推动假日经济都是有力举措,但收入增长才是提振消费信心和能力的根本驱动力。另外,党的十九大报告中将实施健康中国战略纳入国家发展的基本方略,把国民健康置于"民族昌盛和国家富强的重要标志"地位,认为国民健康是国家可持续发展能力的重要标志。2020年党的十九届五中全会继续强调全面推进健康中国建设,可见,健康和收入都是政策需要关注的重点问题。

健康被视为人力资本发展的重要组成部分之一(Mushkin, 1962),研究表明,健康状况是经济增长的重要因素(Bloom et al., 2018),这种影响超越了其他因素对经济增长的影响,而且影响惊人地大(Strauss & Thomas, 1998)。美国癌症协会(2009)指出,2008年,癌症带来的经济损失是8 950亿美元,相当于全球生产总值的1.5%,这个损失主要是由癌症造成的伤残和工作寿命年限的减少导致的。疾病风险对于家庭来说，不仅极大地降低家庭收入而且也会大大增加机会成本，造成对家庭生活的致命打击，机会成本包括因为早亡而丧失的未来收益的净现值，因为疾病而丧失的工作时间和治疗费用。健康对经济增长的影响在经济学界得到了广泛的关注，而从微观角度来说，健康可以被纳入个体的效用函数，健康既是消费品，也是需要投资并且回报丰厚的投资，健康投资可以通过劳动带来更多的收入，然后将收入投入人力资本的提升上，多种因素的叠加使个体达到更高的收入水平。

将健康当作消费品来对待的研究认为收入对健康有正向的影响，收入增长会改善健康状况，而更健康的个体可能更有生产力，收入更高。由于这种双向关系，个人健康和个人生产力之间的关联并不是仅在一个方向上的因果关系，健康作为经济增长和人类进步工具的作用，不利的健康不仅是低收入的结果，也是其根本原因之一，健康是人力资本的重要方面（Bloom & Canning, 2000）。一些研究表明，健康改善和经济发展具有动态性，健康改善促进经济增长，经济增长又促进更好的健康，这种"良性螺旋"可以将一个贫穷、易患疾病的国家转变为一个为人民提供更高生活质量的国家（Bloom & Canning, 2000），一些富裕工业国家的历史上都有这样的例子（Steckel & Floud, 1997）。另外，健康状况下降对经济影响的例子也很多，俄罗斯1990~1995年，140万~160万人（包括大量工人）过早死亡，这场健康危机造成俄罗斯经济不稳定和收入下降，而且随着恶性螺旋的上升势头，这种影响进一步恶化（Becker & Bloom, 1998），最近的新冠肺炎疫情导致2020年全球整体经济损失6.6万亿美元，到2021年底将达到12万亿美元[①]。

经济学的文献全面描述了推动经济增长的许多主要力量，包括技术进步、教育和物质资本积累等，医疗保健、个人行为和环境在影响健康方面的作用也得到了很好的理解，然而对健康与经济之间相互关系的理解仍然有限。健康影响经济的多种经济和社会途径，以及经济繁荣促进更好健康的反向因果渠道，使这种关系的分析比较复杂。此外，技术进步和体制改善等因素同时促进了人口健康和经济增长，这些因素都对理论建模和实证识别提出了挑战。

---

① 2020年11月10日，瑞士再保险中国总裁陈东辉出席"第十五届21世纪亚洲金融年会"发表的主题演讲中提到。

在已有研究的基础上，本章将健康投资定义为人们在获得初始健康资本的条件下对自己身心健康的投资，包括消费和营养投资、医疗和保健投资、体育运动与休闲投资和生活环境投资，并从微观角度深入探讨健康投资的收入效应。

本章的创新性体现在：一是已有研究大多研究健康和收入关系，但健康指标具有异质性，受到投资行为、基因、随机冲击和测量误差的影响（Schultz，2005），健康的指标是多方面的，并不总是与死亡率、患病率和生活质量等相符合。由于健康和收入的同时性、遗漏的变量和健康异质性，所得到的结果可能存在偏差，研究者对如何在个人层面上准确定义和衡量健康并没有达成共识，因此，健康状况衡量的工具进展缓慢，而且获取健康数据很难描述健康影响的时间序列。本章从健康投资的角度研究其对收入的影响避免了这个问题，健康投资可以看出一段时期内保持持续健康或健康变化的个人的横断面指标，比同期健康指标更容易区分慢性、累积性的健康问题，而这些问题会削弱健康的经济福祉，而一些急性、短暂的医疗措施很难产生长期经济后果，与许多同期的健康指标不同，足够长时间的健康投资可以看作外生变量，基于这些原因，本章认为构建的健康投资指标比单一的健康指标更全面。

二是健康投资和收入具有双向关系（Steckel & Floud，1997）。健康具有"消费价值"和独特的"能力"，更健康的人收入更高，而收入更高的人也可能会分配更多的资源来创造和保持健康，由于这种双向关系，个人健康和收入之间的这种复杂的关系，导致了利用个人和家庭的调查数据评估健康政策的经济影响缺乏共识，分配给健康政策的总体优先权和特定类别卫生支出的相对有效性是通过专家的"最佳判断"来决定的（Murray & Lopez，1994）。健康和收入的相互作用的研究主要通过健康缩减模型或收入方程直接估计（Schultz，1993），而使用联立方程框架时，对健康和收入关系的估计又强烈依赖于潜在的识别假设（Currie & Madrian，1999）。健康投资和收入之间的双向关系为实证研究提出了一个重要的问题，本章的研究同时考虑健康投资方程中收入情况和收入方程中健康状态的内生性，采用两阶段模型作为基准模型研究健康投资与收入的关系。先估计健康投资对健康的影响，然后评估健康对收入的影响，这样设计使得健康投资对经济福利的影响可以追溯到健康状况不佳对收入的直接影响，以及通过患病时间、就业、有效劳动时间和教育产生的间接影响。文献的研究发现与健康变量的内在性以及健康与其他因素的相互作用的社会人口特征都会影响模型的结果，而基准模型调整了样本的选择性，并控制了影响收入的因素，从而尽量避免有偏差的结果。异质性检验明晰健康投资对不同群体收入的影响，稳健性检验部分考虑用分位数回归和横截面数据模型等方法，变量的选择上考虑了绝对收入、相对收入和收入的流动性，从多个角度检验健康投资对收入的影响。

二、研究假设

居民收入与健康之间存在强关联性（Mackenbach et al., 1997；Kippersluis et al., 2009），但大多研究是从收入影响健康的角度，认为较高的收入使人们对许多促进健康的商品和服务拥有更大的支配权，例如更好的营养和获得安全饮水、卫生设施以及高质量的保健服务（Brazier et al., 2002；Subramanian et al., 2003；Subramanian & Kawchi, 2004；Thomson & Burns, 2008）。

研究健康与收入关系的另一个角度是从健康到收入的因果关系，大多的研究是从宏观的角度分析健康经济影响，绝大多数学者认为，健康改善的经济影响是有益的（Lee, 1982；Bartel & Taubman, 1986；Strauss & Thomas, 1998；Lorentzenden et al., 2008；张车伟，2003；魏众，2004；刘国恩等，2004），健康状况的改善可以被视为东亚巨大经济成就的主要支柱之一，人口红利可能占其"经济奇迹"的1/3（Bloom & Williamson, 1998）。切尔维拉蒂和桑德（2015）在一个统一增长模型中说明死亡率的差异是解释经济起飞差异的一个重要因素。相比之下，健康状况不佳会减缓人口结构的转变，抑制经济增长。例如，在非洲，疾病负担造成高生育率、高死亡率的贫穷陷阱，阻碍经济增长（David & Jeffrey, 1998）。卢夫特（Luft, 1975）发现健康状况不佳对收入的总体影响很大，残疾人平均年收入减少了37%。一系列纵向研究的连续报告认为，健康是决定收入的关键变量（Davis, 1972, 1973），刘国恩等（2004）建立以家庭为基础的个人收入生产函数发现，个人健康与家庭人均收入高度相关，解垩（2009）验证了收入与健康的正相关关系。

健康与收入之间的相互关系是复杂的，一些研究考虑了健康状况对决定收入的各种因素的影响：包括劳动力参与、劳动力周数、失业率、工作时间和小时工资等。健康是劳动力参与的一个重要决定因素（Chirikos，1993；Currie & Madrian，1999）。摩根等（Morgan et al.，1962）明确地将健康状况纳入收入构成的等式，发现健康状况对所调查的劳动力参与率、每年工作时间和小时工资率等变量都很重要，其中对劳动参与率的影响最大。其他一些研究检验了劳动力参与行为，并明确了健康状况的重要性（Bowen & Finegan，1969；Berkowitz & Johnson，1971）。瑞斯（Rice，1969）提供了各种疾病通过发病率和死亡率造成的总收入损失估计数。张车伟（2003）研究发现，几乎所有的营养和健康方面都影响到农村的劳动生产率。

部分研究涉及某项健康投资对收入的影响，如蛋白质和以体重指数（BMI）为代表的营养投资可以提高劳动者的生产力（Scrimshaw et al.，1968）。也有研究发现有针对性地采取干预措施，改善妇女和儿童的健康状况，例如补充碘或接种人乳头瘤病毒疫苗（Field et al.，2009；Luca et al.，2018），在经济增长方面可能会产生非常高的回报。施特劳斯（Strauss，1986）认为，健康投入可以增加收入，随后的研究复制并扩展了施特劳斯（1986）的发现，包括德奥拉利卡（Deolalikar，1988）对印度工薪阶层数据的分析，萨恩和奥尔德曼（Sahn & Alderman，1988）对斯里兰卡数据的分析，哈达和布依斯（Haddad & Bouis，1991）对菲律宾数据的分析。托马斯和施特劳斯（1997）估计了巴西热量、蛋白质和体重指数对每小时收入的影响，发现正向关系。根据哈米德等（Hamid et al.，2011）的研究，健康对收入产生了两种影响，分别是："增强效应"和"稳定效应"，"稳定效应"即健康的劳动者的人力资本较高，可以较好地将人力转化为长期可持续的收入，间接减少了其支付的医疗服务支出。"增强效应"指劳动者健康水平的提高，会使其接触到更多的就业机会，提高其劳动时间。

因此，健康投资影响收入的机制包括：一是健康投资提高了劳动生产率，更健康的人群往往有更高的劳动生产率，健康人群的身体更精力充沛，精神更强健；二是健康投资也会增加教育投入，健康长寿的人有更大的动力去投资发展他们的技能，因为他们期望在更长的时间内从这些投资中获益，学校教育的增加促进了生产力的提高，反过来也提高了收入；良好的健康也能提高学生的出勤率，增强认知功能；三是实物资本投资，随着寿命的延长，人们更需要为退休储蓄。只要储蓄的增加导致投资的增加，个体就能获得更多的资本，收入就会增加。因此提出本章最重要的假设：

健康投资能够提高个体收入。

第二节 实 证 研 究

一、数据、变量及模型设计

（一）资料来源

本章所用数据来自中国营养与健康调查（CHNS）1989 年到 2015 年的数据，样本涵盖了 9 年 12 个省份。为了更好地观察样本的行为，基于如下原则对样本进行筛选：剔除 18 岁以下的样本；删除退休的老年样本，因为老年群体关于健康对收入的影响容易被老年人的退休决定所掩盖（Morgan et al., 1962）[①]；剔除模型所需变量观察值缺失较多的样本；删除样本的一些异常值。由于健康投资变量和健康变量某些年份的缺失，最终，数据来自 1989 年到 2015 年期间 10 次调查（1989 年、1991 年、1993 年、1997 年、2000 年、2004 年、2006 年、2009 年、2011 年、2015 年），得到 10 802 个个体的 79 715 个观察值。

（二）变量的选取

本章的被解释变量是收入，分别取绝对收入和客观相对收入变量，绝对

[①] 通过 CHNS 问卷的两个问题确定样本是否为退休样本，一是"你为什么没有工作？"和"你是否退休返聘？"。

收入是每月工资，相对收入变量借鉴拉瓦利翁和洛克申（Ravallion & Lokshin，2002）及庞德斯威（Powdthavee，2007）的方法，使用样本家庭人均收入与样本所在城市家庭人均收入中位数的比作为客观相对收入的指标，这一比值越高代表样本的相对收入越高。

CHNS数据调查了一系列关于成年人营养和健康状况的调查指标，本章参照郑莉莉（2021）的研究，解释变量健康投资分别从营养投资、医疗和保健、体育运动与休闲、生活环境几个方面选取变量，使用因子分析法构建健康投资指数。

借鉴已有的文献（Ravallion & Lokshin，2002；Powdthavee，2007，2009），本章将可能对收入有影响的人口社会学特征和社会经济特征纳入控制变量，人口社会学特征包括性别、户籍、年龄、教育程度、婚姻状况；社会经济特征变量选取工作情况、房产和物资资产。

模型变量设计如表8-1所示。

表8-1　　　　　　　　　　　模型变量设计

变量分类	变量衡量	变量名称	变量描述
被解释变量	绝对收入	wage	每月工资，连续变量，取对数
	相对收入	rewage	连续变量，样本家庭人均收入与样本所在城市家庭人均收入中位数的比值
解释变量	健康投资 hinvest	消费和营养投资 coinvest	包括人均热量摄入、人均蛋白质摄入、人均脂肪摄入和人均碳水化合物摄入
		医疗和保健投资 medinvest	包括吸烟情况、喝酒情况、医疗保险情况、医疗服务利用、预防保健
		体育运动与休闲投资 spoinvest	运动情况、睡眠时间
		生活环境投资 envinvest	饮用水来源、厕所

续表

变量分类	变量衡量	变量名称	变量描述
控制变量	人口社会学特征	性别 gender	虚拟变量，0=男，1=女
		户籍 urban	虚拟变量，0=城镇，1=农村
		年龄 age	连续变量
		教育程度 education	0=未上过小学，1=小学学历、2=初中学历、3=高中学历、4=职业技术学历、5=大学学历、6=硕士学历及以上
		婚姻状况 marry	虚拟变量，0=未婚、离婚、丧偶、分居，1=已婚
	社会经济学特征	就业情况 job	虚拟变量，0=否，1=是
		房产 house	家庭住房（0代表没有住房所有权，1代表有住房所有权）和房产现值（经过城乡消费价格指数调整后的房产现值）
		物资资产 assets	拥有家用电器的项数占比和拥有交通工具的项数占比

（三）基准模型

健康投资和收入之间存在着互为因果的内生性问题，健康状况指标存在随机误差测量并且可能由异质过程产生时，有必要将健康变量视为内生变量，本章考虑使用工具变量估计其对收入的影响。二阶段最小二乘模型能够充分考虑系统中的内生性问题以及误差项之间的相关性问题，以及工具变量法中工具变量选取中带来的缺点（Arelllano，2003），因此本章采用加入工具变量的 2SLS 模型，并选取健康知识①（dietary）作为工具变量，进行两阶段回归。

---

① 膳食知识，"你知道中国居民膳食宝塔或中国居民膳食指南吗？"的回答，CHNS 数据库从 2004 年开始就被调查者对膳食知识的了解程度进行调研，作为虚拟变量。

选取原因是，健康知识对个体的健康投资施加积极的影响，但与误差项的相关性较小，可以解决样本自选择的问题。

第一阶段估计：

$$hinvest_{it} = \alpha_0 + \alpha_1 Dietary_{it} + \sum_{k=1}^{N} \alpha_k X_{kit} + + \varepsilon_{it} \quad (8-1)$$

其中，$hinvest_{it}$是被解释变量，表示综合健康投资，$Dietary_{it}$表示个体的健康知识，X_{kit}为影响健康投资的控制变量（第一阶段模型中，加入个体健康状况的指标，包括短期健康状况 $sick$ 和长期健康状况 $chro$），ε_{it}为随机扰动项。

接下来采用最小二乘模型估计健康投资对健康的影响。具体表达式为：

$$Income_{it} = \beta_0 + \beta_1 hinvest_{it} + \sum_{k=1}^{N} \beta_k X_{kit} + \mu_{it} \quad (8-2)$$

其中，$Income_{it}$是被解释变量，表示收入变量，$hinvest_{it}$是健康投资变量，X_{kit}为一组控制变量，μ_{it}为随机扰动项。

二、实证分析

（一）主要变量描述性统计结果

变量的描述性统计见表8-2，绝对收入的均值为1 351.488，方差为1 611.984，客观相对收入的均值为0.513，方差为0.286，健康投资综合得分的均值为-0.004，方差为0.227。后文的实证研究中对方差较大的变量如绝对收入、房产取对数。

表8-2　　　　　　　　　　描述性统计

变量	均值	方差	最小值	最大值	样本量
wage	1 351.488	1 611.984	100	10 000	22 427
rewage	0.513	0.286	0.010	0.990	22 427
hinvest	-0.004	0.227	-0.68264	0.645756	36 616
gender	0.512	0.500	0	1	79 715

续表

变量	均值	方差	最小值	最大值	样本量
urban	0.689	0.463	0	1	79 715
age	41.866	13.137	18	65	79 715
education	1.840	1.369	0	5	77 039
marry	0.816	0.388	0	1	79 715
job	0.731	0.443	0	1	78 650
house	170 143	454 787.1	0	3 000 000	44 402
assets	0.865	0.343	0	1.7	23 870

（二）健康投资影响收入的基准模型

首先对工具变量进行识别不足、弱工具变量以及过度识别检验，结果显示不存在弱工具变量和过度识别问题，采用加入工具变量的 2SLS 模型检验健康投资影响收入的结果（见表 8-3）。

表 8-3　　　　健康投资与收入：基于工具变量的 2SLS 回归

变量	（1）一阶段回归（被解释变量：coinvest）	（1）二阶段回归（被解释变量：wage）	（2）一阶段回归（被解释变量：coinvest）	（2）二阶段回归（被解释变量：rewage）
score		2.202*** (2.645)		2.834*** (2.953)
dietary	0.017** (2.095)		0.016** (2.050)	
sick	-0.020 (-1.245)		-0.018 (-1.130)	
chro	0.039*** (2.885)		0.039*** (2.881)	

续表

变量	(1) 一阶段回归（被解释变量：coinvest）	(1) 二阶段回归（被解释变量：wage）	(2) 一阶段回归（被解释变量：coinvest）	(2) 二阶段回归（被解释变量：rewage）
gender	0.035*** (4.853)	-0.373*** (-10.100)	0.035*** (4.838)	0.051 (1.202)
urban	-0.024*** (-3.361)	-0.031*** (-2.994)	-0.025*** (-3.479)	-0.112*** (-3.032)
age	-0.001*** (-3.477)	0.003** (2.111)	-0.001*** (-3.560)	0.006*** (3.600)
education	0.017*** (6.256)	0.096*** (5.443)	0.017*** (6.346)	0.097*** (4.725)
marry	-0.013 (-1.188)	0.181*** (4.742)	-0.013 (-1.124)	0.034 (0.778)
house	0.020*** (7.496)	0.057*** (2.863)	0.020*** (7.176)	0.006 (0.263)
assets	0.025** (2.087)	0.005 (0.100)	0.026** (2.159)	0.033 (0.608)
常数	-0.187*** (-4.560)	6.081*** (26.930)	-0.181*** (-4.371)	2.180*** (8.611)
N	4 803	4 803	4 761	4 761

注：括号内为 t 值，** 表示 5% 的显著性水平，*** 表示 1% 的显著性水平。

第一阶段模型的结果显示，工具变量健康知识对健康投资的影响是正的且在 5% 的置信水平上显著。

第二阶段模型的结果显示，健康投资对收入具有正向影响，说明健康投资对绝对收入和相对收入的影响都非常显著，这验证了前文的假设，也与施特劳斯和托马斯（1998）和洛伦岑登等（Lorentzenden et al., 2008）对健康同收入研究的证据一致。

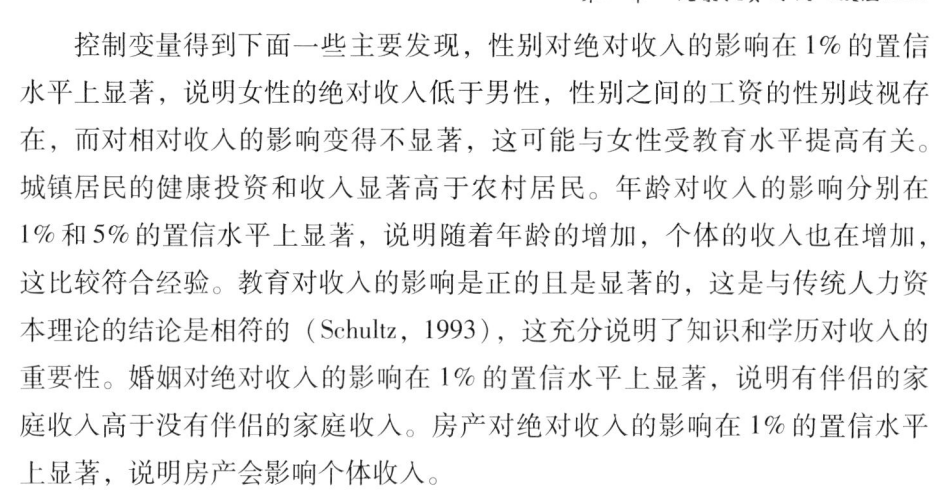

控制变量得到下面一些主要发现，性别对绝对收入的影响在1%的置信水平上显著，说明女性的绝对收入低于男性，性别之间的工资的性别歧视存在，而对相对收入的影响变得不显著，这可能与女性受教育水平提高有关。城镇居民的健康投资和收入显著高于农村居民。年龄对收入的影响分别在1%和5%的置信水平上显著，说明随着年龄的增加，个体的收入也在增加，这比较符合经验。教育对收入的影响是正的且是显著的，这是与传统人力资本理论的结论是相符的（Schultz，1993），这充分说明了知识和学历对收入的重要性。婚姻对绝对收入的影响在1%的置信水平上显著，说明有伴侣的家庭收入高于没有伴侣的家庭收入。房产对绝对收入的影响在1%的置信水平上显著，说明房产会影响个体收入。

（三）异质性检验

接下来的问题是：健康投资的收入效应是否存在城乡、地区和职业的差异？回答这些问题对于改善收入分配和健康投资配置都有着重要意义，因此接下来进行异质性检验。

1. 健康投资收入效应的城乡差异。

中国典型的城乡"二元"经济结构使得城乡收入差距问题尤为突出，在二元经济制度条件下，处于低收入组的农村居民受到人力资本成本溢价和户籍制度引发的劳动力转移壁垒成本的影响，面临比城镇居民更为严格的收入积累机制，给其上升为中等收入群体造成了障碍。已有的研究发现，健康对中国城乡收入差距的影响不容忽视（张玉华和赵媛媛，2015），因此，接下来分析健康投资影响收入的城乡差异。

如表8-4所示，模型的结果可以看出，健康投资对农村人群收入影响的程度高于城镇人群，说明健康投资促进城乡收入差距的缩小。农村居民的收入对健康的依赖更为显著，如果农村主要以体力劳动为主，在患病时期，居民并不能从事生产劳动，导致直接收入的减少，如果农村居民所患病症属于慢性病或较为严重的疾病，难以短时期内得以康复的情形下，可能导致长期的家庭收入减少，因此相对城市居民，健康投资对农村居民的影响比较大。

表 8-4　　　　　　　　健康投资收入效应的城乡差异

变量	被解释变量：wage		被解释变量：rewage	
	城镇	农村	城镇	农村
score	1.606** (2.263)	1.718** (2.461)	1.136** (2.092)	1.565*** (2.642)
控制变量	加入	加入	加入	加入
年份固定效用	加入	加入	加入	加入
家庭固定效应	加入	加入	加入	加入
N	2 152	2 651	2 152	2 651

注：括号内为 t 值，** 表示 5% 的显著性水平，*** 表示 1% 的显著性水平。

2. 健康投资收入效应的地区差异。

我国的经济发展和健康水平呈现出地区差异，因此，接下来分析健康投资收入效应的地区差异。根据我国国家统计局划分经济地域的标准，整体上分为东部地区、中部地区和西部地区。根据 CHNS 调研的省市，东部地区包括北京、上海、山东、江苏、辽宁，中部地区包括河南、湖北、湖南、黑龙江，西部地区包括广西、贵州。本章通过将总体样本分为三个子样本，分别进行检验，研究健康投资影响收入的地区差异。

如表 8-5 所示，对比东部、中部和西部地区样本健康投资影响收入的结果可以看出，健康投资对绝对收入的影响在 5% 和 1% 的置信水平上是显著的，东部地区健康投资水平和绝对收入水平较高，健康投资对绝对收入影响的程度也较高；健康投资对相对收入的影响在 5% 和 1% 的置信水平上是显著的，与西部地区相比，东部地区健康投资对相对收入影响的程度较高。

表 8-5　　　　　　　　健康投资收入效应的地区差异

变量	被解释变量：wage			被解释变量：rewage		
	东部	中部	西部	东部	中部	西部
score	4.345*** (5.496)	2.770*** (3.963)	1.921** (2.517)	4.688*** (5.346)	0.193 (0.984)	0.469** (2.496)

续表

变量	被解释变量：wage			被解释变量：rewage		
	东部	中部	西部	东部	中部	西部
控制变量	加入	加入	加入	加入	加入	加入
年份固定效用	加入	加入	加入	加入	加入	加入
家庭固定效应	加入	加入	加入	加入	加入	加入
N	2 302	1 526	794	2 302	1 526	794

注：括号内为t值，** 表示5%的显著性水平，*** 表示1%的显著性水平。

3. 健康投资影响收入的企业差异。

臧微和白雪梅（2015）研究认为，居民在国有部门工作，可以改善个人及家庭的收入，而非国有部门工作的个人的收入及收入地位的变动与宏观形势、政策导向密切相关，并不稳定。杨穗和李实（2017）发现，居民在国企就业有利于收入相对向上流动，并且居民在第二产业就业，产生收入向上流动的可能性也越大。因此接下来分析健康投资影响收入的企业差异，按样本所在企业分为三类，第一类包含政府机关、国有事业单位和国有企业；第二类包含小集体企业、大集体企业和三资企业；第三类包含家庭联产承包农业、私营和个体企业。

如表8－6所示，对比不同企业样本健康投资影响收入的结果可以看出，健康投资对绝对收入的影响在1%的置信水平上是显著的，政府机关、国有事业单位和国有企业健康投资对绝对收入影响的程度较高，家庭联产承包农业、私营和个体企业健康投资对绝对收入影响的程度较低；健康投资对相对收入的影响在1%的置信水平上是显著的，国有事业单位和国有企业健康投资对相对收入影响的程度较高，家庭联产承包农业、私营和个体企业健康投资对相对收入影响的程度较低。

表8－6 健康投资收入效应的地区差异

变量	被解释变量：wage			被解释变量：rewage		
	第一类	第二类	第三类	第一类	第二类	第三类
score	9.206 *** (2.670)	4.155 *** (3.993)	2.931 *** (5.965)	7.764 *** (2.578)	3.248 *** (3.190)	0.822 *** (2.863)

续表

变量	被解释变量：wage			被解释变量：rewage		
	第一类	第二类	第三类	第一类	第二类	第三类
控制变量	加入	加入	加入	加入	加入	加入
年份固定效用	加入	加入	加入	加入	加入	加入
家庭固定效应	加入	加入	加入	加入	加入	加入
N	1 918	601	2 124	1 918	601	2 124

注：括号内为 t 值，*** 表示 1% 的显著性水平。

（四）健康投资影响收入的作用机制分析

前面的分析可以看到，健康投资通过多种途径影响收入，因此进一步验证健康投资影响收入的具体作用机制。借鉴已有研究，本章主要分析四条路径：一是患病时间（med），疾病带来的直接影响是不能正常活动甚至需要休息或住院，健康投资使个体身体素质较强，恢复健康能力较快，可以减少疾病经济损失给患者带来的用于治疗和预防疾病的直接经济损失，还可以大大减少各种机会成本，例如误工时间，医护照料的收入成本等，因此健康投资使个人或者家庭的疾病风险大幅下降，减少了生病时间及时间成本，从而增加了个体收入。

二是教育（edu），沃夫（Wolf，2011）经过实证检验发现，不良的身体健康状况会导致受教育年限的减少，受教育质量降低以及职业培训与收入的降低，健康投资通过直接或间接地影响教育的投资回报率，拥有较高健康的个体能够在教育和培训上花费更多的时间，因此能够积累更多的人力资本，从而增加个体的收入。另外，健康的个体可以享受更长的寿命、存活概率和寿命预期，势必会影响家庭的教育投资行为，促进人力资本。舒尔茨（1993）指出，良好的健康水平会激励劳动者接受更多的教育学习和职业培训来增加自己的工作经验和能力，从而获得更高的收入，因此教育是健康投资收入效应的重要机制。

三是就业（job），已有的研究发现，健康对就业具有显著的正向影响，良好的健康状态意味着更多的就业机会（Luft，1975）。舒尔茨和坦塞尔

（Schultz & Tansel，1982）对科特迪瓦和加纳的研究发现健康对就业具有显著的影响；樊明（2004）利用美国国家医疗支出调查数据进行研究发现健康对就业具有显著影响；魏众（2004）认为，健康状况对劳动参与及非农就业机会都有显著的影响，因此，就业也是健康投资影响收入的重要机制变量。

四是有效劳动时间（time），个人身体健康可以提高个体工作出勤率，降低缺勤的天数，减少由于伤病而损失的工作时间，适应更长时间和更大强度的工作，增加了有效劳动时间和劳动的连续性来提高劳动者的工作效率。同时，健康投资会影响劳动者的体力和精神状态，使劳动者的体力充沛、精力旺盛、肢体灵活、动作敏捷，在高劳动强度和工作压力的现代生产中，需要提高个体的劳动生产率，而劳动生产率的提高有利于提高收入水平（Strauss，1998）。因此，本章将有效劳动时间作为机制变量。

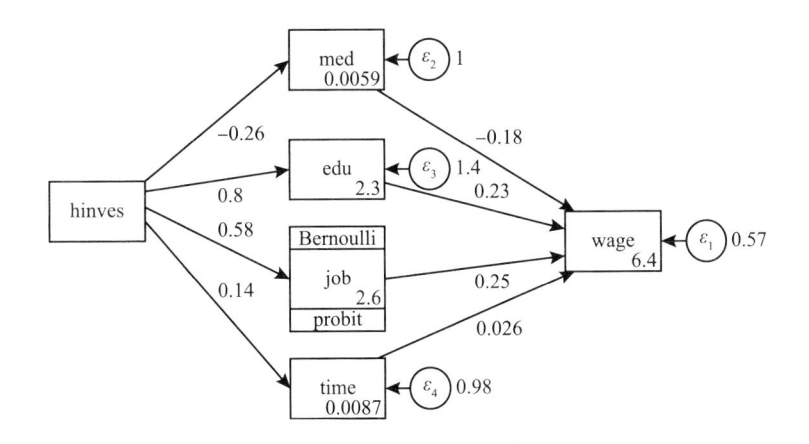

为了分析健康投资影响收入的作用机制，本章运用结构方程模型构建路径框架图，分别检验健康投资通过四个路径变量影响收入的效应。

健康投资对收入的影响如图8-1所示，健康投资对患病时间影响为负的，对教育、就业和有效劳动时间的影响都是正的，而患病时间负向影响绝对收入和相对收入，教育、就业和有效劳动时间正向影响绝对收入和相对收入。虽然间接效应相对健康投资影响收入的直接效应较小，但是健康投资能通过患病时间、教育、就业和有效劳动时间这四条路径显著影响绝对收入和相对收入。

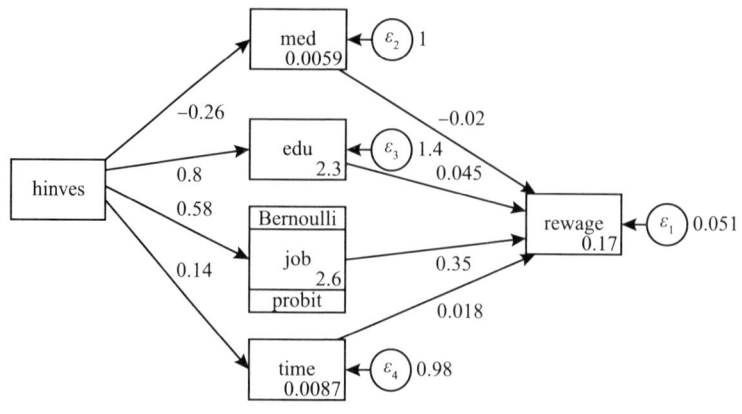

图 8-1 健康投资影响收入的作用机制

三、稳健性检验

(一) 分位数回归

采用分位数回归，估计健康投资对于各收入组个体收入的边际贡献，分位数回归可以最小化非对称性绝对值残值，本章中同样加入工具变量。分位数考察的重点是不同收入水平下健康投资的收入效应是否存在差异。分位数回归的结果见图 8-2 和图 8-3，本章主要使用绝对收入。

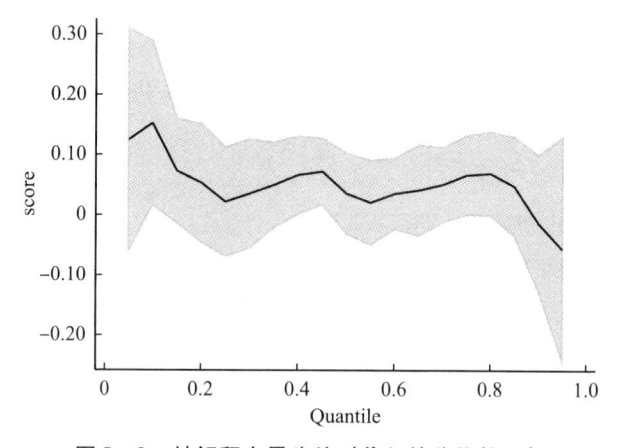

图 8-2 被解释变量为绝对收入的分位数回归

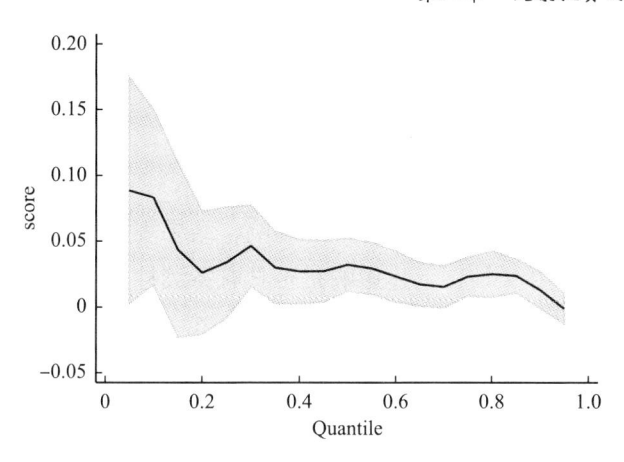

图 8-3　被解释变量为相对收入的分位数回归

健康投资显著地增加个人绝对收入,但是随着绝对收入水平的增加,健康的收入效应会逐渐降低,尤其在80%的分位数水平上,收入效用急剧下降(如图8-2所示)。由图8-3可以看出,健康投资显著地增加个人相对收入,不同收入人群健康投资的收入效应有显著差异,相对收入水平较低的人群,健康投资的收入效应较高,健康投资的相对收入在30%的分位数水平上有一定波动,在40%的分位数后,健康投资的收入效应逐渐下降。

(二) 截面数据检验

为了观察健康投资收入效应的时序性,仅使用2006年的横截面数据进行稳健性检验(见表8-7)。

表 8-7　　　　　　　　　　截面数据的稳健性检验

变量	被解释变量:wage	被解释变量:rewage
hinvest	0.314** (1.989)	0.111** (2.298)
控制变量	加入	加入
年份固定效用	加入	加入
家庭固定效应	加入	加入
N	2 206	2 651

注:括号内为t值,** 表示5%的显著性水平。

2006年截面数据模型的结果显示，健康投资对绝对收入和相对收入的影响在5%的置信水平上显著，这检验了前文结果的稳健性。

（三）健康投资对收入的动态影响

前文考察了健康投资对收入的平均影响，结果表明，健康投资提高了个体收入水平，那么在长期，上述影响是否具有持续性？即健康投资对收入的动态影响是怎样的？回答上述问题有助于揭示健康投资对收入影响的时间，并判别其持续性。基于此，构建以下计量模型：

$$income_{it} = \alpha_0 + \alpha_1 \sum_{k=1}^{N} \lambda_\tau hinvest_{it-\tau} + \alpha_1 IV_{it} + \sum_{k=1}^{N} \alpha_k X_{kit} + \lambda_i + \varepsilon_{it}$$

$$(8-3)$$

其中，λ 为滞后期数（$\lambda=0,1,2,3$）。在式（8-3）中，估计系数 λ_τ 描绘了健康投资对收入的动态影响。

模型的估计结果报告见表8-8，结果显示，健康投资当期、滞后一期、滞后二期和滞后三期的估计系数均为正，其中，健康投资当期、滞后一期、滞后二期的系数是显著的，并且系数的值呈下降趋势，这表明健康投资对收入的影响是逐步降低的，也说明健康投资对收入的促进作用可持续。

表8-8　　　　　　　　　健康投资对收入的动态影响

变量	绝对收入				相对收入			
hinvest	2.202 *** (2.645)				2.834 *** (2.953)			
hinvest（-1）		1.565 * (1.830)				0.691 *** (2.927)		
hinvest（-2）			1.321 *** (2.701)				0.297 *** (2.589)	
hinvest（-3）				0.689 (0.906)				0.031 (0.173)
控制变量	加入	加入	加入	加入	加入	加入	加入	加入

续表

变量	绝对收入				相对收入			
年份固定效用	加入	加入	加入	加入	加入	加入	加入	加入
家庭固定效应	加入	加入	加入	加入	加入	加入	加入	加入
工具变量	加入	加入	加入	加入	加入	加入	加入	加入
样本量	4 761	1 393	1 128	1 907	4 761	1 393	1 128	1 907

注：括号内为 t 值，*表示10%的显著性水平，***表示1%的显著性水平。

第三节 基于收入流动性的进一步研究

一、收入流动性

健康和收入研究中一个很突出的问题是个体健康水平和收入水平差异化的社会分层现象，表现为与经济社会地位较高的群体相比，经济社会地位较低的群体在健康上具有明显劣势，出现了健康不平等现象（Marmot et al.，1991；Allison & Foster，2004）。为了更深入地研究健康投资的收入效应，接下来使用收入流动性指标进行分析。收入流动性反映的是收入阶层的变化，收入流动性的下降会使社会结构僵化，使中等和低收入阶层上升通道堵塞（刘志国和马健，2016）。

收入转移矩阵是研究收入流动性非常重要的工具（Fields et al.，1996），核心是考察初期处于某收入分组的个体在末期进入其他收入分组的概率，借鉴现有研究，收入矩阵采用十等分法，从1到10分别表示最低至最高收入等级，按分位数分。收入转换矩阵基本表达式为：

$$P(x, y) = [p_{ij}(x, y)] \in R^{m \times m} \qquad (8-4)$$

其中，$p_{ij}(x, y)$ 表示个体在 $t-1$ 期从第 i 等级转向 t 期第 j 等级的概率，m 是按收入水平由低到高排列的等级数，这里取10，x 和 y 分别表示期初和期末的收入等级。

建立 $m \times m$ 跨期转换矩阵①：

$$p = \begin{bmatrix} p_{11} & \cdots & p_{1m} \\ \vdots & \ddots & \vdots \\ p_{m1} & \cdots & p_{mm} \end{bmatrix} \qquad (8-5)$$

根据前文对收入位置流动性的测度方法，计算出收入转换矩阵结果如表8-9所示。

表8-9　　　　　　　　　　收入转移矩阵

项目	1	2	3	4	5	6	7	8	9	10
1	16.12	25.47	20.7	15.32	10.45	4.98	2.79	2.09	1	1.09
2	8.21	17.32	23.12	19.72	15.12	7.71	4.9	1.6	1	1.3
3	3.75	10.21	15.73	20.83	19.17	14.27	8.96	3.33	1.98	1.77
4	2.83	5.47	8	18.12	21.46	18.52	13.66	6.78	2.63	2.53
5	1.69	3.38	5.17	6.95	17.39	22.37	20.49	12.97	5.83	3.76
6	2.31	2.69	3.06	2.41	7.13	17.41	24.72	21.3	12.04	6.94
7	1.49	2.28	1.29	2.38	2.67	8.02	18.02	29.5	24.65	9.7
8	0.58	0.23	0.46	0.58	1.04	2.78	4.87	23.52	41.25	24.68
9	0	0.61	0.15	0.45	0.45	0.91	1.82	6.96	35.1	53.56
10	0.26	0	0	1.02	1.79	3.07	3.58	5.37	16.62	68.29

由表8-9可以看出，两个矩阵主对角线上其他等级的值均为该列的最大值，说明大多数样本在观察期内保持收入等级不变的概率最大，对角线上的收入等级保持不变的概率均呈上升趋势，说明各阶层愈加固化，收入流动性较低，尤其个体主对角线上位于高等级的值较大，说明相对于低收入样本和中等收入样本，高收入样本有着更为明显的收入固化趋势。

---

① 该矩阵是一个双随机矩阵，每一行与每一列的元素之和均为1，主对角线上的元素越大，意味着上期处于某一收入等级的个体在本期保持不变的概率越大，收入流动性越小。

二、健康投资和收入流动性

借鉴已有文献,本章选取两种指标测量收入劳动性:(1) 每年家庭收入位置变动 incomepchange,居民收入流动性变量是离散变量,在分析中为了更加直观地分析居民收入向上流动和向下流动的具体情况,变量赋值为 [-1, 0, 1],分别表示居民收入向下流动,未产生流动,向上流动,反映居民收入水平的流动方向(Fields & Ok,1999);(2) 家庭收入位置整体变动 incometchange,使用单个样本末期收入位置 – 初期收入位置来表示①。

接下来检验健康投资对每年家庭收入位置变动和家庭收入位置整体变动的影响。由于收入流动性存在内在的排序性质,属于有序数列,使用有序Probit 模型分析健康投资对收入流动性的影响。

结果如表 8 – 10 所示,健康投资对家庭收入位置整体变动的影响在 1% 的置信水平上显著,说明健康投资可以显著提高家庭收入位置的整体变动,但每年家庭收入位置变动的影响并不显著。

表 8 – 10　　　　　　　　　健康投资对收入流动性的影响

变量	被解释变量:incomepchange	被解释变量:incometchange
score	0.051 (0.248)	0.420*** (2.707)
控制变量	加入	加入
年份固定效用	加入	加入
家庭固定效应	加入	加入
N	3 305	3 863

注:括号内为 t 值,*** 表示 1% 的显著性水平。

---

① 面板数据是不连续的,间隔不同,该变量只做间隔相同的区间年份。

三、健康投资对 Shorrocks 值的影响

在收入矩阵的基础上使用 Shorrocks 指标，Shorrocks 指标在一系列假设的基础上定义了收入流动性指标，测量过去收入水平对现在收入水平的影响大小，Shorrocks 既能较为准确地反映样本的相对收入位置在长期内是否发生变动，也能在一定程度上反映该变动程度的大小，其基本表达式为：

$$M(P) = \frac{m - \sum_{i=1}^{m} p_{ii}}{m - 1} \quad (8-6)$$

其中，m 表示收入等级①，$\sum_{i=1}^{m} p_{ii}$ 表示收入转换矩阵的迹，即转换矩阵对角线元素的总和②。

在计算每个家庭 Shorrocks 指标的基础上，使用基准模型检验健康投资对 Shorrock 指标的影响，检验结果如表 8-11 所示。全样本下健康投资对 Shorrocks 指标的影响是正的，但并不显著，低收入家庭样本下健康投资对 Shorrocks 指标的影响在 1% 的置信水平上显著，且是正的。说明健康投资对于低收入样本家庭收入的流动更为明显。

表 8-11　　　　　　　　　健康投资同 Shorrocks 指标

变量	全样本		低收入样本	
	一阶段回归（被解释变量：score）	二阶段回归（被解释变量：Shorrocks）	一阶段回归（被解释变量：score）	二阶段回归（被解释变量：Shorrocks）
Dietary	0.017** (2.182)		0.016** (1.969)	

---

① 每个等级包含的成员个数相同。
② 转换矩阵的迹越小，Shorrocks 值越大，说明上期处于某个收入等级的成员在当期仍旧处于该收入等级的概率越小，发生流动的概率越大。

续表

变量	全样本		低收入样本	
	一阶段回归（被解释变量：score）	二阶段回归（被解释变量：Shorrocks）	一阶段回归（被解释变量：score）	二阶段回归（被解释变量：Shorrocks）
score		0.021 (1.566)		0.048 *** (3.052)
控制变量	加入	加入	加入	加入
年份固定效用	加入	加入	加入	加入
家庭固定效应	加入	加入	加入	加入
N	3 334	3 334	2 235	2 235

注：括号内为 t 值，** 表示 5% 的显著性水平，*** 表示 1% 的显著性水平。

四、收入增长还是收入差距缩小

在评估健康投资的收入效应时，还需要考虑健康投资带来的到底是收入增长还是收入的差距缩小，因此本章分别以收入增长和收入差距缩小作为被解释变量进行分析，收入增长（incomechange）使用（当年收入 – 上一年收入）/当年收入表示（Fields & Ok，1996），收入差距（incomedisparity）使用支出基尼系数（区县层面）来衡量（周广肃等，2014）。

结果如表 8 – 12 所示，健康投资对收入增长的影响是正的但并不显著，而对收入差距的影响在 10% 的置信水平上显著负相关，说明健康投资可以减少收入差距。两个模型的结果显示，健康投资更多的是带来收入差距的缩小而不是收入增长。

表 8 – 12　　健康投资的收入效应：收入增长还是收入差距缩小

变量	一阶段回归（被解释变量：score）	二阶段回归（被解释变量：incomechange）	一阶段回归（被解释变量：score）	二阶段回归（被解释变量：incomedisparity）
Dietary	0.025 ** (2.194)		0.017 (1.535)	

续表

变量	一阶段回归（被解释变量：score）	二阶段回归（被解释变量：incomechange）	一阶段回归（被解释变量：score）	二阶段回归（被解释变量：incomedisparity）
score		0.296 (0.194)		-4.745* (-1.876)
控制变量	加入	加入	加入	加入
年份固定效用	加入	加入	加入	加入
家庭固定效应	加入	加入	加入	加入
N	1 943	1 943	2 270	2 270

注：括号内为 t 值，* 表示 10% 的显著性水平，** 表示 5% 的显著性水平。

第四节 结论和政策建议

本章使用中国营养与健康调查（CHNS）1989 年到 2015 年的数据，发现健康投资对绝对收入和相对收入具有正向影响，而且影响都非常显著。健康投资的收入效应存在城乡、地区和职业的差异，健康投资影响收入的机制包括患病时间、就业、有效劳动时间和教育。稳健性检验发现随着绝对收入水平和相对收入水平的增加，健康的收入效应会逐渐降低，从时间上看，健康投资对收入的影响持续。进一步分析的结果发现，健康投资可以显著增加家庭收入位置的整体变动，对于低收入样本家庭收入流动性的影响更为明显，健康投资更多的是带来收入差距的缩小而不是收入的增长。

本章的研究说明与健康投资有关的经济福利变化值得政策制定者关注，应当制定健康投资政策，尽量减少不良健康的不利经济后果，健康与收入之间的关系是评价许多卫生领域规划和政策的起点。本章的研究说明，近年来政府所推行"健康中国 2020"等改革方案与政策，对提升居民的健康水平，特别是农村居民将有助于增加居民收入，缩小城乡居民收入差距，是有成效的。

第九章

企业健康投资的经济效应

第一节 企业健康投资

一、文献综述

格策尔和奥兹明科夫斯基（Goetzel & Ozminkowski，2000）提出企业健康人力资本投资的经济度量指标，如旷工率、伤残率、生产率、离职率、员工补偿金、医疗保健费用及其使用程度。道森莱尔（Doorslaer，2000）从员工健康状况影响企业生产的角度出发，认为应对员工的健康状况进行考察，主要包括生产率、医疗保健、企业形象三个方面。生产率包括工时损失、对工作的渴望程度、生理心理健康以及员工的离职率；医疗保健包括生命保险、医疗保险、其他保险、各种医疗索赔以及补偿金等；企业的形象指的是企业对员工健康的关注而在社会上树立的良好形象。弗利特（Vliet，2001）在研究欧洲职业健康状况时，提出可从以下几个指标考察：员工忠诚度、产品质量、生产率、缺勤率、事故发生率、职业病发生率以及员工离职率等。安德鲁（Andrew，2001）将人力资本投资评价分为教育和健康两方面，其中健康部分主要是职业健康，作者列举了几个指标，包括旷工率、健康状况、因疾病引起经济不稳定的风险等。

我国对企业健康投资效应的研究大多是从职业安全和健康的角度出发，梁戈清和李伟（2007）提出了应从两个方面评价职业健康：一是企业健康安全环境实施；二是健康监护与健康管理，包括职业健康管理设施、个人防护用品、传染病防治、职业病防治。国家安全生产监督管理总局2011年起草了《工矿商贸企业职业健康统计指标》的征求意见稿。周富一（2003）认为职业健康安全管理体系的绩效包括直接效益、管理效益、设施效益、职业安全健康绩效、安全健康管理绩效、流程及设备管理绩效、物质安全管理绩效7个大维度。具体的指标有伤害事件减少件数、损失工作日减少数、健康体检人数提升、安全健康管理制度建立完善提升、教育培训提升、个人防护用具设置提升、消防安全设施安全提升、作业环境监测改善提升、其他安全卫生设施提升、失能伤害效率、失能伤害严重率、损失工作日数、伤害件数、交通意外事故发生频率、事故或职业灾害频率共计15个指标。米里亚娜等（Mirjana et al., 2006）提出以短期、中期及长期指标相结合来评价企业健康人力资本投资，并提出三大指标：一是满意度指标，包含员工对工作内容、工作组织、领导风格、参与项目的可能性、职业健康与安全等的满意度；二是健康指标，包含旷工率、事故发生率、工作环境的改善程度、合理的建议及被采纳的数量；三是经济指标，包含员工离职率、生产率、成本效益分析等。杨智仲提出企业应从培训和宣传两个方面对员工进行健康教育，效果指标方面分为三个部分，用人单位环境质量变化指标、健康监护指标（包括职工工伤、职业病的诊治率）、健康水平变化指标（包括职业病发病率下降比例、职工一般疾病的发病率下降比例、员工因病缺勤工时下降比例）。

二、企业健康投资的经济效应

企业健康投资的效应的研究主要集中在主观态度的测量上，如工作满意度、主观幸福感、工作压力、失眠和焦虑等软性的指标。而一些指标如疾病发生率、离职率、旷工率、保险支出、损失工时、劳保给付等则可以客观地衡量健康投资的经济效应。员工的健康对企业生产效率造成的损失

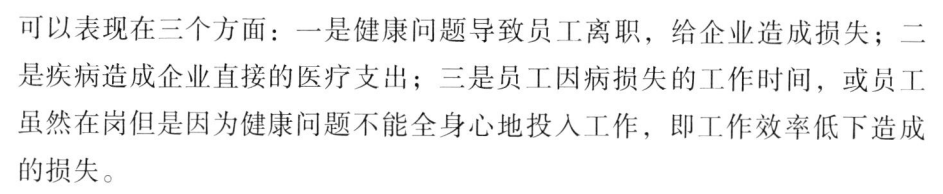

可以表现在三个方面：一是健康问题导致员工离职，给企业造成损失；二是疾病造成企业直接的医疗支出；三是员工因病损失的工作时间，或员工虽然在岗但是因为健康问题不能全身心地投入工作，即工作效率低下造成的损失。

在健康投资经济效应的评价上，苏德胜（2006）在总结国内外一系列职业安全卫生管理系统的基础上，参照ISO14031环境绩效评估标准，以安全卫生状态指标、安全卫生管理指标、安全卫生操作指标为职业安全卫生绩效评估三维度，共计10个指标来评价职业健康卫生绩效。徐海峰（2007）基于投入和产出两大方面，选择总量指标和强度指标建立评价体系，其中反映投入的总量指标有医疗保健的投入总额，反映投入的强度指标有人均医疗保健费用，反映产出的总量指标有产量、一般发病人数、职业病发病人数、因病缺勤次数、接受医疗卫生保健服务的次数，反映产出的强度指标有劳动生产率即单位时间内的生产成果、一般发病率、职业病发病率、员工因病损失工时率、医疗卫生保健服务质量、缺勤率等。

多伦多大学健康促进中心健康交流联合会（2005）对工作场所健康促进项目的评价总结为三个阶段：一是事前评价，包括在工作场所健康促进项目运行前的预测试工作，判断该项目的可行性，执行的周期，执行的费用以及将会造成什么样的后果；二是事中评价，即在项目运行过程中的跟进，包括项目运行的中期监测，例如对于健康培训项目则可以在每个单元的培训结束后，调查参与培训员工对于培训知识的掌握情况，以及对于培训过程的满意度等；三是事后评价，包括态度、知识或行为的改变，发病率和死亡率的变化，成本效益分析，政策的变化，项目作用评价等，并且将事后评价的结果用于调整项目，促进项目的改进。文章同时指出这三个阶段不是割裂而是环环相扣的闭合循环，每一个阶段的有力执行都为下个阶段的成功实施奠定基础。

世界卫生组织2007年在《将工作场所干预作为改善营养和促进身体健康的方式》这一报告中，将对工作场所的健康评价归结为以下几种方式：一是过程评价，如执行计划的准确度，员工对活动的评价，是否达到目标；二是行为评价，如员工餐厅食物的供给状况，交通班车的运营状况；三是环境评价，如是否提供健康、高质量的食物，是否提供安全卫生的工作环境；四是计量生物学评价，可根据体检的结果评价员工健康状况，如肥胖或高血压的比例；五是经济评价，如医药费用支出，旷工损失等。

第二节 企业健康投资同创新绩效的实证研究

企业补充医疗保险和企业年金是企业重要的健康投资，因此本部分研究企业健康投资对创新绩效的影响。

一、数据、变量和模型

（一）数据

由于2006年底财政部颁布了新的《企业会计准则》，为统一财务数据口径，本章以2007~2019年A股上市公司为样本，使用的财务数据和公司治理资料来源于国泰安和万得数据库，企业补充医疗保险和企业年金的数据使用爬虫技术从上市公司的年报和相关公告中获取，上市公司创新绩效的资料来源于国泰安CSMAR数据库的"公司专利与研发创新"子库的企业年度专利申请数（Pantent）、企业专利引用数（Citation）、专利授权和专利结构的数据。在此基础上，按照如下标准对原始样本进行处理：一是金融类上市公司的报表结构与其他行业明显不同，剔除金融类公司；二是剔除ST类、PT类上市公司；三是剔除相关变量缺失的样本，最终得到全样本公司。避免极端值影响，本章对所有连续变量进行1%的Winsorize缩尾处理。

（二）变量

1. 企业创新绩效。

采用企业当年研发投入强度衡量企业创新，龙小宁和林志帆（2018）的研究发现，2007~2011年上市公司的研发支出数据披露不完全，低估了制造

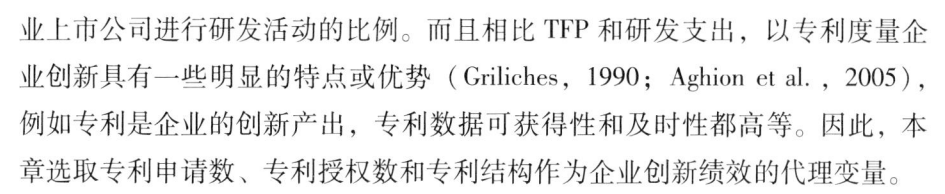

业上市公司进行研发活动的比例。而且相比 TFP 和研发支出，以专利度量企业创新具有一些明显的特点或优势（Griliches，1990；Aghion et al.，2005），例如专利是企业的创新产出，专利数据可获得性和及时性都高等。因此，本章选取专利申请数、专利授权数和专利结构作为企业创新绩效的代理变量。

2. 解释变量。

企业健康投资的测量是该领域研究经常遇到的问题，为了变量的内部一致性和客观性，本章使用补充医疗保险和企业年金作为企业健康投资的变量。对补充医疗保险和企业年金的衡量借鉴于新亮等（2016）的做法，基于上市公司的财务报表附注数据，判定方法有三个：一是在当年年报的应付职工薪酬备注中明确说明是否为员工建立了企业补充医疗保险和企业年金，以此为标准判定企业是否建立企业补充医疗保险和企业年金，未明确说明的设定为空缺值；二是在当年年报的应付职工薪酬明细账目中列明"企业补充医疗保险"或"商业医疗保险"字样，或者含有"企业年金""企业年金基金""补充养老保险"字样，且"本期增加额"大于0的，判定为建立企业补充医疗保险和企业年金；三是在当年年报的应付职工薪酬明细账目中列明了所有保障类账目明细，而不存在上述企业补充医疗保险字样和企业年金字样，再用网络爬虫的技术搜索上市公司相关公告和新闻媒体报道，如果都没有相关报道，即判定企业当年并未建立企业补充医疗保险和企业年金。

3. 控制变量。

为避免遗漏企业特征变量而导致其他解释的存在，我们加入了会影响企业创新绩效的控制变量，包括偿债能力、资产结构、股利政策、上市年限、股权结构、管理层激励、政治关联度、企业实际控制和市场化等变量。各个行业的企业健康投资存在差异，而且企业健康投资和时间相关，因此控制行业和时间效应。

变量描述如表 9-1 所示。

表9-1　　　　　　　　　　　　变量描述

变量类型	变量名称	变量衡量	变量描述
被解释变量	RDR	研发强度	CNRDS中"上市公司研发支出"，企业当年研发支出/营业收入
	Apply	年度专利申请数	公司当年独立申请的专利数量
	Auth	年度专利授权	公司当年独立获得的专利数量
	Stru	年度专利结构	当年获得的发明专利数量①/获得的总专利数量，获得的总专利数量包括公司当年独立获得的发明数量+公司当年独立获得的实用新型数量+公司当年独立获得的外观设计数量
解释变量	ESR	健康投资	虚拟变量，如果企业有补充医疗保险或企业年金取1，如果都没有取0
控制变量	SCA	衡量企业规模	总资产账面价值（万元），取对数
	CAP	衡量企业风险	资产负债率，负债合计同资产合计的比例（%）
	ROE	衡量盈利指标	净资产收益率（%）
	Gro	衡量企业成长性	企业主营业务增长率（或者销售收入增长率）
	TIM	衡量上市公司上市年限	代表着企业所处的发展阶段
	CAS	现金比例	现金及现金等价物占总资产比重
	EQU	衡量股权结构，作为股权集中度的度量	前十大股东持股比例合计（%）
	SOE	衡量产权性质，最终控制人性质	虚拟变量，1代表国有企业，0代表非国有企业
	HHI	企业所处行业的竞争度	赫芬达尔指数计算公式为：HHI = sum[（Xi/X)^2]
	MAR	衡量市场化指数	樊纲数据库关于治理环境的指数，上市公司所在省市市场化中介发育和法律制度环境指数
	IND	行业虚拟变量	根据行业代码划分为19个行业，去除金融行业后为18个行业，若企业属于行业1，则为1，否则为0
	YEAR	年度虚拟变量	2007年到2019年

① 发明专利比实用新型专利和外观设计专利有着更长的审批周期和更严格的审批流程，专利申请投入更高，专利保护期也更长（Tong et al., 2014），因此发明专利是企业更为核心和关键的技术创新。

(三) 基准模型

根据龙小宁和林志帆（2018）的研究，研发创新变量往往具有离散选择、零值堆积与正值连续分布并存的混合形式、截断形式等分布特征，适用 Tobit 模型，因此基准模型本章选取 Tobit 模型考察企业健康投资履行对企业创新绩效的影响：

$$innovate_{it} = \alpha_0 + \alpha_1 RSR_{it} + \sum_{k=1}^{N}\beta_k X_{kit} + \beta_l IND_{lit} + \beta_j Year_{jit} + \varepsilon_{it} \quad (9-1)$$

其中，$innovate_{it}$ 是被解释变量，表示企业创新绩效；RSR_{it} 是解释变量，表示企业健康投资履行，X_{kit} 为一组控制变量；模型还控制了非观测的行业特征 IND_{lit} 和非观测的地区特征 $Year_{jit}$，ε_{it} 为随机扰动项。

二、实证分析

(一) 描述性统计

2007~2019 年有补充医疗保险和企业年金的上市企业情况如表 9-2 所示。2007~2019 年，有补充医疗保险和企业年金的上市企业逐渐增加，2016~2017 年增加的幅度较大，2019 年有补充医疗保险企业占总样本的比例达到 11.441%，有企业年金的企业占总样本的比例达到 11.988%。

表 9-2　　　　　　企业补充医疗保险和企业年金统计结果

年份	补充医疗保险			企业年金		
	有补充医疗保险的企业（个）	总样本企业（个）	补充医疗保险企业占比（%）	有企业年金的企业（个）	总样本企业（个）	有企业年金的企业占比（%）
2007	8	977	0.819	21	977	2.149
2008	15	1 021	1.469	30	1 021	2.938

续表

年份	补充医疗保险			企业年金		
	有补充医疗保险的企业（个）	总样本企业（个）	补充医疗保险企业占比（%）	有企业年金的企业（个）	总样本企业（个）	有企业年金的企业占比（%）
2009	15	1 154	1.300	30	1 154	2.600
2010	15	1 477	1.016	30	1 477	2.031
2011	15	1 692	0.887	30	1 692	1.773
2012	33	1 815	1.818	62	1 815	3.416
2013	33	1 857	1.777	62	1 857	3.339
2014	38	1 973	1.926	69	1 973	3.497
2015	46	2 159	2.131	85	2 159	3.937
2016	79	2 441	3.236	187	2 441	7.661
2017	307	2 811	10.921	343	2 811	12.202
2018	343	2 898	11.836	361	2 898	12.457
2019	355	3 103	11.441	372	3 103	11.988

主要变量经过前后1%缩尾处理后的描述性统计分析如表9-3所示。

表9-3   变量描述性统计结果

变量	N	均值	标准差	最小值	最大值
RDR	19 728	0.044	0.043	0.0003	0.247
Apply	30 018	12.608	35.292	0.000	266.000
Auth	30 018	4.828	13.853	0.000	102.000
Stru	19 976	0.278	0.326	0.000	1.000
SCA	30 574	21.909	1.272	19.654	25.984

续表

变量	N	均值	标准差	最小值	最大值
CAP	30 574	0.414	0.197	0.050	0.848
ROE	30 534	0.075	0.086	-0.351	0.309
Gro	27 846	0.349	0.888	-0.644	6.123
TIM	30 574	8.179	6.395	-0.060	24.920
CAS	27 923	0.006	0.114	-1.331	2.776
EQU	28 646	60.147	14.853	24.471	90.513
SOE	30 574	0.251	0.433	0.000	1.000
HHI	28 449	0.147	0.165	0.021	1.000
MAR	21 298	8.101	1.759	3.370	10.620

研发强度的最大值为0.247，最小值为0.0003，平均值为0.044，说明研发强度的差异较大，而有研发投入的企业占比为64.525%，这表明虽然我国上市企业投入研发的比例较高，但是研发投入的强度却相对较低。上市企业的专利申请数的均值为12.608，专利授权数的均值为4.828，发明专利数量占获得的总专利数量的比重的均值为27.8%，企业的专利申请数和授权数是一个非负的整数值，属于典型的计数变量，标准差分别为35.292和13.853，远远大于均值，说明专利申请数和授权数的分布是比较分散的。

（二）基准模型检验结果

使用Tobit模型检验企业健康投资对企业创新绩效的影响如表9-4所示。补充医疗保险和企业年金对研发强度、专利申请数和专利授权数的影响显著为正，影响的程度分别为0.2%、7.4%和9.2%，这在一定程度上验证了本书的假设，说明企业健康投资有利于企业的创新绩效，补充医疗保险和企业年金对专利结构的影响是正的但并不显著。

表9-4 基准模型检验结果

变量	被解释变量			
	RDR①	Apply	Auth	Stru
ESR	0.002 ** (1.988)	0.074 ** (2.156)	0.092 *** (3.144)	0.005 (0.020)
SCA	-0.001 (-1.543)	0.467 *** (33.632)	0.334 *** (28.848)	-0.013 *** (-2.970)
CAP	-0.035 *** (-16.985)	-0.124 ** (-1.973)	-0.082 (-1.542)	-0.104 *** (-4.617)
ROE	-0.044 *** (-17.346)	0.113 (1.351)	-0.234 *** (-3.234)	-0.026 (-0.795)
Gro	0.001 ** (2.381)	0.005 (0.565)	0.005 (0.709)	0.007 ** (1.985)
TIM	0.0001 (1.201)	0.005 (1.434)	0.002 (0.857)	0.003 *** (2.910)
CAS	0.008 *** (4.963)	0.123 ** (2.382)	0.025 (0.550)	0.002 (0.078)
EQU	-0.00004 (-1.636)	-0.004 *** (-5.534)	-0.003 *** (-5.197)	0.0001 (0.571)
SOE	-0.00006 (-0.078)	0.012 (0.568)	0.016 (0.868)	-0.011 (-1.347)
HHI	0.018 *** (7.132)	0.178 *** (2.669)	0.112 ** (1.963)	0.122 *** (4.573)
MAR	0.003 *** (10.702)	0.039 *** (3.860)	0.023 *** (2.790)	-0.003 (-0.953)
常数	0.042 *** (3.603)	-9.740 *** (-28.668)	-7.278 *** (-26.231)	0.587 *** (5.609)
年度效应	加入	加入	加入	加入
行业效应	加入	加入	加入	加入
N	12 622	19 216	19 216	11 985
Rho	0.793	0.623	0.568	0.438

注：括号内为 t 值，** 表示 5% 的显著性水平，*** 表示 1% 的显著性水平。

---

① 2012年以前上市公司报告的研发支出不能反映上市公司开展研发创新活动的真实比例（龙小宁和林志帆，2018），因此该模型选择2012年之后的数据。

控制变量的结果发现，企业规模对专利申请和专利授权的影响显著为正，说明企业规模越大，专利申请和专利授权数越多，这验证了熊彼特假说（Schumpeter's Hypotheses），企业规模越大，技术创新就越有效率，也就是说，大企业比小企业更具创新性。但企业规模对企业的创新结构的影响是显著负的，这可能是因为尽管大公司拥有更多的优势，可以投入更多资源进行持续性研发活动，设立独立的研发部门，但小公司也具有"行为优势"，由于机制灵活，在发明专利方面，小企业优于规模大的企业。资产负债率对企业创新绩效的影响大部分是显著负的，这类似塞鲁（Seru，2014）的研究，说明企业内部的资本结构会对企业创新产生影响，企业的财务杠杆若比较高，会影响企业顺利开展创新活动的能力。净资产收益率对企业研发强度和专利授权数的影响在1%的置信水平上显著负的，可能是因为净资产收益率较高的企业使用较高的债务杠杆，而企业的债务会负向地影响创新。企业主营业务增长率在5%的置信水平上正向影响企业的研发强度和专利结构，企业主营业务增长率越高，说明企业能将生产的产品转化为经济效益，企业就有更多的资金去投入创新。上市年限在1%的置信水平上正向影响企业的专利结构，说明上市年限越高，企业的发明专利占比越高。现金比例正向影响企业的研发强度和专利申请数，影响的程度分别为1%和12.3%，说明现金比率越高，企业的创新绩效越高，这可能是因为希梅尔伯格和彼得森（Himmelberg & Petersen，1994）的研究发现由于受到外部融资限制的影响，企业的研发投入主要来源为内部现金流，因此现金比例越高的企业，创新投入越多。股权集中度显著负向影响专利申请数和授权数，说明股权集中度越高，创新绩效越低。企业所处行业的集中度显著正向影响研发强度、专利申请数、专利授权数和专利结构，说明企业创新与市场集中度之间存在正相关性，在保证技术创新成果方面，市场支配力是必需的。企业所处地区的市场化指数显著正向影响研发强度、专利申请和专利授权数，说明企业所在地区的市场化程度越高，企业创新绩效越高。

（三）异质性分析

接下来分析企业健康投资对创新绩效的影响是否具有异质性，基准模型检验可以看出企业健康投资对专利申请数和授权数的影响程度较大,因此这部分异质性检验主要使用专利授权和授权数作为被解释变量。

1. 企业性质的异质性分析。

我国补充医疗保险制度和企业年金制度在企业间发展不平衡。作为企业年金及相关税收优惠政策的试点,国有企业起步较早,有更完善的发展平台,因此国有、垄断企业和沿海发达地区的企业年金占我国企业年金的绝大比重。另外,国有企业需要帮助国家、政府和社会实现非经济目标,社会对国有企业的期望也相对较高,而民营企业则相对带有更多的经济目标(Bai et al., 2006; Xu & Liu et al., 2014)。因此根据实际控制人信息,将制造业上市公司分为国有企业与非国有企业两组,分别检验不同企业性质的健康投资对创新绩效的影响①。根据寇宗来和刘学悦(2020)的研究,必须控制企业规模因素,才能更加合理地考察所有制对企业专利行为的真实影响,因此,本部分以"专利比率"②来衡量企业的创新绩效。

检验结果如表9-5所示,非国有企业健康投资对创新绩效的影响要高于国有企业。样本数据显示非国有企业报告研发强度、专利申请数、专利授权数和专利结构一直高于国有企业,说明非国有企业健康投资对创新绩效的影响高于国有企业。

表9-5　　　　　　　　　　按企业性质分组检验结果

变量	国有企业		非国有企业	
	Apply	Auth	Apply	Auth
ESR	0.013 (0.168)	0.027*** (3.312)	0.093** (2.414)	0.076** (2.318)
控制变量	加入	加入	加入	加入
年度虚拟变量	加入	加入	加入	加入
行业虚拟变量	加入	加入	加入	加入

① 本部分的解释变量使用 ESR。
② 专利申请数量、专利授权数量同资产总额的比例。

续表

变量	国有企业		非国有企业	
	Apply	Auth	Apply	Auth
N	2 903	2 903	16 313	16 313
Rho	0.649	0.574	0.640	0.596

注：括号内为 t 值，** 表示 5% 的显著性水平，*** 表示 1% 的显著性水平。

2. 行业属性的异质性分析。

整个样本期间统计发现，上市公司的专利申请和授权数在行业分布上都是非常不平衡的，而且行业分类越细，这种不平衡性越高。参照魏下海等（2013a）、王雄元的研究，使用人均资本将样本企业划分为资本密集型和劳动密集型企业，若企业的人均固定资产净值大于全样本人均固定资产净值的均值，定义为资本密集型企业，反之为劳动密集型企业。

传统行业和高科技行业的创新绩效也有较大的差异，因此还参照童锦治等（2018）的划分标准，将软件和信息技术服务业、计算机、研究和试验发展等行业划分为高科技行业，其余为传统行业。

行业分组检验结果如表 9-6 所示，企业创新行为在行业分布上很不平衡，资本密集型企业和劳动密集型企业健康投资对企业的专利申请数在 5% 的置信水平上显著，资本密集型企业健康投资对企业的专利授权数在 1% 的置信水平上显著，与劳动密集型行业相比，资本密集型企业健康投资对创新绩效的影响更大。传统行业和高科技行业企业健康投资对企业的专利申请和授权数的影响都在 5% 及更高的置信水平上显著，相对传统行业，高科技行业企业健康投资对企业的专利申请和授权数的影响程度更高。这是因为高科技行业的企业价值高度依赖研发创新，在中国经济增长模式切换的背景中拥有较好的投资机会，而传统行业则更取决于经营销售和成本管理等能力，在创新特点上，高科技企业的创新活动知识含量高、技术密集度强、资金和人力的投入规模大，因此，高科技行业对企业创新绩效的影响较大。

表9-6　　　　　　　　　　按行业分组检验结果

变量	资本密集型企业		劳动密集型企业		传统行业		高科技行业	
	Apply	Auth	Apply	Auth	Apply	Auth	Apply	Auth
ESR	0.107** (2.463)	0.122*** (3.200)	0.062** (2.066)	0.031 (0.663)	0.130** (2.090)	0.119** (2.504)	0.176*** (2.600)	0.122** (2.395)
控制变量	加入	加入	加入	加入	加入	加入	加入	加入
年度效应	加入	加入	加入	加入	加入	加入	加入	加入
N	10 130	10 130	8 890	8 890.000	4 516.000	4 516.000	1 850.000	1 850.000
Rho	0.661	0.615	0.563	0.545	0.639	0.584	0.643	0.597

注：括号内为t值，** 表示5%的显著性水平，*** 表示1%的显著性水平。

3. 企业生命周期的异质性分析。

阿迪兹（Adizes，1988）指出，企业在不同的生命周期阶段，创新意愿和研发能力存在明显差异。因此借鉴刘诗源等（2020）的研究，使用现金流模式法（Dickinson，2011）划分企业的生命周期，将样本划分为成长期、成熟期和衰退期三个阶段[①]。

按企业生命周期分组检验结果如表9-7所示，相对成长期和衰退期的企业，成熟期企业具有较强的自主创新意愿，倾向于选择资金投入量大、不确定性强、回报周期长但未来收益大的研发创新项目，企业健康投资对创新绩效的影响较大。

表9-7　　　　　　　　按企业生命周期分组检验结果

变量	成长期		成熟期		衰退期	
	Apply	Auth	Apply	Auth	Apply	Auth
ESR	0.008 (0.141)	0.118*** (2.609)	0.126** (2.172)	0.088* (1.728)	0.099 (1.317)	0.002 (0.075)

---

① 现金流模式法通过经营、投资、筹资三类活动现金流净额的正负组合来反映不同生命周期的特征，既能够规避行业固有差异的干扰，也避免对生命周期的样本分布进行主观假设，具有较强的可操作性和客观性。

续表

变量	成长期		成熟期		衰退期	
	Apply	Auth	Apply	Auth	Apply	Auth
控制变量	加入	加入	加入	加入	加入	加入
年度虚拟变量	加入	加入	加入	加入	加入	加入
行业虚拟变量	加入	加入	加入	加入	加入	加入
N	8 763	8 763	6 987	6 997	3 385	3 385
Rho	0.620	0.564	0.625	0.614	0.636	0.636

注：括号内为 t 值，*** 表示 1% 的显著性水平。

4. 地区的异质性分析。

本章数据统计发现，上市企业的创新行为呈现出区域不平衡性，东部地区贡献了大部分的专利申请数量，企业创新行为具有很强的地区集聚效应，北京、上海和深圳作为其所在创新集群的中心城市，与其他城市相比具有很大的异质性。因此，按城市划分样本分析企业健康投资对创新绩效的影响。

按企业性质分组检验结果如表 9-8 所示，企业位于创新集群的中心城市，其履行健康投资对创新绩效的影响是显著正向的，而位于其他城市的企业健康投资对创新绩效的影响并不显著。

表 9-8　　　　　　　　按企业性质分组检验结果

变量	中心城市		其他城市	
	Apply	Auth	Apply	Auth
ESR	0.202*** (3.140)	0.201*** (3.482)	0.038 (0.938)	0.046 (1.360)
控制变量	加入	加入	加入	加入
年度虚拟变量	加入	加入	加入	加入

续表

变量	中心城市		其他城市	
	Apply	Auth	Apply	Auth
行业虚拟变量	加入	加入	加入	加入
N	3 391.000	3 391.000	15 825	15 825
Rho	0.667	0.619	0.610	0.546

注：括号内为 t 值，*** 表示 1% 的显著性水平。

（四）企业健康投资影响企业创新绩效的机制分析

根据前文的假设，本书检验健康投资影响企业创新绩效的认同机制、激励机制和人才机制，认可机制使用员工稳定性衡量[①]，激励机制使用劳动生产率衡量[②]，人才机制使用高学历员工构成衡量[③]。间接机制的检验借鉴马奇尼和杨（Maccini & Yang，2009）的做法，首先将基准模型的因变量替换为劳动生产率、员工稳定性和高学历员工构成的路径变量，假设履行健康投资通过路径变量增加企业创新绩效，健康投资也会显著增加路径变量，如果健康投资没能显著增加劳动生产率、员工稳定性和高学历员工构成，那么就肯定不是影响机制。然后将劳动生产率、员工稳定性和高学历员工构成作为控制变量加入基准模型中，如果健康投资主要通过劳动生产率、员工稳定性和高学历员工构成来影响创新绩效，那么相比基准模型，新回归中的健康投资变量会变得不再显著或者显著性明显下降，但值得注意的是，以上方法可能会受到潜在内生性问题的影响，所得出的结论更多是具有参考价值（Maccini & Yang，2009）。

机制检验结果如表 9-9 所示，企业健康投资显著提高员工稳定性，加入认同机制变量后，企业类型健康投资对创新绩效的影响降低了，这与格拉瓦斯和皮德里特（Glavas & Piderit，2009）以及林（Lin，2009）之前的研究结

---

① 采用离职率作为计量员工流动性的指标，离职率定义为离职人数/（年初人数+年末人数）/2。
② 人均创利作为劳动生产率的代理变量。
③ 借鉴王珏和祝继高（2018）的做法，本部分采用上市公司本科及以上学历的员工数占员工总数的比例来度量员工教育水平，即高学历员工占员工总数的比重。

果一致。因此企业健康投资将员工利益与公司利益紧密结合,调动了员工积极性,理性员工会选择留在企业,而选择留下的员工作为创新活动的直接参与者和执行者,能提高企业的创新效率和创新质量。

表9-9　　　　　　　　　　　　机制检验①

自变量	认可机制			激励机制			人才机制		
	员工稳定性	Apply	Auth	劳动生产率	Apply	Auth	高学历员工构成	Apply	Auth
ESR	0.008* (1.727)	0.086*** (2.933)	0.202 (1.571)	0.069** (2.085)	0.061* (1.749)	0.081** (2.219)	0.731** (2.300)	0.061* (1.762)	0.081*** (2.718)
员工稳定性		0.005 (0.147)							
ESR×员工稳定性			0.067* (1.732)						
劳动生产率					0.001 (1.121)				
ESR×劳动生产率						0.004* (1.863)			
高学历员工构成								0.0003 (0.402)	
ESR×高学历员工构成									0.002 (1.602)
控制变量	加入	加入	加入	加入	加入	加入	加入	加入	加入
年度效应	加入	加入	加入	加入	加入	加入	加入	加入	加入
行业效应	加入	加入	加入	加入	加入	加入	加入	加入	加入

---

① 受篇幅所限,这部分只报告了专利授权数的结果,专利申请数的检验结果相似。

续表

自变量	认可机制			激励机制			人才机制		
	员工稳定性	Apply	Auth	劳动生产率	Apply	Auth	高学历员工构成	Apply	Auth
N	19 019	19 019	19 019	6 585	19 216	19 216	19 233	19 216	19 216
R2	0.040	0.697	0.567	0.286	0.698	0.638	0.334	0.698	0.639

注：括号内为 t 值，* 表示 10% 的显著性水平，** 表示 5% 的显著性水平，*** 表示 1% 的显著性水平。

企业健康投资对劳动生产率的影响是显著正向的，加入激励机制变量模型中，企业健康投资对创新绩效的影响系数值小于前文模型中的企业健康投资对创新绩效的影响系数值，说明劳动生产率可以作为健康投资影响企业创新绩效的机制。

企业健康投资对高学历员工构成的影响是显著为正的，加入人才机制变量模型中，企业健康投资对创新绩效的影响系数值小于前文模型中的企业健康投资对创新绩效的影响系数值，说明高学历员工构成可以作为健康投资影响企业创新绩效的机制，这也说明企业健康投资可能会使企业在劳动力市场上更具竞争性，从而吸引到更高质量的员工。

三、稳健性检验

（一）安慰剂检验

安慰剂检验主要构造虚拟的处理组，抽取没有企业补充医疗保险和企业年金的样本，根据原数据中样本履行健康投资比例随机生成健康投资变量，生成新的变量，对随机匹配处理组进行 DID 估计。

在基准模型的基础上重复模拟 1 000 次后该变量系数估计值的核密度曲线如图 9-1 和图 9-2 所示。由图可知，大部分估计值 p 在 5% 以上，而真实估计值在 5% 和 1% 的置信水平上显著，这表明对于随机生成的健康投资的企业样本，并不能发现企业健康投资对其创新绩效的促进作用在统计水平上的显著性，从侧面印证了基准模型估计结果的稳健性。

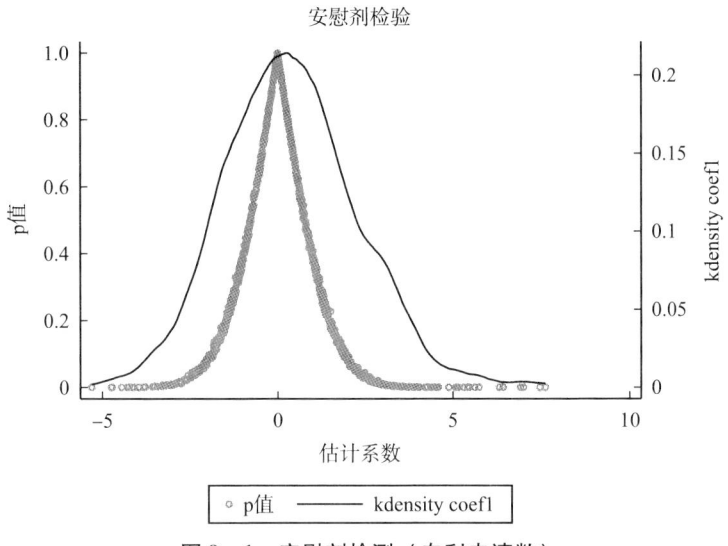

图 9–1　安慰剂检测（专利申请数）

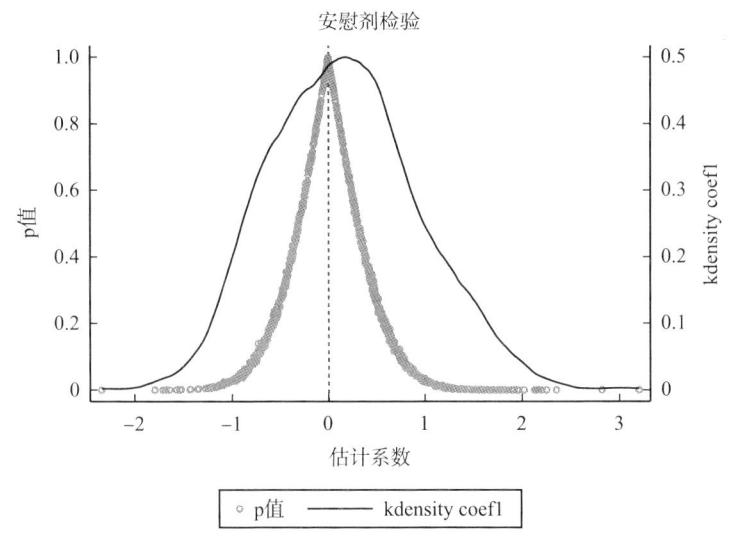

图 9–2　安慰剂检测（专利授权数）

注：图中实线是模拟 1 000 次后用核密度估计出来的"企业健康投资"变量系数估计值的概率密度函数，虚线是不同系数下的 p 值。

（二）进一步检验：多期 DID 模型

现实中，企业实施补充医疗保险和企业年金的时间不同，有先有后，而上述双重差分模型要求 t 为同一时间点，因此，本书借鉴贝克（Beck，2010）的做法，采用单个企业处理期不完全一致的多期 DID 模型，将所有还没有实施补充医疗保险和企业年金的企业作为控制组，把已经实施补充医疗保险和企业年金的企业作为处理组，DID 交互项是两个虚拟变量的乘积：Treated（是不是实施补充医疗保险和企业年金）和 Time（实施的时间），因此每个企业的 DID 交互项都不一样①，多期 DID 使用中不再有统一的政策实施年份，而是允许每个企业都有自己的实施年份。

$$innovate_{it} = \alpha_0 + \sum_{0}^{4} \alpha_\tau Treated_{it} \times Time_{it} + \sum_{k=1}^{N} \beta_k X_{kit} + \beta_l \text{IND}_{lit} + \beta_j Year_{jit} + \varepsilon_{it}$$

(9-2)

其中，估计系数 α_τ 描述了企业实施补充医疗保险和企业年金第 τ 年对企业创新绩效的动态影响。X_{kit} 为一组控制变量；模型还控制了非观测的行业特征 IND_{lit} 和非观测的地区特征 $Year_{jit}$，来消除那些会影响 DID 交互项估计的不可观测因素和时间效应，ε_{it} 表示随机扰动项。

本章采用图示法和回归法两种方式对企业健康投资的平行趋势和动态效应进行检验。首先进行平行趋势检验，通过图示法比较企业实施健康投资前后创新绩效的变动趋势。

平衡趋势检测如图 9-3 和图 9-4 所示，在企业实施补充医疗保险和企业年金之前，实验组和控制组的创新绩效并不存在显著的差异，满足平行趋势。企业实施补充医疗保险和企业年金后，政策效应显现，随着实施健康投资时间的推移，效果有一定增强，政策效果的展现具有持续性。

---

① DID 的交互项等于 1 的情况是，企业在具体某年实施了补充医疗保险和企业年金，而对于在实施补充医疗保险和企业年金之前的年份，这个城市的 DID 交互项等于 0。

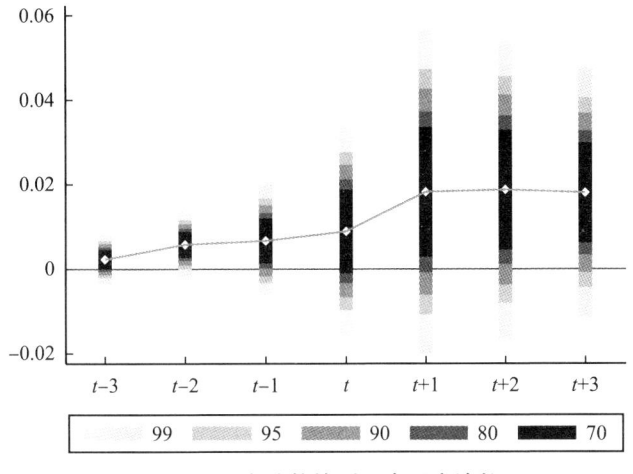

图 9-3 平衡趋势检测（专利申请数）

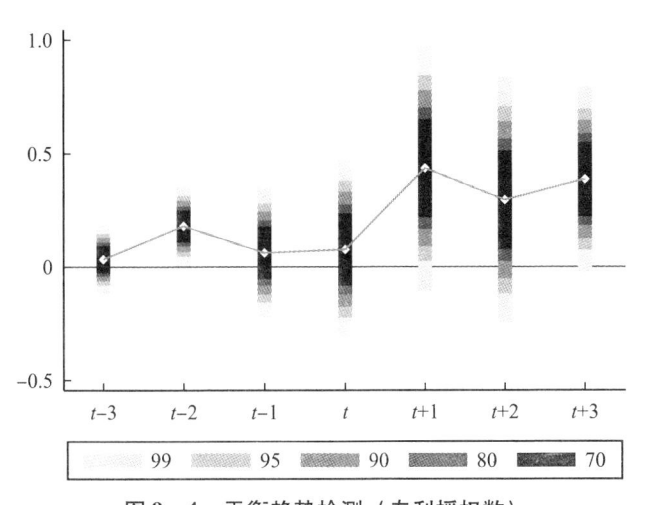

图 9-4 平衡趋势检测（专利授权数）

为进一步验证平行趋势并对企业实施补充医疗保险和企业年金的动态政策效果进行评估，将回归分析结果展示于表 9-10 中。

表9-10　　企业健康投资对创新绩效的多期DID模型检验①

变量	被解释变量：企业专利授权数	
	Apply	Auth
$Treated_{it} \times Before_3$	0.002 (1.052)	0.033 (0.58)
$Treated_{it} \times Before_2$	0.006 (1.213)	0.179** (2.235)
$Treated_{it} \times Before_1$	0.007 (1.314)	0.061 (0.553)
$Treated_{it}$	0.009** (1.963)	0.076 (0.492)
$Treated_{it} \times After_1$	0.182** (2.242)	0.433** (2.081)
$Treated_{it} \times After_2$	0.187 (1.572)	0.294 (1.404)
$Treated_{it} \times After_3$	0.180 (1.374)	0.384** (2.43)
控制变量	加入	加入
年度效应	加入	加入
行业效应	加入	加入
R^2	0.118	0.105
N	5 352	6 284

注：括号内为t值，** 表示5%的显著性水平。

企业补充医疗保险和企业年金对创新绩效的动态效应检验结果报告在表9-10中，可以看出，企业健康投资后系数是正向且显著的，并且影响程度具有递增趋势。模型还可以看出，企业补充医疗保险和企业年金之后，对专利授权数的影响可能存在1年的时滞，其作用的发挥需要一段时间，然后

---

① 限于篇幅，表中未详细列出各控制变量以及常数项的回归结果，结果备索。

才能明显提高企业的创新绩效。企业补充医疗保险和企业年金后，回归系数逐年增大，因此，企业健康投资影响创新绩效的效果具有长期性和稳定性。

（三）其他稳健性检验

1. 剔除部分企业。

根据苗文龙等（2019）的研究，由于技术创新密度不同，企业可分为技术创新型企业和技术稳定型企业。不同行业的技术投入率存在明显差异，技术投入率比较高的行业是通信设备制造业、汽车制造业、医药工业。因此，本书将样本集中到通信设备制造业、医药工业、汽车制造业等技术创新行业，选技术创新行业的样本进行检验，得到的结果与上文一致。

2. 关于企业固定效应的检验。

接下来，针对企业固定效应问题进行稳健性检验，本章所有的模型都加入了行业固定效应和时间固定效应，而没有加入企业固定效应，本章在基准模型中将行业固定效应和时间固定效应剔除，加入了企业固定效用，控制住诸多可观测或不可观测的企业层面的因素对估计结果的影响，检验发现结果也是非常相似和稳健的，不过，与加入行业固定效应和时间固定效应相比，企业固定效应下的估计系数减少了，说明企业固定效应包括了更丰富的可观测或不可观测的各种特征。

第三节　结论与政策建议

本章从企业健康投资的视角出发，利用2007～2019年上市公司实施补充医疗保险和企业年金的面板数据，实证分析了企业健康投资实施补充医疗保险和企业年金对创新绩效的影响。研究结果表明：第一，我国企业实施补充医疗保险和企业年金的程度不高，尽管使用的公司数量在不断增加，但所占比例仍然较少；第二，企业健康投资对企业创新绩效的影响是正向且显著的，对专利申请和授权的影响高于对研发强度和创新结构的影响，且企业健康投资对创新绩效的促进效应存在较为明显的企业间差异，不同企业性质、行业属性、生命周期和地区的企业健康投资对创新绩效的影响存在异质性；第三，发现劳动生产率、员工稳定性和高学历员工构成作为企业健康投资对于创新绩效影响的机制是成立的。

就本章研究主题而言，内生性偏误可能有三个来源：一是双向因果内生性问题。利用安慰剂检验以及多期 DID 模型等识别企业健康投资和企业研发创新之间的因果效应。二是遗漏变量问题。除了企业自身特征外，企业所属行业、企业所在区域环境的变化，以及随时间变化的趋势都有可能同时影响企业的健康投资与创新。因此，本章在模型中控制了企业所在城市、产业结构以及行业固定效应与年度固定效应。三是选择性偏误，不同行业、不同地区企业健康投资和创新存在差异，导致回归结果由某些"群体特征"的选择性偏误所驱动，因此，对样本进行了多角度的异质性分析。

本书实证研究企业健康投资中实施补充医疗保险和企业年金与创新绩效的关系，证明企业健康投资不仅从外部对创新绩效产生影响，而且能从内部影响企业的创新能力。本章的研究结论的政策含义是：企业应充分认识到健康投资在改善人力资本结构、激励员工劳动生产率、提高企业创新绩效等方面的重要作用，并注重健康投资；健康投资可以更好地平衡企业和员工的关系，而不会加重企业的负担，可以考虑从企业健康投资角度制定企业创新的战略。

第十章

健康投资与经济增长

经济的增长离不开要素投入的支撑,而健康投资是非常重要的要素投入。研究通过构建一个三期世代交叠模型来讨论个体健康投资和政府公共健康投资对物质资本和人力资本形成的作用机制及其对经济增长的影响,发现健康投资对经济增长有促进作用。使用1999~2016年我国省级面板数据的实证研究和控制了内生性和交互项回归的稳健性检验证实了这一结果,研究还发现个体健康投资对经济增长的影响相对较大。因此我国实施健康中国战略,从国家层面统筹谋划推进健康的政策与经济增长的政策是相符的,我国应进一步扩大健康投资,优化健康投资结构,促进我国经济增长。

第一节 引 言

党的十九大报告提出,我国经济已由高速增长阶段转向高质量发展阶段,目前中国处于经济转型的关键时期,资本要素供给的增长速度不断下降,在当前增速换挡、结构调整、动力转换的经济发展新常态下,应当从要素投入的角度寻求新一轮增长的"发动机"。健康投资与人力资本和经济增长之间存在着密切关系,健康投资所产生的人力资本具有特殊的生产功能,是生产过程必不可少的先决条件和投入要素,健康投资不仅可以通过影响个体的劳动生产力、生产时间和教育投资的报酬影响个体单位时间有效劳动量,也可以通过影响死亡率和预期寿命影响劳动力供给,从而作用于生产函数,还可以通过影响健康人力资本给个人带来效用，从而作用于效用函数（Grossman，1972）。健康投资通过影响人力资本和物资资本，最终对经济增长产生影响，因此，对人的投资是最有收益的投资，也是根本性的投资，通过对健康进行投资，形成累计性的健康资本存量，进而产生健康红利，不仅可以明显地弥补我国人口红利下降的负面效应，而且还会对我国经济社会产生长期的人力资本红利。因此，对健康进行投资，是一种既稳增长又调结构，既利当前又利长远的战略。美国、欧盟、日本等发达国家都把促进健康作为国家战略，把健康投资视为战略性人力资本投资，大幅度增加健康投入。

健康投资的重要性体现在各类文件中。党的十八大报告指出：健康是促进人的全面发展的必然要求，是经济社会发展的基础条件。2016年的《"健康中国2030"规划纲要》明确提出将健康融入所有政策，把健康提高到了国家战略水平。党的十九大报告更是将实施健康中国战略纳入国家发展的基本方略，把国民健康置于"民族昌盛和国家富强的重要标志"地位，认为国民健康是国家可持续发展能力的重要标志。2019年《健康中国行动（2019～2030年）》出台，促进以治病为中心向以人民健康为中心转变。联合国发布的2013年人类发展报告指出："从人类发展的角度来看，健康是推动经济增长的手段"，可见健康不仅直接关乎民生福祉，而且关乎经济发展，具有重大的战略意义。

近年来，我国健康投资呈现不断增加的态势。自2009年启动新一轮医改以来，中国对卫生基础设施进行了大量投资，建立的全民基本医保制度参保覆盖率稳定在95%以上，是世界上最大的社会医疗保障网[1]；卫生总费用占GDP比重从2010年的4.89%上升至2018年的6.6%，尽管仍然低于全球平均10.5%的水平，但增长的幅度较大[2]；健康服务产业市场规模从2010年的1.9万亿元增加到2020年的10.0万亿元[3]；全球医疗质量和可及性排名从

---

[1] 中华人民共和国国务院新闻办公室：《中国健康事业的发展与人权进步》，人民出版社2017年版。
[2] 根据历年《中国卫生和计划生育统计年鉴》资料整理。
[3] 前瞻产业研究院：《2022～2027年中国大健康产业战略规划和企业战略咨询报告》，https://bg.qianzhan.com/report/detail/1801091028309482.html。

1999年的全球第110位提高到2016年的第48位[①]。

但也应当看到,健康投资是一个系统工程,需要长时间的持续努力。当前由于工业化、城镇化、人口老龄化、疾病谱、生态环境、生活方式不断变化,中国仍面临多重疾病威胁并存、多种健康影响因素交织的复杂局面;同时,随着生活水平提高和健康观念增强,人民群众对健康产品、健康服务的需求持续增长,并呈现出多层次、多元化、个性化的特征。中国既面对着发达国家面临的健康问题,也面对着发展中国家面临的健康问题。如何有效地进行健康投资是我国面临的一个关键问题。在我国实施健康战略和转换增长动力的攻关期,研究健康投资在经济增长中的影响途径及作用机理,有助于从健康人力资本的角度探究经济增长的动力,有利于政府针对健康投资制定和组合出更加合理的政策来实现目标,也有利于把健康投资与宏观经济战略相连接,促进健康人力资本和宏观经济协调发展。本部分构建健康投资与经济增长的三期世代交叠模型,通过分析经济活动中三部门的行为,对模型中各个变量的相互关系进行推导,进行比较静态分析,并运用中国省级面板数据进行实证分析,选择生育健康投资、个体健康投资和政府公共健康投资的代理变量,揭示我国健康投资、人力资本与经济增长之间的关系。

第二节 模型设定与求解

本部分首先通过构建一个内生生育健康投资决策的世代交叠模型就健康投资、人力资本对经济增长的机制展开分析,模型中包含了三部门的行为,个体、企业和政府,健康投资来自政府和个体的共同参与,政府将税收用于两个方向的支出:政府的公共健康投资和其他支出,个体对健康投资和消费

---

① GBD 2016 Healthcare Access and Quality Collaborators. "Measuring performance on the Healthcare Access and Quality Index for 195 Countries and Territories and Selected Subnational Locations: A Systematic Analysis From the Global Burden of Disease Study 2016". The Lancent, Volume 391, Issue 10136, 2 – 8 June 2018, Pages 2236 – 2271.

进行决策,企业则根据物质资本和人力资本进行生产。

一、模型的建立

(一) 代表性个体的行为

假设每个代表性个体的一生分为青、中、老三个阶段,在一个时期同时存在青、中、老三代人。青年人积累的健康人力资本来源于中年人的生育健康投资;中年人通过劳动获得收入,且将收入用于消费和储蓄,同时进行生育健康投资;老年人则用上一期的储蓄来进行消费,并进行个体健康投资。

假定个体的健康水平受到初始健康存量和健康投资数量的影响。从生命周期的角度来看,父母的生育健康投资能改善父母的遗传特质,从而在后代身上体现,作为后代的初始健康存量存在,因此模型将健康载体的生物特殊性纳入对健康人力资本的分析,关注健康投资的代际继承性,即考虑健康投资对遗传特质的影响所决定的健康存量。个体的健康水平还受到健康投资数量的影响,因此,初始健康存量和政府的公共健康投资共同决定年轻一代的人力资本 h_{t+1}。构建健康人力资本函数:

$$h_{t+1} = E hi_t^{\theta} (G_H / L_t)^{1-\theta} \quad (10-1)$$

其中,h_{t+1} 表示第 $t+1$ 代人的健康人力资本,E 表示健康投资的效率,hi_t 表示父母的生育健康投资,G_H 表示来自政府的公共健康投资,G_H / L_t 代表人均政府公共健康投资。$0 < \theta < 1$ 用于衡量父母的生育健康投资对个体健康人力资本的作用,$1 - \theta$ 用于衡量政府公共健康投资对健康人力资本的作用。

模型假设个人一生的效用取决于 t 期的消费水平 c_t,老年时期的消费水平 c_{t+1},以及子女的健康人力资本水平 h_{t+1},假定中年人以 $\rho (0 < \rho < 1)$ 的概率存活到老年期,用可分离相加的对数函数描述效用,效用函数的形式设定为:

$$U(c_t, c_{t+1}, h_t) = \ln c_t + \rho \ln c_{t+1} + \delta \ln h_{t+1} \quad (10-2)$$

其中，δ 表示健康人力资本在效用函数中的权重。

假定每单位人力资本的劳动收入为 w_t，个体工作阶段可以获得的劳动收入为 $w_t h_t$，进一步，假设个体将劳动收入中的比例 s_t 用于储蓄，按税率 τ_t 缴纳个人所得税①，剩余的收入用于自己当期消费和对子女的生育健康投资。t 时期的中年人在 $t+1$ 期退休，不再提供劳动，用于消费的收入来源于其在 t 时期的储蓄、利息回报，μ 表示老年人用于消费的比例，$1-\mu$ 则表示老年人用于健康投资的比例，储蓄的回报率用 $1+r_{t+1}$ 表示。

代表性个体在中年时期和老年时期的预算约束为：

$$(1 - \tau_t - s_t) w_t h_t = c_t + (1 + n) h i_t \tag{10-3}$$

$$(1 + r_{t+1}) \mu s_t w_t h_t = c_{t+1} \tag{10-4}$$

在第 t 期初，有 n 个个体成长为劳动者，则人口增长率为 $n = \dfrac{N_t}{N_{t-1}} - 1$。

（二）生产函数

健康人力资本作为生产要素进入生产函数，因此生产函数包括物质资本、人力资本和劳动力投入。采用 Cobb–Douglas 生产函数，经济产出取决于物资资本、人力资本和劳动力，生产函数定义为：

$$Y_t = A K_t^\alpha H_t^{1-\alpha} = A K_t^\alpha (h_t L_t)^{1-\alpha} \tag{10-5}$$

其中，Y_t 表示最终的总产出，A 是一个表示生产技术的参数，K_t 表示物质资本，$h_t L_t$ 代表总的人力资本存量，L_t 是劳动力，$A > 0$，$0 < \alpha < 1$ 衡量物质资本的产出弹性，$0 < 1 - \alpha < 1$ 衡量健康人力资本的产出弹性。根据模型的设定，由于有健康投资的存在，行为人的劳动能力不再是同质的，出现了劳动力素质的差异。令社会中具有最低劳动力素质的劳动者正常状态下工作一生所供给的劳动量，也就是个体在第二期的工作量作为单位劳动量，劳动力素质越高，劳动者一生所能提供的劳动量就越多。$k_t = K_t / L_t$ 是单位劳动物质资本，单位劳动物质资本产出为 $y_t = A k_t^\alpha h_t^{1-\alpha}$。

厂商最大化利润的函数为 $\pi_t = A K_t^\alpha h_t^\beta - \delta K_t - w_t H_t$，$\delta$ 代表折旧率，w_t 代

---

① 对个体而言，税率 π_t 为外生给定的常量。

表 t 期每单位劳动力要素的价格,也是工资率,$1+r_{t+1}$ 代表 t 期资本要素的价格,也就是利率。

利润最大化和完全竞争要求所有的要素都在边际产量处支付,因此劳动和资本的价格分别由边际产量来确定,因此,人均产出的函数形式为:

$$w_t = A(1-\alpha)k_t^\alpha h_t^{-\alpha} \qquad (10-6)$$

$$1 + r_{t+1} = \alpha A k_t^{\alpha-1} h_t^{1-\alpha} \qquad (10-7)$$

(三) 政府

假定政府的财政收入仅来自所得税,则政府的财政收入为:

$$G = \tau_t w_t h_t L_t \qquad (10-8)$$

政府的财政支出用于公共健康投资和其他投资,分别为 G_H 和 G_I。政府公共健康投资收到财政收入的影响,v 表示总产出中被政府用于提供公共健康投资的部分。则政府的财政支出可表示为:

$$G_H = v\tau_t w_t h_t L_t \qquad (10-9)$$

$$G_I = (1-v)\tau_t w_t h_t L_t \qquad (10-10)$$

政府的财政部门在 t 期的预算平衡为:

$$G = G_H + G_I \qquad (10-11)$$

(四) 市场出清

假设每期物质资本全部来自前一期的个人储蓄和政府物质资本投资,并且物资资本在当期全部折旧。于是,资本市场出清条件是:

$$(1+n)k_{t+1} = \mu s_t w_t h_t + G_I/L_t = \mu s_t w_t h_t + (1-v)\tau_t w_t h_t \qquad (10-12)$$

二、模型的求解

(一) 个体最优化行为

每个代表性个体在约束下通过选择中年时期消费 c_t,老年时期消费 c_{t+1},

储蓄比例 s_t，生育健康投资 hi_t 来最大化自己一生的效用水平：

$$\max U(c_t, c_{t+1}, h_{t+1})$$

$$\text{s.t.} \ (1-\tau_t-s_t)w_t h_t = c_t + (1+n)hi_t$$

$$(1+r_{t+1})\mu s_t w_t h_t = c_{t+1} \qquad (10-13)$$

求解个体的最优化问题，可以得到代表性个体关于消费、储蓄和生育健康投资的一阶最优条件：

$$c_{t+1} = \rho\mu(1+r_{t+1})c_t \qquad (10-14)$$

$$s_t = \frac{1-\tau_t+\delta\mu(\tau_t+n)(1-\tau_t)}{\delta\mu[(\tau_t+n)+\delta\mu(1+n)]} \qquad (10-15)$$

$$hi_t = \delta\mu c_t = \frac{\{(1-\tau_t)\delta\mu[(\tau_t+n)+\delta\mu(1+n)]-[(1-\tau_t)+\delta\mu(\tau_t+n)(1-\tau_t)]\}}{[(\tau_t+n)+\delta\mu(1+n)][1-\delta\mu(1+n)]}w_t h_t$$

$$(10-16)$$

可见，父母对子女的生育健康投资多出一个单位产品而减少消费所损失的效用等于子女健康人力资本增加以后为其所增加的效用，因此，生育健康投资并不会减少个体的效用。

定义个体生育健康投资率 $hir_t = hi_t/w_t h_t$，因此稳态时个体最优的生育健康投资比率：

$$hir_t = \frac{\{(1-\tau_t)\delta\mu[(\tau_t+n)+\delta\mu(1+n)]-[(1-\tau_t)+\delta\mu(\tau_t+n)(1-\tau_t)]\}}{[(\tau_t+n)+\delta\mu(1+n)][1-\delta\mu(1+n)]}$$

$$(10-17)$$

（二）平衡增长路径

将式（10-15）代入 $h_{t+1} = Ehi_t^\theta(G_H/L_t)^{1-\theta}$，可以得到：

$$\frac{h_{t+1}}{h_t} = E(v\tau_t)^{1-\theta}\delta\mu\Lambda^{-\theta}(1-\alpha)^{1-\theta}[1-\delta\mu(1+n)]^\theta(\alpha A)^{1-\theta}\left(\frac{k}{h}\right)^{(\alpha\theta+\alpha-\theta)}$$

$$(10-18)$$

其中，$\Lambda = 1-\tau_t-\dfrac{1-\tau_t+\delta\mu(\tau_t+n)(1-\tau_t)}{\delta\mu[(\tau_t+n)+\delta\mu(1+n)]} = \dfrac{\delta\mu(\tau_t+n)(1-\tau_t)-(1-\tau_t)}{(\tau_t+n)+\delta\mu(1+n)}$。

将式（10-6）、式（10-7）代入式（10-12），可以得到：

$$\frac{k_{t+1}}{k_t} = \phi A(1-\alpha)\left(\frac{k}{h}\right)^{\alpha-1} \quad (10-19)$$

其中，$\phi = \dfrac{1-\tau_t + \delta\mu(\tau_t+n)(1-\tau_t) + (1-v)\delta\mu[(\tau_t+n)+\delta\mu(1+n)]}{\delta(1+n)[(\tau_t+n)+\delta\mu(1+n)]}$

在稳态增长时，$\dfrac{h_{t+1}}{h_t} = \dfrac{k_{t+1}}{k_t} = 1+g$，因此联立式（10-18）和式（10-19）可以得到：

$$E(v\tau_t)^{1-\theta}\delta\mu\Lambda^{-\theta}(1-\alpha)^{1-\theta}[1-\delta\mu(1+n)]^{\theta}(\alpha A)^{1-\theta}\left(\frac{k}{h}\right)^{(\alpha\theta+\alpha-\theta)}$$

$$= \phi A(1-\alpha)\left(\frac{k}{h}\right)^{\alpha-1} \quad (10-20)$$

求解式（10-19）可以得到：

$$\frac{k}{h} = \phi^{\frac{1}{1+\theta(\alpha-1)}}[A(1-\alpha)\Lambda]^{\frac{\theta}{1+\theta(\alpha-1)}}(E\delta\mu)^{\frac{-1}{1+\theta(\alpha-1)}}(v\tau_t\alpha)^{\frac{\theta-1}{1+\theta(\alpha-1)}}[1-\delta\mu(1+n)]^{\frac{-\theta}{1+\theta(\alpha-1)}} \quad (10-21)$$

从而可以得到稳态时的物质资本和人力资本：

$$k^* = \phi^{\frac{\alpha-1}{1+\theta(\alpha-1)}}[A(1-\alpha)]^{\frac{(\alpha\theta+1)(\alpha-1)}{1+\theta(\alpha-1)}}\Lambda^{\frac{\theta(\alpha-1)}{1+\theta(\alpha-1)}}(E\delta\mu)^{\frac{-(\alpha-1)}{1+\theta(\alpha-1)}}(v\tau_t\alpha)^{\frac{(\theta-1)(\alpha-1)}{1+\theta(\alpha-1)}}$$

$$[1-\delta\mu(1+n)]^{\frac{-\theta(\alpha-1)^2}{1+\theta(\alpha-1)}}\left\{\frac{1-\tau_t+\delta\mu(\tau_t+n)(1-\tau_t)}{\delta[(\tau_t+n)+\delta\mu(1+n)]} + (1-v)\tau_t\right\} \quad (10-22)$$

$$h^* = \phi^{\frac{\theta\alpha-\theta+\alpha}{1+\theta(\alpha-1)}}[A(1-\alpha)\Lambda]^{\frac{1-2\theta+2\theta\alpha}{1+\theta(\alpha-1)}}(E\delta\mu)^{\frac{1-\alpha}{1+\theta(\alpha-1)}}(v\tau\alpha)^{\frac{(1-\alpha)(\theta-1)}{1+\theta(\alpha-1)}}[1-\delta\mu(1+n)]^{\frac{\theta-\alpha\theta}{1+\theta(\alpha-1)}} \quad (10-23)$$

解出稳态增长路径时的经济增长率 g：

$$1+g^* = \phi^{\frac{\theta\alpha-\theta+\alpha}{1+\theta(\alpha-1)}}[A(1-\alpha)]^{\frac{2+\theta\alpha-\theta}{1+\theta(\alpha-1)}}\Lambda^{\frac{\theta(\alpha-1)}{1+\theta(\alpha-1)}}(E\delta\mu)^{\frac{1-\alpha}{1+\theta(\alpha-1)}}(v\tau\alpha)^{\frac{(\alpha-1)(\theta-1)}{1+\theta(\alpha-1)}}[1-\delta\mu(1+n)]^{\frac{\theta-\alpha\theta}{1+\theta(\alpha-1)}} \quad (10-24)$$

平衡增长路径上，稳态增长率和最优的生育健康投资比例的关系是：

$$1+g^* = \Psi(Ehir_t^*)^{\frac{1-\alpha}{1+\theta(\alpha-1)}}[1-hir_t^*(1+n)]^{\frac{\theta-\alpha\theta}{1+\theta(\alpha-1)}} \quad (10-25)$$

式（10-25）可以看到，个体效用最大化选择行为下，当健康投资的效率 E 较高时，生育健康投资对经济增长率具有正效应。

三、比较静态分析

（一）个体健康投资 $1-\mu$ 变动的影响

个体健康投资变动对物质资本的影响：

$$\frac{\partial k}{\partial \mu} = \mathcal{F}_1 \mu^{\frac{\theta-\alpha-\theta\alpha}{1+\theta(\alpha-1)}} + \mathcal{F}_2 \mu^{\frac{-\theta(\alpha-1)^2-1-\theta(\alpha-1)}{1+\theta(\alpha-1)}} + \mathcal{F}_3 \frac{\delta(\tau_t+n)(1-\tau_t)-\delta^2(1+n)}{\{\delta[(\tau_t+n)+\delta\mu(1+n)]\}^2}$$

(10-26)

命题 1：随着 μ 减少，个体健康投资增加，物质资本会减少，说明个体健康投资会挤占物质资本。

个体健康投资变动对人力资本的影响：

$$\frac{\partial h}{\partial \mu} = \mathcal{H}_1 \mu^{\frac{\theta-\alpha-\theta\alpha}{1+\theta(\alpha-1)}} - \mathcal{H}_2 \mu^{\frac{2\theta-\alpha-2\theta\alpha}{1+\theta(\alpha-1)}}$$

(10-27)

命题 2：$0<\alpha<1$，$0<\theta<1$，因此 $\frac{2\theta-\alpha-2\theta\alpha}{1+\theta(\alpha-1)} > \frac{\theta-\alpha-\theta\alpha}{1+\theta(\alpha-1)}$，推定 $\frac{\partial h}{\partial \mu}<0$，因此随着 μ 减少，个体健康投资增加，人力资本会增加，说明个体健康投资会增加人力资本。

个体健康投资变动对经济增长的影响：

$$\begin{aligned}
\frac{\partial g}{\partial \mu} =\ & \Gamma_1 \frac{1-\alpha}{1+\theta(\alpha-1)} \mu^{\frac{\theta-\theta\alpha-\alpha}{1+\theta(\alpha-1)}} + \Gamma_2 \frac{\theta\delta(\alpha-1)(1+n)}{1+\theta(\alpha-1)} [1-\delta(1+n)]^{\frac{2\theta-2\alpha\theta-1}{1+\theta(\alpha-1)}} \\
& + \Gamma_3 \frac{\theta(\alpha-1)}{1+\theta(\alpha-1)} \Lambda^{\frac{-1}{1+\theta(\alpha-1)}} \times \frac{\delta\mu(1+n)(\tau_t+n)(1-\tau_t)(1-\delta)+(\tau_t+n)^2(1-\tau_t)+\delta\mu(1+n)(1-\tau_t)}{[(\tau_t+n)+\delta\mu(1+n)]^2} \\
& + \Gamma_4 \frac{\theta\alpha-\theta+\alpha}{1+\theta(\alpha-1)} \phi^{\frac{2\theta-1-2\theta\alpha}{1+\theta(\alpha-1)}} \\
& \times \frac{\delta(1+n)\{(\tau(\tau_t+n)^2(1-\tau_t)+\delta(1-v)_t+n)[(\tau_t+n)+\delta\mu(1+n)]+\delta(1-\tau_t)(1+n)[\mu(\tau_t+n)-1]\}}{[(\tau_t+n)+\delta\mu(1+n)]^2}
\end{aligned}$$

(10-28)

命题 3：个体健康投资对经济增长的影响取决于个体健康投资同税率 τ_t 和人口增长率 n 的关系，个体健康投资同税率和人口增长率之和呈倒 "U"

型,当个体健康投资高于税率和人口增长率之和的倒数时,个体健康投资会促进经济增长。

(二) 政府公共健康投资变动的影响

政府公共健康投资变动对物质资本的影响:

$$\frac{\partial k}{\partial v} = F_1 \frac{(\alpha-1)(\theta-1)}{1+\theta(\alpha-1)} v^{\frac{\alpha}{1+\theta(\alpha-1)}} - F_2 [1-\delta\mu(1+n)]^{\frac{-\theta(\alpha-1)^2}{1+\theta(\alpha-1)}} - \frac{\mu}{1+n} F_3 \phi^{\frac{\alpha-1}{1+\theta(\alpha-1)}} \quad (10-29)$$

命题4:政府公共健康投资对物质资本的影响受到个体父母的生育健康投资对个体健康人力资本的作用 θ 和人力资本的产出弹性 α 的影响,如果 $F_1(\alpha-1)(\theta-1)/1+\theta(\alpha-1)$ 的值非常小,那 $\partial k/\partial v < 0$,则随着政府公共投资 v 增加,物质资本 k 减少,说明政府公共健康投资会挤占物质资本投资。

政府公共健康投资变动对人力资本的影响:

$$\frac{\partial g}{\partial v} = \mathcal{B} \frac{(1-\alpha)(\theta-1)}{1+\theta(\alpha-1)} v^{\frac{2\theta+\alpha-2\theta\alpha-2}{1+\theta(\alpha-1)}} \quad (10-30)$$

命题5:随着政府公共健康投资增加,人力资本随之增加,说明政府公共健康投资会提高人力资本。

政府公共健康投资变动对经济增长的影响:

$$\frac{\partial g}{\partial v} = \Gamma_5 \frac{(\alpha-1)(\theta-1)}{1+\theta(\alpha-1)} v^{\frac{2\alpha\theta-\alpha-2\theta+2}{1+\theta(\alpha-1)}} - \Gamma_6 \mu \frac{\theta\alpha-\theta+\alpha}{1+\theta(\alpha-1)} \frac{(\tau_t+n)+\delta\mu(1+n)}{(1+n)(\tau_t+n)+\delta\mu(1+n)} \phi^{\frac{\alpha-1}{1+\theta(\alpha-1)}} \quad (10-31)$$

命题6:政府公共健康投资 v 对经济增长的影响比较模糊,如果政府公共健康投资 v 和个体健康投资 $1-\mu$ 都在一个较高的水平上,则 $\Gamma_5 \frac{(\alpha-1)(\theta-1)}{1+\theta(\alpha-1)} v^{\frac{2\alpha\theta-\alpha-2\theta+2}{1+\theta(\alpha-1)}} > \Gamma_6 \mu \frac{\theta\alpha-\theta+\alpha}{1+\theta(\alpha-1)} \frac{(\tau_t+n)+\delta\mu(1+n)}{(1+n)(\tau_t+n)+\delta\mu(1+n)} \phi^{\frac{\alpha-1}{1+\theta(\alpha-1)}}$,可以得到政府公共健康投资 v 对经济增长有促进作用。

第三节 实 证 分 析

理论模型表明,在一定的参数假设下,个体健康投资和政府公共健康投资对经济增长有促进作用,而人力资本的产出弹性、税率、人口增长率等参数,以及技术进步和健康投资的效率等外生变量也会影响经济增长。因此,本节将经济增长作为被解释变量,将个体健康投资、父母的生育健康投资和政府公共健康投资的代理变量作为解释变量,其他参数及外生变量作为控制变量设计实证模型,并运用1999~2016年我国31个省(直辖市)的面板数据进行实证检验,实证研究的主要目的是检验理论模型部分推导出的结论,并从宏观层面考察我国健康投资同经济增长之间的关系。

一、模型的设定及变量的选取

实证模型设定如下:

$$\ln\text{PGDP}_{nt}(\text{or GPGDP}_{nt}) = z_0 + \sum_{i=1}^{2} z_i \alpha_{it} + \sum_{j=1}^{4} z_j \alpha_{jt} + \sum_{k=1}^{3} z_k \alpha_{kt} + \sum_{m=1}^{n} r_m \alpha_{mt} + \varepsilon_{nt}$$

(10-32)

其中,n 表示省份,t 表示时间,$\ln\text{PGDP}$ 和 GPGDP 分别表示各省人均GDP的对数值和增长率;模型的核心变量为代表健康投资的变量,$\sum_{i=1}^{2} z_i \alpha_{it}$ 代表的是个体健康投资,由于数据的可得性,主要从恢复健康的投资角度选择变量,使用人均医疗保健支出①人身险的保费收入②作为个体健康投资的代理变量;$\sum_{j=1}^{4} z_j \alpha_{jt}$ 代表的是生育健康投资,由于家庭层面上的生育健康投资数据较难获得,使用各省婚前检查率③、产前检查率④、婴儿死亡率⑤、出生体重小于2 500克婴儿比重⑥作为代理变量,其中婴儿死亡率和出生体重小于

---

① 各省份年度城镇居民和农村居民人均医疗保健消费支出,削减价格指数后取简单平均数作为实际支出值。
② 人身保险尤其是健康保险可以保障人们在患病时对医疗卫生服务利用的财务可及性,最终会影响健康的获取(Grossman,1972)。
③ 年内进行婚前医学检查人数与应查人数之比,用%表示。
④ 年内产前接受过一次及以上产前检查的产妇人数与活产数之比,用%表示。
⑤ 年内新生儿死亡数与活产数之比,一般以‰分率表示。新生儿死亡指出生至28天以内(即0~27天)死亡人数。
⑥ 年内出生体重低于2 500克的婴儿数与活产数之比。

2 500 克婴儿比重可以作为生育健康投资的产出变量；$\sum_{k=1}^{3} z_k \alpha_{kt}$ 代表的是政府公共健康投资，在公共财政框架下就表现为对健康的公共支出，包括改善公共卫生环境、完善公共卫生设施、消除流行疾病等方面，分别使用政府医疗卫生支出[①]、财政对医疗卫生事业的补贴额和财政对医疗卫生事业的补贴额占该年财政支出的百分比三个解释变量来表示；$\sum_{m=1}^{n} r_m \alpha_{mt}$ 代表其他影响经济增长的其他变量，作为控制变量，包括财政对教育事业的支出、固定资产投资占政府财政支出比重、物质资本存量、劳动力、人均消费、城市化率、老年人口抚养比、技术水平发展程度、产业结构等变量，所有变量均为连续变量，ε_{nt} 为误差项。

数据样本期间选择 1999～2016 年，包括 17 年 30 个省的面板数据。lnPGDP、GPGDP、固定资产投资比和物质资本存量等数据来自历年《中国统计年鉴》，财政对医疗卫生事业的补贴数据来源于历年《财政统计年鉴》，人均医疗保健支出来源于国家卫生健康委员会；政府医疗卫生支出和生育健康投资数据来自历年的《卫生统计年鉴》；人身险保费收入来自历年的《中国保险统计年鉴》。

二、实证分析与结果

（一）描述性统计

所有数据描述性统计的结果如表 10-1 所示。对被解释变量和解释变量的统计结果可以看出，1999～2016 年我国人均 GDP 为 27 610.6 元，平均每年增长约 10.27%。我国人均医疗保健支出从 1999～2016 年不断增加，存在地区和城乡居民人均医疗保健支出不平衡的状况。1999～2016 年我国人均人身险保费年均为 268.66 元/人，而最高省份年均达到了 730.34 元/人，也存

---

① 指各级政府用于医疗卫生服务、医疗保障补助、卫生和医疗保障行政管理、人口与计划生育事务性支出等各项事业的经费。

在地区发展不平衡的现象。婚前检查率较低，而且不同年份不同省份波动较大，但产前检查率一直都较高，从2001年后大多省份都超过90%。婴儿死亡率和出生体重小于2 500克婴儿比重（%）从2000年到2016年呈现不断下降的趋势。我国年均财政对医疗卫生事业的补贴为136.24亿元，占财政支出决算的5.64%，政府医疗卫生支出总体呈现增长趋势，但地区间增幅差距较大。

表10-1　　　　　　　　　　变量描述性统计

变量名	均值	标准差	变量名	均值	标准差
人均GDP（PGDP）（元）	27 610.6	22 632.54	政府医疗卫生支出（亿元）	1 963.5	1 403.52
人均GDP增长率（GPGDP）（%）	10.27	2.84	财政对教育事业支出（亿元）	476.08	450.93
人均医疗保健支出	1 393.08	903.92	固定资产投资比（%）	0.37	0.19
人均人身险保费（元）	268.66	298.96	物质资本存量（亿元）	7 153.08	8765.01
产前检查率（%）	95.22	18.27	劳动力占比（%）	0.56	0.23
婚前检查率（%）	25.44	1.36	人均消费（元）	12 708.47	6 314.9
婴儿死亡率（%）	11.29	5.49	城市化率（%）	0.48	0.15
出生体重小于2 500克婴儿比重（%）	2.39	0.47	老年人口抚养比（%）	12.46	2.61
财政对医疗卫生事业补贴（亿元）	136.24	166.48	专利授权数（件）	19 613.86	40 761.18
财政对医疗卫生事业补贴比（%）	5.64	1.85	第三产业产值占比（%）	0.41	0.08

针对标准差较大的变量，包括人均GDP、人均医疗保健支出、人均人身险保费、财政对医疗卫生事业补贴、政府医疗卫生支出、财政对教育事业支出、物质资本存量、人均消费和专利授权数，为了变量的稳定性，变量以对数的形式进入模型。

（二）回归结果

本部分运用固定效用模型[①]对健康投资与经济增长之间的关系进行回归分析，在经济增长的实证研究中，经济增长的某些影响因素容易被忽略或难以测量，且这些因素不随时间而变，同时又和其他影响因素相关，利用面板数据的固定效用模型，控制了"时间固定的"的非观测因素，可以在一定程度上解决遗漏变量偏误问题。

实证结果如表10-2所示。个体健康投资影响经济增长的结果显示：人均医疗保健支出在1%的置信水平上正向影响经济增长，对PGDP和GPGDP的影响分别是17.7%和19.3%；人均人身险保费与PGDP的关系是正的且在1%的置信水平上显著，人身险保费每增加1%，PGDP将增加9.7%。可见，人均卫生费用和人均人身险保费支出有助于健康人力资本形成，在具有劳动强度和工作压力要求的现代生产中，较为健全的身体有较旺盛的能量和充足的精力投入生产劳动，能提高人的劳动生产率和工作效率，减少因为生病而损失的劳动时间，增加了有效劳动时间和劳动的连续性来提高劳动者的工作效率，从而对经济增长有促进作用。

表10-2　　　　　　　　　实证回归结果

变量	PGDP	GPGDP
人均医疗保健支出	0.177*** (5.28)	0.193*** (4.28)
人均人身险保费	0.097** (2.84)	0.068 (1.89)
婚前检查率	0.002* (2.08)	0.005 (1.26)

---

① 通过F检验和Hausman检验，确定使用固定效用模型，排除随机效用模型。

续表

变量	PGDP	GPGDP
产前检查率	0.006** (2.93)	0.011* (2.12)
婴儿死亡率	-0.016*** (4.38)	-0.039*** (5.74)
出生体重小于2 500克婴儿比重	-0.035 (1.36)	-0.052 (0.94)
财政对医疗卫生事业补贴	0.004*** (12.73)	0.049*** (5.65)
财政对医疗卫生事业补贴比	-0.005*** (-10.16)	-0.073*** (-5.03)
政府医疗卫生支出	0.113*** (4.91)	0.446*** (5.38)
财政对教育投资	0.047*** (0.109)	0.084*** (0.116)
固定资产投资比	0.001*** (4.21)	0.043*** (5.10)
物质资本存量	0.518*** (14.15)	0.414*** (19.98)
劳动力占比	-0.069*** (-3.33)	-0.030*** (-3.97)
人均消费	0.185*** (3.50)	0.363** (-3.18)
城市化率	0.020 (0.38)	0.372 (1.00)
老年人口抚养比	0.004 (1.35)	-0.062 (-0.72)

续表

变量	PGDP	GPGDP
专利授权数	0.216 *** (4.49)	0.384 *** (3.63)
第三产业产值占比	0.604 *** (-6.41)	0.206 * (-2.21)
截距项	5.646 *** (15.25)	88.340 *** (9.20)
F 值	1 183.573	1 340.586

注：* 表示10%的显著性水平，** 表示5%的显著性水平，*** 表示1%的显著性水平；括号内为各系数对应的 t 值。

生育健康投资影响经济增长的结果显示：婚前检查率在10%的置信水平上正向影响 PGDP，影响的程度是0.2%；产前检查率分别在5%和10%的置信水平上正向影响经济增长率，对 PGDP 和 GPGDP 的影响分别是0.6%和1.1%；可见，婚前检查、为生育做准备的产前检查对经济增长的影响都是正的。婴儿死亡率在1%的置信水平上负向影响经济增长，婴儿死亡率越低，PGDP 和 GPGDP 越高（1.6%，3.9%）。可见，生育健康投资改善了遗传特质，提高了后代的健康存量，从而降低了婴儿死亡率，对经济增长产生了正向的影响。

政府公共健康投资影响经济增长的结果显示：财政对医疗卫生事业补贴对 PGDP 和 GPGDP 的影响是正的且在1%的置信水平上显著，分别为0.4%和4.9%；财政对医疗卫生事业补贴比与经济增长的关系是负的且在1%的置信水平上显著，补贴比提高1%，PGDP 和 GPGDP 分别降低0.5%和7.3%，说明政府对医疗卫生事业投资增加将促进经济增长，但是财政支出中医疗卫生事业费占比增加会减缓经济增长速度，可见当增加政府公共健康投资后，会对物质资本造成一定程度的挤出，而物质资本减少会对经济增长产生不利影响；政府医疗卫生支出对 PGDP 和 GPGDP 的影响是正的且在1%的置信水平上显著（11.3%，44.6%），可见政府医疗卫生支出的绝对值增加，政府在医疗卫生服务领域承担的责任逐渐增强，会对经济增长产生显著的正向影响。

个体健康投资、生育健康投资和政府公共健康投资对经济增长的回归结果同我们理论分析的结果一致。

控制变量方面，财政对教育的投资、固定资产投资比、物质资本存量、人均消费、专利授权数比和第三产业产值对 PGDP 和 GPGDP 的影响是正的且是显著的，其中，物质资本存量对经济增长的贡献率是最大的，表明我国的经济增长主要依赖于物质资本积累，接下来是第三产业产值占比和专利授权数，可见第三产业的发展和技术进步也对促进我国 GDP 增长做出了巨大的贡献。劳动力占比对 PGDP 和 GPGDP 的影响是负的且是显著的，可见我国长期以来的"人口红利"现象已很难继续维持和带动经济的高增长。

三、回归结果的稳健性检验

（一）加入滞后项的检验

在经济增长的实证研究中，双向因果关系造成的因果联立偏误是比较常见的内生性来源，为了避免内生性问题造成估计的结果有偏，本部分借鉴阿雷拉诺和邦德（Arellano & Bond，1991）提出的广义矩估计 GMM 估计进行动态面板回归，在 GMM 估计中用被解释变量的滞后值作为工具变量来估计二者之间的双向因果关系，模型的设计如下：

$$\ln \text{PGDP}_{nt}(\text{or GPGDP}_{nt}) = z_0 + z_b \ln \text{PGDP}_{nt-1}(\text{or GPGDP}_{nt-1}) + \sum_{i=1}^{2} z_i \alpha_{it-1} + \sum_{j=1}^{4} z_j \alpha_{jt-1} + \sum_{k=1}^{4} z_k \alpha_{kt-1} + \sum_{m=1}^{n} r_m \alpha_{mt-1} + \varepsilon_{nt}$$

$$(10-33)$$

其中，$\ln \text{PGDP}_{nt-1}$（or GPGDP_{nt-1}）是滞后一期的被解释变量，其他解释变量和控制变量都滞后一期。

回归的结果显示：上一期的 PGDP 和 GPGDP 对当期 PGDP 和 GPGDP 的

解释率分别是 51.3% 和 49.2%。

个体健康投资方面，人均医疗保健支出和人均人身险保费对 PGDP 和 GPGDP 的影响是正的且显著，说明个体健康投资不仅对当期经济增长有促进作用，对下一期的经济增长也有促进作用。可见，个体健康投资对经济增长有持续的影响。

生育健康投资方面，婚前检查率正向显著影响 PGDP（0.3%）；产前检查率正向显著影响经济增长率（0.7% 和 1.2%）；说明上一期婚前检查率和产前检查率所带来的健康人力资本的提高对当期 PGDP 和 GPGDP 的提升有一定影响。婴儿死亡率在 1% 的置信水平上负向影响经济增长，分别为 1.5% 和 3.7%；出生体重小于 2 500 克婴儿比重对 PGDP 的影响是负的且在 10% 的置信水平上显著，影响程度为 3.7%，说明上一期婴儿死亡率和出生体重小于 2 500 克婴儿比重的降低同当期的经济增长是正向的关系。因此，生育健康投资所带来的健康存量的优化，对经济增长有持续的影响。

政府公共健康投资方面，上一期财政对医疗卫生事业补贴额对当期的 PGDP 和 GPGDP 的影响是正的且分别在 1% 和 5% 的置信水平上显著；上一期财政对医疗卫生事业补贴比对当期 PGDP 和 GPGDP 的影响是负的且显著；上一期政府医疗卫生支出对当期 PGDP 和 GPGDP 的影响是正的且在 5% 的置信水平上显著，说明公共健康支出对经济增长也有持续的影响。

系统 GMM 估计的结果说明实证部分的结果基本是稳健的（见表 10-3）。

表 10-3　　　　　　　　GMM 检验结果

变量	$PGDP_t$	$GPGDP_t$
$PGDP_{t-1}$	0.513*** (18.37)	
$GPGDP_{t-1}$		0.492*** (27.37)
人均医疗保健支出$_{t-1}$	0.102*** (5.24)	0.115*** (4.21)

续表

变量	PGDP$_t$	GPGDP$_t$
人均人身险保费$_{t-1}$	0.116** (3.04)	0.110** (2.71)
婚前检查率$_{t-1}$	0.003* (2.11)	0.006 (1.25)
产前检查率$_{t-1}$	0.007* (2.06)	0.012* (2.10)
婴儿死亡率$_{t-1}$	-0.015*** (4.37)	-0.037*** (5.15)
出生体重小于2 500克婴儿比重$_{t-1}$	-0.037* (2.06)	-0.073 (1.34)
财政对医疗卫生事业补贴$_{t-1}$	0.037*** (4.36)	0.052** (2.94)
财政对医疗卫生事业补贴比$_{t-1}$	-0.061*** (-9.89)	-0.068* (-2.51)
政府医疗卫生支出$_{t-1}$	0.157** (3.12)	0.142** (2.72)
财政对教育投资$_{t-1}$	0.131*** (0.0445)	0.091* (0.0478)
固定资产投资比$_{t-1}$	0.054* (2.05)	0.088 (-1.27)
物质资本存量$_{t-1}$	0.561*** (5.95)	0.465*** (-5.78)
劳动力占比$_{t-1}$	-0.068*** (-3.64)	-0.010** (-3.06)
人均消费$_{t-1}$	0.078 (1.34)	-5.955*** (-4.33)
城市化率$_{t-1}$	0.027 (0.47)	1.507 (1.09)

续表

变量	PGDP$_t$	GPGDP$_t$
老年人口抚养比$_{t-1}$	0.003 (0.82)	-0.023 (0.29)
专利授权数$_{t-1}$	0.107*** (3.49)	0.285*** (4.88)
第三产业产值占比$_{t-1}$	0.665*** (-4.78)	0.604 (0.80)
截距项	7.051*** (17.17)	8.180*** (9.17)
AR（1）_Prob	0.027	0.025
AR（2）_Prob	0.89	0.91
Sargantest	0.389	0.302

注：* 表示10%的显著性水平，** 表示5%的显著性水平，*** 表示1%的显著性水平；括号内为各系数对应的t值。

（二）加入交互项的检验

为了避免一般性遗漏变量偏误，在稳健性检验中回避控制变量的选用，借鉴弗兰克等（Frank et al., 2005）分析地区经济差距和经济增长关系时的做法，利用经济增长与健康投资的交互项进行控制，为了体现健康投资差异对经济增长差异的影响，还使用健康投资和经济增长的变动率，设计计量模型为：

$$\ln\text{PGDP}_{nt}(\text{or GPGDP}_{nt}) = z_0 + \sum_{i=1}^{2} z_i \alpha_{it} + \sum_{a=1}^{2} z_i \alpha_{it} \ln\text{PGDP}_{nt}(\text{GPGDP}_{nt})$$
$$+ \sum_{j=1}^{4} z_j \alpha_{jt} + \sum_{b=1}^{2} z_j \alpha_{jt} \ln\text{PGDP}_{nt}(\text{GPGDP}_{nt}) + \sum_{k=1}^{3} z_k \alpha_{kt}$$
$$+ \sum_{c=1}^{3} z_k \alpha_{kt} \ln\text{PGDP}_{nt}(\text{GPGDP}_{nt}) + \Delta\varepsilon_{nt} \quad (10-34)$$

$$\ln\Delta\text{PGDP}_{nt}(\text{or }\Delta\text{GPGDP}_{nt}) = z_0 + \sum_{i=1}^{2} z_i \Delta\alpha_{it} + \sum_{e=1}^{2} z_i \Delta\alpha_{it} \Delta\ln\text{PGDP}_{nt}(\Delta\text{GPGDP}_{nt})$$

$$+ \sum_{j=1}^{4} z_j \Delta \alpha_{jt} + \sum_{f=1}^{4} z_j \Delta \alpha_{jt} \Delta \ln \text{PGDP}_{nt} (\Delta \text{GPGDP}_{nt})$$

$$+ \sum_{k=1}^{3} z_k \Delta \alpha_{kt} + \sum_{g=1}^{3} z_k \Delta \alpha_{kt} \Delta \text{PGDP}_{nt} (\Delta \ln \text{GPGDP}_{nt})$$

$$+ \Delta \varepsilon_{nt} \qquad (10-35)$$

被解释变量为 PGDP 和 GPGDP 的结果显示，人均医疗保健支出×PGDP、人均人身险保费×PGDP、婚前检查率×PGDP、产前检查率×PGDP、婴儿死亡率×PGDP、出生体重小于 2 500 克婴儿比重×PGDP、财政对医疗卫生事业补贴比×PGDP 对 PGDP 的影响是正的且显著，解释变量同 GPGDP 交互项对 GPGDP 的影响大多是正的且显著，但影响的值较小，说明健康投资对经济增长的影响受到经济增长自身水平的影响，随着经济增长水平提高，人力资本投资对经济增长的影响也有小幅度的增加。

被解释变量和解释变量都为变动率及变动率交互项的结果显示，Δ人均医疗保健支出×ΔlnPGDP、Δ婚前检查率×ΔlnPGDP、Δ产前检查率×ΔlnPGDP、Δ婴儿死亡率×ΔlnPGDP、Δ出生体重小于 2 500 克婴儿比重×ΔlnPGDP 和 Δ政府医疗卫生支出×ΔlnPGDP 对 ΔlnPGDP 的影响是正的且显著；Δ人均医疗保健支出×ΔGPGDP、Δ婚前检查率×ΔGPGDP、Δ产前检查率×ΔGPGDP、Δ婴儿死亡率×ΔGPGDP、Δ出生体重小于 2 500 克婴儿比重×ΔGPGDP 对 ΔGPGDP 的影响是正的且显著，但所有交互性的影响值都比较小，说明健康投资变动对经济增长变动的影响受到经济增长自身变动的影响，随着经济增长变动率提高，人力资本投资变动对经济增长变动的影响也有小幅度的增加（见表 10-4）。

表 10-4　　　　　　　　　　引入交互项的检验结果

变量	lnPGDP	GPGDP	变量	ΔlnPGDP	ΔGPGDP
人均医疗保健支出	0.104 *** (5.37)	0.115 *** (4.94)	Δ人均医疗保健支出	0.109 ** (3.82)	0.106 ** (2.94)
人均人身险保费	0.053 *** (19.38)	0.786 (1.56)	Δ人均人身险保费	0.073 (-1.80)	0.106 (0.49)

续表

变量	lnPGDP	GPGDP	变量	ΔlnPGDP	ΔGPGDP
婚前检查率	0.002* (2.08)	0.005 (1.26)	Δ婚前检查率	0.006 (1.08)	0.009 (1.68)
产前检查率	0.006** (2.93)	0.011* (2.12)	Δ产前检查率	0.011** (2.84)	0.018* (2.04)
婴儿死亡率	-0.016*** (4.38)	-0.039*** (5.74)	Δ婴儿死亡率	-0.014** (3.18)	-0.028* (2.11)
出生体重小于2 500克婴儿比重	-0.037 (1.36)	-0.052 (0.94)	Δ出生体重小于2 500克婴儿比重	-0.029* (2.16)	-0.048 (1.83)
财政对医疗卫生事业补贴	0.0013*** (8.87)	0.0028*** (4.56)	Δ财政对医疗卫生事业补贴	0.122 (-1.87)	0.038* (-2.21)
财政对医疗卫生事业补贴比	0.0135 (1.70)	0.0635 (0.44)	Δ财政对医疗卫生事业补贴比	-0.005 (-0.12)	0.051* (2.57)
政府医疗卫生支出	0.111 (1.88)	-0.027** (-2.59)	Δ政府医疗卫生支出	0.021** (2.95)	0.015 (0.05)
人均医疗保健支出×lnPGDP	0.005*** (8.37)		Δ人均医疗保健支出×ΔlnPGDP	0.008*** (8.34)	
人均医疗保健支出×GPGDP		0.002*** (6.48)	Δ人均医疗保健支出×ΔGPGDP		0.003*** (5.38)
人均人身险保费×lnPGDP	0.0006*** (8.18)		Δ人均人身险保费×ΔlnPGDP	0.0009 (0.70)	
人均人身险保费×GPGDP		0.001*** (6.83)	Δ人均人身险保费×ΔGPGDP		0.0005 (0.74)
婚前检查率×lnPGDP	0.0004*** (8.36)		Δ婚前检查率×ΔlnPGDP	0.001*** (7.47)	
婚前检查率×GPGDP		0.0007*** (6.93)	Δ婚前检查率×ΔGPGDP		0.0005*** (6.37)
产前检查率×lnPGDP	0.0005*** (9.03)		Δ产前检查率×ΔlnPGDP	0.0004*** (8.02)	

续表

变量	lnPGDP	GPGDP	变量	ΔlnPGDP	ΔGPGDP
产前检查率×GPGDP		0.0004 *** (7.18)	Δ产前检查率×ΔGPGDP		0.0002 *** (6.58)
婴儿死亡率×lnPGDP	0.00009 *** (5.38)		Δ婴儿死亡率×ΔlnPGDP	0.0001 *** (5.33)	
婴儿死亡率×GPGDP		0.0006 *** (4.95)	Δ婴儿死亡率×ΔGPGDP		0.00005 *** (5.29)
出生体重小于2 500克婴儿比重×lnPGDP	0.0004 *** (8.02)		Δ出生体重小于2 500克婴儿比重×ΔlnPGDP	0.00009 *** (7.49)	
出生体重小于2 500克婴儿比重×GPGDP		0.0007 *** (4.38)	Δ出生体重小于2 500克婴儿比重×ΔGPGDP		0.00004 *** (3.94)
财政对医疗卫生事业补贴×lnPGDP	-0.00001 *** (2.16)		Δ财政对医疗卫生事业补贴×ΔlnPGDP	-0.00002 (1.16)	
财政对医疗卫生事业补贴×GPGDP		-0.00007 (-0.72)	Δ财政对医疗卫生事业补贴×ΔGPGDP		-0.00003 *** (-0.43)
财政对医疗卫生事业补贴比×lnPGDP	0.0005 * (2.16)		Δ财政对医疗卫生事业补贴比×ΔlnPGDP	-0.00005 (-0.02)	
财政对医疗卫生事业补贴比×GPGDP		-0.0001 (-0.56)	Δ财政对医疗卫生事业补贴比×ΔGPGDP		-0.0001 (-1.38)
政府医疗卫生支出×lnPGDP	0.0009 (0.14)		Δ政府医疗卫生支出×ΔlnPGDP	0.00008 *** (-4.02)	
政府医疗卫生支出×GPGDP		0.0002 (1.11)	Δ政府医疗卫生支出×ΔGPGDP		0.00006 (0.87)
截距项	5.837 *** (34.90)	4.648 ** (2.61)	截距项	8.239 *** (28.75)	-0.458 (-0.60)
F值	1 036.837	1 193.475	F值	1 108.465	1 136.930

注：* 表示10%的显著性水平，** 表示5%的显著性水平，*** 表示1%的显著性水平；括号内为各系数对应的t值。

第四节 结论与政策建议

健康投资在一国经济增长中的作用日益重要，本章的理论模型发现，当健康人力资本的投资效率较高时，生育健康投资同经济增长具有正相关关系；个体健康投资和政府公共健康投资对物质资本有挤占作用，但可以提高人力资本，因此对经济增长的影响是正的。使用中国省级面板数据实证检验的结果显示：个体健康投资、生育健康投资和政府公共健康投资均对经济增长都具有显著的正向作用，这也说明了"健康红利"将是我国经济发展的重要驱动力量。研究还发现个体健康投资对经济增长的正向作用最高，政府在加大对健康投资的同时，也应当鼓励家庭进行健康投资，从而产生最优的经济效益。因此，目前我国实施健康中国战略，加大健康投资的改革方向无疑是正确的，中国已进入通过健康投资提高人力资本，实现人口红利从数量型向质量型转换，并助力经济的新阶段。

但也可以看到，虽然总体上个体的健康投资、生育健康投资和政府的医疗卫生投入对经济增长有促进作用，但中国目前的健康投资依然存在总量较少、地区间健康投资差距较大、发展不平衡等问题，将显著影响到区域健康人力资本发展，进而对区域经济增长产生影响；健康投资在一定程度上会挤占物资资本，应当平衡健康投资和物资资本投资的关系，优化物质资本与健康投资比例；生育健康投资、个体健康投资和政府公共健康投资对经济增长的影响程度是不同的，与生育健康投资和政府公共健康投资相比，个体健康投资对经济增长的作用最大，因此应当调节健康投资中政府和个人的关系，促进健康投资结构优化，使健康投资对经济增长的影响达到最佳。

相对于已有文献而言，本章的理论模型放松了部分假定，并考虑了健康投资的代际继承性，因此得出的结论更丰富。但也应该看到文章还存在诸多拓展的空间，从影响机理来看，健康投资可以通过提高劳动生产率、劳动供给对经济增长产生影响，也可以通过影响教育人力资本、技术进步等生产要素的形成因素对经济增长产生影响，还可以通过影响家庭决策从而影响消费和储蓄，对经济增长产生影响，因此健康投资对经济增长的复杂的影响机理是下一步研究的重点。

第十一章

健康投资与老年人幸福感

第一节 引言及研究假设

一、引言

在过去近半个世纪,"幸福感"这一主观体验不单局限于心理学研究范畴,更是吸引了众多经济学家加入对其的探讨,其中,工作、生活及收入对个人主观幸福感的影响成为了主流话题。对幸福感的研究也在探讨不断深入后,内涵越来越丰富多样,仅从"Subjective Well-being"到"Happiness"的英文表达变化可见一斑。经济合作与发展组织(以下简称"经合组织")于2013年发布了《衡量主观幸福感的准则》[1],具体使用了11个方面的指标来衡量幸福感,包括:收入和财富、住房、工作及其质量、健康、教育、环境质量、主观幸福感、安全、工作与生活的平衡性、社会关系、公民参与。该框架还考虑了福祉各个方面的不平等现象,以及影响未来福祉的资源和风险因素。

在众多对主观幸福感产生影响的要素中,备受关注的要素之一就是健康,

---

[1] OECD (2013), OECD Guidelines on Measuring Subjective Well-being OECD Publishing.

根据经合组织报告《生活怎么样？2020：衡量幸福感①》显示，幸福感与健康之间有高度相关性。报告收集统计了2018年部分国家的健康情况和幸福体验，从图11-1可以看出，老年群体健康状况显著差于青年群体，同时幸福感得分普遍略低于青年人。

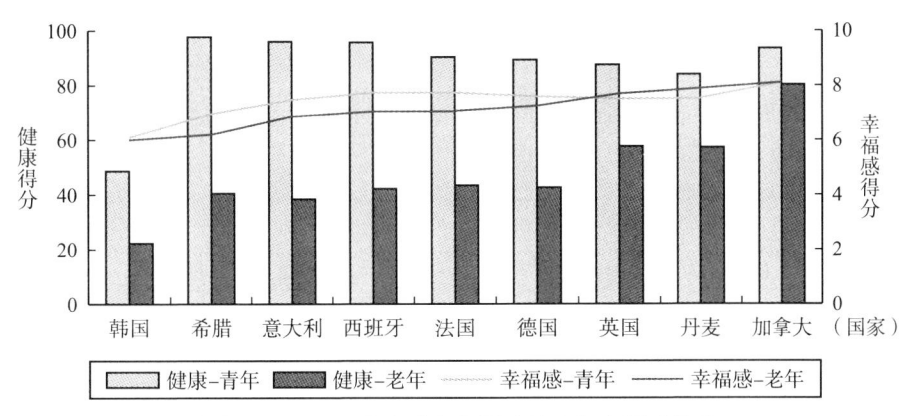

图11-1 2018年经合组织国家健康与幸福感关系

资料来源：经合组织报告《生活怎么样？2020：衡量幸福感》所公布源数据。

同时，提升老年人主观幸福感是"十三五"规划应对中国老龄化挑战的核心目标。根据国家统计局报告，2019年末，中国65岁及以上老年人口达到1.76亿人，占总人口的12.6%。虽然《中国发展报告2020：中国人口老龄化的发展趋势和政策》（以下简称《报告》）测算，2025年"十四五"规划完成时，65岁及以上的老年人将超过2.1亿人，但于2020年10月24日民政局第四季度例行发布会获悉："十四五"期间，我国老年人口将突破3亿人，将从轻度老龄化迈入中度老龄化。围绕健康与老龄化的话题也一直是学者们关注的焦点（张鸿琴，2020）。根据《报告》预测的未来老年人口变化如图11-2所示。

---

① OECD（2020），How's Life？2020：Measuring Well-being, OECD Publishing, Paris, https://doi.org/10、1787/9870c393-en.

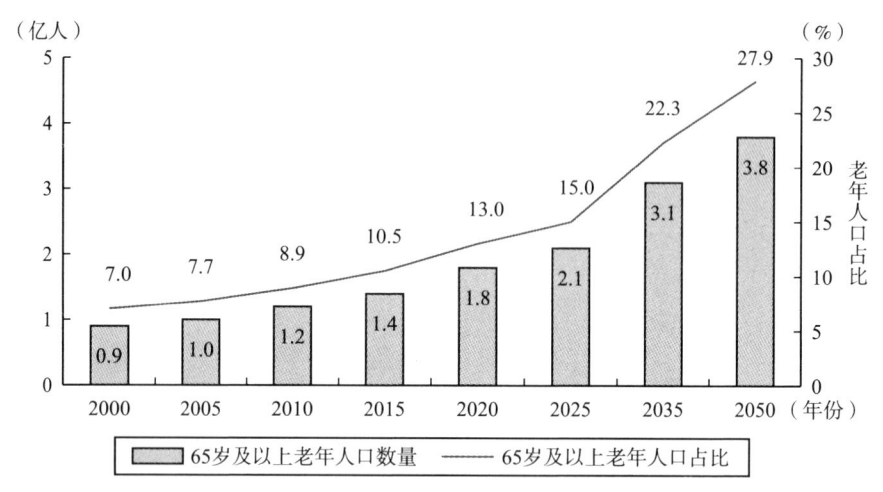

图 11-2 中国老年人口数量变化及趋势测算

资料来源：中国发展研究基金会：《中国发展报告 2020：中国人口老龄化的发展趋势和政策》，中国发展出版社 2020 年版。

在如此老龄化背景下，老年人的晚年生活幸福感问题受到政府与社会的广泛关注，尤其是在"十四五"时期这个重要的关口，郑秉文认为，"十四五"期间我国人口结构将发生重大结构性变化，因此面对这些变化需要更完善地做好顶层设计。健康作为影响老年幸福感的重要因素之一（OECD，2020），需要健康投资维持健康这个存量，根据《中国统计年鉴2021》，医疗保健、文化教育娱乐人均消费支出占比呈增加趋势，人们越来越重视医疗保健和文化娱乐支出，而食品烟酒部分由于统计口径较宽，包含烟酒等消费，无法精确判断营养投资是否随时间呈上升趋势，详细如图 11-3 所示。

但通过图 11-4 居民人均消费肉、蛋、奶等食品与其他食品占比情况发现，2019 年肉、蛋、奶、鲜菜等食品消费较 2013 年人均摄入量有所提高，谷物和食用油人均摄入量减少。

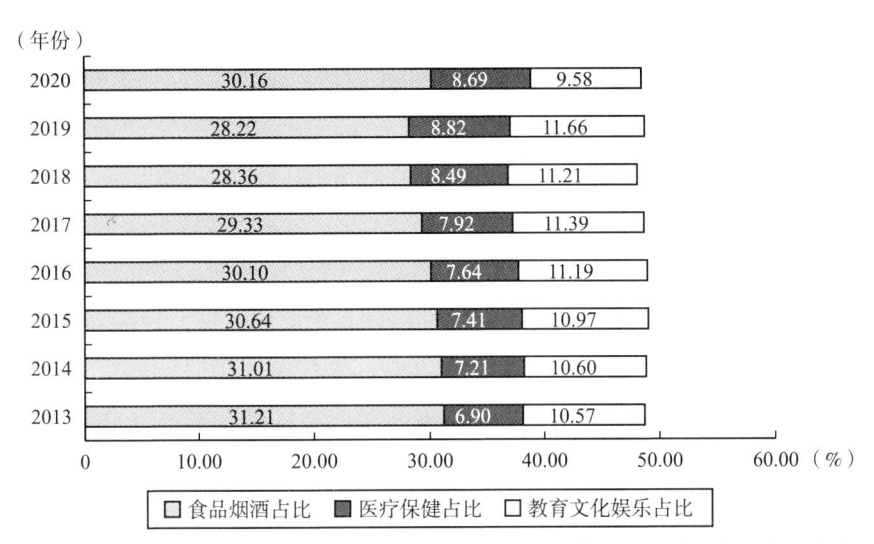

(年份)
2020　30.16　8.69　9.58
2019　28.22　8.82　11.66
2018　28.36　8.49　11.21
2017　29.33　7.92　11.39
2016　30.10　7.64　11.19
2015　30.64　7.41　10.97
2014　31.01　7.21　10.60
2013　31.21　6.90　10.57

0　10.00　20.00　30.00　40.00　50.00　60.00（％）

□ 食品烟酒占比　■ 医疗保健占比　□ 教育文化娱乐占比

图 11－3　2013～2020 年中国食品烟酒、医疗保健、文化教育和娱乐人均消费支出占比

资料来源：国家统计局：《中国统计年鉴 2021》，中国统计出版社 2021 年版。

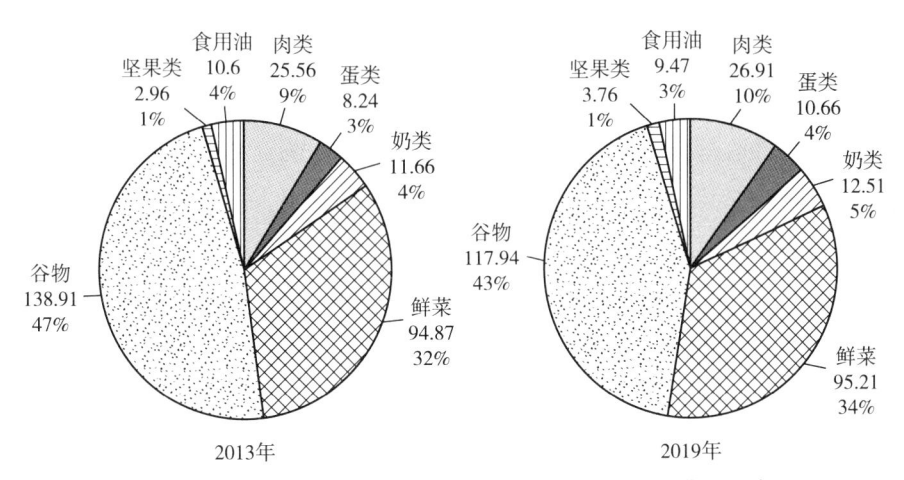

2013年
- 坚果类 2.96 1%
- 食用油 10.6 4%
- 肉类 25.56 9%
- 蛋类 8.24 3%
- 奶类 11.66 4%
- 谷物 138.91 47%
- 鲜菜 94.87 32%

2019年
- 坚果类 3.76 1%
- 食用油 9.47 3%
- 肉类 26.91 10%
- 蛋类 10.66 4%
- 奶类 12.51 5%
- 谷物 117.94 43%
- 鲜菜 95.21 34%

图 11－4　2013 年、2019 年中国居民肉蛋奶等人均消费性支出

资料来源：中国统计年鉴 2019、中国统计年鉴 2013。

通过分析营养投资、医疗保健投资以及文化娱乐投资的变化，可以帮助人们认识人民随着社会进步所追求的美好生活的方向。因此本章探究健康投资对老年人主观幸福感的影响将有助于健康老龄化"有的放矢"。

"幸福感"是个内涵相当丰富的概念，不同学者对于幸福感的界定与理解存在相当大差异。现代心理学框架中将幸福感分为了主观幸福感、心理幸福感和社会幸福感三种类型；经济领域研究幸福感相关问题时，大体分成认知型和情感型（Daniel et al., 2010；邢占军，2011）。认知层面的幸福感通常等同于生活满意度，可以定义为"在不同的生命周期及特定环境中对人的生活质量进行的评价"（Ed Diener et al., 1985）；情感层面上的幸福感通常包括各种积极情感和消极情感的衡量，包括心理健康体验、目标价值体验、心态平衡体验、社会信心体验、成长进步体验，等等。

对幸福感的理解，有学者认为各种表达是等价的，不可以搞"概念崇拜"，但是，也有学者认为需要尊重幸福感概念的多元性与复杂性。因此，在衡量幸福感使用的指标体现出"百家争鸣""百花齐放"的态势。一方面，有认为生活满意度是人们感知生活质量的最佳指标，具有更加稳定的表现；另一方面，情感型的幸福感，也被称作体验性幸福感，许多研究已证实将不同积极情绪和消极情绪分数加总对受访者情感体验更加有效。

老年人是否会因为进行了健康投资而产生积极或消极的情感体验，有学者使用其中的某些维度进行了探究、如体育锻炼、有无医疗保险等，但是缺乏多维度上健康投资程度对老年人主观幸福感的影响。另外，健康投资作为健康这一"存量概念"增长源泉，是否通过改善老年人健康状况从而提升幸福体验，本章进行了健康在其中的中介作用分析。另外，由于幸福感衡量在不同层面有不同偏好的指标使用，本章在主效应探究中，使用情感层面意义指标，以《12题项一般健康问卷》量表计算的主观幸福感得分分析健康投资对老年人幸福体验的影响，并通过生活满意度进行稳健性检验，由于医疗保险变量在主效应分析中不显著，在基于有无医疗保险情况下，单独做了分位数检验及健康的中介效应探究，考虑到我国东部、中部、西部地区差异带来的经济社会差异等对老年人幸福体验有重要影响，还对地区差异进行了进一步讨论。

本章可能的创新包括：一是四个维度全面考察健康投资对幸福感影响，健康是原有存量和后天积累的结果呈现，究其原因偏向一个中介变量，但目前有关健康投资对居民主观幸福感的研究很少，本部分选取四个健康投资维度八个指标,全面地考察营养水平、医疗保健、体育休闲、生活环境投资四个方面是否会提升老年人健康水平与幸福感。二是全分布考察不同幸福水平老年人受健康投资因素影响大小,分位数回归不局限于均值,关注从"平均乔"(Average Joe's)到"悲惨简"(Miserable Jane)和"快乐约翰"(Cheerful John)最好与最差两个极端。全分位数上对不同幸福感体验群体的老年人的细分,跳出了被平均的困境,兼顾群体异质性和老年群体整体受健康投资影响大小的分析,可以促进政策的制定和实施,更加有效地覆盖目标群体。三是将健康视作中介变量,探究健康的中介效应如何,一方面,健康投资作用于健康,同时,健康并非由健康投资单一决定,如老年人食用保健品这一行为并不一定会提升其健康状况,保健品自身可能是无用的或者不对症的,所以,健康投资同样可能越过健康,直接影响老年人幸福感;另一方面,有足够的证据表明健康对主观幸福感有重要且独立的影响(Graham,2008),与健康状况差的人相比,健康状况良好的人使个人生活满意度得分从 2.82 分提升到 3.45 分(满分 10 分)(Earth Institute,2012)。因此,本章将健康作为健康投资对老年人幸福感产生影响的一种路径进行探究,对健康投资、健康状况和幸福感之间的关联进行了初步探究,积极尝试健康作为中介变量的传导作用机制。

另外,健康和幸福感之间存在难以厘清的因果关系,本章通过健康投资对幸福感的回归,明确反向因果确实存在,但能够解决其中内生性的有效的工具变量在论文探究中尚未找到,因此没有进行反向因果的深入讨论。

二、研究假设

学者对健康和幸福的研究兴趣日益浓厚,从社会心理学、社会流行病学到经济学,再到政治和公共政策领域都可以见到许多相关的研究。本部分从三个方面切入进行了已有部分文献的梳理与述评:一是基于健康人力资本的健康投资包含了什么以及热点话题健康投资与经济增长之间的关系;二是幸福感的含义,幸福感作为解释变量与被解释变量都影响了什么要素,以及被什么要素所影响;三是个人的健康投资要作用于幸福体验,其过程可能的作用机制。

（一）幸福感的相关研究

有关幸福感的经济学研究主要围绕三个主题：一是有关幸福感的衡量；二是幸福感作为被解释变量，探究影响幸福感的因素有哪些以及具体如何影响主观幸福感；三是幸福感作为解释变量，探究幸福能给人们带来什么。

首先，人们对幸福的认知伴随着时代发展不断发生着变化。在现代心理学研究领域，主要将幸福感分为了主观幸福感、心理幸福感和社会幸福感；经合组织则是从社会福祉角度将其分为了主观幸福感、收入、工作、健康等。主观幸福感是研究中使用较多的概念，迪纳（Diener，2011）等提出了多层级结构模型，从三个层次上阐释主观幸福感：一是人们对生活的整体评价；二是生活满意度的各方面体现，包括积极、消极的情感和具体领域的生活满意度；三是各个可操作性指标包括意义感、成就感等。迪纳提出的主观幸福感既概括全面，又方便操作，受到了大多数学者的普遍认同。

其次，由于主观幸福感自身就是一个较为宽泛的概念，其作为一种认知，受到方方面面因素的影响，本部分选取个体特征（包括生理与心理特征）、社会经济特征和人文自然环境三个视角对其进行梳理。国外开始较早的研究涉及其中两个领域，个体特征的种族和性别（Bartel，1981），以及社会经济特征的收入与相对收入（Hamermesh，1977）。另外需要注意的是，在以下梳理中，不同学者对幸福感的衡量标准不完全相同，若使用主观幸福感进行表述，认为其选取生活满意度方面的问题来进行衡量。

性别方面，女性的自我认知高于男性，因此通常承受着更大的压力，丹尼尔（Daniel et al.，2010）通过 GHWBI 数据分析展示了女性主观幸福感高于男性，但其消极压力的影响也更大，因此就如何揭示女性较高的主观幸福感问题上仍存在争议。苏萨波扎（Sousa - Poza，2003）指出女性的工作满意度较低，这或许与女性不断上升的工作期望有关，有学位的女性，非家庭主妇的母亲，以及在非男性占主导地位的工作场所的女性，工作满意度表现出明显的性别差异。种族方面，有学者认为美国有黑人、白人的幸福感差距，但随着时间的流逝，这种差距似乎在逐渐缩小（Betsey & Justin，2008）。婚姻同样与幸福感相关。与单身、离异、分居或丧偶的人相比，已婚者的生活幸福感水平更高。不过"婚姻带来幸福"这个命题更多地与个人观念选择相关，布鲁诺等（Bruno et al., 2000）就使用德国社会经济小组研究（SOEP）数据分析了婚姻主观选择方面的问题，发现与婚姻相关的幸福感差异确实更多是来自那些目前单身但将来结婚的可能性更高的人。有关教育对主观幸福感的研究结论尚未达成一致。教育可能不仅提高收入，同时它也会增加个人对生活和工作的期望，从这个角度来说，教育对幸福感的影响源自教育对收入的提高与期望提升之间的相对差异（唐丹等，2006）。健康对主观幸福感存在影响是非常普通的事情，需要注意的是健康作为一个主客观兼有的指标，在衡量主观幸福感的时候需要使用客观的健康指标（Andrew E. Clark, 2018）。健康与幸福感之间的关系是双向的（Deaton et al., 2016），长期的疾病、吸烟喝酒、体育锻炼情况都会影响到幸福感体验（陈爱国等，2010）；有医保的老年人幸福水平更高（胡洪曙等，2012）。

由此，本章提出如下三点假设：

假设1：营养水平投资高的老年人有更高的主观幸福感；

假设2：有医疗保健投资的老年人有更高的主观幸福感；

假设3：有积极运动休闲投资的老年人有更高的主观幸福感。

社会经济特征对幸福感的研究主要包括了收入、收入不平等、失业和通货膨胀。收入与幸福感的关系是讨论最为广泛的话题，目前，国内外较为一致的看法是高收入群体相较于低收入群体而言，主观幸福感水平更高（Blanchflower & Oswald, 1998；Clark et al., 2005；AdaFerrer-i-Carbonell, 2004），提出较早的伊斯特林悖论问题（Easterlin, 1974），也在漫长的讨论中从相对收入角度（Erzo, 2005）和"忽视变量"理论入手有了不同的阐释。失业会导致幸福感降低得到了学者们较为一致的认知。早期，霍达（Jahoda, 1982）通过截面数据与面板数据分析得出失业人群相较于就业者幸福感水平低的结论，在后来的各种实证分析中同样证明了该结论（Liliana Winkelmann, 1998；王海成，2013；李树等，2015）。与失业相似，通货膨胀与幸福感之间的负向关系被大多数学者所认同，频繁的通货膨胀波动会降低人们主观幸福感评价（Alberto et al., 2003），陈刚（2013）利用2006年中国综合社会调查（CGSS）数据发现中国的通货膨胀显著降低了居民幸福感，通货膨胀带来的福利成本远高于欧美国家。

人文环境角度，则涉及环境污染、政府支出、社会公平性以及民族文化等。宏观层面，政府支出有利于提高居民幸福感，这是得到一致认同的，比如各组织的国家层面统计的幸福度排名也体现出：福利体制的国家人民幸福水平往往较高，而日本、韩国尽管收入较高，经济发展快但在幸福感体验上明显落后于其他经合组织国家。人际关系和谐，完善的福利体制更加有利于幸福感的提高（亓寿伟等，2010）。微观层面，范普拉格（Van Praag，2005）研究了飞机噪声会降低居民幸福感；郑君君等（2015）在2008年、2010年中国综合社会调查数据基础上通过有序logit回归分析得出主观感知的环境污染对居民幸福感产生负面影响；张鑫等（Xin Zhang et al.，2017）通过对北大家庭金融调查数据（CFPS）的分析，结合调查当日的空气质量，研究发现空气污染会增加居民抑郁症状发生的可能性，从而在空气污染、心理健康与主观幸福感之间建立的联系。由此，本部分作出第四点假设：

假设4：生活环境投资更多的老年人有更高的主观幸福感。

最后，幸福感作为解释变量，同样会对收入、劳动生产率、婚姻状况、养育儿童数量以及发病率和死亡率等产生影响（Andre E. Clark，2018）。另外，幸福感这一因素的出现帮助解决了一些独特的问题，如马蒂亚斯等（Matthias Benz et al.，2008）探究发现即使工作收入和工作时间上不一定占优势，但是个体经营者工作满意度高于受雇于他人的"打工人"，这其中就是"自主决策"带来的工作满意度影响了不同工作形式的体验；弗里曼（Freeman，1978）开创性地在已有面板数据基础上利用工作满意度预测未来辞职的概率大小。

根据以上文献梳理发现，由于幸福感是一个多维度的主观体验，因此想要排除全部其他因素，抽丝剥茧出某个特定因素分析其与幸福感的因果关系较为困难。就如收入可以带来主观幸福感的提升，但与经济增长共同到来的环境污染和伴随城市化的人口密集、拥堵，可能又会降低来之不易的幸福体验；工作或职业类型会影响到主观幸福感，但生活中的幸福感体验同时也会反馈于工作，导致工作效率变化，职业选择发生变化；好的健康状况与幸福感正相关，但幸福感作为一种情感、心理上的体验同样会反馈于日常生活，给健康状况带来日积月累的影响,因此在下一节会继续深入地探讨健康和幸福感之间的关系。

(二) 健康投资对主观幸福感的影响路径研究

前述中对幸福感和健康投资的文献梳理中提及了各自所在领域的相关研究,虽然健康和主观幸福感是提及频率较高的关键词,但是全面研究健康投资与主观幸福感关系的研究作者发现少之又少。经验上,越是健康的人生活满意度越高,幸福感可能越强,但幸福感和健康,前者是一种主观体验,后者是一种主客观兼有的状态体现,是通过多维度的健康投资或者说健康行为导致的。如:微观层面上,胡洪曙 (2012) 采用 CLHLS2005 进行实证得出有医疗保险的中国老年人幸福水平更高;拉姆等 (Ngan et al., 2017) 利用 2010 年美国行为风险因素监视系统 (BRFSS) 数据超过 36 万观察值实证分析得出,在控制影响健康的其他因素后,没有健康保险的个人较少表现出对生活的"满意"或"非常满意"态度;宏观层面上,艾克莫等 (Eikemo et al., 2008) 使用欧洲社会调查 (ESS) 2002 年和 2004 年的截面数据,调查了欧洲各个国家幸福和健康之间的关系;此时的健康经常涉及公共卫生支出或社会福利保障制度等公平性问题,公共健康投资以"微笑型"趋势促进产业结构升级 (张鸿琴和王拉娣,2020),在人口老龄化背景下,充分释放老年人消费潜力,有利于提升人民幸福感。由此,提出假设 5:

假设 5:健康状况越好的老年人有更高的主观幸福感,且健康在假设 1~假设 4 中起中介作用。

健康和主观幸福感的因果关系同样尚待解决,过去的研究并没有明确地得出是健康影响幸福感还是相反的结论。当受访者被问及是否觉得幸福时,他可能隐含地考虑了包括自身健康状况在内的一个综合评价;相反,涉及自评健康的调查主观上幸福的人可能自评状况更加良好 (Adi Cilik,2015)。因此,无论将健康这一要素视作幸福感多维度衡量的一员 (OECD,2020),还是认为健康状况可以用于解释主观幸福感程度,或者把二者视作双变量 (Bivariate Outcomes) 解释,健康与幸福感的密切关系存在一定共识。而健康投资作为影响健康状况的种种消费或健康行为，具体探究健康投资对主观幸福感影响路径问题时，根据文献整理与经验，对照经合组织衡量主观幸福感的11个维度，本部分认为健康投资的四个领域（营养水平投资、医疗和保健投资、体育运动与休闲投资、生活环境投资）将通过个人健康（包括生理、心理）、环境质量、工作生活的平衡性三个维度影响居民主观幸福感。

健康维度上，国外偏好使用体质指数（BMI）作为客观指标。卡列里（Carrieri，2012）通过意大利的横截面数据发现身高高于同龄人的主观幸福感水平更高；安德鲁（Andrew E. Clark，2011）以"比较视角"考察了被调查者与伙伴的体质指数差异，通过SOEP数据发现仅衡量自身体质指数和主观幸福感之间是负相关，但是在比较自己和同伴的情况后，这个关系的强度由同伴的体质指数影响，尤其是同伴体质指数超重时，自身的超重对主观幸福感的负面影响较小。由此提出假设5.1：

假设5.1：营养水平投资高的老年人健康水平越高。

其他还有使用预期寿命、死亡率，以及抑郁程度作为对健康的衡量（OECD，2020）。有关健康对主观幸福感的研究更倾向于分为生理健康、心理健康的维度进行，生理健康方面，患有心脏病、中风等疾病的其个体主观幸福感会下降；残疾同样会显著降低个体生活满意度（Powdthavee，2005）。医保和幸福感的研究相对较少，拉姆（2017）通过美国成年人口调查发现没有医保的人生活满意度"非常满意"或"满意"的可能性较小，扩大健康保险的范围有助于增加生活满意度。结合健康投资部分文献综述及生活经验，提出假设5.2：

假设5.2：有医疗保健投资的老年人健康水平越高。

工作与生活平衡性方面，在于健康投资包括健身、旅游支出，这些运动和休闲能帮助人们从工作压力下得到释放，有一个健康的身体和良好的心理状态，主观幸福感得到提升（Goldwater，1985）。陈爱国（2010）以扬州市某健身处老年人为调查对象，通过自编问卷，采用结构方程模型发现体育锻炼通过改善老年人孤独感影响其幸福体验；但也有学者认为锻炼和主观幸福感之间并无因果关系（Ray. R. O. et al.，1982；Gauvin. L，1989）。本部分结合已有实证研究及生活经验，提出假设5.3：

假设5.3：有积极运动休闲投资的老年人健康水平越高。

环境质量维度上，海因茨（Heinz，2002）最早通过54个国家的空气污染时点数据发现二氧化氮排放的增加对主观幸福度存在不利影响；2005年，他又在固定效应模型下利用欧洲10国的面板数据得出的结论同样支持空气污染带来的负效应；水污染、噪声污染、城市绿色用地等同样被证实环境质量差会降低居民主观幸福感，因此有必要进行公共支出来维护改善环境质量（Christian et al.，2016；Xin Zhang，2017）。另外，老年人健康城乡区域差异的原因很大程度就归因于生活环境的不同（杜本峰，2013），更好的生活环境如水源获得、厕所等排水系统等有利于提升老年人身心健康。由此提出假设5.4：

假设5.4：生活环境投资更多的老年人健康水平越高。

根据以上文献整理可以发现，健康越来越成为人们关注的影响幸福体验的要素之一，且因为健康从不同的角度切入，有不同的衡量指标，如从意识形态划分，健康分为主观健康与客观健康；根据人体健康的体现，分为生理健康和心理健康；根据健康的功能看，健康可以分为饮食、运动、工作-生活平衡、社交等健康，因此关于健康对幸福感的研究种类繁多，经验与许多实证研究表明越是健康的人幸福感越高，但在这些研究中还存在一些不足。

首先，以自评健康衡量主观幸福感，二者都是主观感受，可能有某些共同的潜在情感变量同时影响二者，导致结论存在某些偏差。

其次，健康是原有存量和后天积累的结果呈现，究其原因偏向一个中介变量，但目前有关健康投资对居民主观幸福感的研究很少，全面地考察健康投资的四个方面是否会提升居民健康水平，并增加个人幸福感也是一个空白领域，亟待研究。

最后，健康与幸福感的关系尚未明朗，在健康→幸福感路径中，本部分试图将健康分为直接影响及中介作用梳理，由于国内外文献不足，且研究关注重点差异性较大，难以形成相关系统的整理；幸福感→健康路径下，虽然据哈佛大学公共卫生学院报告说，幸福可以改善我们的健康状况和整体幸福感（Overall Sense of Well-Being），但是缺乏相关实证分析；幸福感⇌健康路径方面，有研究二者共同影响因素的（Adi Cilik & Gindo，2015），但是关于二者相互关系的研究缺乏具有信服力的文章。

三、理论模型

（一）理论框架

安德森模型是由美国芝加哥大学教授安德森博士提出的，最初是用来界定和衡量卫生服务的公平性和可及性，模型中主要包括了三个要素：一是个人社会经济特征；二是个人在家庭和社会中能获取的资源；三是对医疗服务的需求情况。初始安德森模型见图 11-5。

图 11-5　1968 年初始安德森模型

随后，安德森模型在 1970 年进一步扩充，完善了卫生服务系统相关的要素，包括卫生政策、卫生资源和组织。资源具体包含了人（卫生服务人员）、财（资金）、物（医疗卫生设施），而组织决定了其如何分配资源，以及是否有合理的结构使个人较好地利用医疗服务。第二阶段安德森模型见图 11-6。

图 11-6　1970 年第二阶段安德森模型

1985 年，第三阶段的安德森模型认识到外部环境是影响卫生服务利用的重要因素，并且将过去的许多要素整合形成了更加有逻辑的线性关系：主要健康行为影响因素→健康行为→健康结果，健康行为囊括了更为全面的部分，不局限于就医行为，还包括饮食、运动行为；而健康结果包含客观健康、认知健康以及患者满意度三个部分，具体见图11-7。

图 11-7 第三阶段安德森模型

1990年，第四阶段的安德森模型完善了各个组成部分之间的关系，尤其是反馈回路。环境因素和个人社会文化特征决定了健康行为，而健康行为决定健康结果，同时环境因素和人群特征直接影响居民的健康结果，而健康结果对健康行为和个人特征有一定反作用。第四阶段的安德森模型见图 11-8。

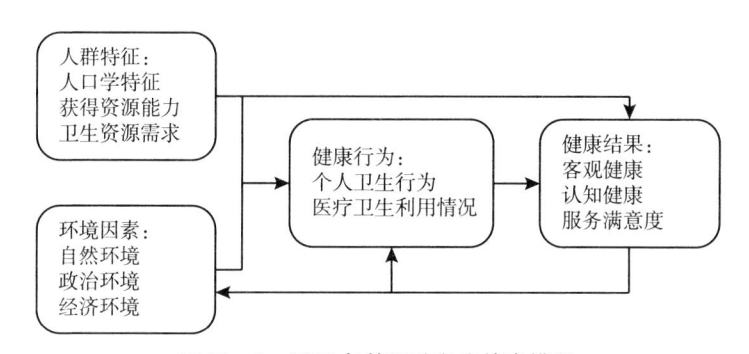

图 11-8 1990 年第四阶段安德森模型

安德森模型经过将近 50 年的发展，通过个人社会经济特征（倾向性特征）、能力资源以及需要因素分析卫生服务利用情况、患者对卫生系统满意度及反馈于个人的健康结果已经成为国际上分析卫生服务利用及其影响因素的公认理论模式。

（二）模型构建

本章基于安德森提出的健康行为模型为基础，结合徐鹏和周长武（2014）尝试构建的分析老年人幸福感影响因素的框架之上加以调整，建立一个健康投资对老年人幸福感的影响模型。选用安德森健康行为模型的合理性有三：其一，该模型自1968提出以来，已经经历了四个阶段的发展，最初的模型经过多次拓展延伸，趋于完善；其二，老年人的主观幸福感同样是一种健康结果，健康结果分为认知、客观和服务满意度，在健康投资行为的作用后，幸福感即此健康行为的认知结果；其三，目前已有学者在该模型基础上，研究了环境及个人行为对美国老年人生活质量的影响（Baernholdt et al.，2012），以及老年人主观幸福感影响因素的框架分析（徐鹏等，2014）。

在具体考察健康投资对老年人主观幸福感的影响时，根据回归及已有文献借鉴，筛选出有研究价值的控制变量，首先分别通过最小二乘估计和分位数回归框架性地了解健康投资与主观幸福感之间是否存在显著性关系，相互之间的影响程度大小如何，然后在模型基础上探究健康投资对主观幸福感的影响路径是怎样的。根据经验，设定不同的模型进行检验，探究老年人健康状况在健康投资与主观幸福感之间是否扮演中介作用。本部分探究形成理论框架见图11-9。

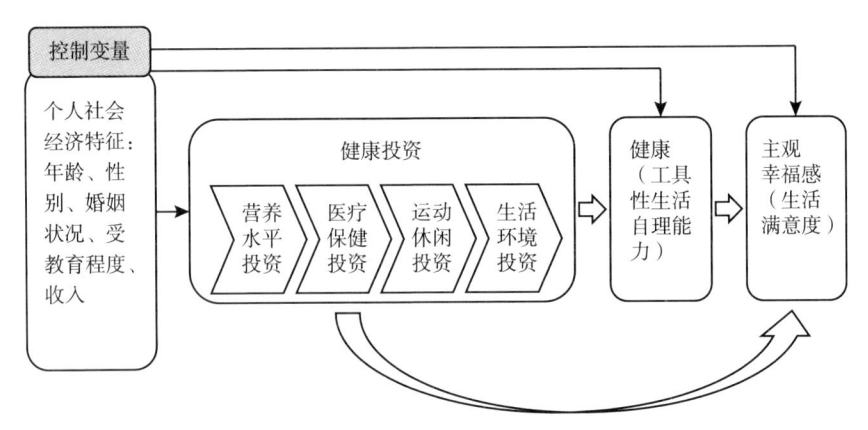

图11-9 健康投资对老年人主观幸福感影响理论框架

第二节 实 证 研 究

一、数据、变量及模型

(一) 数据

中国老龄健康长寿影响因素跟踪调查(CLHLS)是中国样本规模最大的老年人追踪调查数据(Zeng, 2011)。该项目自1998年开始基线调查,2~3年进行一次追踪调查,目前一共进行了7次,本部分主要选取CLHLS2018年的跟踪调查数据。该问卷重点关注了老年人健康相关的诸多问题,包括居住状况、情绪特征、抑郁量表、生活方式、日常生活能力(ADL, IADL)等,随着人民需求的多样化,老年人健康衡量的全面化,2018年问卷还新增了焦虑量表,对部分问题进行了优化。虽然CLHLS关于健康投资的度量不是专门从投资数目角度设计,但其问卷结构满足本部分多维度衡量健康投资并探究其对老年人主观幸福感的影响,与研究设计相契合。

2018年数据集样本规模为15 874人,男性6 925人,女性8 949人,其中12 411人为2018年新增调查样本。在剔除关键变量有所缺失的数据后,样本数据为9 314个。

(二) 变量

1. 被解释变量。

根据先前的文献整理与述评工作,学者们通常采用自述报告法(Self-Report Rating Scales)来衡量主观幸福感,一些得到了较多学者认同并广泛使用的指标有:积极情感和消极情感因素表(PANAS);幸福指数量表(WBIS);情感平衡表(ABS)等,以及用于某个国家、地区的量表,如:纽芬兰主观幸福感量表(MUNSH);美国温升统计中心编制的主观幸福感量表(GWB)等。

使用单指标衡量，国内外关于老年人主观幸福感采用最普遍的度量问题为"生活满意度"或问题"您觉得您的生活幸福吗？"；而综合量表的使用，仁者见仁智者见智。唐丹等（2006）采用了自我效能感量表（GSES）、《觉知社会支持问卷》（PSSS），自测健康评定表（SRHMS）和纽芬兰主观幸福感量表（MUNSH）四个有研究证明信效度良好的问卷探究主观幸福感的影响因素；孙凤（2007）则是自己构建了5个度量，10个问题的问卷衡量主观幸福感；Fang（2015）采用《12题项一般健康问卷》（GHQ-12）研究中国农村移民的社会保险、收入和主观幸福感之间的关系，该量表同样广泛应用经济学与心理学研究领域（Clark & Oswald，2002）。

综上所述，本书考虑采用生活满意度和《12题项一般健康问卷》计算得出的幸福感得分两个指标来衡量老年人主观幸福感，一个是认知型主观幸福感角度衡量；另一个是情感型幸福感。生活满意度通过问卷中"您觉得您现在的生活怎么样？"；GHQ-12问卷为英文表达，且CLHLS并未专设相关问题量表，从问卷已有设问中选取各问题指标见表11-1。

表11-1　　GHQ-12量表与CLHLS问卷调研中中文对应问题

GHQ-12量表	CLHLS问卷中对应问题
1. able to concentrate（能否集中注意力）	您现在做事时是不是很难集中精力
2. lost much sleep（睡眠不足）	您现在睡眠质量如何
3. playing a useful part（发挥有用的作用）	您是不是喜欢把东西弄得干净、整洁
4. capable of making decision（决策能力）	您自己的事情是不是自己说了算
5. felt canstantly under strain（在紧张的情况下感到痛苦）	您是不是感到紧张、害怕
6. could not overcome difficulties（无法克服困难）	您会因为一些小事而烦恼吗
7. enjoy your day-to-day activities（享受日常活动）	您是不是对未来生活充满希望
8. face up to problems（直面问题）	不论遇到什么事您是不是都想得开
9. feeling unhappy and depressed（感到不快乐和沮丧）	您是不是感到难过或压抑
10. losing confidence（失去信心）	您是不是感到无法继续自己的生活
11. thinking of self as worthless（认为自己毫无价值）	您是不是觉得越来越不中用，做什么事都很费劲
12. feeling reasonably happy（感觉快乐）	您是不是感到精力充沛

2. 解释变量。

本章从营养水平投资、医疗和保健投资、体育运动与休闲投资、生活环境投资多维度考察健康投资对主观幸福感的影响。在前文对健康投资的文献整理借鉴基础上，综合考虑已有研究对各项指标的使用频率以及关联强度高低并结合生活经验，相关健康投资指标选取和设置如下。

营养水平投资。吴德清等（2001）基于1998年CLHLS数据研究了问卷中涉及的饮食，发现主食种类、新鲜水果、新鲜蔬菜、鱼类等水产、豆制品和茶共六类指标与自评健康显著相关。本部分选取新鲜水果、新鲜蔬菜、肉、鱼、蛋、奶六个设问计算一个综合得分，问卷中每一类食物在询问食用频率时设五档回答，从1~5食用频率逐渐降低，因此该指标进行加总后得分为6~30，由于2018年调研下没有老年人这六项全部很少吃或不吃，因此实际数据处理该项指标得分范围为6~28，分数越低的代表营养投资越多。

医疗和保健投资。第一，选取有无医疗保险作为反映该项投资的一个指标。问卷中具体设问为"您目前有哪些社会保障和商业保险"，本章设定有无医疗保险为虚拟变量，因此将选择了"公费医疗""城镇职工/居民医疗保险""新型农村合作医疗保险""商业医疗保险"合并为"有医疗保险"，赋值为"1"，反之赋值为"0"。

第二，保健投资方面，问卷中涉及的问题有"您是否经常食用维生素A/C/E/钙片或保健品？"及"您是否经常食用药用植物？"，2018年的问卷中新增了有关平时是否经常服用营养补充剂的问题，但由于该部分实际可观测数据量太少，所以不作考虑。本部分设定保健投资为虚拟变量，将以上提及两个问题合并，经常食用其中之一就认定为"食用保健品"，赋值为"1"，反之赋值为"0"。

3. 体育运动与休闲投资。

体育运动与休闲维度，由于其涵盖面较广，但又对老年人健康和主观幸福感有着不可忽视的影响，因此本部分通过以下几个变量进行衡量。

对于老年群体而言，高强度高难度的运动既不适合，也不利于身体健康，因此这里的体育运动维度主要指锻炼。首先，锻炼能够增进老年人身心健康，在改善延缓身体机能老化的同时，锻炼中的社交行为对心理健康，情感弥补方面有着重要作用。其次，锻炼可以通过专门的项目完成，如快走、太极、广场舞、园艺劳动，一般通过运动时间长短、频率高低和一次性的运动量等多方面测量。因此本部分在设定衡量指标时，结合CLHLS问卷特点，同样选取一个单一指标和一个综合指标进行衡量。

一是问卷中"您现在是否经常锻炼身体"，类似有无医疗保险设定为虚拟变量。

二是构建一个体育运动与休闲的综合指标，将问卷中有关太极拳、广场舞、上朋友家串门、其他户外活动、种花养宠物、饲养家畜家禽、看报看书、参加社会活动八项经验上有积极作用的活动纳入考量，每项活动频率由高到低记为1~5，然后进行加总。体育运动与休闲综合指标取值范围为8~40，分值越低代表老年人运动或积极的休闲活动参与度越高。

以上两个指标都是体育运动与休闲投资维度积极方向的体现，除此以外，还有两个在许多相关研究中都会考虑到的行为变量，因此需要将二者分别作为单独的指标。一是饮酒，饮酒作为休闲或者说生活方式的一种，在生活中已经不局限于某个特定阶层了。虽然饮酒对个体健康究竟会不会产生积极作用尚无定论，但我国对于酗酒是有明确规定的，而适度饮酒的标准各有各的说法，因此本部分将饮酒设为虚拟变量。二是吸烟，吸烟有害身体健康，该项指标作为休闲维度的消极投资，本部分将其作为重要指标纳入讨论当中。根据CLHLS问卷设问，将"您现在吸烟吗"和"您过去吸烟吗"两个问题合并，整理为"是否吸烟"指标。

生活环境投资。在过去的文献中，考量到这方面可借鉴的文献较少，部分学者在探讨城乡之间差异的时候，会通过饮用水类型及生活用水（如冲厕所用水）类型来体现生活环境的不同。随着时代的进步以及水质的下降，越来越多的家庭加装了净水器，对饮用水质量的生活环境投资变量本来是十分适合的，但是由于问卷中没有相关设问，因此最终还是选取"生活中饮用水类型"作为这一维度的衡量指标。该变量同样参照"是否有医疗保险"进行处置。

4. 其他主要变量。

健康投资对老年人主观幸福感的影响，根据文献及经验，以及上述研究

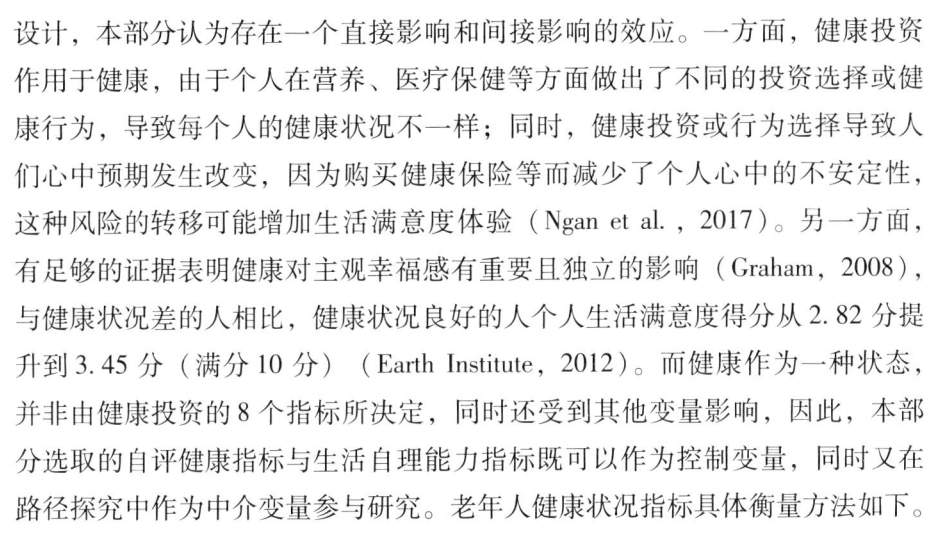

设计，本部分认为存在一个直接影响和间接影响的效应。一方面，健康投资作用于健康，由于个人在营养、医疗保健等方面做出了不同的投资选择或健康行为，导致每个人的健康状况不一样；同时，健康投资或行为选择导致人们心中预期发生改变，因为购买健康保险等而减少了个人心中的不安定性，这种风险的转移可能增加生活满意度体验（Ngan et al., 2017）。另一方面，有足够的证据表明健康对主观幸福感有重要且独立的影响（Graham, 2008），与健康状况差的人相比，健康状况良好的人个人生活满意度得分从2.82分提升到3.45分（满分10分）（Earth Institute, 2012）。而健康作为一种状态，并非由健康投资的8个指标所决定，同时还受到其他变量影响，因此，本部分选取的自评健康指标与生活自理能力指标既可以作为控制变量，同时又在路径探究中作为中介变量参与研究。老年人健康状况指标具体衡量方法如下。

一是自评健康。研究表明，自评健康具有良好的代表性，能客观评价老年人的生理健康状况（De Salvo, 2006；宋璐等，2016；黄庆波等，2017）。根据问卷中设问"您觉得您自己现在的健康状况怎么样"一问作为自评健康状况指标，取值范围由1~5，分值越低表明健康状况越好，即1为"很好"，5为"很不好"。

二是客观反映老年人失能情况指标。根据非工具性日常生活能力量表（ADL），从吃饭、洗澡、穿衣、上厕所、室内活动和大小便控制六项日常活动衡量老年人生活自理能力，将每一项得分处理为0~2，其中，可以自理，无须帮助赋值为"0"；完全无法自理，需要他人帮助赋值为"2"，因此ADL指标取值范围为"0~12"，分值越小，自理能力越强，表明身体状况越好。

5. 控制变量。

性别。性别的差异在社会、家庭中扮演的角色都有不同的倾向，已有研究证实性别对生活满意度有较为显著的影响，虽然具体这个影响机制上还存在尚未解决的许多问题，有待进一步深入研究（Chao Wang et al., 2020）。本部分将性别作为重要控制变量纳入模型。

年龄。CLHLS作为主要针对老龄群体进行调研的大型追踪调查，被访者年龄范围从65~120岁，在检查数据结构时，发现有65岁以下被调查者，因此将不符合条件的数据剔除。

受教育程度。受教育程度作为影响个人社会经济地位、家庭成长环境等的反应，是一项重要控制变量。本部分将受教育的年数转化为受教育程度，分为文盲（0年）、小学（0~6年）、初中（6~9年）、高中（9~12年）、大学及以上（12年及以上）。

婚姻状况。已有文献对于此项处理为"有配偶"和"无配偶"的情况较多，但出于保留当代老年人婚姻状况的多样性，保留此指标为五分类变量：已婚、离婚、丧偶、分居、未婚。

居住地。城乡差异一直是具有中国特色的分类法，本部分在此基础上还考虑了中国地域性的经济差异带来的老年群体所属环境差异，将居住地设定两个指标进行讨论。一是城乡差异。被访问者居住在乡村的赋值为"0"，城镇为"1"；二是地区间的差异，根据国家发改委相关文件，将北京、河北、山东、上海等11个省（直辖市）所属的东部地区，赋值为"1"；将山西、吉林、黑龙江、湖北等8个省所属的中部地区，赋值为"2"；四川、重庆、陕西等12个省（直辖市、自治区）所属西部地区，赋值为"3"。后文研究中将城乡差异和地区差异作为标准加以讨论。

职业。CLHLS对被访者曾经从事的职业进行了8项分类，考虑到各项职业类型的性质及样本数量分布，将其统合为五类职业，分别为专业人员、行政管理人员、一般从业人员、农畜牧业相关从业者和其他从业者，依次赋值为1~5。

收入。收入是对老年人健康投资、健康状况和主观幸福感都有影响的不可或缺的变量。本部分从家庭收入水平来考察其经济状况。由于收入范围较广，为保护被访者个人隐私，10万及以上收入问卷中统一记作"99999"，研究中为了方便对收入进行计量，对收入进行对数处理，处理后丢失部分数据，最终取值范围为"2.08~11.51"。具体变量选取情况及说明见表11-2。

表11-2　　　　　　　　　变量定义与赋值

类型	变量名称	赋值
被解释变量	生活满意度	1-很好；2-好；3-一般；4-不好；5-很不好
	GHQ-12主观幸福感	连续变量：12~55。分值越小，主观幸福感越强

续表

类型	变量名称		赋值
解释变量	营养水平投资		连续变量：6~28. 得分越低，营养维度投资越多
	医疗保健投资	有无医疗保险	0-无；1-有
		是否经常食用保健品	0-否；1-是
	体育健康与休闲投资	是否吸烟	0-否；1-是
		是否饮酒	0-否；1-是
		是否锻炼	0-否；1-是
		休闲综合指标	连续变量：8~40；分值越低，老年人运动或积极的休闲活动参与度越高
	生活环境投资	饮用水类型	0-非自来水或纯净水；1-自来水或纯净水
中介变量	自评健康		1-很好；2-好；3-一般；4-不好；5-很不好
	生活自理能力指标		连续变量：0~12；0是生活完能自理。分值越低，自理能力越强
控制变量	性别		0-男性；1-女性
	年龄		连续变量：65~120
	年龄的平方		年龄取平方/100；42.25~136.89
	婚姻状况		0-离婚，丧偶，分居，未婚；1-已婚且配偶在
	居住地		城乡差异：0-乡村；1-城镇 区域差异：1-东部地区；2-中部地区；3-西部地区
	受教育程度		1-文盲；2-小学；3-初中；4-高中；5-大学及以上
	职业		1-专业人员；2-行政管理人员；3-一般从业人员；4-农业畜牧业相关从业者；5-其他从业者
	家庭收入（取对数）		0~100 000元，取对数

注：在设定年龄的平方指标时，为了回归分析中数据处理美观大方，将年龄取平方后除以100。

(三) 模型

本部分首先使用最小二乘（OLS）回归和分位数回归分析了健康投资四个维度八项指标对老年人主观幸福感得分均值效应和不同分位数上的回归效应，建模如下：

$$SWB = \beta_0 + \sum_{i=1}^{2} \beta_{1i} healthstatus_i + \sum_{j=1}^{8} \beta_{2j} healthinvest_j + \sum_{k=1}^{K} \beta_{3k} X_k + \varepsilon$$

$$(11-1)$$

在该模型中，主观幸福感为被解释变量主观幸福感得分情况；$healthinvest$ 是核心解释变量，其中包括了八项指标，分别是营养水平投资、有无医保、是否经常食用保健品、运动休闲综合指数、吸烟、饮酒、锻炼以及日常饮用水是否是自来水；$healthstatus$ 是后来用作验证健康在健康投资对主观幸福感作用之间的中介变量，在此处作为主观幸福感的影响因素一并考虑，因为健康状况同样可以作为幸福感的衡量维度之一（OECD，2020）；X_k 是在探究健康投资对主观幸福感影响中的一系列与个人社会经济特征相关的控制变量，包括性别、年龄、受教育程度、家庭收入对数等。

过去使用 OLS 回归和其他技术得出的往往是整个样本的平均值，而并没有考虑到不同因素对不同幸福感水平的人产生不同影响的事实。实证中发现已婚状态会使幸福感水平较低的人更加快乐，收入对主观幸福感有积极影响，但是该影响对主观幸福感最高的人不是很显著，而是对主观幸福感最低的人有更为显著的意义（Frey et al.，2000；Richard Ball et al.，2008）。通过分位数回归，可以观察到主观幸福感的分布情况，不仅是平均，还能看到从"平均乔"到"悲惨简"和"快乐约翰"两个极端的情况。由于政府的目标是改善公民福祉，因此划分具有不同需求的人群具有一定政策意义。分位数分析可以促进政策的制定和实施，以更有效地覆盖目标群体。

其次，在探究健康投资对老年人主观幸福感的作用机制时，根据普雷彻（2007）提出的中介效应的理论背景和框架进行研究设计，框架见图 11-10。

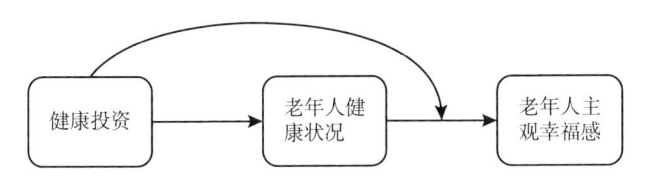

图 11-10 健康状况在健康投资与老年人主观幸福感间的中介作用

为了计算条件间接效果的大小，通过以下两个模型回归分别得到其估计系数：模型一用中介变量对解释变量进行回归：

$$health = a_0 + \sum_{i=1}^{8} X_i + \varepsilon \quad (11-2)$$

$$\sum_{i=1}^{8} X_i = a_1 nutrition + a_2 medical + a_3 vitamin + a_4 fit + a_5 smoke + a_6 drink + a_7 sport + a_8 water \quad (11-3)$$

其中，$nutrition$ 表示营养水平投资综合指标，$medical$ 变量为是否有医疗保险，$vitamin$ 表示是否经常食用保健品，fit 为运动休闲综合指标，包含了前文设定中参加的各项社会休闲娱乐活动情况，$smoke$ 为是否吸烟变量，$drink$ 为是否饮酒变量，$sport$ 为是否锻炼变量，$water$ 表示生活环境投资中生活饮用水是否为自来水或纯净水情况。

模型二用被解释变量对解释变量进行回归，模型二如下：

$$SWB = b_0 + b_1 health + \sum_{i=1}^{8} b_{2i} X_i + \sum_{j=1}^{8} b_{3j} health X_j + \varepsilon \quad (11-4)$$

最后，条件间接效应可以通过将结构方程模型的估计系数与调节变量给定的取值相乘得到。

二、描述性统计

以生活满意度不同程度进行划分，以对比不同组别主观幸福感、各维度健康投资以及个人社会经济特征变量有何差异。与经验一致的方面是，生活满意度越好的人，《12题项一般健康问卷》量表下主观幸福感指标分值越低，说明主观幸福感越强；生活满意度高的人，健康投资在不同维度表现有所不同：营养投资、是否经常食用保健品、日常饮用水类型与生活满意度之间关系较为显著，生活满意度越良好的人，营养投资较多，日常食用保健品维生素的频率越高，以及日常饮用水是自来水的可能性越大。有无医保、吸烟、饮酒及锻炼都是0~1变量，有无医保似乎和生活满意度之间的联系并不如预想一致，一般认为有医疗保险的人生活满意度更好，认为生活"很好"的有无医保均值为0.83，认为"不好"的有无医保均值为0.87，即对生活满意度体验越差的老年群体，有医保的可能性反而更大，仅有认为生活"很不好"的在五个组别中均值最低，但是生活满意度"不好"或是"很不好"的样本数量相对较少，在统计上缺乏一定可靠性，因此需要后续的进一步分析；吸烟方面，虽然说吸烟有害健康，但确实无法表示吸烟有害个人生活满意度或者说幸福感，因为有人能在吸烟中得到满足，因此伴随生活满意度逐步降低，吸烟的均值有着上下波动的趋势，分类统计无法认为二者有因果关系，但能看出的倾向是，生活满意度从"一般"到"很不好"的相对评价较差的人群中，不吸烟的人是越来越多的；老年人群中饮酒的相对于吸烟的人群少，生活满意度好的人群，较不好的人群而言，生活中经常饮酒的还多一些（0.286+0.272>0.235+0.176）；可见吸烟、饮酒这两类休闲指标，有这类"不健康"行为主观幸福体验相对更好，这在对于客观健康和主观幸福上就是一类影响不一致的指标；运动维度，生活满意度"很好"的老年人，半数都有锻炼的良好习惯，而生活满意度"不好"的，锻炼均值有明显的下降（0.547→0.286），但对于生活满意度"很不好"的老年群体，锻炼均值有个异常的上升，这同样可能是出于样本数量较少的原因，因此不进行深入讨论；运动休闲综合指数，考虑了较为全面的锻炼行为和社交休闲行为，生活满意度"很好"的老年群体，运动休闲指数是积累中最低的，"好"与"一般"体验的老年群体运动休闲指数差异不大，"不好"的生活不满意程度最高。

　　生活满意度和健康的关系，从简单的分类统计中本部分发现是与过去研究有较为一致的结论的，即越是健康的人，生活满意度越好。这点在自评健康和客观衡量老年人生活自理能力的指标都是有一致体现的，除了生活自理能对应生活满意度"很不好"的均值（1.412<1.744）有违趋势，大体上是符合推测的。

最后观察其他控制变量，观察性别变量可以发现，其均值都是大于等于0.5的，其中原因在主要是在样本中女性样本数量大于男性（5 003＞4 311），而女性赋值为"1"，因此统计值大于0.5说明该满意度下女性多于男性。简单通过分类计量来看，年龄与幸福感并无线性关系，生活满意度"一般"的老年群体年龄均值达到了最低；受教育程度与年龄变量相反，和生活满意度的五分类之间，呈现"W"型的趋势，即很难根据分类统计看出二者有无必然的联系，因为不同满意度群体的受教育程度差异性不大，只有生活满意评价为"不好"的在其中受教育程度最低，未受过教育或小学程度的老年人占比较大；城乡情况整体看来，居住在城镇的老年人数量多于居住在乡村的，样本同样有此趋势，所以此处难以解释说明什么问题。家庭收入作为个人经济状况的代表变量，与生活满意度有着较为明显的变化趋势，家庭经济状况越好的老年人生活满意度越好，幸福感越强。地区差异和职业，由于二者是多分类无序变量，因此就不在这里加以分析。各类变量在不同生活满意度下的描述性统计见表11-3。

表11-3　　　　各类变量在不同生活满意度下描述性统计

项目	生活满意度（很好=1）均值	标准差	生活满意度（好=2）均值	标准差	生活满意度（一般=3）均值	标准差	生活满意度（不好=4）均值	标准差	生活满意度（很不好=5）均值	标准差
主观幸福感	22.496	5.751	26.165	5.561	29.561	6.02	35.399	6.905	35.588	9.199
营养投资	12.848	4.026	14.21	4.135	15.014	4.277	16.185	4.56	16.618	4.874
有无医保	0.830	0.376	0.868	0.338	0.867	0.339	0.870	0.337	0.735	0.448
保健品	0.387	0.487	0.300	0.458	0.304	0.460	0.273	0.446	0.294	0.462
吸烟	0.329	0.470	0.310	0.463	0.321	0.467	0.248	0.433	0.206	0.410
饮酒	0.286	0.452	0.272	0.445	0.278	0.448	0.235	0.425	0.176	0.387
锻炼	0.547	0.498	0.418	0.493	0.361	0.480	0.286	0.453	0.441	0.504
运动休闲	32.958	5.664	34.362	5.038	34.227	4.963	35.773	4.516	35.206	4.205
饮用水	0.864	0.342	0.787	0.409	0.740	0.439	0.697	0.460	0.676	0.475
自评健康	1.909	0.938	2.506	0.718	3.037	0.709	3.660	0.722	4.088	1.083

续表

项目	生活满意度（很好=1）均值	标准差	生活满意度（好=2）均值	标准差	生活满意度（一般=3）均值	标准差	生活满意度（不好=4）均值	标准差	生活满意度（很不好=5）均值	标准差
ADL	0.621	1.684	0.692	1.837	0.727	2.027	1.744	3.173	1.412	2.986
性别	0.528	0.499	0.548	0.498	0.519	0.500	0.609	0.489	0.588	0.500
年龄	82.887	11.359	83.99	11.246	81.863	11.031	84.739	11.758	83.206	12.277
年龄平方	69.993	19.166	71.809	19.084	68.231	18.495	73.184	20.130	70.695	20.760
婚姻状况	0.483	0.500	0.437	0.496	0.473	0.499	0.378	0.486	0.265	0.448
受教育程度	2.149	1.173	1.878	1.069	1.949	1.112	1.643	0.986	1.882	1.343
婚姻状况	2.053	1.037	2.152	1.033	2.095	1.070	2.307	1.084	2.588	1.104
城乡	0.654	0.476	0.565	0.496	0.582	0.493	0.534	0.500	0.588	0.500
地区差异	1.551	0.778	1.757	0.830	1.834	0.854	1.727	0.799	1.882	0.880
职业	3.379	1.165	3.579	0.998	3.626	0.918	3.807	0.824	3.588	1.158
收入对数	10.423	1.347	10.074	1.508	9.803	1.597	9.220	1.970	9.038	1.575
样本量	2265		4313		2464		238		34	

三、健康投资对老年人幸福感的分位数回归

（一）分位数回归分析

基本回归模型的均值和 10th，25th，50th，75th，以及 90th 分位数上的回归结果见表 11-15。第一列展示的最小二乘估计的系数估计，结果显示四个维度的健康投资指标中，是否有医疗保险和是否经常食用保健品两个变量结果不显著（两个变量都是医疗保健投资维度的指标），其余均在 1% 水平上与主观幸福感显著相关。其中，吸烟、饮酒、锻炼以及饮用水类型回归系数为负，首先需明确的是这几个指标都是虚拟变量，即不吸烟/饮酒/锻炼和饮用水非自来水或纯净水根据惯例赋值为"0"，有此类行为的赋值为"1"，而主观幸福感指标越小幸福指数越高，由此，显示为负的系数，说明有此类行为的老

年人相较于没有的人而言，主观幸福感得分降低1的可能性分别是0.616、0.379、1.189、0.335。在个人社会经济特征变量方面，OLS回归估计下，相较于未受过教育的老年人，小学、初中受教育程度会使其主观幸福体验上升；另外，城镇户口老年人较农村户口主观幸福感得分更高（β=0.437），即城镇居住的主观幸福感不如农村居住老年群体；幸福感靠近均值的老年群体，配偶尚在的相较于离异、丧偶等其他状态幸福体验更好；职业方面，相较于专业人员（技术人员及军人），一般从业人员、农畜相关从业人员、其他从业人员主观幸福感得分更高，主观幸福体验会降低；收入每增加一单位，主观幸福感得分降低0.145，99.99%可靠性（$p<0.0000$）。具体回归结果见表11-4。

表11-4 健康投资对老年人主观幸福感OLS回归和分位数回归结果

变量	OLS 均值	10th	25th	50th	75th	90th
营养投资	0.134*** (0.015)	0.144*** (0.027)	0.128*** (0.022)	0.141*** (0.018)	0.123*** (0.020)	0.148*** (0.027)
有无医保	0.0961 (0.162)	0.382 (0.292)	0.313 (0.236)	0.076 (0.194)	-0.082 (0.214)	0.040 (0.287)
是否经常食用保健品	-0.141 (0.126)	-0.370 (0.227)	-0.442** (0.184)	-0.144 (0.151)	0.119 (0.167)	0.212 (0.223)
吸烟	-0.616*** (0.150)	-0.630** (0.271)	-0.721*** (0.219)	-0.737*** (0.180)	-0.472** (0.198)	-0.321 (0.266)
饮酒	-0.379*** (0.143)	-0.421 (0.258)	-0.557*** (0.209)	-0.492*** (0.171)	-0.329* (0.189)	-0.033 (0.253)
锻炼	-1.189*** (0.124)	-0.737*** (0.223)	-1.050*** (0.180)	-1.362*** (0.148)	-1.457*** (0.163)	-1.203*** (0.219)
运动休闲综合指数	0.074*** (0.013)	0.068*** (0.023)	0.066*** (0.019)	0.075*** (0.015)	0.077*** (0.017)	0.087*** (0.023)

续表

变量	OLS			分位数回归		
	均值	10th	25th	50th	75th	90th
是否饮用自来水	-0.335** (0.144)	-0.605** (0.259)	-0.366* (0.209)	-0.338** (0.172)	-0.361* (0.190)	-0.160 (0.255)
女性	-0.137 (0.149)	-0.360 (0.268)	-0.326 (0.216)	-0.152 (0.178)	-0.0794 (0.196)	0.649** (0.263)
年龄	0.183** (0.078)	0.133 (0.140)	0.180 (0.113)	0.208** (0.093)	0.174* (0.102)	0.119 (0.137)
年龄平方	-0.105** (0.046)	-0.067 (0.083)	-0.101 (0.067)	-0.119** (0.055)	-0.099 (0.061)	-0.078 (0.081)
已婚	-0.231* (0.137)	-0.109 (0.247)	-0.126 (0.200)	-0.463*** (0.164)	-0.315* (0.181)	-0.129 (0.243)
城镇	0.437*** (0.125)	0.297 (0.225)	0.379** (0.182)	0.535*** (0.150)	0.612*** (0.165)	0.345 (0.221)
受教育程度						
小学	-0.600*** (0.145)	-0.189 (0.261)	-0.739*** (0.211)	-0.492*** (0.173)	-0.646*** (0.191)	-0.503** (0.256)
初中	-0.812*** (0.224)	-0.604 (0.404)	-0.873*** (0.327)	-0.609** (0.269)	-0.702** (0.296)	-0.830** (0.397)
高中	-0.199 (0.284)	-0.630 (0.511)	-0.438 (0.413)	-0.179 (0.340)	-0.156 (0.374)	0.039 (0.502)
大学及以上	0.247 (0.322)	-0.112 (0.581)	-0.266 (0.470)	0.414 (0.386)	-0.0846 (0.426)	0.757 (0.571)
职业类型						
行政管理人员	-0.389 (0.324)	-0.270 (0.583)	-0.496 (0.471)	-0.577 (0.388)	-0.867** (0.427)	-0.423 (0.573)
一般从业人员	0.971*** (0.247)	0.242 (0.445)	0.681* (0.360)	0.773*** (0.296)	0.890*** (0.326)	1.239*** (0.438)

续表

变量	OLS			分位数回归		
	均值	10th	25th	50th	75th	90th
农畜牧业相关从业	0.927*** (0.255)	0.810* (0.459)	1.001*** (0.371)	0.846*** (0.305)	0.781** (0.336)	0.720 (0.451)
其他从业者	0.805*** (0.301)	0.281 (0.542)	0.893** (0.438)	0.689* (0.360)	1.041*** (0.397)	0.944* (0.532)
收入对数	-0.141*** (0.039)	-0.053 (0.071)	-0.117** (0.057)	-0.176*** (0.047)	-0.204*** (0.052)	-0.178** (0.069)
自评健康	3.287*** (0.064)	2.970*** (0.116)	3.252*** (0.094)	3.365*** (0.077)	3.467*** (0.085)	3.559*** (0.114)
生活自理能力	0.241*** (0.033)	0.150** (0.059)	0.162*** (0.048)	0.207*** (0.040)	0.269*** (0.044)	0.370*** (0.058)
常数项	7.646** (3.364)	2.420 (6.063)	4.357 (4.900)	6.768* (4.029)	11.76*** (4.442)	15.89*** (5.955)
观察值	9 314					

注：* 表示10%的显著性水平，** 表示5%的显著性水平，*** 表示1%的显著性水平；括号中为标准误。

再看分位数回归，首先可以发现，分位数回归的中位数回归系数和OLS的均值回归直线系数存在差异，其中吸烟、饮酒、锻炼、是否饮用自来水、受教育程度、婚姻状况、职业类型、家庭收入对数有 >0.1 的差异，说明被解释变量的分布是非对称的。与最小二乘回归有差异的在于，经常食用保健品对主观幸福感得分低的老年群体有5%~10%水平上的显著影响，说明分位数回归后，增强了部分变量的解释能力；另外可以发现，健康投资各个维度的指标对与不同分位数上的主观幸福感解释力和影响程度大多发生了一些变化，营养投资、运动休闲综合指数两个变量的变化不大，吸烟、饮酒在25th分位数上，对主观幸福感影响最大，而在90th分位数上影响不再显著，推测即使吸烟、饮酒作为休闲能给人带来满足感，但当这种行为危及健康，反而带来心理负担或实际损害时，会导致主观幸福感下降的结果；在其他变量保持不变的情况下，锻炼对于10th分位数上的主观幸福感得分低、幸福感很好的人的影响要弱于其他程度体验的老年人,即幸福感强的人反而不易受到是否锻炼这一行为的影响;生活环境投资方面,饮用水为自来水的与主观幸福感好的关系性及影响程度更强,而对于幸福感较低的,饮用水类型对其影响不显著。

研究还发现,性别除了在 90th 分位数上,对主观幸福感的影响都不显著,虽然不能表达男性的主观幸福感更强,但是女性较男性而言更容易感受到较多的负面情绪,这与许多学者研究结论一致(Sousa - Poza, 2003; Deaton, 2010),可能是女性在家庭中承担着更多的责任,无论什么年龄阶段,家中父母、配偶或子女需要照料的情况下,大多数是家中的女性承担着照料的角色,这种责任或者负担可能急剧降低主观情感体验;仅将年龄包含在控制变量时,年龄与幸福感之间不存在线性关系,因此将年龄的平方加入后,发现年龄与幸福感非线性相关,年龄与老年人幸福感呈倒"U"型,随着年龄的增长主观幸福感先上升后下降的趋势,但就目前回归结果而言,这种趋势并不十分显著仅在 50th 分位数附近回归较为显著(p = 0.031)。

分位数回归后的婚姻状况有新发现,并非配偶尚在的老年人幸福感就一定高于其他婚姻状态,相较于配偶去世、离婚、未婚等,配偶尚在的老年人幸福感比较"趋中",即既不会感到非常幸福,也不会觉得非常不幸福,本部分认为可能由于老年群体的年龄整体偏大,婚姻这一状态仅仅能够展现被调查对象当前的状态,并非一种变化带来的剧烈生活或情绪变化,因此截面数据反映的 50th 的显著性尚且说明有配偶陪伴是有利于提升幸福感的;主观幸福感较高的老年人,容易受到较低水平受教育程度的影响,经验认为接受过一定教育,但不是非常高教育的人,较没有受过教育的老年群体可能有更好的成长环境,相较受过更高教育的人又更容易对生活满足,因此主观幸福感得分较低;收入的增长与主观幸福感得分除了 10th 分位数上都显著相关,对于 25th 分位上,家庭收入对数变动 1 个单位,主观幸福感得分会下降 0.117,对于 90th 分位上,这个影响增大,主观幸福感得分下降 0.178,及增加收入对越是得分高的人影响程度越高,本章认为可以解释为对于感到不幸福的人而言,收入的增长可以较大幅度提升其幸福感,但是对于一定程度上满足于自己生活的,增加收入并不会显著增强幸福体验了(Diener et al., 2004; Clark et al., 2008)。

（二）分位数回归分布

在健康投资八项指标对老年人幸福感得分进行五个分位数上的回归后，为了更加直观地观察各指标与幸福感之间的关系，本章绘制了分位数回归分布图。

在图 11-11 中，灰色阴影区表示置信度为 90% 的置信区间，黑色折线绘制了多项式趋势，长虚线表示回归的平均效果，而 OLS 回归的置信区间由短虚线表示，分布效应是从 5th 到 95th 百分位数区间分位数回归得到。首先，我们可以看到健康和老年人主观幸福感得分主观幸福感之间的影响模式，健康状况和主观幸福感是正相关的，自评健康在 20th 到 80th 分位数之间比较集中，考虑到它是一个主观变量，而人们在自我评价时倾向于选择"比较级"的词汇而不是"很"类的词汇，可以得到解释；生活自理能力指标绝大部分集中于生活自理能力得分小于平均值的部分，说明受访样本中生活自理能力尚可。见图 11-11。

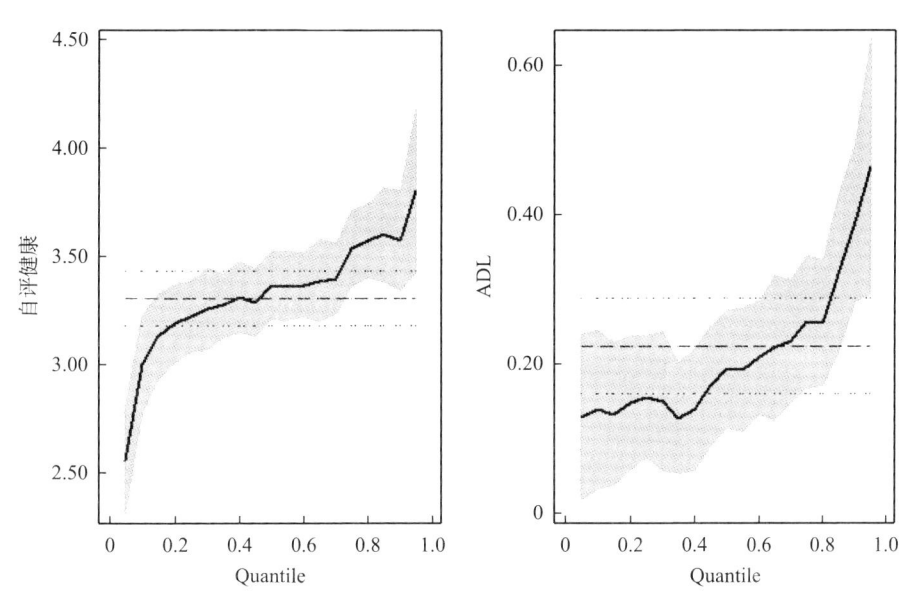

图 11-11 老年人健康状况对老年人主观幸福感分位数回归分布

根据图 11-12 中，可以看到跨主观幸福感分布的分位数情况下，营养水平投资、医疗保健投资以及环境投资与主观幸福感之间的关系。营养投资和环境投资几乎所有分位数的估计值都在 OLS 回归置信区间内，因此二者对主观幸福感的影响在整个分布中似乎相当均匀。

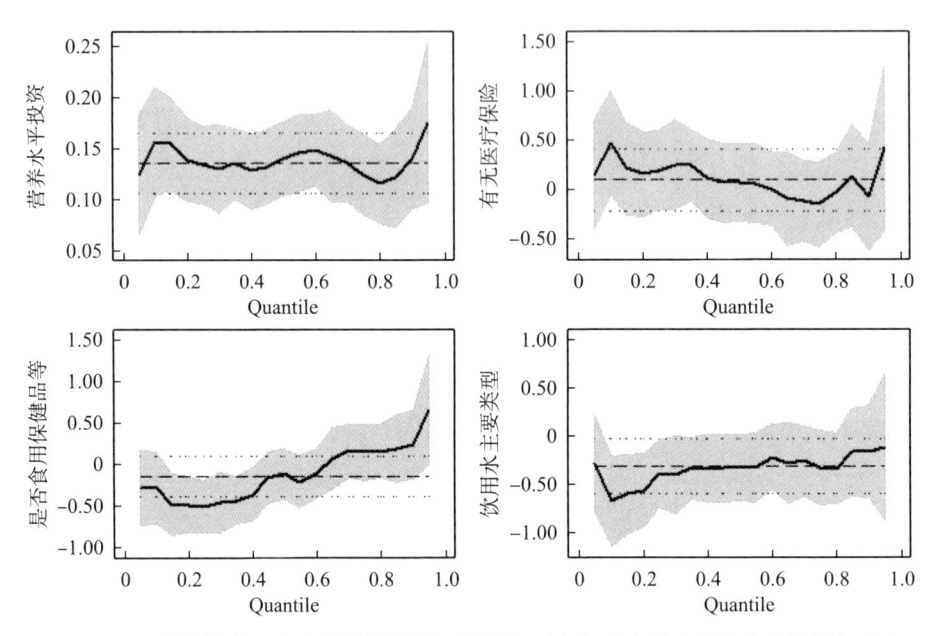

图 11-12　营养投资、医疗保健投资及环境投资对老年人主观幸福感分位数回归分布

有无医疗保险对主观幸福感的影响在较低分位数分布上显著为正，但在高分位数上与 0 没有显著差异；医保和主观幸福感的关系通过分位数回归图依然较难得到合理的解释，不过，有无医疗保险似乎通过"减少极端幸福感的方法"在老年群体中起到稳定作用。

是否经常食用保健品等从分布可以看出，仅有分布的最下部分和中间的部分在 OLS 回归置信区间中，大部分都是在置信区间外的，可见其对主观幸福感影响并不显著。另外，分布的下部食用保健品对幸福感有积极影响，在分布的上部该影响变为消极（主观幸福感得分越低越幸福，而保健品取 1 为经常食用，系数小于 0 为积极影响），可以理解为，保健品对于幸福的人而言是一种预防保健作用，但对于感到不幸的人而言，就成了一种负担。营养投资、医疗保健投资及环境投资对老年人主观幸福感分位数回归分布,见图11-12。

图11-13中可以发现,运动休闲维度的四个指标可以看出的整体趋势是:消极的休闲行为如吸烟、饮酒对老年人主观幸福感的积极影响随着分位数右移是逐渐降低的,甚至在极端高分位上转为了消极影响;而积极的休闲行为,锻炼对主观幸福感的影响均为积极的,即经常锻炼的老年人主观幸福感得分更高;运动休闲综合指标中均是积极的健康行为,这些行为与老年人主观幸福感正相关,同样,几乎所有分位数估计值都位于OLS置信区间,分布较为均匀。见图11-13。

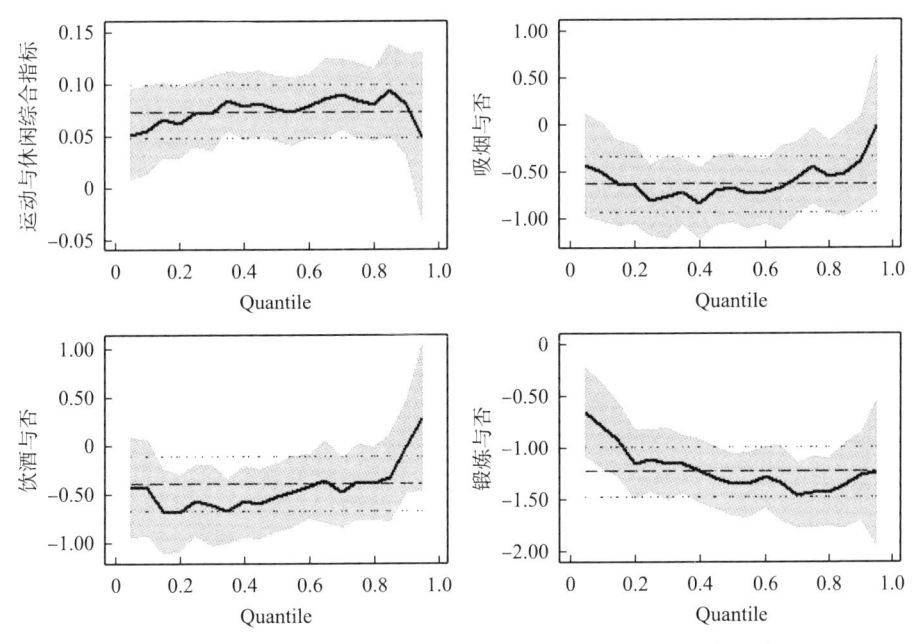

图11-13 运动休闲投资对老年人主观幸福感分位数回归分布

健康投资影响老年人幸福感的同时,幸福感是否会反作用于健康投资行为,对于截面数据而言确实是比较难以下定论的。健康投资八项具体指标中六项都和幸福感显著相关,然而,是丰盛营养的饮食使人感到幸福,还是越幸福的老年人生活仪式感更强,更加注重饮食;同样,可能休闲娱乐活动并不会增强老年人的幸福感,而是幸福感高的老年人社会性更强,倾向于去参加更多活动。本部分受限于研究焦点,并非要得出有关幸福感对健康投资影响的确切结论,仅通过幸福感对八项健康投资的回归做一个初步探究,以期对此问题有所帮助。表 11-5 展示了健康投资八项指标作为被解释变量的回归结果,其中,营养投资指标和休闲运动指标为连续变量,使用 OLS 回归分析;其他变量均为虚拟变量,使用 Probit 回归。

表 11-5　　　　　　　健康投资八项指标回归结果

项目	(1) 营养投资	(2) 有无医保	(3) 保健品	(4) 吸烟	(5) 饮酒	(6) 锻炼	(7) 运动休闲	(8) 生活用水
幸福感	0.078*** (0.007)	0.003 (0.003)	-0.011*** (0.003)	-0.015*** (0.003)	-0.012*** (0.003)	-0.031*** (0.003)	0.077*** (0.008)	-0.009*** (0.003)
女性	-0.405*** (0.088)	-0.085** (0.037)	0.230*** (0.032)	-1.638*** (0.036)	-1.184*** (0.034)	-0.0110 (0.031)	-0.247** (0.104)	0.198*** (0.035)
年龄	-0.095* (0.054)	0.031 (0.023)	0.040** (0.020)	0.031 (0.022)	-0.051** (0.021)	0.058*** (0.019)	0.000 (0.064)	0.018 (0.021)
年龄平方	0.046 (0.032)	-0.022 (0.013)	-0.023** (0.012)	-0.023* (0.013)	0.026** (0.012)	-0.039*** (0.011)	0.068* (0.038)	-0.009 (0.013)
婚姻	-0.305*** (0.096)	0.052 (0.041)	0.092*** (0.034)	0.012 (0.037)	-0.019 (0.036)	-0.062* (0.033)	-0.306*** (0.113)	0.084** (0.038)
城镇	-0.502*** (0.087)	-0.133*** (0.038)	0.253*** (0.031)	-0.024 (0.034)	-0.041 (0.033)	0.248*** (0.030)	-0.239** (0.102)	0.244*** (0.032)
受教育程度								
小学	-0.641*** (0.101)	-0.004 (0.043)	0.235*** (0.036)	0.003 (0.040)	-0.060 (0.039)	0.171*** (0.035)	-0.902*** (0.119)	0.005 (0.038)
初中	-1.336*** (0.155)	-0.099 (0.064)	0.356*** (0.054)	-0.076 (0.060)	-0.050 (0.058)	0.331*** (0.054)	-2.020*** (0.184)	0.221*** (0.066)
高中	-1.958*** (0.195)	-0.034 (0.079)	0.449*** (0.067)	-0.125* (0.074)	-0.186** (0.073)	0.340*** (0.068)	-3.073*** (0.231)	0.175* (0.089)
大学	-2.122*** (0.223)	-0.154* (0.087)	0.546*** (0.076)	-0.221*** (0.085)	-0.239*** (0.084)	0.144* (0.077)	-3.041*** (0.263)	0.492*** (0.117)

续表

项目	(1) 营养投资	(2) 有无医保	(3) 保健品	(4) 吸烟	(5) 饮酒	(6) 锻炼	(7) 运动休闲	(8) 生活用水
职业类型								
行政	-0.200 (0.226)	0.143 (0.090)	0.070 (0.076)	0.089 (0.083)	0.095 (0.082)	0.050 (0.081)	-0.760*** (0.267)	0.302** (0.122)
一般	-0.106 (0.173)	-0.042 (0.067)	0.048 (0.058)	0.195*** (0.066)	0.059 (0.065)	-0.133** (0.061)	0.069 (0.204)	0.344*** (0.086)
农业	2.158*** (0.175)	0.403*** (0.070)	-0.324*** (0.060)	0.193*** (0.066)	0.142** (0.065)	-0.612*** (0.061)	0.801*** (0.207)	-0.500*** (0.078)
其他	1.136*** (0.209)	0.089 (0.082)	-0.218*** (0.072)	0.280*** (0.082)	0.173** (0.080)	-0.465*** (0.073)	0.915*** (0.247)	-0.335*** (0.090)
收入对数	-0.301*** (0.027)	0.054*** (0.011)	0.014 (0.010)	-0.019* (0.011)	0.004 (0.011)	0.018* (0.010)	-0.061* (0.032)	0.019* (0.011)
自评健康	0.338*** (0.051)	0.059*** (0.021)	0.045** (0.018)	0.040** (0.020)	0.019 (0.019)	-0.022 (0.018)	0.218*** (0.060)	-0.111*** (0.020)
生活自理能力	-0.080*** (0.023)	-0.033*** (0.009)	-0.006 (0.008)	0.013 (0.009)	-0.012 (0.009)	-0.024*** (0.008)	0.458*** (0.027)	0.042*** (0.010)
常数项	18.82*** (2.330)	-0.799 (0.978)	-2.463*** (0.838)	-0.416 (0.949)	2.529*** (0.897)	-1.388* (0.819)	27.69*** (2.754)	0.268 (0.914)
R2	0.220						0.273	
调整 r2	0.218						0.272	
观察值	9314							

注：* 表示10%的显著性水平，** 表示5%的显著性水平，*** 表示1%的显著性水平；括号中为标准误。

当主观幸福感得分作为解释变量时，高幸福感与积极的健康行为（注重营养投资、食用保健品、锻炼、运动休闲、生活用水为自来水）显著正相关，同时，可以观察到，幸福感高的老年群体更倾向于消极的健康行为（吸烟、饮酒）。这展示了反向因果的可能性。另外，根据模型（1），女性、配偶尚在、高收入、接受更高的教育、城镇居民、自评健康更好、生活自理能力较差的人营养投资更多；根据模型（2），男性、高收入、从事农畜牧业相关、自评健康较差、生活自理能力较好的人有医疗保险的可能性更大；根据模型（3），女性、配偶尚在、受教育程度更高、城镇居民、自评健康较差的老年人更常食用保健品；根据模型（4）、模型（5），男性、受教育程度为高中或大学、曾经从事农业及其他职业的老年人有吸烟饮酒等行为；根据模型（6），受教育程度为小初高、曾经从事一般、农业、其他职业、生活自理能力强的老年群体锻炼多；根据模型（7），男性、配偶尚在、受教育程度越高，曾经从事行政办公、非农畜牧非其他职业、自评健康和生活自理能力都较好的休闲活动越丰富；根据模型（8），女性、配偶尚在、受教育程度为初中或大学、曾从事行政及一般等非农职业、自评健康较好、生活自理能力较差的生活用水为自来水可能性更大。

四、健康投资对老年人主观幸福感影响的路径分析

根据前文所述，通过两个模型探究了健康投资对老年人主观幸福感的影响，还需进一步了解健康状况是否在其中产生中介作用。本部分选取了一个主观性指标：自评健康，和一个体现老年人客观生理健康指标来考察哪一种作为中介的模型拟合效果更好。模型（1）是健康状况对健康投资进行回归；模型（2）是主观幸福感对健康投资进行回归，回归结果见表11－6。

表11－6　　　　　　　　调节中介效应模型回归结果

项目	健康中介变量为生活自理能力		健康中介变量为自评健康	
	（1）	（2）	（1）	（2）
营养投资	－0.033***	0.239***	0.025***	0.078*
医疗保险	－0.336***	0.232	0.070***	－0.293
运动休闲指数	0.117***	0.120***	0.015***	－0.065***
保健品	0.059	0.218	0.105***	0.021
锻炼	－0.002	－1.647***	－0.091***	－0.201

续表

项目	健康中介变量为生活自理能力		健康中介变量为自评健康	
	（1）	（2）	（1）	（2）
吸烟	-0.111**	-0.764***	-0.016	0.179
饮酒	-0.132***	-0.645***	-0.046**	-0.785*
饮用水是否自来水	0.141***	-0.614***	-0.121***	-1.786***
健康×营养投资		0.006		0.025*
健康×医疗保险		0.106		0.129
健康×运动休闲指数		0.013***		0.079***
健康×保健品		-0.087		-0.07
健康×锻炼		0.122*		-0.430***
健康×吸烟		0.068		-0.357**
健康×饮酒		0.151		0.129
健康×饮用水是否自来水		-0.337***		0.557***
常数项	-2.560***	20.011	-2.560***	20.957***
var（e.m）	3.266***			
var（e.y1）	29.079***			
N	9 314			

注：*表示10%的显著性水平，**表示5%的显著性水平，***表示1%的显著性水平。

通过表11-6可以看出，无论自评健康还是生活自理能力作为中介变量，除了是否经常食用保健品和锻炼的频率，健康投资对于老年人身体健康状况的影响无疑是显著的。在假设了健康状况于健康投资和主观幸福感之间扮演着中介作用，并将其分为两部分进行回归后，有了更多的发现。

首先，老年人生活自理能力和自评健康两个不同角度衡量的健康状况，使得健康投资与健康的关系也存在着不同。在健康投资四个维度八项指标中，就有四个指标，回归显示的积极/消极影响不同，其中，营养投资越多，生活自理能力得分越高，即老年人健康状况越差，这是不同于我们日常生活经验常识的；但是自评健康和营养投资之间依然是正向关系，推测自评健康作为主客观兼有的衡量指标，老年人营养饮食条件较好的话，会满足其心理预期，因此对自评健康有着积极的影响；是否经常食用保健品和锻炼的频率在对生活自理能力的作用中是不显著的，但是，对自评健康分别有着消极和积极的影响，食用保健品的自评健康更差，推测保健品等的使用与老年人健康之间存在逆向选择的关系，虽然有为了增强体质而食用保健品的，但是，越是健康状况差的人有时越需要使用保健品，因此，若经常食用保健品的老年人是出自不得不的情况，那么对自评健康有着消极影响是可以解释的；吸烟的人生活自理能力得分更低，生活自理能力更强，但其对自评健康的影响是不显著的；饮用水是否为自来水与健康状况的关系和吸烟类似，日常饮用自来水的生活自理能力更差，而自评健康更好。以上四个指标是两种维度健康指标衡量下存在矛盾的，其他的与前人研究或者经验相吻合。

然后，观察健康投资对主观幸福感的影响，总体而言，自评健康作为中介变量的效果更好，因此在分析中介作用时，主要围绕这自评健康展开。在直接作用方面，营养投资对主观幸福感既有积极的直接效应，又有积极的中介效应，在10%水平上显著；有医保虽然在模型（1）中显示与健康状况正相关，但是在对主观幸福感上，无论直接效应还是中介效应都不显著；运动与休闲综合指标对主观幸福感的直接作用为负，但是在加入自评健康后，中介作用为正，说明适当的运动和休闲仍然是有益于提升老年人主观幸福感的；锻炼的老年人生活自理能力更好，这与运动休闲指标相印证，但是对自评健康影响不显著（$p = 0.556$）；吸烟无论在分位数回归的直接考察中，还是中介效应的考察中，均对健康及主观幸福感有积极影响，与吸烟有害健康的社会提倡相违背，推测吸烟在生理上并不会直接造成生活自理能力的丧失，且心理上能带来满足感，因此有其合理性；饮酒会增加老年人的主观幸福感，该变量直接影响幸福体验，并不通过健康作为中介才有影响；生活饮用水为自来水同样对主观幸福感得分有着积极的作用，饮用水是自来水这一环境指标说明用水更安全、干净，不仅有利于老年人身体健康并间接影响幸福感，而且其便利性同样会增强老年人的幸福体验，但是，自评健康改变了环境投资对主观幸福感得分的作用方向，使饮用自来水的主观幸福感得分更高，主观幸福感下降。

通过计算中介变量取低（均值减一个标准差）、中、高（均值加一个标准差），分别计算出对应的调节中介效应，发现调节中介效应随着调节变量取值的增加而增加，通过自举法（Bootstrapping）循环500次，获得标准误和置信区间，此时置信区间的计算是修正偏误且非对称的，更好地反映了条件间接效应样本分布的真实情况。

中介效应Bootstrap检验结果见表11-7。

表11-7　健康投资对老年人健康影响作用中健康状态中介效应Bootstrap检验

调节变量取值	系数	Bootstrap标准误	p>|z|	95%置信区间		
低	0.0057218	0.0024676	0.020	0.0014993	0.0110845	P
				0.0021562	0.0124815	BC
中	0.006229	0.0025077	0.013	0.0019806	0.0120716	P
				0.0024158	0.012744	BC
高	0.0067363	0.0026234	0.010	0.0023148	0.0125928	P
				0.0028457	0.0138291	BC

注：P表示分位数置信区间；BC表示纠正偏误后置信区间。

五、差异性分析

本节继主效应分析之后，首先，以生活满意度作为分组依据进行稳健性检验，生活满意度是与主效应分析中GHQ-12量表所衡量的幸福感综合得分具有高度一致性的指标，稳健性检验结果表示先前的分位数回归结果是显著的。其次，为了更加明确医疗保健投资对老年人主观幸福感的影响，将有无医疗保险作为分类变量，以及医保作为唯一解释变量进行中介效应探究。最后，将样本分为东中西部三个地区，进行地域的差异性分析。

（一）基于生活满意度的分位数检验

通过上文的分析发现，健康投资的四个维度：营养水平投资、医疗保健投资、运动与休闲投资及环境投资，除了医疗保健中是否有医疗保险指标，其余都在全水平或者是某些分位数上对主观幸福感有显著影响,健康状况的中介作用,除了保健品、医保和饮酒,其余变量对主观幸福感同时有直接作用和间接作用。

将与主观幸福感得分具有高度一致性的生活满意度作为分类指标,进行稳健性检验(以下分位数回归均使用50th分位进行检验)。从表11-8中的结果可以看出与健康投资对老年人主观幸福感的主效应分析结果基本一致,医疗保健投资的两个指标在五个生活满意度程度上都不显著,生活饮用水为自来水在"很好"的生活满意度上表现显著,对于其他生活满意度的老年人而言,自来水的使用不会起到显著提升主观幸福感得分的作用;另外,考虑到生活满意度"不好""很不好"的样本量要显著少于其他分类样本数量,因此回归上各类型健康投资对主观幸福感得分的影响基本上是不显著的,仅有锻炼这一指标,在老年人对生活感到十分不满意的时候,锻炼在很大程度上增进了老年人的主观幸福体验(coef = -13.354, p = 0.012)。另外,将自评健康和生活自理能力得分视作控制变量,根据回归结果显示,老年人的身体健康和主观幸福感是正相关($p < 0.01$),生活自理能力在另个极端的生活满意程度上"很好""很不好"不显著,其他生活满意度老年人生理健康和主观幸福感得分是显著相关的。见表11-8。

表11-8 健康投资对主观幸福感影响的生活满意度差异分位数回归

项目	生活满意度=1	生活满意度=2	生活满意度=3	生活满意度=4	生活满意度=5
营养投资	0.143***	0.109***	0.104***	0.016	-0.202
医疗保险	-0.066	-0.191	-0.063	-0.923	-1.96
保健品	0.101	-0.261	0.113	0.013	-9.204
运动休闲指数	0.094***	0.074***	0.134***	0.112	-0.048
吸烟	-0.014	-0.694***	-0.929***	-1.406	-2.743
饮酒	-1.052***	-0.538**	-0.790**	-1.041	-4.217
锻炼	-0.697**	-1.233***	-1.813***	-0.982	-13.354**
自来水	-0.868*	-0.235	0.089	1.028	4.22
自评健康	2.324***	2.381***	2.707***	3.580***	4.372

续表

项目	生活满意度=1	生活满意度=2	生活满意度=3	生活满意度=4	生活满意度=5
生活自理能力	0.105	0.273***	0.206***	0.261*	-0.722
常数项	14.286***	17.297***	16.263***	18.801***	33.011*
样本量	2 265	4 313	2 464	238	34

注：*表示10%的显著性水平，**表示5%的显著性水平，***表示1%的显著性水平。

（二）基于有无医疗保险的分位数检验及健康中介效应分析

老年人的健康作为晚年幸福生活的重要维度，是社会共同关注的问题，除了过去研究中重点关注的收入与老年人健康或幸福感之外，从包含医疗保健的健康投资入手，在微观角度分析影响老年人主观幸福感是本部分切入此问题的新视角。随着人口及家庭结构变化，想要实现"老有所养""病有所医"，不得不解决老年人医疗资源的获得性及能否负担晚年的医疗费用支出问题。由于数据的可获得性，本研究中难以全面获得可靠的老年人医疗资源投入或支出情况，因此通过是否有医疗保险来作为健康投资的指标之一。

根据表11-9，将样本分为没有医疗保险和有医疗保险两类老年群体可以发现其中存在一定差异性。有医保分组的老年人，除了是否经常食用保健品以外，其他健康投资维度与主观幸福感都显著相关。有医保基础增强了营养投资和锻炼的正向效应，削弱了吸烟的负向效应，但是增强了饮酒的负向效应，同时它还削弱了运动休闲以及环境投资带来的积极影响。见表11-9。

表11-9 健康投资对主观幸福感影响的有无医疗保险差异分位数回归

项目	没有医疗保险	有医疗保险
营养投资	0.161***	0.168***
保健品	-0.462	-0.116
运动休闲指数	0.155***	0.097***

续表

项目	没有医疗保险	有医疗保险
吸烟	-1.021**	-0.718***
饮酒	-0.497	-0.663***
锻炼	-0.451	-1.509***
自来水	-0.782*	-0.413**
自评健康	3.099***	3.335***
ADL	0.295***	0.227***
常数项	12.101***	13.580***
N	1 321	7 993

注：*表示10%的显著性水平，**表示5%的显著性水平，***表示1%的显著性水平。

有无医疗保险作为健康投资医疗保健维度的重要衡量指标，在分位数回归以及路径分析中都没有很好的表现，由于国内关于健康保险与主观幸福感的研究较少，虽有亓寿伟和周少甫（2010）利用CHNS数据有序逻辑回归得出，公费医疗显著提高农村老年人幸福感，而城镇职工医疗和合作医疗效果不显著，仅在费城老年中心（PGC）信心量表下在10%水平上分别对城镇和农村老年人有积极影响。但是，已有的研究和经验难以明确有无医疗保险和老年人主观幸福感之间的关系，需要进行进一步的探究。

由于中国特有的医疗保险制度，若考虑社会保险制度下的医保情况，医保覆盖率还是比较高的，在研究的9 314个样本中，仅有14.18%的受访群体没有社会医疗保险（无论形式如何），而如果考察老年人持有商业保单的情况，则与社保是两个极端，仅有0.65%的老年人有商业保险。因此，在加入医保变量考察其对主观幸福感的影响时，其他解释变量或控制变量影响更为显著的情况下，会削弱或掩盖医保的影响效果，因此将有无医疗保险、有无商业保险两者分别单独作为解释变量，考察和老年人健康及主观幸福感之间的关系（根据先前回归，选用自评健康作为健康状况指标），结果如表11-10所示。

表 11-10　医疗保险对老年人主观幸福感及中介作用回归结果

项目	主观幸福感	生活满意度	项目	主观幸福感	生活满意度
医疗保险投资→老年人健康状况					
有无医疗保险	0.094***	0.094***	有无商业保险	-0.185	-0.185
常数项	2.456***	2.456***		2.542***	2.542***
医疗保险投资→主观幸福感					
有无医疗保险	-8.765***	-1.065***	有无商业保险	-8.666***	-1.269***
健康×医疗保险	3.636***	0.445***	健康×商业保险	3.050***	0.402***
常数项	26.007***	2.023***		26.478***	2.089***
Var（e, n）	0.805***	0.805***		0.801***	0.801***
Var（e, y1）	33.115***			42.026***	
Var（e, y2）		0.500***			0.630***
样本量	9 314			8 554	

注：*** 表示 1% 的显著性水平。

从上表不难发现，若不考虑其他健康投资的维度及控制变量，医疗保险对老年人健康及主观幸福感的作用都是显著的，医保与健康状况之间负相关，有医保的健康状况更差，而医保与主观幸福感之间正相关，有医保的老年人幸福感更强；自评健康作为中介变量，改变了有无医保对老年人幸福感的作用方向，即使有社会医疗保险或商业保险，但若健康状况差，那么该交乘项依然会降低老年人的主观幸福感。另外，由于是否有商业保险的数据部分有所缺失，因此两类回归的样本数量不同。

（三）地区差异下健康投资对老年人幸福感的分位数回归分析

区域经济失衡是许多国家都存在的问题，这是一个不争的事实。而经济基础的不同会引起包括社会人文、自然环境、文化理念等各方面的差异，即中国东中西部经济水平的差距会导致不同地区的老年群体所处的经济社会背景有一定差异。在 CLHLS 问卷调查包含的 23 个省中，属于东部地区的有 11 个省（直辖市），属于中部的有 8 个省，属于西部的有 4 个省（自治区、直辖市），由于人口的密集程度和经济发展水平不同，东部、中部、西部的样本数量难以达到较为平均的水平，三个地区的样本数量基本实现2∶1∶1。

以所属地区不同作为分类指标进行差异性分析可以发现，对于西部地区而言，有医疗保险和老年人主观幸福感得分在5%程度上显著（p=0.034），但是这种影响是消极的，即有医保的老年人主观幸福体验反而更差，中部地区也表现出类似的影响，而东部地区有医保老年人主观幸福感会得到提升，但结果仅在10%水平上显著（p=0.084）。

中部地区不同于东部或西部的是，运动休闲投资维度下，运动休闲综合指数、吸烟以及饮酒三个指标对主观幸福感的影响表现都逊色于其他两个地区，根据中部地区包含的山西、吉林、安徽等省推测，中部地区在产业结构上，过去是依赖于资源采集及初加工等产业，造成的环境污染较为严重，而产业的调整与经济落差都和相邻的东部地区形成巨大差距，因此生理上，各种运动休闲行为难以显著影响到幸福感的提升或降低，而心理上，东部的繁荣发展和自身停滞不前的现状不利于幸福感的提升。这点同样在环境投资维度上有所体现。与运动休闲投资的多个指标相反，仅有中部地区，环境投资对老年人主观幸福感有显著积极的影响（p=0.005），比其东部经济发展水平较高及西部整体发展较为落后，中部地区既有发展较好的城市，也有落后的农村山区，有无自来水体现了城乡或不同经济发展程度下农村之间的差异，能显著提升老年人幸福感。东部、中部、西部地区差异相关分位数回归结果如表11-11所示。

表11-11　　健康投资对主观幸福感影响的地区差异分位数回归

项目	东部地区	中部地区	西部地区
营养投资	0.145 ***	0.202 ***	0.183 ***
医疗保险	-0.492 *	0.434	0.859 **
保健品	-0.271	-0.433	0.389
运动休闲指数	0.131 ***	0.048 *	0.124 ***
吸烟	-0.596 **	-0.457	-1.633 ***
饮酒	-0.625 **	-0.445	-0.558 *

续表

项目	东部地区	中部地区	西部地区
锻炼	-0.956***	-1.731***	-1.520***
自来水	-0.01	-0.794***	-0.137
自评健康	3.554***	3.292***	2.740***
ADL	0.168***	0.335***	0.312***
常数项	11.979***	14.662***	13.421***
N	4 828	2 202	2 284

注：*表示10%的显著性水平，**表示5%的显著性水平，***表示1%的显著性水平。

第三节 结论和政策建议

一、结论

本章基于卫生服务系统研究的安德森健康行为模型，尝试构建了健康投资影响老年人主观幸福感的理论分析框架，在此基础上利用2018年中国老龄健康长寿影响因素跟踪调查数据资料，分析了健康投资对老年人主观幸福感的影响及其作用机制。在通过最小二乘回归和分位数回归比较的主效应分析中，证实了前四个假设中假设1、假设3、假设4为真，而"假设2：有医疗保健投资的老年人有更高的主观幸福感"回归结果不显著。主要结论有以下几个方面。

第一，营养水平投资方面，肉蛋奶等食用较多的老年人有可能产生更好的主观幸福感。营养是否丰富到位，一方面表现了老年人的家庭经济状况，另一方面体现了老年人或其家庭的保健意识。良好的经济状况能为改善老年人健康状况提供扎实的基础，而合理膳食的意识，表现为日常饮食中注重营养搭配，注重忌口，少吃或不吃腌菜、剩饭等高盐高油等实物，有益身体健康。

第二，医疗保健投资方面，有无医疗保险对老年人主观幸福感影响不显著，而是否食用保健品在较低幸福感水平上有较为积极的影响。这一结果与徐鹏、周长城（2014）利用2006年CGSS研究老年人主观幸福感的影响因素结论较为一致；推测其不显著的原因，根据王稳（2020）在研究医疗保险对家庭金融资产配置的影响时的有关发现，考虑到商业保险自身特有的逆选择性和社会医疗保险具有的强制性，有无医保对健康的影响较弱，而是自评健康更差的人可能选择购买商业健康或医疗保险，因此有无医保对老年人主观幸福感影响不显著。有无医疗保险可能作为中介变量影响到某一因素对主观幸福感的影响，但是其对主观幸福体验的直接影响是较为薄弱的。

第三，运动与休闲投资方面，虽然吸烟饮酒不利于身体健康，但调查显示这类老年人主观幸福感反而更好，除了在90^{th}分位数水平上显著性消失，而锻炼、运动休闲综合指标两类积极健康行为对老年人主观幸福感有十分显著的影响。虽然吸烟的老年人自评健康和生活自理能力指标反而更好，但是，不等于吸烟有益健康。医学上已经表明吸烟对心肺等有巨大的危害，提倡戒烟，这种积极效应本部分推测存在两个原因：生理上，有好的烟酒耐受性的老年人存活了下来（姜向群等，2015）；心理上，吸烟喝酒某种意义上有益于心情愉悦，会对自评健康产生影响。

第四，生活环境投资方面，饮用水为自来水或纯净水的老年人更有可能产生较强的主观幸福感。值得指出的是，本部分有参考三废等指标作为生活环境的控制变量加入模型，不过由于截面数据及其他忽略因素影响，效果不显著，因此将其剔除模型假设之外。

进一步分析健康投资对老年人主观幸福感的作用机制，将老年人健康状况（自评健康，生活自理能力）作为中介变量分析，可以看出健康状况确于健康投资和主观幸福感之间扮演着中介作用，自评健康作为主客观兼有的指标，中介表现更好。四个健康投资中，营养水平投资、运动与休闲投资、生活环境投资通过健康表现的中介作用都非常或较为显著。更高水平的营养投资、积极的运动休闲行为和对生活环境的投资都有可能提升老年人健康水平，或是延缓老年人老化及减少各类疾病的发生，而健康作为影响老年人主观幸福感的重要因素对老年人生活满意体验产生影响，因此健康投资可以认为既对老年人主观幸福感有直接效应，同时，存在通过改善健康，提升幸福感的间接效应。

最后,本章使用不同生活满意度作为分类依据,验证先前模型分析具有相当稳健性,生活满意度与主观幸福感得分较为一致;由于在主效应及多维度的路径分析下,医疗保健投资对于老年人幸福感的影响结果不是非常显著,通过有无医保进行差异性分析,发现有医保会增强其他积极投资行为的正向影响,削弱消极行为中吸烟的负向影响,但对饮酒的消极影响有进一步加强的作用,而有无医保→健康情况影响主观幸福感的作用路径探究中,有无医疗保险的直接、间接作用都在1%水平上显著。本书认为,有医疗保险在心理上能够减少老年人未来就医负担,在一定程度上有益于提升其幸福感,但是相较于其他健康投资维度可能效果较为微弱,因此不显著,这一推测还需今后更为严格的实证分析予以证实。不同地区之间老年人主观幸福体验同样有显著差异,实施政策时需要关注地区实际情况,具体问题具体分析。

二、政策建议

研究结果表明,适当的健康投资有助于老年人保持良好的身心健康,起到延缓老化,提升居民幸福感的作用。根据健康投资不同维度的表现,家庭、社会方面等存在的差异性,本部分提出如下政策建议。

一是重视健康投资的全面性,论及对健康的投资,绝不局限于医疗卫生保健支出,个人健康受到方方面面因素的影响。正如健康中国战略中提及,为了解决人口老龄化带来的医疗负担急剧增加,解决老年人"看病难""看病贵"的问题,解决医疗设施可及性和费用可承担性是一方面;另一方面在于从源头上减少疾病的发生,因此,需要重视合理的膳食、适当的锻炼、健康的休闲行为、良好的生活投资意识以及为未来疾病发生做出的风险分散或防范措施。

二是提倡健康行为,营造积极的社会、社区环境,促使老年人养成良好的休闲锻炼习惯,有正确的健康意识。在生活条件越来越好的今天,人们对健康饮食、锻炼身体等关注度增加,获取知识的方式从电视到亲朋好友转述,到互联网上各种文章推送花样百出。老年人由于接受教育有限等原因,容易轻易相信各种"营养小贴士"或"锻炼秘籍",需要家庭成员中,子女或者其他有判断力的人,注意约束老年人健康行为,不要乱吃乱补,购买没有保证的保健品,或者进行容易伤害自身的运动。另外,社区卫生机构也应当定期举办老年健康知识培训等主题活动,活动要加大宣传力度和吸引力,调动老年人积极性才能更好地将健康知识宣传到位,只有提高了老年人健康素养,才能极大其自觉约束和调整营养、保健、运动休闲等方面的行为。

三是加强家庭和社区机构、组织之间的合作,保障老年群体晚年幸福。好的健康投资行为一方面依赖于自制力,如注重饮食和锻炼,不要吸烟酗酒等;另一方面同样依赖于经济能力,有条件的家庭子女可能会时常关注父母是否经常食用水果,安装净水器保证饮用水干净、味道好,定期开车带父母外出兜风或在公园散步,这些细节的行为往往铺垫了老年人健康长寿的未来。而对于许多子女工作繁忙的家庭,或者孤寡老人等,健康投资仅能依靠自己,心灵上的孤独侵蚀着幸福体验,会加速衰老的过程。对于缺少家庭关怀的老年人,鼓励各级医疗卫生机构和社区服务中心或养老机构建立长期合作关系,实现生活、膳食、运动等方面的健康管理。医疗机构应为社区居委会或服务中心提供技术支持,使得老年服务工作更具科学性与针对性。

三、未来展望

基于安德森(Anderson)健康行为模型的分位数回归与普雷彻等(Preacher et al.)中介效应理论框架探究健康投资对老年人主观幸福感影响及作用机制,基本实现了预期的效果。由于本部分以研究健康投资对老年人幸福感的影响为主,仅初探了幸福感对健康投资的反向作用,二者之间相互的影响程度及显著性大小仍需后续更加深入地学习,来解决其中的问题。

另外,本研究中关于健康投资的指标选取,受限于数据的可获得性等原因,大部分指标采取了定性的描述性指标,而非量化指标,虽然有序分类变量可以表现老年人健康投资的力度大小,但是对于医疗保健支出维度的指标而言,或许花费大小能更好地展现其于主观幸福感之间的关系;生活环境投资方面，贴合生活实际而言，家中是否安装有净水器等作为衡量指标或许更具代表性。

本书聚焦于健康投资的四个维度对老年人主观幸福感产生的直接影响，又将健康状况作为中介变量探究其中的中介效应，在研究思路、模型框架应用和研究发现上均有一定的新意，后续将从以下几个方面进行进一步探究。

第一，关于健康投资与老年人主观幸福感关系作用机制的深入研究。本部分主要探索的"健康投资→主观幸福感"方向的影响，而老年人幸福感的提高可能反馈于自身心理健康或其他个人特征。本研究借鉴改良的安德森健康行为模型就设定有反馈机制，但是由于在实证中该部分影响难以找寻有效的工具变量解决其中内生性，因此需要后续进一步学习相关计量方法，深入挖掘二者的关系。

第二，探讨时间序列下老年人健康投资的变化及产生的影响。由于近20年来，人民的物质文化生活产生了巨大的改变，在万物互联的时代下各方面发展日新月异，因此追踪调查中许多问题从无到有，或发生了部分调整，全面考量健康投资的情况下，本部分只得放弃了使用面板数据探究健康投资对老年人主观幸福感的影响。后续可以具体到某一维度，收集或使用更恰当的数据及相应方法，以更为清晰地分析健康投资作用于主观幸福感效应大小。

第三，探究医保与老年人幸福感之间的关系，虽然国内鲜有证实医保有助于提升幸福体验的研究，但是国外研究中，有通过选择是否吸烟、是否饮酒作为工具变量，使用2010年BRFSS数据证实没有医保的美国人生活满意度好的可能性更小（Ngan，2017）。本部分使用CLHLS2018年截面数据的情况下同样尝试了此办法，但是并没有得到显著的结果，考虑到不同国家国情不一样，医疗保险制度存在巨大差异，因此针对我国情况需要进一步寻找更为合适的办法，找寻其他工具变量或其他方法来解决内生性等问题。

第四，关于"健康老龄化"的社会政策的研究。应对老龄人口的迅速增长，实现健康老龄化是最经济、最成功的方法，在明确健康投资对健康的影响，健康对老年人幸福感的提升后，要抓住关键点，对影响老年人健康关键的维度上进行投资，除了便民的医疗卫生体系之外，还要营造有利于老年人健康的社会环境，每个人有正确、良好的健康投资理念，关注预防保健，多开展积极的健康行为，进而延长健康预期寿命，有益于老年人身心健康的同时，还能降低人口老龄化对社会发展的消极影响。

参 考 文 献

[1] 陈爱国、殷恒婵、颜军：《体育锻炼与老年人幸福感的关系：孤独感的中介作用》，载《中国体育科技》2010年第1期。

[2] 陈刚：《通货膨胀的社会福利成本——以居民幸福感为度量衡的实证研究》，载《金融研究》2013年第2期。

[3] 杜本峰、王旋：《老年人健康不平等的演化、区域差异与影响因素分析》，载《人口研究》2013年第5期。

[4] 樊明：《劳动市场制度对劳动供给的影响》，载《南大商学评论》2005年第1期。

[5] 高文书：《健康人力资本投资、身高与工资报酬——对12城市住户调查数据的实证研究》，载《中国人口科学》2009年第3期。

[6] 高雯、杨丽珠、李晓溪：《健康行动过程取向模型的发展与前景》，载《心理科学进展》2012年第10期。

[7] 韩民春、刘甲炎：《健康投资的收入增长效应及城乡和地域差异化研究》，载《中国卫生经济》2013年第7期。

[8] 郝枫、张圆：《我国城镇居民健康资本的省际差异与空间效应》，载《商业经济与管理》2019年第2期。

[9] 胡宏伟、李延宇、张楚、张佳欣：《社会活动参与、健康促进与失能预防——基于积极老龄化框架的实证分析》，载《中国人口科学》2017年第4期。

[10] 胡洪曙、鲁元平：《收入不平等、健康与老年人主观幸福感——来自中国老龄化背景下的经验证据》，载《中国软科学》2012年第11期。

[11] 黄增健：《流动人口收入对健康投资的反馈效应研究》，载《行政

事业资产与财务》2018年第23期。

[12] 寇宗来、刘学悦：《中国企业的专利行为：特征事实以及来自创新政策的影响》，载《经济研究》2020年第3期。

[13] 李红艳、万萍：《文献计量视角下健康人力资本研究动态分析》，载《上海工程技术大学学报》2020年第2期。

[14] 李树、陈刚：《幸福的就业效应——对幸福感、就业和隐性再就业的经验研究》，载《经济研究》2015年第3期。

[15] 刘国恩、William H. D、傅正泓、John a-Kin：《中国的健康人力资本与收入增长》，载《经济学》2004年第1期。

[16] 刘志国、马健：《谁的上升空间受到了挤压：收入流动性角度的分析》，载《经济学动态》2016年第8期。

[17] 龙小宁、林志帆：《中国制造业企业的研发创新：基本事实、常见误区与合适计量方法讨论》，载《中国经济问题》2018年第2期。

[18] 吕娜：《健康投资对经济增长的影响与政策启示》，载《人民论坛》2015年第5期。

[19] 毛振华、王健、毛宗福、郭敏、袁雪丹：《加快发展中国特色的健康经济学》，载《管理世界》2020年第2期。

[20] 苗文龙、何德旭、周潮：《企业创新行为差异与政府技术创新支出效应》，载《经济研究》2019年第1期。

[21] 亓寿伟、周少甫：《收入、健康与医疗保险对老年人幸福感的影响》，载《公共管理学报》2010年第1期。

[22] 孙凤：《主观幸福感的结构方程模型》，载《统计研究》2007年第2期。

[23] 唐丹、邹君、申继亮、张凌：《老年人主观幸福感的影响因素》，载《中国心理卫生杂志》2006年第3期。

[24] 王弟海、李夏伟、黄亮：《健康投资如何影响经济增长：来自跨过面板数据的研究》，载《经济科学》2019年第1期。

[25] 王弟海、龚六堂、李宏毅：《健康人力资本、健康投资和经济增长》，载《管理世界》2008年第3期。

[26] 王弟海：《健康人力资本、经济增长和贫困陷阱》，载《经济研究》2012年第6期。

[27] 王海成：《失业对主观幸福感影响研究进展》，载《经济学动态》2013年第11期。

[28] 王稳、孙晓珂：《医疗保险、健康资本与家庭金融资产配置研究》，载《保险研究》2020年第1期。

[29] 魏众：《健康对非农就业及其工资决定的影响》，载《经济研究》2004年第2期。

[30] 吴贾、吴莞生、李标：《早期健康投入是否有助于儿童长期认知能力提升？》，载《经济学（季刊）》2021年第1期。

[31] 邢占军：《我国居民收入与幸福感关系的研究》，载《社会学研究》2011年第1期。

[32] 徐鹏、周长城：《我国老年人主观幸福感的影响因素研究——基于安德森健康行为模型的实证分析》，载《社会保障研究》2014年第2期。

[33] 杨默：《中国农村收入、收入差距和健康》，载《人口与经济》2011年第1期。

[34] 杨穗、李实：《转型时期中国居民家庭收入流动性的演变》，载《世界经济》2017年第11期。

[35] 余长林：《人力资本投资结构与经济增长——基于包含教育资本、健康资本的内生增长模型理论研究》，载《财经研究》2006年第10期。

[36] 于大川：《健康人力资本对农民农业收入增长的影响研究》，载《社会保障研究》2013年第2期。

[37] 于新亮、朱铭来、邢钰丹：《企业补充医疗保险需求影响因素研究——基于我国上市公司数据的实证分析》，载《保险研究》2016年第12期。

[38] 臧微、白雪梅：《中国居民收入流动性的区域结构研究》，载《数量经济技术经济研究》2015年第7期。

[39] 张鸿琴、王拉娣：《人口老龄化、健康投资与产业结构升级——基于1999~2018年省级面板数据的实证分析》，载《经济问题》2020年第10期。

[40] 张车伟：《营养、健康与效率》，载《经济研究》2003年第1期。

[41] 张玉华、赵媛媛：《健康对个人收入和城乡收入差距的影响》，载《财经问题研究》2015年第8期。

[42] 郑君君、刘璨、李诚志：《环境污染对中国居民幸福感的影响——基于 CGSS 的实证分析》，载《武汉大学学报（哲学社会科学版）》2015年第4期。

[43] 周广肃、樊纲、申广军：《收入差距、社会资本与健康水平——基于中国家庭追踪调查（CFPS）的实证分析》，载《管理世界》2014年第7期。

[44] Acemoglu, D. and S. Johnson, Disease and Development: The Effect of Life Expectancy on Economic Growth. *Journal of Political Economy*, Vol. 115, No. 6, 2007, pp. 925 – 985.

[45] Ada Ferrer-i – Carbonell., Income and Well – Being: An Empirical Analysis of the Comparison Income Effect. *Journal of Public Economics*, Vol. 89, No. 5, 2004, pp. 997 – 1019.

[46] Adi Cilik Pierewan, Gindo Tampubolon. Happiness and Health in Europe: A Multivariate Multilevel Model. *Applied Research in Quality of Life*, Vol. 10, No. 2, 2015, pp. 237 – 252.

[47] Agenor, P. R., Health and Infrastructure in a Model of Endogenous Growth. *Macroeconomics*, Vol. 30, 2008, pp. 1407 – 1422.

[48] Aisa, R, F. Pueyo., Government Health Spending and Growth in a Model of Endogenous Longevity. *Economics Letters*, Vol. 90, No. 2, 2006, pp. 249 – 253.

[49] Alberto Alesina, Rafael Di Tella. Inequality and Happiness: Are Europeans and Americans Different? *Journal of Public Economics*, Vol. 88, No. 9, 2003, pp. 2009 – 2042.

[50] Allison R. A., J. Foster, Measuring Health Inequality Using Qualitative Data. *Journal of Health Economics*, Vol. 23, No. 3, 2004, pp. 505 – 524.

[51] Andrew E. Clark. Four Decades of the Economics of Happiness: Where Next? *Review of Income and Wealth*, Vol. 64, No. 2, 2018, pp. 245 – 269.

[52] Andrew E. Clark, Fabrice Etilé., Happy House: Spousal Weight and

Individual Well - Being. *Journal of Health Economics*, Vol. 30, No. 5, 2011, pp. 1124 - 1136.

[53] Angus Deaton. Income, Health, and Well - Being around the World: Evidence from the Gallup World Poll. *Journal of Economic Perspectives*, Vol. 22, No. 2, 2008, pp. 53 - 72.

[54] Arellano, M. and S. Bond. Some Tests of Specification for Panel Data: Monte Carlo Evidence and an Application to Employment Equations. *The Review of Economic Studies*, Vol. 58, 1991, pp. 277 - 297.

[55] Baldwin, Marjorie and William G. Johnson., Labor Market Discrimination Against Men With Disabilities. *The Journal of Human Resources*, Vol. 29, No. 1, 1994, pp. 1 - 19.

[56] Barro, R. J., Health and Economic Growth, Paper Present Eds the Senior Policy Seminaron Health, Human Capital and Economic Growth: Theory, Evidence and Policies. Pan American Health Organization and Inter - American Development Bank, 1996, Washington, DC.

[57] Bartel, A., P. Taubman, Some Economic and Demographic Consequences of Mental Illness. *Journal of Labor Economics*, University of Chicago Press, Vol. 4, No. 2, 1986, pp. 243 - 256.

[58] Bartel, A. P. Race Differences in Job Satisfaction: A Reappraisal. *The Journal of Human Resources*, Vol. 16, No. 2, 1981.

[59] Becker, G. S. and Lewis, H. G., Interaction Between the Quantity and Quality of Children. *Journal of Political Economy*, Vol. 81, 1973, pp. 279 - 288.

[60] Becker, G. A Model of Allocation of Time. *Economic Journal*, Vol. 75, 1965, pp. 493 - 517.

[61] Behrman, J. R., The Action of Human Resources and Poverty on One Another: What We Have Yet to Learn, Living Standards Measurement, World Bank, Washington, D. C. Working Paper, No. 74, 1990.

[62] Betsey Stevenson, Justin Wolfers. Happiness Inequality in the United States. *The Journal of Legal Studies*, Vol. 37, No. S2, 2008, pp. 33 - 79.

[63] Bhargava, A., D. T. Jamison, Lau, L. J. andMurray, C. J. L., Modeling the Effects of Health on Economic Growth. *Journal of Health Economics*, Vol. 20, 2001, pp. 423 – 440.

[64] Blanchflower, D. G. and A. J. Oswald, What Makes an Entrepreneur? *Journal of Labor Economics*, Vol. 16, 1998, pp. 26 – 60.

[65] Blau, David M., David K. Guilkey, Barry M. Popkin, Infant Health and the Labor Supply of Mothers. *Journal of Human Resources*, Vol. 31, 1996, Issue1, pp. 90 – 139.

[66] Bleakley H. Health, Human Capital, and Development. *Anniversary Review Economic*, Vol. 2, 2010, pp. 283 – 310.

[67] Bloom, D. E., Williamson, J. G., Demographic Transitions and Economic Miracles in Emerging Asia. *World Bank Economic Review*, Vol. 12, No. 3, 1998, pp. 419 – 455.

[68] Bloom, D. E., D. Canning and J. Sevila., The Effect of Health on Economic Growth: A Production Function Approach. *World Development*, Vol. 32, 2004, pp. 1 – 13.

[69] Bloom D. E., D. Canning, P. N. Malaney, Population Dynamics and Economic Growth in Asia, Supplement: Population and Economic Change in East Asia, Vol. 26, 2000, pp. 257 – 290.

[70] Bloom, D. E. and D. Canning., The Health and Wealth of Nations. *Science*, Vol. 287, 2000, pp. 1207 – 1209.

[71] Bloom D. E., J. G. Williamson, *World Bank Economic Review*. Vol. 12, No. 3, 1998, p. 419.

[72] Bloom D. E., M. Kuhn, K. Prettner, Health and Economic Growth, Discussion Paper Series, IZA DP, No. 11939, 2018.

[73] Bouis HE, Haddad LJ., Are Estimates of Calorie Income Elasticities Too High? Are Calibration of the Plausible Range. *Journal of Development Economic*, Vol. 39, 1992, pp. 333 – 364.

[74] Boussalem, Z., Boussalem, F, and Taiba, A. Relationship Between

Health Expenditure and Economic Growth in Algeria, Testing Forco – Integration and Causality Tests. *International Journal of Business and Management*, Vol. 2, No. 3, 2014, pp. 25 – 39.

[75] Bowen, W. , T. Finegan, The Economics of Labor Force Participation, Princeton University Press, Princeton, NJ, 1969.

[76] Brazier J. , Roberts J. , Deverill M. , Estimation of a Preference – Based Measure of Health from the SF – 36. *Journal of Health Economic*, Vol. 21, No. 2, 2002, pp. 271 – 92.

[77] Bruno S. Frey, Alois Stutzer. Happiness Prospers in Democracy. *Journal of Happiness Studies*, Vol. 1, No. 1, 2000, pp. 79 – 102.

[78] Carrieri V. , Maria De Paola, Height and Subjective Well-being in Italy. *Economics and Human Biology*, Vol. 10, No. 3, 2012, pp. 289 – 298.

[79] Chay KY, Greenstone M. , The Impact of Air Pollution on Infant Mortality: Evidence from Geographic Variation in Pollution Shocks Induced by a Recession. *The Quarterly Journal of Economics*, Vol. 118, 2003, pp. 1121 – 1267.

[80] Chirikos T. N. The Relationship Between Health and Labor Market Status. *Annual Review of Public Health*, Vol. 14, 1993, pp. 293 – 312.

[81] Christian Krekel, Jens Kolbe, Henry Wüstemann. The Greener, the Happier? The Effect of Urban Land Use on Residential Well – Being. *Ecological Economics*, Vol. 121, 2016, pp. 117 – 127.

[82] Clemente Jesús, Marcuello Carmen, Montañés Antonio, Pueyo Fernando. On the International Stability of Health Care Expenditure Functions: Are Government and Private Functions Similar? *Journal of Health Economics*, Vol. 23, No. 3, 2004, pp. 589 – 613.

[83] Currie J. and Madrian B. C. , Health, Health Insurance and the Labor Market in Ashenfelter O. and Card D. (eds.), *Handbook of Labor Economics*, Vol. 3, Amsterdam: North – Holland: 1999, p. 3309 – 3416.

[84] Daniel Kahneman, Angus Deaton. High Income Improves Evaluation of Life but not Emotional Well – Being. *Proceedings of the National Academy of Sci-*

ences, Vol. 107, No. 38, 2010, pp. 16489 – 16493.

[85] David B., Jeffrey D. S., Geography, Demography, and Economic Growth in Africa, Brookings Papers on Economic Activity, Vol. 29, No. 2, 1998, pp. 207 – 296.

[86] Davis, J. M., Impact of Health on Earnings and Labor Market Activity. *Monthly Labor Review*, Vol. 95, 1972, pp. 46 – 49.

[87] Deaton A., Stone A. Understanding Context Effects for a Measure of Life Evaluation: How Re-sponses Matter. *Oxford Economic Papers*, Vol. 68, 2016, pp. 861 – 870.

[88] Deolalikar A., Nutrition and Labor Productivity in Agriculture: Estimates for Rural South India. *The Review of Economics and Statistics*, Vol. 70, No. 3, 1988, pp. 406 – 13.

[89] Diener, E. and M. Chan, Happy People Live Longer: Subjective Well – Being Contributes to Health and Longevity. *Applied Psychology: Health And Well – Being*, Vol. 3, 2011, pp. 1 – 43.

[90] Earth Institute. World Happiness Report. Columbia University, 2012.

[91] Easterlin, R., Does Economic Growth Improve the Human Lot? in P. A. David and W. B. Melvin (eds.), Nations and Households in Economic Growth, Stanford University Press, Palo Alto, 1974, pp. 89 – 125.

[92] Ed Diener, Robert A. Emmons, Randy J. Larsen, Sharon Griffin. The Satisfaction With Life Scale. *Journal of Personality Assessment*, Vol. 49, No. 1, 1985, pp. 1 – 75.

[93] Ehrlich, I. andLui, F. T. Intergenerational Trade, Longevity, and Economic Growth. *Journal of Political Economy*, Vol. 99, 1991, pp. 1029 – 1059.

[94] Eikemo., Welfare State Regimes and Income – Related Health Inequalities: A Comparison of 23 European Countries. *European Journal of Public Health*, 2008, pp. 1 – 18.

[95] Engle, P. L. and C. Breaux., Is There a Father Instinct? Fathers' Responsibility for Children. New York: The Population Council, 1994.

[96] Erzo F. P. Luttmer. , Neighbors as Negatives: Relative Earnings and Well-Being. *The Quarterly Journal of Economics*, Vol. 120, No. 3, 2005, pp. 963 – 1002.

[97] Evans, J. , Men in the Lives of Children. , Coordinator's Notebook no. 16, Consultative Group on Early Childhood Care and Development, 1995, available from http: www. ecdgroup. com.

[98] Fields G. S. , E. A. Ok, The Meaning and Measurement of Income Mobility. *Journal of Economic Theory*, Vol. 71, No. 2, 1996, pp. 349 – 377.

[99] Field, E. , O. Robles, M. Torero, Iodine Deficiency and Schooling Attainment in Tanzania. *American Economic Journal: Applied Economics*, Vol. 1, 2009, pp. 140 – 169.

[100] Frank, G. , Bailer, U. F. , Henry, S. , Drevets, W. , Meltzer, C. C. , Price, J. C. , Mathis, C. A. , Wagner, A. , GizemE. , The Relationship between Health Expenditure and Economic Growth in Turkey from 1980 to 2015. *Journal of Politics, Economy and Management*, Vol. 1, No. 1, 2018, pp. 1 – 8.

[101] Freeman R. B. Job Satisfaction as an Economic Variable. *The American Economic Review*, Vol. 68, No. 2, 1978, pp. 135 – 141.

[102] Fu, P. , Tsui, A. , Utilizing Printed Media to Understand Desired Leadership Attributes in the People's Republic of China. *Asia Pacific Journal of Management*, Vol. 20, No. 4, 2003, pp. 423 – 446.

[103] Glick, Peter and Sahn, David E. Maternal Labor Supply and Child Nutrition in West Africa, Oxford Bulletin of Economics and Statistics, 1998, Vol. 60, Issue 3, pp. 325 – 355.

[104] Glick, Peter, Women's Employment and Its Relation to Children's Health and Schooling in Developing Countries: Conceptual Links, Empirical Evidence and Policies, Working paper, Cornell University, 2002.

[105] Graham Carol. , Happiness and Health: Lessons-and Questions-for public policy. *Health Affairs*, Vol. 27, No. 1, 2008, pp. 72 – 87.

[106] Grossman. , On the Concept of Health Capital and the Demand for Health. *Journal of Political Economy*, Vol. 80, No. 2, 1972, pp. 223 – 255.

[107] Grossman, M. The Demand for Health: A Theoretical and Empirical Investigation. Columbia University Press, 1972.

[108] Haddad L. , H. Bouis, The Impact of Nutritional Status on Agricultural Productivity: Wage Evidence from the Philippines. *Oxford Bulletin of Economics and Statistics*, Vol. 53, No. 1, 1991, pp. 45 – 68.

[109] Hamid S. A. , J. Roberts, P. Mosley, Can Micro Health Insurance Reduce Poverty? Evidence from Bangladesh. *The Journal of Risk and Insurance*, Vol. 78, 2011, pp. 57 – 82.

[110] Heinz Welsch. Environment and Happiness: Valuation of Air Pollution Using Life Satisfaction Data. *Ecological Economics*, Vol. 58, No. 4, 2005, pp. 801 – 813.

[111] Heinz Welsch. Preferences Over Prosperity and Pollution: Environmental Valuation Based on Happiness Surveys. *Kyklos*, Vol. 55, No. 4, 2002, pp. 473 – 494.

[112] Hosoya, Kei. , Tax Financed Government Health Expenditure and Growth With Capital Deepening Externality. *Economics Bulletin*, Vol. 4, No. 14, 2003, pp. 1 – 10.

[113] Huo, Y. J. , Smith H. J. , Tyler, T. R. , & Lind, E. A. , Subordinate Identification, Subgroup Identification, and Justice Concerns; Is Separation the Problem; Is Assimilation the Answer? *Psychological Science*, Vol. 7, 1996, pp. 40 – 45.

[114] Jahoda M. Employment and Unemployment: A Social Psychological Analysis: Marie Jahoda, Cambridge: Cambridge University, 1982.

[115] James – Burdumy, Susanne. , The Effect of Maternal Labor Force Participation on Child Development. *Journal of Labor Economics*, Vol. 23, No. 1, 2005, pp. 177 – 211.

[116] Jere R. Behrman, Anil B. Deolalikar, Barbara L. Wolfe. Nutrients:

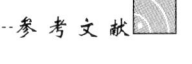

Impacts and Determinants. *The World Bank Economic Review*, Vol. 2, No. 3, 1988, pp. 299 – 320.

[117] Jun F., Mingfeng L., Human Capital Structure and Economic Growth: From the Perspective of New Structural Economics. *China Economist*, Vol. 14, No. 6, 2019, pp. 36 – 55.

[118] Kang, J. H., Matusik, J. G., Barclay, L. A., Affective and Normative Motives to Work Overtime in Asian Organizations: Four Cultural Orientations from Confucian Ethics. *Journal Business Ethics*, Vol. 140, 2017, pp. 115 – 130.

[119] Kippersluis H. V., T. V. Ourti, O. O'Donnell, E. van Doorslaer, Health and Income Across the Life Cycle and Generations in Europe. *Journal of Health Economics*, Vol. 28, No. 4, 2009, pp. 818 – 830.

[120] Kung, J. K., Ma, C., Can Cultural Norms Reduce Conflicts? Confucianism and Peasant Rebellions in Qing China. *Journal of Development Economics*, Vol. 111, 2014, pp. 132 – 149.

[121] Lee, L., Health and Wage: A Simultaneous Equation Model with Multiple Discrete Indicators. *International Economic Review*, Vol. 23, No. 1, 1982, pp. 199 – 221.

[122] Lee, T. Z., Ho, M. H., Wu, C. H., & Kao, S. C., Relationships Between Employees' Perception of Corporate Social Responsibility, Personality, Job Satisfaction, and Organisational Commitment. International Conference on Business and Information, Vol. 6, No. 8, 2009.

[123] Li, F., Wang, X. Y., Rajiv, K., Corporate Sustainability in Emerging Markets: The Role of Mangers' Moral Foundations and Cultural Traditions. *Journal of Leadership, Accountability & Ethics*, Vol. 14, No. 4, 2017, pp. 64 – 73.

[124] Liliana Winkelmann, Rainer Winkelmann. Why Are the Unemployed So Unhappy? Evidence from Panel Data. *Economica*, Vol. 65, No. 2, 1998, pp. 1 – 15.

[125] Lorentzen, P., McMillan, J., Wacziarg, R., Death and Develop-

ment. *Journal of Economic Growth*, Vol. 13, 2008, pp. 81 – 124.

[126] Lucas, R. E. On the Mechanics of Economic Development. *Journal of Monetary Economics*, Vol. 22, 1988, pp. 3 – 42.

[127] Luca, D. L., Iversen, J. H., Lubet, A. S., Mitgang, E., Onarheim, K. H., Prettner, K., and Bloom, D. E. Benefits and Costs of the Women's Health Targets for the Post – 2015 Development Agenda, In Prioritizing Development: A Cost Benefit Analysis of the United Nations' Sustainable Development Goals, Edited by Bjorn Lomborg, Cambridge University Press, 2018, pp. 244 – 254.

[128] Luft, Harold S., The Impact of Poor Health on Earnings. *The Review of Economics and Statistics*, Vol. 57, No. 1, 1975, pp. 43 – 57.

[129] Maccini, S., D. Yang, Under the Weather: Health, Schooling, and Economic Consequences of Early-life Rainfall. *American Economic Review*, Vol. 99, No. 3, 2009, pp. 1006 – 1026.

[130] Mackenbach J. P., Kunst A. E., Cavelaars A. E., Groenhof F., Geurts J. J. Socioeconomic Inequalities in Morbidity and Mortality in Western Europe. The EU Working Group on Socioeconomic Inequalities in Health. *Lancet*. Vol. 349, No. 9066, 1997, pp. 1655 – 1659.

[131] Marmot M. G., G. D. Smith, S. Stansfeld, C. Patel, F. North, J. Head, I. White, E. Brunner, A. Feeney., Health Inequalities among British Civil Servants: the Whitehall II study. *Lancet*, Vol. 337, No. 8754, 1991, pp. 1387 – 1393.

[132] Matthias Benz, Bruno S. Frey. Being Independent Is A Great Thing: Subjective Evaluations of Self – Employment And Hierarchy. *Economica*, Vol. 75, No. 298, 2008, pp. 362 – 383.

[133] Mayer, D., The Long – Term Impact of Health on Economic Growth in Latin America. *World Development*, Vol. 29, No. 6, 2001, pp. 1025 – 1033.

[134] McGuire, J. and Popkin, B., Helping Women Improve Nutrition in the Developing World, Cambridge University Press, Cambridge World Bank Tech-

nical Paper, No. 114, 1990.

[135] Mehra, R., Gammage, S., Trends, Countertrends, and Gaps in Women's Employment. *World Development*, Vol. 27, No. 3, 1999, pp. 533 – 550.

[136] Meng Xin., Labour Market Reform in China, Cambridge: Cambridge University Press, 2000.

[137] Meredith J, Robinson J, Walker S., Keeping the Doctor Away: Experimental Evidence on Investment in Preventative Health Products. Journal of Development Economics, Vol. 105, 20131, pp. 96 – 210.

[138] Miller D. L., Marianne E. P., Stevens A. H., Why are Recessions Good for Your Health? *American Economic Review*, Vol. 99, 2009, pp. 122 – 127.

[139] Morgan J. N., H. Martin, David, Wilbur J. Cohen, Harvey E. Brazer. Income and Welfare in The United States. New York: McGraw – Hill Book Company, 1962, pp. 531.

[140] Murray C. J., Lopez A. D., Global and Regional Cause – Of – Death Patterns in 1990. *Bull World Health Organ*, Vol. 72, No. 3, 1994, pp. 447 – 480.

[141] Murthy V. N. R., A. A. Okunade. The Core Determinants of Health Expenditure in the African Context: Some Econometric Evidence for Policy. Health Policy, Vol. 91, 2009, pp. 57 – 62.

[142] Mushkin S. J., Health as an Investment, Journal of Political Economy, University of Chicago Press, Vol. 70, 1962, pp. 129 – 157.

[143] Mushkin S. J., Health as an Investment. *Political Economy*, Vol. 70, No. 5, 1962, pp. 129 – 157.

[144] Ngan Lam Thi Ngan, Robert W. Wassmer, Edward L. Lascher. The Health Insurance and Life Satisfaction Connection. *Journal of Happiness Studies*, Vol. 18, No. 2, 2017, pp. 409 – 426.

[145] OECD. How's Life? 2020: Measuring Well-being. Paris: OECD Publishing, 2020.

[146] Pablo D. M., G. Martín, D. Carlos. New Evidence of the Health Sta-

tus and Economic Growth Relationship. *Panoeconomicus*, Vol. 64, No. 6, 2016, pp. 439 – 459.

[147] Pandey A., Gupta R. K., A Perspective of Collective Consciousness of Business Organizations. *Journal of Business Ethics*, 2008, pp. 4.

[148] Peterson, D. K., The Relationship between Perceptions of Corporate Citizenship and Organisational Commitment. *Business and Society*, Vol. 43, 2004, pp. 296 – 319.

[149] Powdthavee, N., Feeling Richer or Poorer than Others: A Cross-section and Panel Analysis of Subjective Economic Ladder in Indonesia. *Asian Economic Journal*, Vol. 21, No. 2, 2007, pp. 169 – 194.

[150] Powdthavee N. Unhappiness and Crime: Evidence from South Africa. *Economica*, Vol. 72, No. 287, 2005, pp. 531 – 547.

[151] Powdthavee, N., Important is Rank to Individual Perception of Economic Standing? A Within-community Analysis. *Journal of Economic Inequality*, Vol. 7, No. 3, 2009, 225 – 248.

[152] Preston SH., The Changing Relation Between Mortality and Level of Economic Development. PopulStud (Camb), Vol. 29, 1975, pp. 231 – 248.

[153] Pritchett L, Summers LH. Wealthier is Healthier. *Journal of Human Resources*, Vol. 31, 1996, pp. 841 – 868.

[154] Rajkumar AS, Swaroop V., Public Spending and Outcomes: Does Governance Matter? *Journal of Development Economics*, Vol. 86, 2008, pp. 96 – 111.

[155] RasakiS. D., Health as a Component of Human Capital Formation: Does it Matter for the Growth of the Nigerian Economy? *Canadian Social Science*, Vol. 7, No. 4, 2011, pp. 207 – 218.

[156] Ravallion M, Datt G., Why has Economic Growth Been More Pro – Poor in Some States of India than Others? *Journal of Development Economics*, Vol. 68, 2002, pp. 381 – 400.

[157] Ravallion, M., M. Lokshin, Self-rated Economic Welfare in Rus-

sia. *European Economic Review*, Vol. 46, No. 8, 2002, pp. 1453 – 1473.

[158] Rice, D. P., Measurement and Application of Illness Costs. *Public Health Reports* (1896 – 1970), Vol. 84, No. 2, 1969, pp. 95 – 101.

[159] Rivera, B. and L. Currais., Public Health Capital and Productivity in the Spanish Regions: A Dynamic Panel Data Model. *World Development*, Vol. 32, No. 5, 2004, pp. 871 – 885.

[160] Rozelle, Scott, Li Guo, Shen Minggao, Hughart, Amelia, and Giles, John. Leaving China's Farms: Survey Results of New Paths and Remaining Hurdles to Rural Migration. *China Quartly*, Vol. 158, June 1999, pp. 367 – 393.

[161] Richard Ball, Kateryna Chernova. Absolute Income, Relative Income, and Happiness. *Social Indicators Research*, Vol. 88, No. 3, 2008, pp. 497 – 529.

[162] Ruhm C. J., Are Recessions Good for Your Health? *The Quarterly Journal of Economics*, Vol. 115, 2000, pp. 617 – 650.

[163] Ruhm C. J., Good Times Make You Sick. *Journal of Health Economics*, Vol. 22, 2003, pp. 637 – 658.

[164] Ruhm C. J., Commentary: Mortality Increases During Economic Upturns. *Journal of Epidemiology*, Vol. 34, 2005, pp. 1206 – 1211.

[165] Ruhm C. J., A Healthy Economy Can Break Your Heart. *Demography*, Vol. 44, 2007, pp. 829 – 848.

[166] Ruhm C. J., Recessions, Healthy no More? Journal of Health Economics, Vol. 42, 2015, pp. 17 – 28.

[167] Sachs, J., Warner, A., Sources of Slow Grow Thin African Economies. *Journal of African Economics*, Vol. 6, 1997, pp. 335 – 337.

[168] Sahn DE, Younger SD, Genicot G. The Demand for Health Care Services in Rural Tanzania. *Oxford Bulletin of Economics and Statistics*, Vol. 65, 2003, pp. 241 – 260.

[169] Sahn D., H. Alderman, The Effects of Human Capital on Wages, and the Determinants of Labor Supply in a Developing Country. *Journal of Development Economics*, Vol. 29, No. 2, 1988, pp. 157 – 183.

[170] Schultz T. P., A. Tansel, Wage and Labor Supply Effects of Illness in Cote d? Ivoire and Ghana: Instron Model with Multiple Discrete Indicators. *International Economic Review*, Vol. 23, No. 1, 1982, pp. 199 – 221.

[171] Schultz, T. P. Investments in the Schooling and Health of Women and Men: Quantities and Returns. *The Journal of Human Resources*, Vol. 28, No. 4, 1993, pp. 694 – 734.

[172] Schultz, T. P, Productive Benefits of Health: Evidence from Low-Income Countries, Center Discussion Papers 28532, Yale University, Economic Growth Center, 2005.

[173] Schultz T. M., Investment in Human Capital. *The American Economic Review*, Vol. 51, No. 1, 1961, pp. 1 – 17.

[174] Scrimshaw, N. S. Taylor, C. Ernest, Gordon, J. Everett, World Health Organization. Interactions of nutrition and infection / Nevin S. Scrimshaw, Carl E. Taylor, John E. Gordon, 1968. Prepared in Consultation With Seventeen Specialists in various countries. World Health Organization.

[175] Sharma S, Vredenburg H., Proactive Corporate Environmental Strategy and the Development of Competitively Valuable Organizational Capabilities. *Strategic Management Journal*, Vol. 16, No. 1, 2002, pp. 240.

[176] Serge M. P. and C. T. Julius, Health Expenditure and Economic Growth are View of the Literature and Ananalysis Between the Economic Community for Central African States (CEMAC) and Selected African Countries. *Health Economics Review*, Vol. 7, No. 4, 2017, pp. 207 – 218.

[177] Sicular, Terry, ZhaoYaohui, Earnings and Labor Mobility in Rural China: Implications for China's WTO Entry, 2004,

[178] Sousa – Poza A. Gender Differences in job Satisfaction in Great Britain, 1991 – 2000: Permanent or Ngansitory? *Applied Economics Letters*, Vol. 10, No. 11, 2003, pp. 691 – 694.

[179] Steckel R. H., R. Floud, Eds., Health and Welfare During Industrialization, Univ. of Chicago Press, Chicago, 1997.

[180] Strauss, John. , Does Better Nutrition Raise Farm Productivity? *Journal of Political Economy*, Vol. 94, 1986, pp. 297 - 320.

[181] Strauss, J. and D. Thomas, Health, Nutrition and Economic Development. *Journal of Economic Literature*, Vol. 36, 1998, pp. 766 - 817.

[182] Subramanian SV, Kawachi I. , The Association Between State Income Inequality And Worse Health Is Not Confounded By Race. *Journal of Epidemiology*, Vol. 32, 2003, pp. 1022 - 1028.

[183] Subramanian S. V. , I. Kawachi, Income Inequality and Health: What Have We Learned So Far? *Epidemiologic Reviews*, Vol. 26, No. 1, 2004, pp. 78 - 91.

[184] Tajfel, H. , & Turner, J. , An Integrative Theory of Intergroup Conflict. In W. G. Austin & S. Worchel (eds.). *The Social Psychology of Intergroup Relations*. 1979, pp. 33 - 47. Monterey, CA: Brooks/Cole.

[185] Tao C, Hui D, Chen L. Institutional Shareholders and Corporate Social Responsibility. *Journal of Financial Economics*, 2019.

[186] Thomas D. , J. Strauss, Health And Wages: Evidence On Men And Women In Urban Brazil. *Journal of Econometrics*, Vol. 77, No. 1, 1997, pp. 159 - 185.

[187] Thomson, N. , J. Burns, Summary of Indigenous Health: Tuberculosis. *Aboriginal and Islander Health Worker Journal*, Vol. 32, No. 3, 2008, pp. 26 - 27.

[188] Tian X. , Wang T. Y. , Tolerance for Failure and Corporate Innovation. *Review of Financial Studies*, Vol. 27, No. 1, 2014, pp. 211 - 55.

[189] Tyler, T. R. , & Degoey, P. , Collective Restraint in Social Dilemmas: Procedural Justice and Social Identification Effects on Support for Authorities. *Journal of Personality and Social Psychology*, Vol. 70, 1995, pp. 913 - 930.

[190] Van Praag, B. M. S. and B. E. Baarsma. Using Happiness Surveys to Value Intangibles: The Case of Airport Noise. *The Economic Journal*, Vol. 115, No. 500, 2005, pp. 224 - 246.

[191] Wang, X., Li, F., Sun, Q., Confucian Ethics, Moral Foundations, and Shareholder Value Perspectives: An Exploratory Study. *Business Ethics: A European Review*, Vol. 27, No. 3, 2018, pp. 260 – 271.

[192] Wenkai S., W. Xianghong. 2013. "Do Relative Income and Income Inequality Affect Consumption? Evidence from the Villages of Rural China. *The Journal of Development Studies*, Vol. 49, No. 4, pp. 533 – 546.

[193] Wolf, A., Review of Vocational Education – The Wolf Report. 2011, United Kingdom: Department of Education.

[194] World Bank, Confronting AIDS: Public Priorities in a Global Epidemic, Oxford Univ. Press, New York, 1997.

[195] World Health Organization, Making a Difference, WHO, Geneva, World Health Report, 1999.

[196] Xin Zhang, Xiaobo Zhang, Xi Chen. Happiness in the air: How Does a Dirty Sky Affect Mental Health and Subjective Well – Being? *Journal of Environmental Economics and Management*, Vol. 85, 2017, pp. 81 – 94.

[197] Yan X., Zhang Z., Institutional Investors and Equity Returns: Are Short-term Institutions Better Informed? *Review of Financial Studies*, Vol. 22, No. 2, 2009, pp. 893 – 924.

[198] Zhang, L. X., DeBrauw, A., Rozelle, S., China's Rural Labor Market Development and Its Gender Implications. *China Economic Review*, Vol. 15, 2004, pp. 230 – 247.

[199] Zon, A. H. van and J. Muysken., Health as a Principal Determinant of Economic Growth, MERIT – Infonomics Research Memorandum, Working paper, 2003.

后 记

美国布鲁金斯学会（2020）发布报告，认为卫生保健系统与经济发展关系密切，建议各国加大对健康领域的投资，报告预估了2020～2040年全球200个国家和地区面临的健康挑战和机遇，认为"健康优先"是促进经济繁荣的重要因素，如果对人口健康状况采取有效的干预措施，经济回报也会相当可观。每投资1美元用于改善人口健康状况，将获得平均2～4美元的经济回报。报告估计，改善全球发展中国家人口健康状况，会给这些国家带来总计4.4亿美元的收益。如果相关措施能够落实，到2040年，全球发展中国家平均国内生产总值将获得7%～11%的增长。

人口健康状况不佳会对经济造成长期慢性拖累，也会影响国内生产总值的增长。例如，在一些低收入国家，肺结核等传染性疾病会严重影响劳动力供应和家庭收入。健康投资会给经济发展带来良性的可循环增长，加强疾病预防，更强壮、更健康的劳动力能够为国家带来巨大经济利益，因此建议将健康投资列为国民经济发展的优先促进事项。

有效的健康投资是在环境、社会、健康行为、预防保健与医疗之间取得平衡，而且要视国家的经济状况而异，在低收入地区，改善卫生条件、限制室内污染，以及扩大儿童疫苗接种率和治疗传染病仍然充满挑战。在中等收入国家，改善人口健康状况的重点则应放在非传染性疾病的预防上，尤其是糖尿病和心脑血管疾病。此外，与生活方式有关的疾病也凸显了对营养食品和运动的迫切需求。

本书深入探讨了健康投资相关理论、全球健康投资现状、不同主体健康投资、健康投资效率、健康投资与健康、儿童的健康投资、健康投资与收入、企业健康投资与绩效、健康投资与经济增长、健康投资与老年人幸福感等问题，已有健康投资研究虽然形成了经济增长、健康人力资本等几个研究热点的主题，但是从宏观角度研究的较多，本书注重从个人或家庭角度的微观研究，并注重构建全面而系统的健康投资衡量指标。但健康投资的研究包含的内容非常广泛，经济的发展、人民日益增长的健康保健需要，已经成为我国全面建成小康社会的核心问题之一。国家不断出台健康相关的政策，标志着我国进入了健康中国建设的新阶段。无论是现实需求还是政策背景，健康投资研究面临着前所未有的历史发展机遇，应该抓住这些机遇，对健康投资深入系统地研究，未来进一步研究方向包括：一是探讨吸收和借鉴西方经典的健康经济学理论，发展适合中国国情的健康经济学，将理论和实际更好更密切地联系起来；二是拓宽研究视角，加大跨学科研究，找到更多的交叉研究点，形成独特的发展体系。

郑莉莉

2021 年 8 月 20 日